院政期天台教学の研究

——宝地房証真の思想——

松本知己

法藏館

院政期天台教学の研究——宝地房証真の思想＊目次

第二部　二乗作仏論

凡例

一　本書では、次のような略号を用いた。

大正　大正新脩大蔵経
続蔵　大日本続蔵経
仏全　大日本仏教全書
天全　天台宗全書
続天全　続天台宗全書
新版日蔵　増補改訂日本大蔵経
伝全　伝教大師全集
恵全　恵心僧都全集

二　引用文の表記は、原則として新漢字を用いた。句読点や返り点は、論文中では読みを示すため私に付した箇所がある。翻刻に際しては、句読点は私に付したが、返り点や送り仮名は原表記に従った。

院政期天台教学の研究

宝地房証真の思想

序論

一　研究の目的

最澄（七六六、一説七六七～八二二）が創始した日本天台の法門は、「円・密・禅・戒」の四宗相承と称されるように、その総合性を大きな特質とする。後に浄土教も加えることで、比叡山は、日本仏教における研究・実践の一大拠点となった。その教学の中心は円教と密教であるが、根幹というべきは前者、すなわち智顗（五三八～五九七）によって大成された、『法華経』を中心とする円教を最高の教理と位置づける天台教学である。

日本における天台教学の学匠のうち屈指の一人として名を挙げるべきは、宝地房証真（一一三一頃～一二二〇頃）である。細かい事績には未詳の点が多いが、平安時代末から鎌倉時代初期にかけて盛んに著述と講義を行い、比叡山の総学頭を務めた。後世「止観院中古明匠」「中古の哲匠」等と称されたことは知られている。著作の中で最も重要なのは、天台三大部の註釈「三大部私記」、すなわち『法華玄義私記』『法華疏私記』『止観私記』である。本研究は、「三大部私記」を中心に展開される証真の教学上の議論を、天台教学の思想史的展開における一つの結節点と捉え、その意義を解明することを主たる目的とする。

証真の議論を天台教学の結節点と解すべき理由として、以下の三点がある。

まず第一には、証真が置かれた歴史的・地理的な位置である。証真が生きた時代は、良源（九一二～九八五）による教学復興から約二百年が経過し、教学研鑽の蓄積が進んでいた。唐宋中国天台との交流も継続していた。四明知礼（九六〇～一〇二八）を中心とする山家派と、それに対立する山外派、後山外派による論争等をはじめとする研鑽の果実も、日本に将来された文献を通じて受容し、活用することが可能であった。また、院政期に確立した三講（最勝講・仙洞最勝講・法勝寺御八講）等の大規模な法会における論義では、問者が他宗の講師と、講師が属する宗派の教学に関する問答を行うことが多かった。ゆえに、応和の宗論のような対決姿勢よりは、他宗の教学の詳細に関する理解が必要とされ、南都北嶺の学僧間には、一定程度、知の共有化が行われていた。こうした状況で、証真は、円密一致の教学的伝統を継承しながら、他宗の教学も視野に入れ、前代までの、或いは内外の研究成果を集成し、消釈することで天台三大部への詳細な註釈を作成した。その結果として、天台教学を基軸とした自らの教学を構築したのである。

第二には、証真の教学の影響力である。証真は、「三大部私記」において、註釈のみならず、随所に論題を設定し、論義形式の議論を行っている。こうした論考の過程が、中世における諸流の論義書の成立や、尊舜（一四五一～一五一四）らの教学形成に影響を与えたことはいうまでもない。近世以降でも、普寂（一七〇七～一七八一）や癡空（一七八〇～一八六二）、守脱（一八〇四～一八八四）など、天台教学の研鑽に尽力した学僧達は、受容するにせよ、批判するにせよ、いずれも証真の著作を座右に置いていた。また、これまで指摘されてこなかったが、華厳宗の宗性（一二〇二～一二七八）も各種法会への出仕に伴う天台教学習学の過程で、証真の教説に触れていた。

そして第三には、本書の各章で検討することであるが、証真の議論が、教学上の概念規定を行うことを強く意識したものだという点である。総合性を指向する天台教学の教説は、多様な解釈を容認する。証真は、常に問題とする教理の本質に立ち返った議論の展開を指向する。すなわち、経論や祖師の教説によって依るべき規範を定立した上で、自説と相反する立場、或いは立脚点を異にする立場を広く俎上に載せ、取捨し、或いは包摂するという、多分に融通的な論述を行う。証真の議論を検討することは、中国以来の天台教学の展開を俯瞰し、教理の本質を探尋することと同義といっても過言ではないのである。

以下、先行研究を概観した上で、研究の課題及び本書の構成について述べる。

二　先行研究と課題

証真を主題とする、或いは重要な要素とする従来の研究成果を概観すれば、おおよそ以下のとおりであろう。

1　総合的研究

証真の生涯、著作、教学、後世への影響等にわたる総合的研究は未だ成されていないが、それを企図したものに、佐藤哲英・小寺文穎・源弘之・福原隆善「宝地房証真の共同研究」(『印度学仏教学研究』一八―二、一九七〇)(以下、「共同研究」と表記する)、「宝地房証真の共同研究（二）」(『印度学仏教学研究』一九―二、一九七一)(以下「共同研究」(二) と表記する) がある。

「共同研究」は、上記四氏による文献調査を基にした証真の著作検出、撰述年代及び事績の考察等が中心となっている。そのうち佐藤哲英「宝地房証真の研究序説―『四十二字門略鈔』等の作者について―」によれば、証真は大治四年（一一二九）に誕生し、建保三年（一二一五）あるいはその後数年で死去したとしている。また、証真の著作は三十七部であるとし、以後の研究は、ほぼこの成果に基づいて行われているといってよい。その他、小寺文穎「宝地房証真の『寺家菩薩戒略作法』について」、源弘之「宝地房証真の『慈恵大師講式』について」、福原隆善「宝地房証真の『金錍論私記』について」が収録されている。

「共同研究」(二)においては教学に関する研究が発表されている。佐藤哲英「宝地房証真のみた幻の円頓止観―止観の原初形態への模索―」では、「三大部私記」にのみ引用される『摩訶止観』の別本『円頓止観』を、止観の原初形態を窺わせる文献と位置づけている(なお、『続・天台大師の研究―天台智顗をめぐる諸問題―』〈百華苑、一九八一〉では、「三大部私記」における『円頓止観』の全引用箇所が提示され、さらに詳細な検討がなされている)。その他、小寺文穎「宝地房証真にみられる教判について」、源弘之「宝地房証真の弥陀身土論について」、福原隆善「宝地房証真の四車説について」が収録されている。なお、四氏による共同研究は、その後行われていない。

2　歴史的研究

学問上の名声に比して、証真の事績には不明な点が多く、生没年や俗姓、法系などについて、信頼するに足る資料はほとんどない。

この方面における研究として、戦前には、池田慧水「宝地房の私記に顕はれたる書目」(『四明余霞』二五八、一九〇七)、久保正三「宝地房証真の史的研究」(『立正大学論叢』創刊号、一九四二)などがあり、戦後には、多賀宗隼「宝地房証真について」(高柳光寿博士頌寿記念会編『戦乱と人物』吉川弘文館、一九六八所収)、上記佐藤哲英氏らによる「共同研究」、納富常天「鎌倉仏教における最澄」(天台学会編『伝教大師研究』別巻、早稲田大学出版部、一九八〇所収)がある。

近年における伝記的研究の大きな成果としては、瀧川善海氏の一連の研究が挙げられよう。①「宝地房証真の生没年について」(『天台学報』二四、一九八二)、②「証真伝に於ける法然の存在」(『印度学仏教学研究』三一―一、一九八二)、③「宝地房証真の史的考察」(『天台学論集』一、一九八四)などがあり、①及び③では、証真の伝記として最も整理された形式を有する『本朝高僧伝』所収の証真伝における記述が、現今の証真像を形成していることに着目し、その記事の典拠、及びその真偽等を分析し、事績、生没年、俗姓、教系などについて広汎かつ詳細な考察を行っている。瀧川氏の研究成果によって、証真の生存年代は天承元年～承久二年(一一三一～一二二〇)の九十年を出ないことがほぼ確実になったといえよう。

また、②は同時代の法然との関係について、主として浄土宗側の史料によって伝えられる三つの事柄、すなわち、証真が大原談義に参会したこと、戒律の相承における両者の関係、法然に感化された証真が往生伝を著したこと、を順次検討し、大原問答によって証真が法然へ帰依したという伝説を否定している。

その他、浅田正博「宝地房証真の真蹟本の発見―聖護院所蔵『山門雑記』をめぐって―」(『印度学仏教学研究』三一―二、一九八三)は、聖護院所蔵の『山門雑記』が『表白集』の集成本であるとし、一部に証真の真筆が含まれるとしている。

3　著作に関する研究

『天台真言二宗同異章』の訳註は、『国訳一切経』諸宗部一八(田島徳音訳註)、及び大久保良峻『天台教学と本覚思想』(法藏館、一九九八)に収録されている。

証真の著作の文献学的研究については、前述の佐藤哲英『続・天台大師の研究』(百華苑、一九八一)第二篇第三章「四十二字門」に、西教寺正教蔵本『四十二字門略鈔』の翻刻がある。その他、小寺文穎「宝地房証真の大智度論略抄について」（『龍谷大学仏教文化研究所紀要』九、一九七〇）、福原隆善「宝地房証真の『山家註無量義経抄』について」（『天台学報』一二、一九七〇）がある。また、広川尭敏「宝地房証真撰『観経疏私記』と良忠」（塩入良道先生追悼論文集刊行会編『天台思想と東アジア文化の研究』山喜房仏書林、一九九一所収）は、良忠撰述書に引用される、証真『観経疏私記』の逸文を採取し、検討している。

4　教学に関する研究

証真の教学は、唯一の密教関係の著作である『天台真言二宗同異章』を除けば、天台三大部の註釈である「三大部私記」にほぼ集約されているといってよいが、その国訳、註釈的研究などは未だ行われていない。

基礎的研究として、「三大部私記」で引用される書目の一覧を掲げるものに、池田慧水「宝地房の私記に顕はれたる書目」（『四明余霞』二六一、一九〇七／二六二、一九〇七／二六四、一九〇七／二六六、一九〇八）がある。ただし、該当頁などの記載はなく、また、日本成立の書目までは及んでいないようである。また、上杉文秀『日本天台史』（復刻版、国書刊行会、一九七二）には「三大部私記」所引の趙宋天台典籍の一覧がある（本冊一一三頁）。近年では、山口興順「日本における趙宋天台章疏の流布について—平安・鎌倉時代を中心として—」（大久保良順先生傘寿記念論文集刊行会編『仏教文化の展開』山喜房仏書林、一九九四所収）が、源信以降の学匠による趙宋天台典籍の引用状況を調査している。証真については、池田、上杉両氏の研究を基にしているように思われる。

天台教学史における証真の位置づけについては、特に口伝法門や本覚思想を批判し、伝統的天台教学を固守したものとされるのが一般であり、概説的に紹介されるものの他には、本覚思想研究の観点から言及されることが多かった。島地大等『日本仏教教学史』（明治書院、一九三三年、一七九頁）、硲慈弘『日本仏教の開展とその基調』巻下（三省堂、一九五三年、二〜四頁）の他、田村芳朗「本覚思想に対する批判論」（『印度学仏教学研究』二一―二、一九七三）、同「天台本覚思想概説」（『天台本覚論』岩波書店、一九七三所収）、同「本覚思想に対する批判」（『仏教思想史』五、一九八三）などは、証真を本覚思想に対する最初の批判者と位置づける。また、庵谷行亨「宝地房証真の本覚思想批判」（浅井円道編『本覚思想の源流と展開』平楽寺書店、一九九一所収）も同様である。また、山内舜雄「宝地房証真の本覚法門批判と道元禅」（『道元禅と天台本覚法門』大蔵出版、一九八五所収）は、道元教学研究の立場から、道元の批判の対象となった本覚思想を、証真の著作を通して把捉しようとする。

右のような、本覚思想への批判者という側面が強調される傾向に対して、基本的な疑問を提示するものに、大久保良峻「本覚思想―天台教学の日本的展開―」「天台本覚思想の基盤」（『天台教学と本覚思想』法藏館、一九九八所収）、及び、「天台本覚論　証真説に着目して」（院政期文化研究会編『宗教と表象』院政期文化論集第四巻、森話社、二〇〇四所収）などがある。

最澄以来、日本天台においては、『法華経』を中心とする天台教学と、密教との関係をどう解するかが大きな課題となってきた。安然によって大成された円密一致の教学の系譜の中で証真の教説を考察するものに、大久保良峻「一生入妙覚について―証真を中心に―」「証真の即身成仏論」「証真教学における教主義と法身説法思想」（以上、『天台教学と本覚思想』所収）、「日本天台における法身説法思想―安然と証真の教説を中心に―」（『天台学論集』二、一九八八）がある。なお、大久保氏は、他の研究論文においても、しばしば証真の教説に言及するほか、「日本天台における被接説の展開―基本的事項を中心に―」（『天台教学と本覚思想』所収）では、『法華玄義私記』『止観私記』の被接説を、行位論も含めて検討している。また、「名別義通の基本的問題」（『天台学報』五二、二〇一〇）では、『摩訶止観』所説の名別義通の解釈が中国と日本で異なることを挙げ、日本の理解が証真の教説に基づくことを解明した。

中世から近世に至る、論義書等における証真の教説の引用態度の分析を通じて、証真教学の性格を概括的に論ずるものに、瀧川善海「鎌倉以降に於ける証真教学依用の形態」(『大正大学大学院研究論集』八、一九八四)、「『二百題』を媒介とした証真教学と霊空教学に関する試論」(『天台学報』二六、一九八四)がある。

その他の研究を挙げれば、小寺文穎「宝地房証真の密教観―天台真言二宗同異章を中心に―」(『天台学報』一二、一九七〇)、武覚超「宝地房証真と起信論―真如随縁説を中心に―」(『印度学仏教学研究』三〇―二、一九八二)、同「宝地房証真の本迹論」(『天台学報』二五、一九八三)、同『天台教学の研究―大乗起信論との交渉―』(法藏館、一九八八)、兼子鉄秀「宝地房証真の菩提心説―九識説をめぐって―」(『天台学報』二六、一九八四)、利根川浩行「宝地房証真と円戒」(『天台学報』三一、一九八九)などがある。

右に概観したように、証真を主題とする研究業績は、様々な角度から証真の教学に光をあててきた。とりわけ、所謂観心主義に対する教相主義、文献主義の学匠として、或いは、本覚思想に対する批判者としての側面が強調されてきた。それらの研究成果を批判的に継承し、密教史という観点から日本仏教教学史を再構成する大久保良峻氏の研究によって、円密一致を旨とする、日本天台の教学者としての証真像が確立されたということができる。

しかしながら、右の諸研究は、各自の視座から証真の教説を参照しているためか、その意図の考察や、全体像の詳述などは、未だ十分に行われているとはいえない。また各章で言及するように、処々で融通的な義論を展開する証真の真意を酌んでいないと思われる研究も見受けられる。

喫緊の課題として挙げるべきは、証真の教説の意義を、彼自身の問題意識に即して記述する研究、つまり内在的研究を集積し、可能な限り精細に証真教学の全体像を解明することである。

その上で、証真の教説を日本仏教思想史に適切に位置づけるには、後世の受容形態や影響も含めた総合的な研究を行う必要がある。しかし、これについては、史料的な制約が多く、特に実証的な研究は、将来的な課題とせざるをえない。前述のように、証真の事績には未詳の点が多く、師資の世代にあたる学僧達の著作も伝わらないか、『阿弥陀房抄』のように、文献学的な調査・研究すら本格的には着手されていないものが少なくないからである。

本書は、右の課題を残しつつ、教判論、二乗作仏論、実践・断証・行位論等における基本的な問題点をめぐる証真の教説の意義の内在的な解明を主たる課題とする。証真教学の全体像の理解との関係では、中間報告というべきものである。また、総合的な研究の素材としては、新たな観点として、宗性書写文献に見出される証真説の存在、或いは当時の論義書等の記述に見られる教理研究の実態等の意義の一端を解明することを目指す。

三　本書の構成

まず、第一部では、教判論と他宗観を検討する。天台教学では『法華経』が最重要経典とされるが、具体的な位置づけについては、他宗との関係や、諸師の学風によって相当に径庭があることも知られている。そこで、第一章では、『法華経』の教判上の位置づけに関する議論を中心に検討することで、証真の教学の基本的な立脚点を示すことが可能となると共に、証真の教学構築の意図の一つが、前代までの研鑽の集成にあることを明らかにする。併せて、付論として不定教の理解を確認する。また、第二章では、他宗への視座として、智顗説、灌頂記とされる

『法華文句』における、唐代の三論教学者、吉蔵（五四九～六二三）撰『法華玄論』の記述からの援用への理解を検討する。釈方便品以降の、『法華玄論』から『法華文句』への典拠を明かさない引用について、詳細な指摘を行ったのは証真の業績である。しかし、近年の研究では、その意図がやや曲解されているように解される。その欠点を指摘すると共に、証真自身が、『法華玄論』から『法華文句』への援用を指摘した箇所を、教学上の議論でどのように取り扱っているかを検討する。第三章では、最澄撰と伝えられる『註仁王護国般若波羅蜜経』が、吉蔵撰述の『仁王般若経疏』と同一内容であることから生ずる問題点を会釈しつつ、天台教学における重要論点の証文として証真が同書を用いる過程を検討し、その意図を解明する。

次に、第二部では、二乗作仏に関する議論を検討する。『法華経』を所依とする天台教学において、二乗作仏論が重要論点であることは言を俟たないところであるが、証真の議論は従来の研究では顧みられることがなかった。その理由は、証真の議論が、仏性論争よりも、天台教学内部における理論的な整備と前代までの研鑽の整理を主たる目的としている点にあると解される。証真教学の内在的解明を目的とする本書では、これを三つの観点から検討してゆくことになる。具体的には、まず第四章では、『法華経』における授記に関わる問題のうち、天台教学と齟齬する説示を含む『法華論』の所説の取扱いを検討する。次に、第五章では、『法華経』を聞くことのなかった声聞における大乗への廻心、所謂廻心向大の問題が検討課題となる。ここで問題となるのは、四土説のうち方便有余土の性格の理解である。さらに、第六章では、不定教における二乗作仏の認否という、天台教学内部における論点に関する議論が主たる検討課題となる。そこでは、不定教の性質の理解が主要な論点となる。

第三部では、修証論、断惑論及び行位論を検討する。特に、後世証真の見解が異説とされる議論を多く取り扱い、その意図及び日本天台における多様な教学展開を記述することを意識した。第七章では、中国と日本で異なる教学の展開を示した心識説に関する理解を対象とする。第八章及び第九章では、智顗の著作である『維摩経文疏』のみに示される三種三観、とりわけ通相三観が設定された意味について、従前とは異なる観点から論ずる。併せて、証真を含めた中国及び日本の学匠の解釈が多岐にわたる点を明らかにする。第十章、第十一章では、証真の教学の大きな特徴とされ、証真自身も並々ならぬ関心を寄せていた断惑論の意義を解明する。円教の観法である一心三観により、三惑、すなわち見思・塵沙・無明が、同時断であるか、異時断であるかという問題（論題にいう三惑同断）、及び、根源的な無明である元品無明を断ずる智が妙覚智か、等覚智か、という問題（論題にいう元品能治）が検討対象となる。証真の見解は、前者について異時断、後者については等覚智断説を採用するものとされ、教学史上に異説と位置づけられてきた。しかし義論全体を通じてみるに、反対説に意を用いた両義的な立場を採用していたことを解明する。第十二章では、先行研究の業績を基に、化法の四教のうち、通教の乾慧地における断惑の位置づけに関する議論を検討することで、日本天台における行位論の形成に証真の教学が果たした役割を明らかにする。第十三章では、教主論において近世ではあまり顧慮されることのない「教道他受用身」に関する証真の所説の意義を検討する。

　第四部においては、東大寺の宗性が法勝寺御八講等格式の高い法会における論義に備えて書写した文献に見出される天台教学について論ずる。第十四章では、宗性が証真の著作を披閲していた事実に基づいて、その習学の過程の一端を明らかにする。第十五章では、宗性が書写した天台教学の文献に含まれる古佚書『顕法華義抄』の記述にみられる法華教主義について、証真の取扱いを参照しつつ、その思想史的な意義の解明を試みる。第十六章では、宗性が書写した『法華文句第五巻抄』の内容から、法勝寺御八講等における天台論義の水準、及び『三百帖』『法華十軸鈔』といった中世の論義書との関連を考察する。

第一部　教判論と他宗観

第一章　証真の教判論

一　問題の所在

教学体系の構築における教判論の重要性については、贅言を弄するまでもない。特に漢訳仏典に依拠する東アジアの仏教では、種々の学派が、自らの思想的基盤を宣言し、他の学派に対する優越を主張するために不可欠の機能を果たしてきた。四教五味や五時八教の成語で知られる智顗（五三八～五九七）の教判論は、南三北七に代表される、先行する教判を超克する意図で提唱されたものである。その後、湛然（七一一～七八二）が所謂法華超八を宣揚したのは、華厳学者の『法華経』観を打破するためであり、日本天台では、最澄（七六六、一説七六七～八二二）が、法相宗の徳一に対し、天台の教判論の妥当性を論証しつつ、独自の学説を主張した。また、密教との関係では、円密一致の教判論の構築が大きな課題となったことが知られている。こうした議論の過程では、究極的には、天台教学における最重要経典としての『法華経』の位置づけが問題とされてきたということができよう。

天台の教判論に関する研究は多い[1]。証真（一一三一頃～一二二〇頃）の学説に言及するものも複数存在するが、その教学に即した形での十分な解明はなされていない[2]。そこで、本章では、証真の教学研究の観点から、教判論上、『法華経』に関連するいくつかの問題点をめぐる議論を検討し、その意義を解明する。

二　基本説

教判上の『法華経』の位置づけを、『法華玄義』の記述で確認すると、巻一上の七番共解中第一の標章及び、巻一〇上下における、五重玄義の第五判教で教相を釈する箇所に説示がある。

まず、巻一上では、教説の相について、五味の次第に従う記述がなされている。本章に関連する部分を挙げれば、次のとおりである（以下、「一巻教相」と呼ぶ）。

教相為レ三。一根性融不融相。二化道始終不始終相。三師弟遠近不遠近相。教者聖人被レ下之言也。相者、分二別同異一也。云何分別。

如三日初出前照二高山一。厚殖二善根一感二斯頓説一。頓説本不レ為レ小。小雖レ在レ座如レ聾如レ瘂。良由三小不レ堪レ大、亦是大隔二於小一。此如二華厳一。約二法被レ縁、縁得二大益一名二頓教相一。約二説次第一名下従レ牛出二乳味一相上。

次照二幽谷一。浅行偏明当分漸解。此如二三蔵一。三蔵本不レ為レ大。大雖レ在レ座多跢婆和小所レ不レ識。此乃小隔二於大一、大隠二於小一。約二法被レ縁、名二漸教相一。約二説次第一名二酪味相一。

次照二平地一。影臨二万水一逐二器方円一随二波動静一、示二一仏土一令二浄穢不同一。示二現一身一巨細各異。一音説法随レ類各解、恐畏歓喜厭離断疑神力不共故、見レ有二浄穢一、聞レ有二褒貶一。嗅有二薝蔔不薝蔔一。華有二著身不著身一。慧有二若干不若干一。此如二浄名方等一。約二法被レ縁、猶是漸教。約二説次第一生蘇味相。

復有レ義。大人蒙二其光用一、嬰児喪二其睛明一。夜遊者伏匿。作務者興成故。文云、但為二菩薩一説二其実事一。而不三為レ我説二斯真要一。雖二三人倶学一、二乗取レ証具如二大品一。若約二法被レ縁、猶是漸教。約二説次第一名二熟蘇味相一。

復有レ義。日光普照高下悉均平。土圭測レ影不レ縮不レ盈。若低頭、若小音、若散乱、若微善、皆成二仏道一。不レ令レ有三人独得二滅度一。皆以二如来滅度一而滅二度之一。具如二今経一。若約二法被レ縁、名二漸円教一。若説次第、醍醐味相。当レ知、華厳之譬与二涅槃義一同。三子三田三馬等譬、皆先二菩薩一次及二二乗一後則平二等凡聖一云云。

問。既以二五味一分別。那同称レ漸。

答。約レ漸得レ明二五味一耳。又若小不レ聞レ大、大一向是頓。若大不レ用レ小、小一向是漸。若以レ大破レ小、是漸頓並陳。若帯レ小明レ大、是漸頓相資。若会レ小帰レ大、是漸頓泯合。故無量義云、漸頓二法三道四果不レ合。今時則合、即此義也。

問。云何相資。

答。小聞二於大一、恥レ小而慕レ大是為二頓資レ小。仏命二善吉一転レ教大益二菩薩一。是為二漸資レ頓。如二前分別一。但約二顕露一明二漸頓五味之相一。

若論二不定一、其義不レ然。……秘密不定、其義不レ然。……

今法華是顕露非二秘密一。是漸頓非二漸漸一。是合非二不合一。是醐醍非二四味一。是定非二不定一。如レ此分別、此経与二衆経一相異也。[3]

要を取って言うならば、『華厳経』が「頓教相」であり、「乳味」とされる。漸教の相は、酪・生蘇・熟蘇の三味である。『法華経』は「漸円教」であって、「醍醐味」であるとする。また、秘密に対する顕露であり、「漸頓」であるとするのである。

他方、巻一〇上下では、所謂南三北七の諸説を検討した後、頓・漸・不定の大綱三種によって判教が行われ、教門と観門という二つの観点から詳説される。教門の冒頭の部分を挙げれば、次のとおりである（以下、「十巻教相」

と呼ぶ）。

五判二教相一者、即為レ六。一、挙二大綱一。二、引二三文一証。三、五味半満相成。四、明二合不合一。五、通別料簡。六、増レ数明レ教。一、大綱三種。一頓、二漸、三不定。此三名同レ旧、義異也云云。今釈二此三教一各作二二解一。一、約二教門一解。二、約二観門一解。教門為二信行人一。又成二聞義一。観門為二法行人一。又成二慧義一。聞慧具足、如三人有レ目、日光明照見二種種色一。具如二釈論偈一云云。

先約レ教者、若華厳七処八会之説、譬如三日出先照二高山一。浄名中唯嗅二薝蔔一。大品中説二不共般若一。法華云、但説二無上道一。又、始見二我身一聞二我所説一。即皆信受入二如来慧一。若遇二衆生一尽教二仏道一。涅槃二十七云、雪山有レ草、名為二忍辱一。牛若食者、即得二醍醐一。又云、我初成仏、恒沙菩薩来問二是義一。如レ汝無レ異。諸大乗経、如レ此意義類例皆名二頓教相一也。非二頓教部一也。二、漸教相者、如二涅槃十三云一。従レ仏出二十二部経一。従二十二部経一出二修多羅一。従二修多羅一出二方等経一。従二方等経一出二般若一。従二般若一出二涅槃一。如レ此等意、即是漸教相也。又始自二人天二乗菩薩仏道一。亦是漸也。又中間次第入亦是漸云云[4]。

ここでは、頓教の意義について、『華厳経』[5]のみならず、『維摩経』[6]『摩訶般若波羅蜜経』『法華経』[7]『涅槃経』[8]などの教説に言及しながら説明がなされ、これらが部、すなわち特定の経典群を指すのではなく、教説の内容としての頓であることが説示されている。また、漸教では、『涅槃経』[9]の記述に則り、十二部経乃至『涅槃経』の説法の次第が漸教の相とされるのであり、一巻教相とは説明の仕方が異なる。なお、不定教に関する両巻の論旨が必ずしも一様ではないことから、その関係をどのように解するかが論点となったが、本章では立ち入らない。右の引用部分からは様々な問題点が提起されうるが、その一つとして、一巻教相では、『華厳経』が「頓教」とされるに対し、『法華経』は「漸円教」、或いは「漸頓」と説示されることが挙げられよう。唐代の華厳学者は、『華厳経』を『法華経』に対して優位に置くために、『法華玄義』のこうした記述を活用した。冒頭で触れたように、湛然にとっては、それを破斥することが大きな課題になったのであり、[10]この点については次節で検討する。要するに、湛然は、他宗との関係では『法華経』の優位を強調した。例えば、『法華玄義釈籤』巻二に、「於二顕露七中一通奪而言レ之並非レ七也。別与而言レ之但非二前六一。何者、七中雖レ有二円教一、以二兼帯一故、是故不レ同。此約レ部説也。彼七中円与二法華円一其体不レ別故但簡レ六。此約レ教説也。[11]」とあるように、円教の意義について、与・奪の観点を導入し、後者においては、余教を帯びない点で、『法華経』所説の円教が他経に優越すると主張した。証真が規矩としたのは湛然の立場であるが、その議論全体を見るに、自説の正当性を強調するよりは、概念規定に意を用いたものとなっている。以下、節を改めて、具体的に検討する。

三　頓と漸、及び湛然説への視角

『法華経』の教判上の位置づけに関する証真の議論は、『法華玄義私記』巻一本に、ほぼ集約されている。まず頓教の意義について検討する。一巻教相において『華厳経』が「頓教相」[12]と判ぜられることについて、湛然が「此是頓部。非二是頓教一。以三彼部中兼二一別一故。人不レ見者便謂三華厳頓二於法華一者、悞矣。[13]」とする『法華玄義釈籤』巻二の記述をめぐって、次のような問答がなされている。

問。第十云、七処八会之説頓教之相也。何故相違。

答。頓有二二義一。一者、約レ部。即化儀頓。直説レ大故。二者、約レ教。即化法円。是頓速故。彼既兼レ別。豈是頓教。然第十文、破下他三教各指二一経一、不レ通中他部上。以二華厳一名レ頓。以二阿含等五時一名レ漸。以二金光明等一名二不定一。今家依レ彼亦立二三教一。故不三別立二秘密一頓及不定並通二諸経一。非二唯華厳一、非二只金光一也。頓通二諸経一故、名二頓教相一。非二正華厳一部一。故云レ非二頓教部一也。不定教例可レ知。故彼教・部稍異二今文一。今以二化法一名レ教、化儀名レ部。彼以二諸経一名レ教、一部経名レ部耳。彼以二化儀・化法一並名二頓教一。今約二化儀一名二頓部一也。[14]

ここでは、湛然の所説と、『華厳経』の七処八会の教説全てを頓教の相とする『法華玄義』巻一〇上[15]の説示との関係を、どう理解すべきかが問われているのである。この箇所における証真の理解は、湛然の所説に則ったものであり、湛然が頓の解釈において問題とする、部・教の二つの観点を、化儀・化法に換言した上で、頓の意義を次のように説明している。頓には約部、すなわち化儀における頓と、約教、すなわち化法における円教がある。乳味の『華厳経』が、化儀の観点から頓であることは当然であるとしても、約教の観点からは、兼別の円である以上、化法の円ではなく、したがって頓教ではない、というのである。つまり、約部、或いは化儀の頓とは、『華厳経』を規定する概念である。そして、化法の円との区別は、乳味という説の次第以外には、教説の内容が別教を兼ねる点に求められる。とすると、例えば、『守護国界章』巻上之上の、「教頓部頓初出二高山一。教漸部漸次照二幽谷一。」[16]という記述が、証真によって「言二教頓一者、雖レ有二別教一、以レ円為レ正。故亦得レ云三純説二円頓一。」[17]と会釈されるように、『華厳経』を論じる局面に応じて、その「頓」の解釈は、振幅を有するものになる。[18]以上を図示すれば、次のようになる。

頓
- 化儀━約部……『華厳経』（別円）
- 化法━約教……円教

次に漸教の意義を検討する。前述のごとく、『法華玄義』が、『法華経』を「漸円教」、或いは「漸頓」と規定することをどのように理解するかという問題であり、湛然は、『法華玄義釈籤』巻二で、「漸円教」の意味を、次のように説明している。

若約二法被レ縁名二漸円教一者、此文語略。具足応レ云下鹿苑漸後、会レ漸帰レ円故云中漸円上。人不レ見レ之、便謂、法華為二漸円一華厳為二頓円一。不下知中華厳部中有レ別、乃至般若中方便二教、皆従二法華一乗一開出上。故云於二一仏乗一分別説レ三。故疏云、於二一仏乗一開二出帯二帯三一。今法華部無二彼二三一故、云二無二亦無三一。又上結云三華厳兼等、此経無二復兼但対帯一。此非二難見一、如何固迷。又今文諸義、凡一一科皆先約二四教一以約二麁妙一、則前三為レ麁、後一為レ妙。次約二五味一以判二麁妙一、則前四味為レ麁、醍醐為レ妙。全不三推二求上下文意一、直指二一語一便謂三法華劣二於華厳一。幾許悞哉。幾許悞哉。[19]

また、「漸頓」については、次のように述べている。

次言三是漸頓非二漸漸一者、具如二前判一。今法華経是漸後之頓。謂、開レ漸顕レ頓。故云二漸頓一。非二法華前漸中之漸一。何者、前判二生熟二蘇一同名為レ漸。此二経中亦有二円頓一。今法華円与二彼二経円一頓不レ殊。但不レ同二彼方等中三、般若中二一。此之二三名二漸中漸一。法華異レ彼故、云レ非二漸漸一耳。人不レ見レ之、便謂下法華為二漸頓一華厳為中頓頓上、恐未レ可也。[20]

要するに、「漸円教」とは、「会レ漸帰レ円」の意であり、「漸頓」とは「漸後之頓」、すなわち漸教の後に説示される頓の意である。『法華経』一経についてみれば、『華厳経』や、生蘇味・熟蘇味の諸経のような方便教を帯することはないことから、漸の義はないというのが、この箇所における湛然の主張の要諦である。ここでも部・教のうち、部の観点における『法華経』の優位を強調しているといえよう。

証真の議論が、右のような湛然の教説を踏まえたものであることは、次の記述から明らかである。

問。若約㆓化儀㆒、法華亦有㆓漸教義㆒耶。

答。若従㆔二乗漸㆓入五味㆒、相㆓従四味㆒亦名㆓漸教㆒。若独法華会㆑漸帰㆑頓、但是頓也。亦非㆓頓漸㆒。如㆓上已説㆒。故維蠲釈㆓玄文是漸頓㆒云、化儀名㆑漸、化法名㆑頓。具如上引守護章云、雖㆑有㆓漸名㆒、是円家之漸。非㆓漸家之漸㆒云云。経云、漸教以㆓仏道㆒云云(21)。

すなわち、五味相生という十巻教相の意義に照らせば、『法華経』にも漸教の義はあるが、『法華経』一経についてみれば、頓教もしくは頓漸の範疇外であるというのが結論である。そして、自説を証明すべく、『唐決』における維蠲の決答(22)や、『守護国界章』巻上之下(23)の文を引用するのである。

しかしながら、証真は、この漸・頓・非頓漸という『法華経』の三つの教判上の性格のいずれかを極度に強調する姿勢を採ることはないのであり、湛然が華厳学者に対して展開した反論の理解も、こうした立場からなされている。それは、右の引用文に続く、次の問答が示すとおりである。

問。若爾、何故破㆓他漸義㆒。

答。義例所㆑引他師意云、法華化法・化儀倶漸。何者、於㆓漸教中㆒開㆓蔵等四教㆒。是故円教是漸非㆑頓。二乗漸人来㆑此悟入故亦是漸。今破意云、化法・化儀各有㆓漸頓㆒。非㆓漸開四㆒。故円是頓。既名㆓円頓㆒。豈可㆓是漸㆒。又、漸人来会㆑漸帰㆑頓。何従㆓漸人㆒名為㆓漸教㆒。亦不定人来応㆑名㆓不定教㆒。又有㆓頓悟㆒、何只従㆑漸。処処破文意在㆑此矣。

他師単論㆓法華㆒名㆑漸。今家相㆓従四味㆒故名㆑漸。若単論㆓法華㆒是会㆑漸帰㆑頓。又、会㆑八帰㆑一。故亦非㆓頓漸㆒。故玄文云、漸頓泯合。

止観一云、法華云、如レ是之人応下以二此法一漸入中仏慧上。此証レ漸也。弘決云、引二法華一者、既非二華厳教人一。又、非二諸教入レ頓。起レ自二鹿苑一、中渉二二味一故名為レ漸。已上 此以二経歴之辺一亦名レ漸也。又弘決云、漸与二不定一並従レ昔説。来二至法華一無二復二名一。若以下人従二漸教中一来上即名二法華一為二漸教一者、此人亦従二不定中一来、法華何不レ名二不定教一。人自二多途一。法華常頓。各賜二等一一。思レ之可レ知。已上 此破三漸人来故名二漸義一也。(24)

ここでは、湛然の『止観義例』巻下「第七喩疑顕正例(25)」における議論を、次のように分析している。「他師」は、『法華経』を化儀・化法双方の意味で漸教と判ずる。それは、頓・漸二教のうち、漸教から化法の四教が開出されるからであり、また、漸機である二乗が聴聞して悟入するからである。これに対して、湛然は、化儀・化法各々に頓・漸の義があるとする。漸教から開出されたのが化法の四教中の円教ではなく、円教とは化法における頓の意である。したがって、『法華経』は、この意味では頓教に他ならず、また、漸機が法華会で悟入することから『法華経』を漸教とする「他師」の説も誤りだとする。「処処破文意在レ此矣。」と述べるように、証真によれば、『止観義例』等において展開される湛然の反論の趣意は、彼らの天台教判に関する誤解を正すところにあるというのである。

そして、傍線部のように、証真自身は、『法華経』の教判上の位置づけとして、漸・頓、及び、非頓漸の三つの側面があることを確認し、非頓漸の証文としては、『法華玄義』巻一上の「漸頓泯合(26)」という記述を用いている。さらに、自説は湛然の立場と矛盾しないことが、『摩訶止観』巻一上(27)、及び、それを釈する『止観輔行伝弘決』巻一之二(28)の記述の引用によって指摘されている。他ならぬ湛然にしても、「経歴之辺」においては『法華経』を漸と判ずるということである。

湛然の所説に対する証真の理解が右のようなものであれば、湛然説を根拠として『法華経』には漸教の義がないと主張する立場に対しては、次の問答のごとく、むしろ漸の義を前面に出した議論が提示されることも首肯されよう。

問。玄文云、約二法被レ縁名二漸円教一。籤云、此文語略。具足応レ云三鹿苑漸、後会レ漸帰レ円。故云二漸円一。人不レ見レ之、便謂下法華為二漸円一、華厳為中頓円上、不レ知二華厳部中有レ別。又、玄文云、今法華是漸頓非二漸漸一。籤云、今法華経是漸後之頓。謂、開レ漸顕レ頓故云二漸頓一。非二法華前漸中之漸一云云。準二此等文一、妙楽強会二漸教之文一。既云二非漸一。故知、必無二漸教之義一。

答。漸有二種。一、化儀漸。謂、五味相生従レ小入レ大。二、化法漸。謂、前三教。若拠二化儀一、法華亦漸。然従二四味一故得二漸名一。単論二法華一、唯是頓教。亦非二頓漸一。若拠二化法一、唯円故頓。而玄文中、独指二法華一亦名レ漸。故強会レ之也。玄次文云二漸頓泯合一。若従二四味一名二漸教一者、不レ可二強会一。玄文含二二義一。故維鬮決従二五味相生一亦為レ漸也。(29)

問の立場は、『法華経』を「漸円教」、或いは「漸頓」と判ずる『法華玄義』の文を、湛然が「強会」していることから、『法華経』には、実には漸教の義がないと主張する。それに対して証真は、漸を化儀・化法の二義に分別し、前者の意味では、『法華経』の漸を肯定する。すなわち、化儀の漸とは、前述のように十巻教相に基づくものであり、乳味から醍醐味に至る五味の過程全体を漸と理解する。したがって『法華経』も漸である。また、化法の漸とは、「謂、前三教。」とあるように、蔵通別の三教である。よって、この観点からは、『法華経』は頓であり、或いは非頓漸である。ここでも証真が「漸頓泯合」を引用していることに注意しておきたい。漸の分類を図示すれば、次のとおりである。

漸　化儀……五味相生従小入大（『法華経』を含む五味の過程）
　　化法……前三教（蔵・通・別）

これを前提とすれば、『法華経』が漸であるのは、化儀の漸＝五味相生の次第に限定される。しかし、一巻教相では、『法華経』一経について漸円教と判じていることから、湛然の「強会」が問題となるのであり、証真の説では化儀の意味で『法華経』を漸と判ずるため、強いて会釈する必要がないのである。

ここで、証真が「強会」と述べたことは、後世、華厳学者の所説を採用したとみなされ、批判の対象ともなった(30)。しかし、ここまで検討してきたように、証真が、湛然の見解を自説の理論的基盤としていることは明らかなのであり、証真自身による湛然説の理解に照らせば、『法華玄義』の記述に対する会釈は必要がないとするに過ぎない。そもそも、湛然が「強会」したというのは、問の立場の議論である。証真の所説は、問の立場の少々強引な立論を斟酌したものとみることもでき、後世の批判は必ずしも証真の意図を酌んでいないといえよう。

教判上の概念である頓・漸を解釈する上で証真が留意しているのは、湛然の教説を基盤としながらも、華厳学者への対決姿勢を意識的に抑制するという点である。華厳教学との論争という契機がない以上当然ではあるが、それによって『法華経』にも漸の義があることを肯定している。ただし、化儀の漸は、五味の過程全体に『法華経』を配置した場合にのみ用いられる。要するに、化儀の頓・化儀の漸とは、証真の教学においては、『華厳経』と『法華経』の教判上の地位を消釈するために構築された概念である。前者は、『華厳経』が頓ではあるが、それは化儀の意味に限定され、化法の頓ではないことをいうものであり、後者は、『法華経』にも漸の義を認めつつ、『法華経』一経が漸ではないことをいわんとするものである。したがって、化儀の漸と、中間三味の漸とは両立しうる点に注意すべきであろう。[31] 証真は、一巻教相の「漸円教」「漸頓」を、十巻教相の五味相生従小入大で解釈し、なおかつその意味に限定することで、頓・漸に関する一巻教相と十巻教相の説示の仕方の相違を消釈しているのである。

四　八教摂不

教判論における『法華経』の中心的な問題の一つは、所謂法華超八、或いは超八醍醐をめぐる議論であり、日本天台では「八教摂不」の論題で知られる。[32] 証真は諸師の見解を俎上に載せているが、それらを単に整理するだけではなく、先行する学説を包摂し、統合しようとする構想を見出すことができる。

まず問題となるのは、『法華経』の円教と他経の円教の同異である。これについては、他経にも円融三諦を明かすか否かの前提問題として、『法華玄義私記』巻一本で論じている。冒頭の問答の部分を挙げれば、次のとおりである。

問。他経円教与二法華円一、為レ同為レ異。……

答。他経円教与二法華円一、有レ同有レ異。若約レ部論、雑二偏教一故、異二開顕円一。故云二超八一。若約レ教論、別取二円教一、彼此円同。故云レ有レ同。将レ明二此義一。一、立二文理一。二、遮二外難一。……[33]

要するに、教説としての円教は諸経にわたって同一であるが、部の観点からすると、他経は偏教をまじえている点で、『法華経』の「開顕円」と異なるとし、ここに超八の意義を認めるのである。そして、「文理」として九項目を挙げ、要文を収集しながら自説を論証している。例えば、『授決集』巻上の「法華不レ摂二八教中円教一決」[34] の見解は、次のように取り扱われることになる。

問。若以二籤文一与奪為レ証者、山王院授決集会二籤文一云、籤中約二相待門一、暫設二与義一。実非二正義一。記云、先約二相待一以判レ麁。次約二絶待一以判レ妙。可三以レ此会二籤義一也云云。

答。相待亦是今経之意。如二向已述一。又、与奪二義並是相対。以二円頓一対二三教一故名曰レ与。以二法華一対二四味一名レ奪。故不レ可レ云二奪義是レ正也。又、他経不レ教二味権実一。唯至二法華一判二彼権実一。豈以二相待一属二他経一耶。然記云下約二相待一判上レ麁者、以二相待一判二他経一為レ麁。故云レ判レ麁。絶待唯一。故云レ判レ妙。非レ謂三相待属二他経一也。但、於二破レ三及開レ三中一、雖レ無二傍正一、若強論レ之、以レ開為レ正。(35)

『授決集』の説は、『法華経』を与奪の二義によって判ずる『法華玄義釈籤』巻二の釈のうち、奪の義を絶待門に配当し、これを正とする。これに対して証真は、相待もまた『法華経』に説示されることを指摘した上で、そもそも与奪の二義自体が相待であるとし、奪の義のみを正とすることを否定するのである。ただし、『授決集』所引の『法華文句記』巻一上(36)の文については、破三顕一(相待)と開三顕一(絶待)には傍正はないとしながらも、強いて論ぜば後者を正とすることで、『授決集』の見解の意を酌んでいる点には注意しなければならない(37)。

また、右の問答に続き、開会の意義について、能生の円と所生の円との関係を、「開レ三顕レ一。故不レ会レ円。此約レ教也。四味入二醍醐一故亦有二会義一。此約レ部也。雖レ会二四味一、実会二所レ帯之権一。非レ会二円教一。昔円亦是能生故也。故記云、雖レ曰二所生一義兼二於能一。又会レ教帰レ理故会二八教一。若会レ教帰レ教唯会レ七也。故彼記文約二二義一明。故云三実相生二諸法一也(38)。」と論じている。すなわち、開会について、約教、約部、「会レ教帰レ理」の観点を立て、それぞれ「不レ会」「有二会義一」「会二八教一」とするのであり、この分別の仕方は、より細分化された形で、「八教摂不」の論点においても用いられる。そこで、『法華玄義私記』巻一本における議論を検討するに、証真は、「上古異説」として、「八摂亦不レ摂レ八」[39]（『唐決』の説）と、「一向非二八教摂一」[40]（『授決集』の説）の両説を引用したのち、次のような問答を行っている。長文であるが、引用しておく。

問。既有二両説一。何者為レ正。

答。法華教相義有二多門一。

一是頓教。此約二化法一。是円教故、以レ円名レ頓。非二化儀頓一。異三華厳頓有二別円一。故今此円頓、会レ三帰レ一。是故亦名二会レ漸帰一レ頓。与二八教中一有二与奪義一。如二上已説一。故弘決云、来二至法華一会レ八帰レ一。奪也　若約二教道一、但須レ会レ七。与也　守護章上云、其八教者、但立二前四味一、不レ渉二第五時一。法華涅槃摂二第五時一。何摂二八教一耶。八教為レ狭、五味為レ広。法華涅槃相摂二八教一、有二両義門一。約レ教之辺、少分相摂。約レ部之辺、都不二相摂一。已上

二者、是漸教。此拠二五味次第漸入一、異二三味漸一。既是頓漸。即八教摂。故玄文八教中即明二法華一。

三者、非レ頓非レ漸。此有二三義一。

一、入実処。即以二実相一為二非頓漸一。此約レ理明。非レ約レ教也。如下序品疏云中還入二一法一息レ化帰レ真等上。輔正記云、非頓漸者、実相之理、不レ当二頓漸一。頓漸約二化儀一也。已上

二者、化儀頓者、並指二別円一。故一円経非二化儀頓一、亦非二三味一。故名二非頓非漸一。故守護章云、法華涅槃非レ漸非レ頓者、謂、非二乳味頓一、非二酪生蘇（ママ）漸一也云云。弘決九云、初華厳頓。鹿苑下漸。法華涅槃非二漸頓摂一。但是会レ漸而帰二於頓一。故所レ会之頓与二華厳中円頓一不レ別。但彼部兼レ別。且総判為レ麁耳。已上

三者、未二開会一故有二八教別一。今開二会八一、以帰二一極一。既無二八教一。何論二摂不一。於二此一極一、無二頓漸名一。故此法華非二八教摂一。如三衆流入レ海無二諸水一、名二会レ八帰レ一。故籤第十以二八蔵一対八教中云、不レ論二法華一者、以三法華部非二八数一故。第一巻結二教相一云、今法華是定非二不定一等。前八教中、雖レ有二顕露一望レ秘名レ顕。猶為二権

教一、近迹所レ覆。是故不レ同二法華之顕一。又八教中雖レ有二円教一、帯レ偏明レ円、猶属二於漸一。故前文云、漸開二四教一。今法華円、開レ偏顕レ円。円外無レ法。已上 私志記第三云、人多問言、法華於レ八為レ内為レ外。釈有二三別一。一云、在レ内。即円頓故。二云、在レ外。正明二開会一不レ同二不開会一故。三云、亦内亦外。円頓体同、開顕別故。今謂、若在レ内者、法華不レ異二方等・般若一。彼有二円頓一故。若在レ外者、応レ有二九教一。若亦内亦外者、既不二一向一。半同半異。八既不レ成。既無二単九一。何論二亦九一。更有説言、非レ内非レ外。若爾為レ遮為レ表。即無二両亦一。亦可レ論二遮表一耶。又法華即虚空之物。以三彼虚空非二内外一故。今準二玄文判教一、初明二融不融一中、先約二余経一分三別八教差別一明二根不融一。次約二法華一破二会前八一顕二根性融一。此則今昔四五差会之義明矣。於二諸所説一無レ所レ乖矣 乃至 問者曰、玄文約二五時一以釈。則法華在二漸中一。何云レ非レ八。釈曰、若爾、五味既明二漸義一。則華厳法華並為二漸教一。何故玄云二華厳為レ頓、法華非レ漸。故知、但是通談二始終一。明下漸会二帰一一義上了。非レ為レ漸也。已上略抄(41)

ここでは、頓・漸・非頓非漸の三門を立て、『法華経』の教相を、総合的に論じているのである。前節で検討したように、『法華経』が頓教であるとは、化法の観点からみた場合であり、『華厳経』の化儀の頓が別円を含むのとは異なる。この円頓教としての『法華経』が、八教に摂されるか否かは与奪の二義があるとしている。

次に、漸教としての相は、五味の次第を前提とした場合をいうのであり、酪・生蘇・熟蘇の三味の漸とは意味合いが異なるとする。これは八教に摂される。

そして、非頓非漸については、さらに三義に分別している。第一の「入実処」とは、実相の理を証得することであり、教とは異なる観点からの分類である。第二には、「一円経」、つまり純円の『法華経』は、別円を含む化儀の頓とは異なり、三味の漸とも異なるとし、『守護国界章』巻上之上(42)と『止観輔行伝弘決』巻九之三(43)の文を引用して証する。第三には、開会によって既に八教の別がなくなる以上、摂・不摂を論ずる前提を欠くとし、『法華玄義釈籤』巻二〇[44]に加え、智雲の『法華経文句私志記』巻三[45]の記述を引用している。

『法華経』の教判上の位置づけに関する証真の議論は、文字通り、頓・漸・非頓非漸の「多門」からなる。これを図示すれば、次のとおりである。

『法華経』の教相

頓　化法頓＝円教、与（約教、別与）→摂
　　　　　　　　　奪（約部、通奪）→不摂

漸　五味相生　→摂

非頓非漸
①入実処＝実相、理
②非化儀頓（華厳）及び非三味漸（酪・生蘇・熟蘇）＝非頓非漸
③開会＝帰一極＝無八教
→いずれも不摂

摂・不摂の二義を立てる点で、たしかに証真の所説は『授決集』よりは『唐決』に近く、中国天台の枠組みを継承するものであることが確認できる。しかし、その立論を子細に検討すると、日本天台において発達した、約部を強調する立場に着目し、相当程度、自説に取り込んでいることがわかる。例えば、右の引用文では、頓教の証文として、『法華経』が八教の摂ではないことを強調する『守護国界章』巻上之上[46]の文を用いている。また、法華超八を宣揚し、『法華経』が一向に八教に摂されないと主張する『授決集』の立場については、次のような問答を行っ

ている。
問。若亦有二与義一者、授決集中所レ引文云何。
答。彼或約レ理。或約レ部論。都無二相違一。
問。授決集云、籤中約二相待門一、暫設二与義一。実非二正義一等。此義云何。
答。法華教相、雖レ有二多義一、以レ開為レ正故云也。[47]

『授決集』が、理、或いは部に約した見解を強調するとしても、それは、『法華経』の教相のうち、開会を第一義とするからであって、右に述べた、二義からなる証真自身の説とは全く相違がないとする。また、後の問答では、『法華経』の教相には多義があるが、『授決集』は開会の義を正義とすると解し、自説に位置づけているのである。

そもそも、日本天台において、『法華玄義』における非頓漸の義を証する「漸頓泯合」という記述に夙に着目し、その意義を考察しているのは、ここで検討している『授決集』[48]や『法華玄義略要』[49]といった円珍（八一四～八九一）との関連が深い文献であり、『授決集』には、「言二泯合一者、非頓非漸究極之円也。[50]」という記述を見出しうる。前節で指摘したように、「漸頓泯合」を非頓非漸の証拠として重視する点からも、証真が、双方の立場を意識した議論を展開していることを看取し得よう。

五　超八の円教

前述のとおり、証真の教学における超八の円教とは、『法華経』の教相のうち、八教に摂されない部分をいう。それは、日本天台における独自の展開を包摂しようとする意図のもと、教判上の概念規定を経て論理的に導出されるのであり、自身の教学の構成要素になっている。「八教之外更立二法華一故云二超八一。」[51]と述べることがあるように、殊更に宣揚されることはない。それは証真の教学が対他的な論争を意識して形成されたものではないことに由来する。数少ない用例の一つは、円密一致の教判論に見出すことができる。『天台真言二宗同異章』には、天台教学と密教との「教同」を明かす部分に、次のような記述がある。[52]

三者、二経同是円教義。故**演密抄**云、今神変経与レ此大同円教所レ摂。**又**云、問。華厳・般若劣二於如来秘蔵一耶。答。此乃宗果是同。但顕秘為レ異。前約二教相円極一、摂二諸了義一。後約二威霊光験一、属以二秘宗一。復何疑哉云云。他家以二円教仏果一、為二秘密因分一。即違二此文一。菩提心義云、法華与二真言一同是超八円教云云。[53]

ここでは、『大日経』と『法華経』が同じく円教に摂せられることを、遼の覚苑撰述にかかる『大日経義釈演密鈔』の二箇所の文によって引証し、空海の十住心教判[54]が円教の仏果を秘密の因分とすることを批判している。そして『菩提心義抄』巻一[55]の所説によって、『法華経』と「真言」が、共に超八の円教であることを論じているのである。

ところで、右の立論には問題がないわけではない。『演密鈔』の最初の引用文は巻一を典拠とすると解され、周辺の部分も含めて引用すれば、次のとおりである。

後弁二教摂一者、古来分教総有二多岐一。且依二清涼教類一、有レ五。

一、小乗教。但説二我空一縦少説二法空一、亦未レ明レ顕、但依二六識・三毒一、建二立染浄根本一、未レ尽二法源一。故多諍論。

二、始教。亦名二分教一。此既未レ尽二大乗法理一。故立為レ初。有レ不二成仏一故名為レ分。

三、終教。定性二乗・無性闡提悉当二成仏一方尽二大乗至極之説一。故名為レ終。又亦名二宝教一。以レ称二実理一故、名

レ理為レ実。上之二教並依二地位漸次修成一。故総名レ漸。
四、頓教。但一念不生即名為レ仏。不レ依二地位漸次一而説。故立為レ頓。又、不レ同二前漸次修行一、不レ同二後之円融具徳一、頓詮二此理一。故名為レ頓。
五、円教。明二一位即一切位、一切位即一位一。十信満心即摂二五位一、成二正覚等（ママ）一依二普賢法界帝網重重主伴具足一。故名二円教一。広如二彼疏一。
今神変経典与レ此大同。但顕密為レ異耳。是故此経五教之中円教所摂。故下序云、此経迺秘蔵円宗深入二実相一為二衆教之源一。[56]

ここで覚苑は、清涼澄観の五教判を略述し、顕教と密教の相違はあるとしても、『大日経』と華厳教学における円教が同一であると述べている。証真が引用したと思われるのは傍線を施した箇所である。『二宗同異章』の文脈が、『法華経』と『大日経』のみならず、大乗経典と密教経典という広義にわたるとしても、ここで覚苑のいう円教は、『法華経』を念頭に置いて述べたものではないであろう。

第二の引用文は、『演密鈔』巻四の、次のような記述に基づくものと思われる。

問。今第三義已該二円宗一。第四立二如実知自心一別収二秘蔵一。豈華厳・般若劣二於如来秘蔵一耶。
答。此乃宗果是同。但顕密為レ異。前約二教相円極一摂二諸了義一。後約二威霊呪験一属以二秘宗一。復何疑哉。[57]

覚苑は、『大日経義釈』巻三の「又此経宗横統二一切仏教一。如レ説三唯蘊無我・出世間心住二蘊中一、即摂二諸部中小乗三蔵一。如レ説下観二蘊阿頼耶一覚中自心本不生上、即摂二諸経八識三無性義一。如レ説二極無自性心・十縁生句一、即摂二華厳・般若種種不思議境界一、皆入二其中一。如レ説二如実知自心・名一切種智一、則仏性・一乗・如来秘蔵皆入二其中一。於二種種聖言一無レ不レ統二其精一。[58]」という文を問題とするのであり、覚苑のいう第三義、すなわち極無自性心・十縁生句には

『華厳経』『般若経』が摂されているとしても、『大日経義釈』には、さらに如実知自心の義を立てて、ここに仏性、一乗[59]に加えて如来秘蔵が配当されていることから、その優劣を論じているのである。覚苑の議論では、秘蔵とは密教を指すことになり、果は等価値ということになる。

これに対して、右に証真が引用する安然の『菩提心義抄』巻一の文は、羊乗行菩薩・象乗行菩薩・月日神通乗行菩薩・声聞神通乗行菩薩・如来神通乗行菩薩という五乗行菩薩[60]を化法の四教へ配当するにあたり、「蔵通為レ一。華厳為レ別。無量義為レ円。是為二四教一。法華与二真言教一同為二超八之円一。」とするものであって、『華厳経』を月日神通乗行菩薩、すなわち別教として、超八の円教である『法華経』よりは二段階低く配当する記述である。

『天台真言二宗同異章』における証真の議論が『法華経』と『大日経』との一致だけでなく、大乗仏教と真言密教との一致を念頭に置いたものだとしても[61]、これらを同時に引用しながらの論証には問題がある。しかし、『演密鈔』の引用の意図は、顕教と密教の仏果に優劣がないことを論証することで、空海への批判を行うところにある。むしろここでの証真の主張の重点は、『法華経』が『大日経』と同じく円教に属し、しかもそれが「超八円教」であるとする『菩提心義抄』の引用にあると理解することも可能と解する。

また、『演密鈔』所説の円教の意義について付言すれば、華厳教学に対する証真の評価は高く、『止観私記』巻二末で唯心唯識の同異を論ずる際には法蔵の『華厳経探玄記』巻一三の所説[62]によって論証している。要点のみ示せば、次のとおりである。

問。今唯心観与二唯識論一同耶、異耶。

答。一切色心即真如変。万法即是真如全体。故点二一心即是万法一。故名二唯心一。若点二一色一亦名二唯色一。若唯識論真如不変。但云三八識変作二諸法一。心実。境仮。故名二唯識一。諸法不レ融二真如一故。探玄記第十三云、言二三界虚妄但心作一者、此之一文、諸論用引証二成唯識一。今此所説是何等心。云何名レ作。今釈二此義一、依二諸聖教一説有二多門一。一、相見倶存。故説二唯識一。……二、摂レ相帰レ見。故説二唯識一。……三、摂レ数帰レ王。故説二唯識一。……四、以レ末帰レ本。故説二唯識一。……五、摂レ相帰レ性。故説二唯識一。……六、転レ真成レ事。故説二唯識一。……七、事理倶融。故説二唯識一。……八、融レ事相入。故説二唯識一。……九、令二事相即一。故説二唯識一。……十、帝網無礙。故説二唯識一。……上来十門、初三約二初教一。次四約二終教・頓教一。後三約二円中別教一説。総具二十門一。約二同教一説。已上略抄。彼指二華厳一名二円中別教一。指二余経一乗一名二円教一 若准二今家一、前六似レ別。第七正是円教一心三諦意耳。八九十是唯心之用[63]。

傍線部のように、証真は、法蔵が大乗終教・頓教に配当した第七の事理倶融の義を天台教学における一心三諦に配当し、同じく別教一乗とする八・九・十を「唯心之用」と述べている。教観の相違があること、他に言及例がなく資料不足であることなどから、この点は推測になるが、『演密鈔』所説の円教が華厳教学における円教であることを知って証真が引用したとしても、一概に矛盾とみる必要はないとも思われる。

六　小結

上来、『法華経』に関する教判上の問題点の一部を検討してきた。これらの論点における証真の議論は、湛然の所説を徹底して消化した上で構築されている。すなわち、『法華玄義』などの基本的な説示を尊重しながら、湛然の教学史上の課題ともいえる華厳学者への対決姿勢を意図的に抑制するという手続きを経た上で、理論的には一段と深化した湛然の所説を活用しているのである。その過程では、頓・漸といった教判上の概念を化儀・化法という観点から規定し、『華厳経』と『法華経』の位置づけを明確にした上で、『法華経』独自の教相を論じている点に特色があることを指摘した。そして、日本天台で独自の発達を遂げた、『法華経』の優位を強調する立場に対しては、単に会釈するだけではなく、一部を自説に包摂していることを明らかにした。

こうした総合性、融通性は、証真の教学全体にわたる特質なのであり、後世の評価が必ずしも一定しないのは、評価者の視点によって多様な解釈が可能であることによる。なお、『天台真言二宗同異章』における議論は問題を残すのであり、試案を示したが、これについては今後も検討課題としたい。

註

(1) 中国天台に関する基本的な業績のみ挙げれば、佐藤泰舜「経典成立史の立場と天台の教判」(京城帝国大学文学会編『京城帝国大学文学会論纂』第三哲学論叢、岩波書店、一九三六)は、夙に智顗の教判論を検討し、頓漸五味説の成立における機感、すなわち聴衆の理解力の重要性を指摘している。また、関口真大編著『天台教学の研究』(大東出版社、一九七八)は、「五時八教」の諾否をめぐる論争を関口氏側の視点から総括した書であり、佐藤氏の論文を含め、その後の天台教学における教判論の主要な研究業績が収録されている。他には、堀内伸二「『法華玄義』に於ける天台教相論―特にその枠組をめぐって―」(『南都仏教』六〇、一九八八)がある。また、湛然の法華超八の主張に関する梗概については、安藤俊雄『天台性具思想論』(法藏館、一九五三)後編第二章第三節「諸宗との対決」、同『天台学―根本思想とその展開―』(平楽寺書店、一九六八)第十三章第二節「法華超八の主張」参照。また、池田魯参「天台学から円頓の観念について」(『印度学仏教学研究』二二―一、一九七三)、同「湛然に成立する五時八教論」(『印度学仏教学研究』二四―一、一九七五)参照。また、日本天台について、最澄から安然までの諸学匠の教判論を俯瞰するには、浅井円道『上古日本天台本門思想史』(平楽寺書店、一九七三)が有用である。

(2) 証真の教判論を主題とする研究としては、小寺文穎「宝地房証真にみられる教判について」(『印度学仏教学研究』一九―二、一九七一)がある。小寺氏は、「五時八教」をめぐる関口真大氏と佐藤哲英氏の論争に際して、証真がこれをいかに取り扱っているか、という問題意識から、『法華玄義私記』における教判論を分析し、証真が智顗以来の教判論を継承し、八教という枠組みを重視していたという結論を導出している。また、証真の用いる化儀・化法の漸・頓という教学上の概念が、最澄に由来することを指摘し、証真の説が「最澄の説をあくまで踏襲しながら、明確化する点に発揮点があるといえよう。」（六六九頁）とする。しかしながら、両者の概念規定には異なりがあるのは、本文で述べるとおりである。浅田正博「宝地房証真における天台教判の理解」（『龍谷大学仏教文化研究所紀要』一七、一九七八）も同様の問題意識から証真の教判論を検討しているが、「証真が最澄より中国の天台学者の思想を重視した立場をとった」（一七四頁～一七五頁）という見方は妥当でない。これらの点について、註（31）参照。

（3）大正三三・六八三頁中～六八四頁上。

（4）大正三三・八〇六頁上中。

（5）大正九・六一六頁中下。

（6）大正一四・五四八頁上。

（7）「但説無上道」は、方便品、大正九・一〇頁上。「始見我身～入如来慧」は、従地涌出品、大正九・四〇頁中。

（8）大正一二・七八四頁上。

（9）大正一二・六九一頁上。

（10）例えば、澄観が、『華厳経随疏演義鈔』巻七において、天台の教判について論じた後、「是故以二化儀一取レ法、華厳之円、是頓中之円。法華之円、是漸中之円。漸頓之儀、二経則異。円教化法、二経不レ殊。大師本意判教如レ是。又諾二円教一亦名為レ頓。故云二円頓止観一。由レ此、亦謂二華厳一名為二頓頓一。法華名為二漸頓一。以二是頓儀中円頓、漸儀中円頓一故。」（大正三六・五〇頁上）とし、『華厳経』が「頓中之円」「頓頓」であるのに対し、『法華経』が「漸中之円」「漸円」であると判じたことは知られている。

（11）大正三三・八二五頁下。

（12）大正三三・六八三頁中。

（13）大正三三・八二二頁下。

（14）仏全二一・一九頁上。
（15）大正三三・八〇六頁上。
（16）伝全二・一九七頁。
（17）仏全二一・一九頁上。
（18）その他には、『維摩経玄疏』巻六の「一頓教者即華厳経也。譬如三日出前照二高山一。又如二涅槃経云一、雪山有レ草名曰二忍辱一。牛若食者即得二醍醐一、即其義也。然雖レ云二頓教一、為レ化二菩薩一、不レ無三兼開二別教方便一。」（大正三八・五六二頁上）という記述のうち、「別教方便」をどのように理解すべきかが問題となる。これについて証真は、「別教二義。直説二中道一故亦名レ頓。次第漸入故亦名レ漸。止観第三云、別教止観亦漸亦頓。何以故。初心知レ中故名二亦頓一。渉二方便一入故名二亦漸一云云。寿量品疏云、若漸機以二三蔵通教一。頓機以二別円一云云。浄名玄文、兼顕二化法一、以レ円為レ頓也。」（仏全二一・一九頁下）と述べている。つまり、ここでは、中道を頓の意味で用いる『摩訶止観』巻三下（大正四六・三三頁上）や、『法華文句』巻九下（大正三四・一三〇頁下）の記述を根拠に、化儀の頓が別教を包含するとしている。要するに、『維摩経玄疏』の文は、化儀の頓教として『華厳経』を挙げながら、化法の意味での別教の方便を含む点に言及している、との理解を示しているのである。
（19）大正三三・八二三頁中下。
（20）大正三三・八二五頁下。
（21）仏全二一・二〇頁下。
（22）新版日蔵・天台宗顕教章疏四・一九五頁下。
（23）伝全二・二九〇頁。なお、その後の経文の引用は、『法華経』化城喩品の偈文。大正九・二六頁下。
（24）仏全二一・二〇頁下～二一頁上。
（25）大正四六・四五三頁中～四五九頁上。『止観義例』における湛然の議論の概要については、池田魯参「湛然教学における頓漸の観念―澄観教学との対論―」（『南都仏教』四七、一九八一）参照。
（26）大正三三・六八三頁下。
（27）大正四六・二頁下。

(28) 大正四六・一五五頁中。
(29) 仏全二一・二一頁上下。
(30) 例えば、慧澄癡空は、「宝地何云下独指二法華一為上レ漸。以二荊渓会釈一為レ強、其意信二服清涼一、不レ肯二荊渓一言中彰矣。」（仏教大系『法華玄義』一・一八一頁）と述べ、証真が湛然の所説に反対し、むしろ澄観説に与したとして非難している。
(31) 浅田前掲論文は、最澄が化儀の漸を中間三味とすることから、これを『唐決』同様、十巻教相で理解する証真は最澄の説を採用しなかったとする（一七四頁）。たしかに、最澄は『守護国界章』巻上之上において、「言下従二鹿苑一至二于般若一名為中漸教上、此約二化儀漸一。非二是化法漸一。」（伝全二・二〇六頁）と述べているから、両者における「化儀漸」の意味内容は異なるが、証真にとって、化儀の漸とは『法華経』に漸の義を認めるために施設した概念であり、中間三味の漸と矛盾するものではない。また、浅田氏は、証真が化法の漸を中間三味と理解し、そのため最澄とは全く逆の理解をしたと述べる（一七四頁）が、化法の漸を三味で理解するのは無理があり、妥当性を欠く。さらに言えば、浅田氏の理解を前提にしたとしても、証真が「約教与釈」を唱える「唐決」を中心として化儀・化法の用語を引用し、最澄の約部奪釈の態度を無視しようとしたのではなかろうか。」（一七五頁）という議論は、明らかに妥当性を欠く。この点については、次節「八教摂不について」参照。
(32) 湛然による法華超八の主張については、註（1）の、安藤俊雄・池田魯参両氏の研究参照。
(33) 仏全二一・六頁下。
(34) 仏全二六・三三六頁下〜三三八頁下。
(35) 仏全二一・八頁下〜九頁上。
(36) 大正三四・一五七頁中。
(37) 田村芳朗『鎌倉新仏教思想の研究』（平楽寺書店、一九六五）は、証真が、「円珍の『奪義為正』に対しては、『与奪ノ二義。並ニ是レ相対ナリ。以テ二円頓ヲ一対スルヲ二三教ニ一名ケテ曰ヒレ与ト。以テ二法華ヲ一対スルヲ二四味ニ一名クレ奪ト。故ニ不レ可カラレ云フ二奪義ノ是正一也ト。』と評し、『約教約部与奪互ニ論ズル耳。……世人多ク云フ三他経ハ不レ明サ二円融三諦ヲ一。此レ謗リ二諸部ノ円文ヲ一。背ク二一宗ノ大義ニ一。』とて、約部奪釈・唯円独妙の一辺倒にたいしては、つよく、いましめている。」（一三四頁）としている。たしかにそのとおりであるが、本文のように、この問答全体を検討しなければ、証真の真意を把握することができなくなる恐れがある。証真説の眼目は、約部と約教の双方を宣揚することにある。

(38) 仏全二一・九頁上。

(39) 証真は、『唐決』の「円澄疑問・維蠲決答」（新版日蔵・天台宗顕教章疏四・一九四頁下～一九五頁下）、「徳円疑問・宗穎決答」（新版日蔵・天台宗顕教章疏四・二一六頁上）を引用し、「円澄疑問・広修決答」（新版日蔵・天台宗顕教章疏四・一六六頁上下）もほぼ同一の見解であると述べている。証真の引用によって示せば、次のとおり。「修禅和尚問云、籤云奪而言レ之、並非レ七也云云。今尋二文意一、若約二与義一則法華同二八中円一。若爾、亦為二頓漸摂一不。又約二奪義一則非二八摂一。若爾、為二何化儀化法一。維蠲決云、衆生不レ堪、於レ一開レ三、八教調熟。今説二一乗一、帰二円一乗一。故八教摂。五義釈レ題、不レ同二諸経一。諸経有レ円。円即是妙。妙体無レ異。将レ部往望、彼有レ兼レ麁。法華唯円。故独称レ妙、八不レ摂也。実相為レ体。体亦無レ二。将レ部往望、諸経実者自実。権者自権。未レ同二一実一。今則一味故、非レ八也。一乗因果為レ宗。小善偏行悉是円因。本地三身方是妙果。八教所レ未レ開也。断疑生信為レ用。焦種敗根能生二華果一。如レ斯之用八教所レ無也。名体宗用既別。教相固令二不同一。故非二八摂一。然離二八教一外無二一教一。復対二化儀化法一弁也。儀中用レ法。法須レ約レ儀。若単約二化儀一、華厳唯頓。余経唯漸。文云、鹿苑至二涅槃一漸也。又云、従レ牛出レ乳。五味皆漸也。諸如レ此文、且約二化儀一、法華漸也。玄文云、今経若約二法被レ縁名二漸円教一者、漸即約レ儀。円即約レ法。文句云、華厳頓。鹿苑至二般若一漸。法華会レ漸帰レ頓。諸如レ此文、頓是約レ法。此儀法合弁也。已今当説、法華第一。一乗円妙廻異二余妙一。今当三為レ汝説二最実事一。諸上之文。唯約レ法明。已上略抄 広修決大都同レ之。宗穎決云、法華之円、与二開レ漸中円一体無レ二。則摂無レ妨。若約レ時論、未レ開之時、不レ同二已開一。況漸中円猶有二対帯一云云。已上漢家諸師、其意不レ殊。」（仏全二一・一五頁上～一六頁上）。これらの説は、いずれも、部の観点を強調すれば、『法華経』は八教に摂されず、教の観点からは摂されると解している。

(40) 註（34）参照。これも前後を含めて証真自身の引用によって示せば、次のとおり。「授決集中、法華不レ摂二八教中円教一決云、雲雨品疏云、上文云二唯此一事実一。指二此地一也。余二則非レ真。指二七方便一。此約二漸頓二教一、述二其開権顕実一也。序品疏云、当レ知、此土従レ一出二無量一。非レ頓而頓。非レ漸而漸。其事已竟、必当下収二無量法一還入二一法、開レ権顕レ実、息レ化帰レ真、与レ彼同上也。記云、一出無量者、始従二華厳一至二般若一来、皆従二一法一開出。至二般若一時、

頓漸已竟。而人不レ知三法華出二頓漸外一。請観二竟字一。法華但是収二無量一帰レ一。窮子品疏云、国王者漸頓諸経。乃至融二通漸頓一会二入此経一。故名レ会二国王一也。玄一云、若会レ小帰レ大、是漸頓泯合。乃至今法華是顕露非二秘密一。是漸頓非二漸漸一。是合非二不合一。弘決一云、来二至法華一、会レ八帰レ一。若約二教道一、但会レ七。籤三云、若只判二四教中円一、名レ之為レ妙。諸経皆有二如レ是円義一。何不レ称レ妙。故須三更約レ部約レ味、方顕二今経教円部円一。記云、開二三教果頭之権実一、廃二四味兼帯之大小一云云。又云、若非二超八之如是一、安為二此経之所聞一。唐天台座主釈曰、今宗判教有レ三。一、非頓非漸。二、非頓而頓。三、非漸而漸。言二非頓非漸一者、唯此一事実也。実即実相。亦是一切智之所レ帰地。即是法華。而頓即華厳。而漸即三味。実相難レ解。所以施二設頓漸儀法一調二熟之一畢、究竟会二入平等大慧、実相妙理一。故言二一実一。又頓有レ二。一、頓説。如三日照二高山一。二、円為レ頓。即極頓是。今言レ異二漸頓一、即是三味漸後之教頓也。非二八教中化儀之頓一。法華是能生之円。故称二平等大慧一。既云二出頓漸外。請観竟字一。何以不レ観レ之。籤中約二相待門一暫設二与義一、実非二正義一。記云、先約二相待一以判レ麁。次約二絶待一以判レ妙。可二以(ママ)レ此会レ籤也。彼八中円、此所生円、帯レ麁之円。故依二絶待一奪義為レ正。若猶以レ与為二正義一者、豈与二兼別之円一等耶。台山両答、未レ究二宗意一。今示二誡文一。後賢詳レ之。已上略抄。台山両答者、指二躅修両決一也　山王院玄義要略、法華論記、顕法華義鈔、止観古記等、並同二此説一。」（仏全二一・一六頁上下）。

(41)　仏全二一・一五頁上～一七頁下。

(42)　伝全二・二一五頁。

(43)　大正四六・四二九頁上。

(44)　大正三三・九六二頁下～九六三頁上。

(45)　続蔵一―四五・三七八丁左上下。坂本幸男「法華仏教の特質―特に法華至上主義の展開―」（『大乗仏教の研究』大東出版社、一九八〇所収）は、証真が『私志記』を引用していること、それにより、夙に中国天台で八教摂不の問題が論じられていたことを指摘する。ただし、坂本氏は、『授決集』の記述を、証真自身の説と誤解している（三四九頁～三五〇頁）。

(46)　伝全二・二一四頁。田村前掲書、一三〇頁は、この箇所を、日本天台における、第五時・醍醐味・八教不摂を強調する文の一つとして引用している。

(47)　仏全二一・一八頁上。

(48)　仏全二六・三三八頁上下参照。

(49)　仏全二六・五五八頁上下。「玄文上云、今此法華漸頓泯合。今科目中云二化儀一頓一。言泯二方便之漸頓一、合二一実之妙儀一。所以今日都無二向前方便之義一。皆泯合故。泯者、混也、先也。合者、融也。経文云、并会二親族国王大臣一。此明二会漸頓混融一之文。正直捨二方便一、但説二無上道一。所以今経儀妙・法妙。破レ麁絶レ麁、決二了小大一、並為二経王一。即是妙儀故題二妙法一。開二方便門一示二真実相一。泯二合四時方便化法一混為二醍醐真実一法一。当レ知、法華化儀化混化法円融。合二竟兼但対帯化儀化法一也。故科目中云二化儀一頓化法一円一。正対二破於八教之時化儀不レ一化法不レ円。此意如レ是。後学思レ之、莫レ濫二部頓一。若相濫者、謗二法華一也。妙儀妙法専不レ同レ他。文云、如二三世諸仏説法之儀式一、我今亦如レ是説二無分別法一。妙儀妙法須三仰二信之一。法家之儀、儀家之法、即妙即法、故無二分別一。学人若更疑惑、乞披二経本及大師玄文一耳。蓮華法儀儀法一体無レ前無レ後。蓮華八葉表二彼八教一。蓮台唯一表二八帰レ一。一中之八、八中之一、常八常一無レ前無レ後云云。」とある。ただし背書の記載である。瀧川善海「伝円珍「玄義略要」の問題点」（『天台学報』二五、一九八三）は、『玄義略要』の本文と背書の撰者が異なるとし、背書には「超八思想や円教と密教との融合等」、円珍の教学的な特色が明白であることから、円珍の撰述によるものと推測している。

(50)　仏全二六・三三八頁下。

(51)　『法華玄義私記』巻九、仏全二一・三四三頁上。

(52)　この箇所について、大久保良峻『天台教学と本覚思想』（法藏館、一九九八）所収の『天台真言二宗同異章』訳註参照。なお、同書では、証真が覚苑を善無畏の弟子と勘違いしていること、『演密鈔』の引用に問題があることなどから、何らかの事情で証真が『演密鈔』を十分に参照できない状況にあった可能性を指摘している（二七七頁）。

(53)　大正七四・四一七頁下。

(54)　『秘蔵宝鑰』巻下、大正七七・三七一頁下。

(55)　大正七五・四五六頁中。

(56)　続蔵一―三七・二丁左下～三丁右上。

(57) 続蔵一―三七・四九丁左上。
(58) 続天全、密教1・八七頁下～八八頁上。
(59) 『演密鈔』巻四に「言二仏性一乗一者、涅槃・勝鬘・如来蔵等経也」とある。続蔵一―三七・四九丁左上。また、『大日経義釈』或いは『大日経疏』の当該箇所の解釈をめぐる問題点について、大久保良峻『台密教学の研究』（法藏館、二〇〇四）第五章「台密教判の問題点」参照。
(60) 『不必定入定入印経』（大正一五・六九九頁下～）による。この五乗行菩薩に関する、最澄以来の日本天台における議論の詳細については、大久保良峻『台密教学の研究』第十四章「神通乗について」参照。
(61) 大久保前掲書『天台教学と本覚思想』二七六頁～二七八頁参照。
(62) 大正三五・三四六頁下～三四七頁下。
(63) 仏全二二・八五五頁下～八五六頁下。

付論　毒発不定について

一　問題の所在

ここでは、『法華玄義』に説示される教判論のうち、「一十教相同異」或いは「不定毒発」の論題で知られる問題点に関する証真の理解を検討する。第一章で触れたように、この論点は、一巻教相と十巻教相の記述の齟齬に由来するのであり、日本天台で盛んに議論された。(1)この議論の要諦は、『法華玄義』の二箇所で説かれる不定教の性質をどのように理解するかにある。結論を予め述べておけば、証真は、『法華経』の教判上の位置づけについては、双方の記述を同趣旨のものと捉えて自説を構成していたが、不定教については、一巻と十巻のそれを全く峻別する。以下、基本説を概観した上で、証真の所説を検討し、毒発不定の理解について確認する。

二　基本説

『法華玄義』では、巻一上の七番共解における標章中の標教と、巻一〇上下にわたる五重玄義第五の判教の二箇所に教判論が説かれている。そのうち、不定教に関する部分を挙げれば、次のとおりである。

①『法華玄義』巻一上

若論二**不定**一義則不レ然。雖二高山頓説一不レ動二寂場一、而遊二化鹿苑一。雖レ説二四諦生滅一、而不レ妨二不生不滅一。雖下為二菩薩一説中仏境界上、而有二二乗智断一。雖二五人証レ果、不レ妨三八万諸天獲二無生忍一。当レ知、即レ頓而漸、即レ漸而頓。大経云、或時説レ深、或時説レ浅。応レ問即遮（ママ）、応レ遮即問（ママ）。一時一説一念之中、備有二不定一。不レ同三旧義専判二一部一。味味中悉如レ此。此乃顕露不定。

秘密不定其義不レ然。如来於レ法得二最自在一。若智、若機、若時、若処、三密四門無レ妨無レ礙。此座説レ頓、十方説レ漸、説二不定一。頓座不レ聞二十方一。十方不レ聞二頓座一。或十方説レ頓、説二不定一。此座説レ漸各各不二相知聞一。於レ此是顕、於レ彼是密。或為二一人一説レ頓、或為二多人一説レ漸、説二不定一。或為二一人一説レ漸、為二多人一説レ頓。各各不二相知一互為二顕密一。或一座黙、十方説。十方黙、一座説。或倶黙、倶説。各各不二相知一互為二顕密一。雖二復如レ此、未レ尽二如来於レ法自在之力一。但可二智知一、不レ可二言弁一。雖二復甚多一、亦不レ出二漸・頓・不定・秘密一。今法華是顕露非二秘密一。是漸頓非二漸漸一。是合非二不合一。是醍醐非二四味一。是定非二不定一。如レ此分二別此経一、与二衆経相一異也。(2)

②『法華玄義』巻一〇上

三**不定教**者、此無二別法一。但約二頓漸一、其義自明。今依二大経二十七云一。置二毒乳中一乳即殺レ人。酪・蘇・醍醐亦能殺レ人。此謂三過去仏所、嘗聞二大乗実相之教一。譬レ之以レ毒。今値二釈迦声教一、其毒即発、結惑人死。若如二提謂波利一、但聞二五戒一不起法忍。三百人得二信忍一。四天王得二柔順忍一。皆服二長楽之薬一、佩二長生之符一、住二於戒中一見二諸仏母一。即是乳中殺人也。酪中殺人者、如二智度論云一。教有二二種一。一、顕露教。二、秘密教。顕露者、初転法輪、五比丘及八万諸天得二法眼浄一。若秘密教、無量菩薩得二無生法忍一。此是毒至二於酪一、而能殺レ人也。生蘇中殺人者、有㆓諸菩薩㆒、於㆓方等大乗教㆒得㆑見㆓仏性㆒、住㆓大涅槃㆒。即其義也。熟蘇殺人者、有㆓諸菩薩㆒、於㆓摩訶般若教㆒得㆑見㆓仏性㆒。即其義也。醍醐殺人者、如㆓涅槃教中㆒。鈍根声聞開㆓発慧眼㆒、得㆑見㆓仏性㆒。乃至鈍根縁覚、菩薩七種方便皆入㆓究竟涅槃㆒。即其義也。是名㆓不定教相㆒也。非㆓不定部㆒。(3)

①では、頓・漸二教に続いて顕露不定・秘密不定が説示されている。顕露不定の箇所の傍線部には五比丘と八万諸天の得益の相違が例示されているのであり、ここでは顕露・秘密の二種の不定教は、『大智度論』巻六五の顕密二法輪を基盤として構築されている。すなわち顕露不定とは、仏の説法が聞者に応じて自在であり、五味で規定された教化の次第に拘泥しないことを意味する。そして、秘密不定とは、説法が自在である点では顕露不定と相違がないものの、傍線を施したように、説法を聞く者が互いに「不相知」つまり互いに知らないことを「秘密」とする。

次に、②の不定教は、傍線部のごとく、『涅槃経』巻二七の記述を基盤としている。ところで、経の文は、具さには「師子吼言、一切衆生身不㆓一種㆒。或有㆓天身㆒。或有㆓人身・畜生・餓鬼・地獄之身㆒。如㆑是多身差別非㆑一。云何而言㆓仏性為㆑一㆒。仏言、善男子。譬如㆘有㆑人置㆓毒乳中乃至醍醐㆒、皆悉有㆗毒。乳不㆑名㆑酪。酪不㆑名㆑乳。乃至醍醐亦復如㆑是。名字雖㆑変毒性不㆑失、遍㆓五味中㆒皆悉如㆑是。若服醍醐亦能殺㆑人。実不㆑置㆓毒於醍醐中㆒。衆生仏性亦復如㆑是。雖㆘処㆓五道㆒受㆗別異身㆖、而是仏性常一無㆑変。(4)」というものである。つまり、衆生が五道に流転しようとも各自の有する仏性は同一であることを、乳乃至醍醐のどれに毒を置いても、その毒が摂取した者を殺すという性質の点では同一であることに譬える。『法華玄義』は、この毒を、過去仏から聞いた大乗の実相の教説とし、殺人とは、今生における釈迦仏の五味の教説を聞いた際に、過去の聞経によって置かれた毒＝実相の教が、聞者の能力に応じて効力を発揮し、聞者が各自悟りを開くことであるとする。

右のごとく、①（以下、一巻教相と呼ぶ）と②（以下、十巻教相と呼ぶ）における不定教の説示内容は全く同一とは言い難い。前者が頓・漸に加えて顕露・秘密の二不定を説くに対し、後者は同じく『大智度論』の顕密二法輪を引用するが、その記述の重点は、乳乃至醍醐の五味の次第における殺人に置かれている。そもそも後者においては、教相として頓・漸・不定の三種が挙げられているのみであり、頓・漸・不定・秘密の四種で仏の説法形式を説明する一巻教相とは、枠組みからして異なるのである。

ちなみに、一巻教相における不定教の意義については、湛然が、『法華玄義釈籤』巻二において、次のように述べている。

次引二大経一証中、云二或時説深或時説浅等名不定一者、以レ由二彼此互相知一故。若秘密者、即如三下文互不二相知一、是故名レ密。不定与レ秘並皆不レ出二同聴異聞一。故名為レ即。今亦浅深同レ席故著二或言一。応三問謂開二其問端一。応遮謂レ置二其所問一。亦開置同レ席。故成二不定一。(5)

すなわち、聞者が「相知」するか否かで区別がなされる顕露不定と秘密不定とは、同聴異聞という説法の形式において共通であるとするのである。この「同聴異聞」は、不定教における通有性を規定したものということができ、後世の規矩となった。そうであるとしても、「同聴異聞」にどのような意味内容を与えるかということは当然に問題となるのであり、このことについては後章で検討することになる。(6) 以上を前提として、節を改めて、『法華玄義』に説示される二種の不定教に関する証真の理解を確認する。

三　証真の教相論

冒頭で触れたように、証真は、一巻教相と十巻教相における不定教を別個の概念として理解している。それは、『法華玄義私記』巻一〇の、次の記述から見て取ることができる。

玄三不定等者、

問。第一巻約二同聴異聞一。此中約二殺人一何耶。

答。不定有レ二。各出二一義一。諸文多明二毒発不定一。以レ附二旧師偏方不定一故。其異聞者、是教不定、是聞不定。並通二四教一、浅深更互。其毒発不定者、是部不定、是発不定。但約二円教一、於レ浅悟レ深。且如レ乳者、得二人天益一。此名二定教一。而聞二乳教一、得二無生忍醍醐益一。故名為二不定一。余味例爾。故云二約部醍醐一。部中七方便人行二五味一中判二毒発一耳。守護章云、毒発不定円教所立。依下見二仏性一殺中無明人上。不二不定説一故、不レ関二能詮一一。不二不定機一故、不レ所レ被二不定一云云[7]。

この問答は、前節で引用した②の記述、つまり十巻教相の判教の大綱を釈する箇所を問題としている。すなわち、一巻教相の不定教は同聴異聞という共通項で説示されているところ、十巻教相では毒発殺人で説明しているのは何故か、という基本的な問を立てている。

証真によれば、不定には同聴異聞と毒発の二種があり、多くの文が毒発不定を説示するのは、頓・漸・偏方不定からなる教判の枠組みに従っているからであるという。それは、『法華玄義』巻一〇上に、所謂南三北七を説明する前提として、「南北地通用二三種教相一。一、頓。二、漸。三、不定。華厳為レ化二菩薩一。如三日照二高山一名為二頓教一。

三蔵為レ化二小乗一。先教二半字一。故名二有相教一。十二年後為二大乗人一説二五時般若乃至常住一、名二無相教一。此等倶為二漸教一也。別有二一経一、非二頓漸摂一。而明二仏性常住一。勝鬘・光明等是也。此名二偏方不定教一。此之三意通途共用也。[8]」とあるように、南北に共通に行われたという教判の枠組みである。

　そして、一巻教相に説示する同聴異聞の不定とは、教の不定、聞の不定であり、化法の四教にわたるものである。これに対し、毒発不定とは、部の不定、発の不定であり、この効力は円教に限定されるとし、証文として、『守護国界章』巻上之中[9]の記述を引用している。

　同聴異聞の不定を教・聞の不定とするのは、証真が、別の箇所で、「言二異聞一者、仏対二万機一以二一音一説、万機各聞二万種法門一名為二口密一。機互相知名為二不定一、互不二相知一各為二秘密一。以レ之名為二不思議口密不共徳一也。不定・秘密正拠レ此論。[10]」と述べるように、これを一音説法における仏の口密の効力として理解するからである。つまり、一つの教説を、多数の聴衆に対し、多数の法門として聞かせるのが同聴異聞の不定教である。教説がどのように聞こえるか、という機根の問題はあるにせよ、同聴異聞自体の成立には、原則として聴衆たる衆生の側は、関与しない。これが、教・聞の不定の意味するところである。

　これに対して毒発不定を部・発の不定とするのは、不定教を特定の経典とする南三北七の教判論に対し、十巻教相の規定が、不定の教相として、五味全体を通じて、程度の低い教えを聞くことにより、「不起法忍」「見仏性」「入究竟涅槃」等の程度の高い利益を得ることを主張するからである。[11]証真は、『守護国界章』の所説に基づいて、これを円教における断無明の意味で把捉し、「但約二円教一、於レ浅悟レ深。」と述べている。

　要するに、一巻教相の口密に対し、十巻教相における毒発不定とは、五味中の各時節における断無明が、機根によって定まっていないということを意味する。一巻教相の同聴異聞は仏の側に起因する不定であり、十巻教相の毒発は衆生の側に起因する不定ということになる。

そうであるとすると、『法華経』における同聴異聞の不定はあり得ないとしても、断無明の義である毒発不定については、どのように解すべきか。この点については、次の問答が示すとおりである。

問。且如三酪中得二二酥益一、亦是不定。何但醍醐名二不定一耶。余味亦爾。

答。古師判二一部経一、論二偏方不定一。不レ待二時節一、忽説二深法一名二不定教一。今依二彼名一而用義異。於二味味中一、不レ待二時節一、忽断二無明一皆有二不定一也。若約二五味一、唯至二法華醍醐教中一方断二無明一。故於二法華一、無二不定教一。

問。若爾、涅槃亦醍醐味。応レ無二不定一。

答。彼聞二権門一得二権益一。已随二位浅深一而見二仏性一。故有二不定一。[12]

要するに、五味の次第において、時節を待たずに無明を断ずるのが毒発不定であるとすれば、醍醐味であり、かつ純円である『法華経』の時節においては無明を断ずるのが当然である以上、不定はあり得ないということである。これに対して、『涅槃経』はたしかに醍醐味ではあるが、純円ではないことから、『涅槃経』における毒発不定は想定しうることになる。[13]

四　小結

右に検討したように、証真は、一巻教相における同聴異聞の不定教と、十巻教相における毒発不定を会釈することなく、方向性の異なる別の教理と捉えている。

そして、毒発は、『涅槃経』も含めて『法華経』以外の説時における断無明の義であることから、『法華疏私記』

巻三末に「二乗密入泛有二三義一。謂、毒発・被接・開会也。前二多是行者自入。不四必待三仏説二開顕理一。故属二能通一。其第三義是秘妙。……」[14]と述べるように、爾前すなわち『法華経』より前の会座における二乗の密入の根拠の一つともなる。[15]証真の教学における二乗作仏をめぐる諸問題については、第二部で詳説する。

註

(1) 日本天台の論義史における当該論点の議論を概説する研究として、瀧川善海「一十教相同異に関する日本天台の諸論」(『印度学仏教学研究』三二―一、一九八三)があり、証真の説にも言及している。
(2) 大正三三・六八三頁下～六八四頁上。
(3) 大正三三・八〇六頁中。
(4) 『涅槃経』(南本)巻二七、大正一二・七八四頁下。
(5) 大正三三・八二五頁上。
(6) 本書第六章「不定教における二乗作仏について」参照。
(7) 仏全二一・三六五頁上。
(8) 『法華玄義』巻一〇上。大正三三・八〇一頁上。なお、古田和弘「偏方不定教について」(『大谷学報』五六―一、一九七六)参照。
(9) 伝全二・二二二頁～二二三頁。『法華玄義』巻一〇上における不定教の相が、所被の機、すなわち衆生について述べたものか、教の様相について述べたものか不明確であるとする徳一への反論である。
(10) 『法華玄義私記』巻九、仏全二一・三四二頁上。
(11) ただし、十巻教相では、略中の殺人について、『大智度論』を引用して、法眼浄を得るのが顕露教、無生法忍を得るのが秘密教としている。この点は問題となり得るが、今は立ち入らない。
(12) 仏全二一・三六五頁上下。

(13) この説に対し、慧澄癡空は、『法華玄義釈籤講義』巻一〇において、方便教における毒発不定が原則であることを認めつつも、唯円教における毒発不定をいうこともできるとし、証真説には批判的である。仏教大系『法華玄義』五・五〇八頁。

(14) 仏全二一・四八〇頁下。

(15) なお、被接との関係では、『止観私記』巻三末において、別接通の人による「一生破無明」の可否を論ずる際、これを肯定する文脈で、「接三入後教一速入二実人一、凡有二三類一。一、入二別教住行等位一忽毒発。故如三諸教有二四種毒発一。今即別教行発人也。二、入レ別已続入二円教一速断二無明一。三、於二前教一修行已熟後受二円教一、即生能発。今論二被接一、拠二第三類一。初是毒発、非二被接意一。第二亦非二今文接義一。」（仏全二二・八九五頁下）とし、被接と毒発を、前教における修行で区別している。また、「毒発是横、非二教次第一。被接是竪、修行次第。」（同右）とも述べる。証真の被接説については、大久保良峻「日本天台における被接説の展開―基本的事項を中心に―」（『天台教学と本覚思想』法藏館、一九九八所収）参照。

第二章　証真の教学と『法華玄論』

一　問題の所在

天台三大部は全て智顗説、灌頂（五六一～六三二）筆録とされている。このうち『法華玄義』や、特に『法華文句』において、引用とは明記せずに『法華玄論』など吉蔵（五四九～六二三）撰述書の文を収録した箇所が少なからず存在するという事実を指摘したのは、証真の大きな業績である。とりわけ『法華疏私記』では、全編にわたって、『法華文句』が吉蔵撰述の『法華玄論』の記述を取り込んでいることを指摘しているのであり、その理由の一つとしては、次のような記述が知られている。

凡此疏中方便品下、乃至二寿量品一、多録二玄論文一。若欲レ破レ之、則云二有人一。若欲レ取レ之、直爾叙レ之。而記消釈多不レ順レ論。然嘉祥師有二玄論一、有二義疏一。而今疏中、但引二玄論一、記中但引二義疏一。恐妙楽不レ見二玄論一歟。今記既云、義勢多是嘉祥旧立。故知、非二親勘一レ之。[1]

ここでは、『法華文句』が『法華玄論』を引用する際、その見解を批判する場合は「有人」の説として引き、採用する場合には典拠を明示しないという仕方を指摘する。そして湛然の『法華文句記』には『法華玄論』援用の事実に言及する所がなく、湛然が『法華玄論』を参照していないと思われると述べている。それを補足し、『法華文句』の構造をより明らかにする意味で、証真自身が『法華玄論』援用の箇所を詳細に指摘したという経緯が読み取れる。

証真が湛然の教説を規矩とすることはいうまでもないが、学僧としての姿勢に向ける意識はやや複雑なものであるということができる。例えば、『止観私記』識語には、次のような夢中の対話が記されている。

建永二年秋、再削二此私記一。至二承元元年冬十一月二十五日一、夢拝二見妙楽大師一。法座前多有二文籍一。予諮問云、御作文籍、多有二疑滞一。或消二本文一背二本文意一。或引二経論一違二本経論一。此事云何。大師告云、此是臨時之失錯、不慮之筆誤也。取捨任レ情。勿レ憚二改定一。[2]

すなわち、夢に現れた湛然に対し、註釈に妥当性を欠き、経論を引用する場合にも不正確な場合があるなど、その著作に疑わしい点が多くあることを証真が諮問したという。それに対して、湛然は自らの失策を認め、それはばかりか、証真が訂正を加えることを奨励したというのである。ここに、己の学識への強い自負を読み取ることも可能であろう[3]。

ところで、こうした証真の研究成果を踏襲し、さらに広範囲にわたって、吉蔵撰述書から天台章疏への影響を実証した研究成果として、平井俊栄氏の『法華文句の成立に関する研究』がある。

平井氏は、智顗の経典註疏と吉蔵の註疏が、扱う経典において共通性があり、それにも拘わらず、両者が活動した年代からして当然予想される影響関係が、むしろ逆であることに着目し、そこから研究を発展させた。特に『法華文句』については、『法華玄論』及び『法華義疏』と本文対照を行い、その結果、『法華文句』が、これら吉蔵撰述書を参照しつつ、灌頂もしくは後代の天台関係者によって著されたものであるという結論に至ったとする。平井氏自らが認めるように[4]、その過程で最大の指南となったのが証真の『法華疏私記』である。しかしながら、平井氏は、『法華文句』の作者が、吉蔵撰述書の記述を援用したことを否定的に捉える立場から論じているため、既に指摘されているように、(5)そのことに言及しなかった湛然の見解を厳しく批判し、湛然の誤謬を指摘した証真の教学を、やや過剰に評価する傾向がある。

平井氏の研究に対する評価は、現在に至るまで様々な立場からなされているが、(6)管見の限り、証真の教学研究という立場から検討した例は見出されない。そこで、以下、同書における証真説の取扱いについて、いくつかの問題点を指摘した上で、証真自身の教学に即して、『法華文句』における『法華玄論』援用箇所の指摘の態様と、その意義の一端を解明することにしたい。

二　『法華疏私記』における証真の立脚点

まず初めに、証真が『法華疏私記』で立脚する基本的な立場に関する記述を検討する。平井氏は、「証真の三大部私記は実証的な文献主義に立ち、厳正にして公明なる学究的態度によって貫かれているが、『文句』に対する註釈書たる『法華疏私記』十巻もまた例外ではなく、むしろ最もよく証真の学風を発揮したものというべきであろう。」(7)とする。そして、『法華疏私記』巻一の冒頭における執筆動機、或いは経緯を記した次の文を引用しながら、証真の立場を論じている。

天台法華疏者、左渓再治、妙楽消釈之後、諸師敷弘其数多矣。所謂呉興道暹輔正記十巻、釈専二記文一。東春智度義讃七巻。石鼓智雲私志記十四巻、至二譬喩品半一停レ筆不レ終。更有二諸品要義一巻一。此之二家於二荊渓記一粗有二取捨一。又、従義法師補注等近代伝来。案二天台教蔵録一、妙楽以前称為二聖師一。爾後已来号曰二諸師一。諸師解釈互有二得失一。得在二開闢一。失在二支離一云云。
故輔記等用捨任レ情。又彼録中不レ挙二以前三家之記一。此外当朝述作、他宗玄疏等、愚鈍之輩惓二于周攬一。今拾二諸家之要義一、集二愚見之所レ一及、以贈二後学一(8)。

平井氏は、右の文について、次のように解している。

証真にあっては湛然の『文句記』が如何に意識されていたかは、前述の冒頭の序言の中にもはっきりと表れている。すなわち証真は、証真以前に中国に流布していた『文句』の注釈書を評価するに当たって、湛然の『文句記』との関わりをもっとも重視している。例えば、道暹の『輔正記』十巻に対しては、その解釈が専ら『文句記』に依っていると評し、さらに後段に至って、輔記等の用捨は情に任せりとまでいっている。道暹の注釈は、湛然の解釈を忠実に記するのみで、とくに『文句』の解釈に関して、新たな創見を加うることはなかったのである。これに対して、智度の『義纉』七巻と智雲の『私志記』十四巻に対しては、此の二家は荊渓の『文句記』に対してほぼ取捨するところがあると評している。つまり、証真以前の註疏に対する証真の評価は、一に湛然の『文句記』に対してどう取組んでいるかという一点にあったことを、この序言は示唆しているのである(9)。

ちなみに、「後段」というのは、平井氏が、著作内では「故輔記等」以降の文をそれ以前と分離して引用したことによる。右の記述には、平井氏の証真への評価が総論的に示されているが、こうした説明は当然のことながら妥当性を欠く。

右の『法華疏私記』の文は、湛然門下とされる学僧の著作を評価したものである。道暹の『法華経文句輔正記』が概ね湛然の説に従うに対し、智度と智雲が『文句記』の説を取捨していることは問題ないとしても、証真は、

『天台教蔵録』[10]の記述に依拠する形で、湛然より後の学僧を諸師と呼び、諸師の解釈に得失があることから、「輔記等」の用捨は情に任せるとしているのであって、そこにいう「輔記等」から、智度や智雲の著作を除外する理由は全くない。「三大部私記」を通覧するに、証真自身はこれら諸師の見解を取捨しているといってよい。智雲の『私志記』が譬喩品の半ばで途絶している点を考慮するとしても、むしろ『法華疏私記』をはじめ「三大部私記」全般における道暹『輔正記』の活用は特筆すべきであるし、[11]同じ道暹の『涅槃経疏私記』や維摩経疏関係の著作についても、かなりの頻度で引用している。したがって、この記述をもとにして、諸師に対する証真の評価が、湛然の『文句記』に対してどう取り組んでいるかという一点にあったと断定することは無理である。

また、『国清百録』巻四[12]所収の、吉蔵による智顗宛書簡四通と、『続高僧伝』巻一九[13]所収の灌頂伝の記述内容の矛盾は平井氏が夙に指摘したところである。[14]『法華文句の成立に関する研究』においても、氏は、吉蔵が天台に帰したという伝承は、灌頂による「誣言」に基づくものであるとする。それが後世（『仏祖統記』巻一〇等）にはさらに増幅した内容の記述となったことについては、『法華文句記』巻二下の「本師所レ師、旧章須レ改。若依レ旧立、師資不レ成。伏膺之説靡レ施、頂戴之言奚寄。[15]」という文や、湛然に忠実な道暹『輔正記』[16]の記述が契機となったと推測している。そして、「湛然の吉蔵に対する認識がこの程度であったということは、湛然が『文句記』の執筆に当たって、吉蔵註疏を無視し深くは参照することがなかった一つの証拠となるであろう。[17]」と述べている。

ところで、『法華玄義私記』巻六[18]には、『仁王私記』すなわち智顗説、灌頂記とされる『仁王護国般若経疏』の文の解釈をめぐる議論がある。そこでは証真は、最澄撰述と伝えられる『註仁王護国般若波羅蜜経』が、吉蔵の『仁王般若経疏』と内容においてほぼ同一である点について、最澄が吉蔵の疏を写したという前提に立ち、最澄の意については、「仁王嘉祥疏是帰二天台一後作故用レ之也。」として、吉蔵が天台に帰依した後の著作であるから問題はないとしている。証真の議論は、結論は明快であっても様々な立場を会釈するため展開において難解であり、その文脈に即して意を酌むことが必要となる。いずれにしても、ここでは吉蔵が天台に帰したという伝承に依っているのであり、このこと自体は、天台宗の学僧として不自然ではない。詳細は次章に譲るが、要するに証真は、吉蔵の疏の依用を正当化するために、この伝承を活用したのである。ところが、平井氏は、証真がこの伝承を用いていることについては、特に言及することがない。

要するに、平井氏においては、灌頂は勿論のことであるが、吉蔵撰述書、ここでは『法華玄論』に注意を払わなかった湛然と、その湛然の学問に忠実であったとされる道暹などが非難の対象であり、湛然の教学に対して、批判的な姿勢を採ることもあった智度や智雲は評価すべきであるとする。そして、同じく湛然に盲従せず、『法華文句』における『法華玄論』援用を詳細に指摘した証真に至ると、『法華文句記』を凌駕する註釈書を執筆しようとした文献学者として最大限に評価し、その成果が『法華文句』の文献批判となっている点で、いわば平井氏自身と同様の立場にあると位置づけているようである[19]。しかし、右にみたように、その位置づけには妥当でない部分があり、証真説へのこうした視角が、『法華玄論』と『法華文句』の原文を対照させて影響関係を検討する際には、やはり当然ながら問題となってくる。

三　『法華経』寿量品における顕本の理解

本節では、『法華文句』釈寿量品にも近成と遠成の方便・真実を論ずる箇所について、平井氏による証真説の取扱いを具体的に検討する。そもそも、遠成すなわち「本」の意義を、法身・報身いずれを中心に捉えるかという点で、吉蔵と天台は見解を異にし、後述のように、天台教学では報身を中心とする。しかしながら、『法華文句』巻九下の次の記述は、法身を本とする立場からのものであることから、証真を含む天台の諸師にとって解釈上様々の問題点となったのであり、論題にいう「新成顕本」の議論でも大きな問題の一つとされている。

問。近成是方便、遠成是真実者、華厳寂滅道場、大経超前九劫、皆成二方便一。若爾、法華開遠竟、常不軽那更近。当レ知、法華已復方便。若爾、会三帰一竟、亦応レ不二会三帰一一。若爾、開三顕一諸仏道同。開近顕遠亦諸仏道同。若爾、諸仏皆爾。非二独釈迦一。若独釈迦、前諸義壊。答云、是我方便諸仏亦然。又、諸菩薩聞二寿量一発願、願我於二未来一説レ寿亦如是。此即諸仏道同。亦不三偏言二一近一遠一。故知、寄二無始無終・無近無遠一、顕二法身常住一、有始有終・有近有遠、論二其応迹一。用二此義一望二諸経一、対レ縁雖レ異、終不レ異也。既了二衆経一。諸師不レ可レ師也。[20]

やや難解であるが、文意は以下のとおりである[21]。すなわち、近成が方便、久遠実成が真実とするならば、寂滅道場で始成正覚したと説く『華厳経』[22]や、釈迦の超劫を説く『涅槃経』[23]の教説は全て方便となる。しかし『法華経』自身も、寿量品の開遠の後に、常不軽品で近成を説くのであるから、また方便ということになってしまう。そうであるなら、会三帰一の後にそれを否定することも、また可能となるのであり、結局、開三顕一も開権顕遠も、釈迦のみでなく諸仏に共通することとなる。この疑問に対し、「是我方便諸仏亦然」[24]という記述や分別功徳品の文[25]を引いて「諸仏道同」の意味を述べ、無始無終等によって法身常住を、有始有終等によって応迹を、それぞれ論ずるならば、縁に異なりはあっても、矛盾は生じないと述べている。

しかしながら、同じ『法華文句』巻九下に、「此品詮量通明二三身一。若従二別意一、正在二報身一。何以故。義便・文会。義便者、報身智慧上冥下契。三身宛足故言二義便一。文会者、我成仏已来甚大久遠。故能三世利二益衆生一。所成即法身、

能成即報身。法・報合故能益物。故言二文会一。以レ此推レ之、正意是論二報身仏功徳一也。[26]」とあるように、三身相即をいいながらも、寿量品の正意、すなわち迹に対する本は報身にあるとするのが天台の基本説である。法身を本とする右の記述が、この義と相違するのは明らかであって、湛然は「今師仮設。[27]」とし、会釈に苦心している。

ここで、吉蔵の『法華経』寿量品における仏身観について確認しておくと、『法華玄論』巻一において、見宝塔品と寿量品の関係について、「前現レ塔、雖レ表二法身是常一、未レ弁下為二始証法身一、為中久証法身上。故寿量広明二近遠之義一、明三無量劫来久証二法身二。[28]」とし、また、「諸仏随レ俗凡有二二種一。一者身。二者命。前明二法身常住一、後明二寿同太虚一。又、前明二無生滅一、後弁二無始終一。無始終者、逸多不レ見二其始一。補処豈測二其終一也。[29]」と述べる。つまり、見宝塔品は法身常住を略説し、寿量品はその意義を広説しているのであって、近成・遠成の意義を明らかにし、無量劫の昔より釈迦が法身を証していること、その寿命が無始終であることを説くとしている。また、巻二でも同様に「如来身不生滅、寿無始終也。[30]」とし、近・遠については巻三に、「近謂如来応迹、遠即常住法身[31]」とあるように、遠成の仏が常住法身であると述べるなど、総じて、法身を中心とした理解を示しているのである。そこで、『法華文句』の記述に該当する『法華玄論』巻二の所説を見れば、次のとおりである。

又問。若以二近成一為二方便一、以二久成一為二実説一者、法華明二久成一此実説、華厳弁二始成正覚一便是方便。未レ可レ然矣。又、大経云、我聞二半偈一超二弥勒一九劫、先得二成仏一。今請二問之一。超九劫者、為二是実説一、為二是権教一。若是実説者、則法華為二方便一。又、若超九劫為二実説一者、諸小乗経論明二超九劫一。若爾、三蔵為二実教一、法華是権経。若言下法華明レ久為レ実、大経明二超九劫一為上レ権者、則法華為レ実、涅槃為レ権。又、法華已開近、云何涅槃更覆レ遠耶。若近遠両経廻互者、三一之教義亦応レ然。又問。若法華開近顕遠明二久已成仏一為レ本、近成為レ迹者、何故常不軽品更覆レ遠明レ近、隠レ本弁レ迹耶。不レ応二一経之内前後相違一。若一経之中、本迹或覆或開、則三一或会或不レ会也。又、若此経為下明二久已成仏一実説上者、則初開二顕一諸仏共同、開近顕遠則釈迦独有也。若言二此義為レ例者、下分別功徳品、諸菩薩皆発願、願我於二未来一説レ寿亦如レ是。豈得レ言下釈迦独有二開近顕遠一、而余仏無上耶。以二此衆事一詳レ之、但知、是寄二無始終一、以顕二法身常義一。有始終者、皆是応迹。以二此義一通二上諸経一、無二一豪滞一也。此義難レ明。本迹義及寿量品文、更広論レ之。[32]

証真は、『法華疏私記』巻九本で、この箇所について、「記云、今師仮説（ママ）。意非レ尽レ理也。又、此疏中上引二五師一乃至此問答文、並出二玄論第三一。[33]」とし、右に掲げた『法華玄論』巻二の文を略抄して引用している。そして、『法華玄論』との関係では、次のような問答を行っている。

問。今家事長為レ本、破二法身長一。今何以用二玄論法身長一耶。

答。法身雖レ異而常義同。故且引レ之、以破二光宅無常義一也。如二前五師一。雖レ異二今師一、倶明レ常。故引破二光宅一。

問。既是玄論。何以記云二今師問答一。彼論望レ今、有二多不同一。彼云二法身一。今云二報身一。彼云二他経為レ実。今云二方便一。彼云二涅槃覆レ遠。今云レ明レ久。

答。疏不三標云二他師一。恐是章安為レ破二光宅無常一、取二玄論文一。故且云二今師一。而義不レ同。故云二仮説（ママ）一。亦強会レ文、令レ同二今家[34]一。

すなわち、第一の問答では、『法華文句』の文が、法雲などの立場を論破するために『法華玄論』の所説に依拠したものであると端的に指摘している。また第二の問答では、『法華玄論』から援用した箇所について、「今師問答」すなわち天台義における問答とする『法華文句記』の説を会釈している。証真によれば、筆録者の灌頂が引用したから「今師」であり、その内容は天台義と異なるために「仮説（ママ）」ともいい、或いは強いて天台義としているのだということになる。

平井氏は、湛然の註釈に対する証真の所説を引用し、『文句』と『玄論』の文を対照しつつ、前者の文意は後者に拠らなければ正確に把握し得ないこと、のみならず、前者が後者の表現形式を故意に改変しているため、かえって論旨が混乱していることなどを指摘している。右に引用した『法華玄論』の論旨が明快か否かは措くとしても、『法華文句』より理解しやすいのは事実である。『法華文句』が、『法華玄論』の文を収録したという前提に立てば、その議論の大筋は承認し得る。

さらに平井氏は、「証真は、『文句』が自家の説に一致せしめるよう『玄論』の文を歪曲しているともいっている。[35]」としている。これは、右に引用した『法華疏私記』の文の中、「亦強会レ文、令レ同二今家一」という記述を指すものであろうと思われる。しかし文脈を見れば判るように、証真は、灌頂が、法雲の法華無常の義を破すために、『法華玄論』にある法身を本とする説を収録した、と指摘した上で、それを「今師仮設」と釈した湛然の見解を会釈しているのである。そこで、証真が関説する『法華文句記』における湛然の釈を見るに、次のとおりである。

答意者、捨レ異従レ同。一切諸仏悉皆如レ此。故云二亦然一。意在三同顕二実本一。不二必長短悉斉一。又諸菩薩下引証。且引レ願レ長、豈即全等。此即下結レ同。亦不偏言者明二常寿等一。顕二往時一異、長短不レ同。望二未来常一一向平等。故諸仏顕本各有二遠近一。若論二寿体一、無レ得三復云二一近一遠一。故諸菩薩聞二長寿一已、亦願未来説報身寿如今釈迦但開迹已無二復近遠一。故知、下明二本迹体用一。体用即法応相望。若応迹相望、不レ無二近遠一。約三近迹応望二本初応一、得レ有二近遠一。故対レ縁長短、無二別長短一。所三以不レ云二報身長一者、欲下以二法身一亡中其長短上、又欲レ顕二於諸仏道同一。其実開レ三仏道可レ同。事成久近不レ可レ同也。以レ是方可レ破二他諸師一。故云二諸師不レ可レ師也。[36]

ここでは、湛然は、『法華文句』が、法身をもって応迹に対する本を論ずる意図につき、報身を本とする天台義の立場から消釈している。すなわち、「所三以不レ云二報身長一者」とあるように、報身ではなく無始無終の法身によって、迹における寿の長短を亡じ、諸仏道同を顕さんとするのが、『法華文句』のこの箇所の文意であり、事成の久近とは異なるとしている。証真の「亦強会レ文、令同二今家一。」という記述は、『法華玄論』を援用した『法華文句』ではなく、右のような『法華文句記』の解釈に向けられたものと解するのが妥当であろう。

また、『法華文句』の記述について平井氏が、「証真・普寂ともに、そのいわんとするところは、この項の『文句』がほとんど『玄論』の説を援用していることを認めながらも、何とか『文句』の独創性を見出そうと腐心していることである。」[37]としているのも、証真についていえば、妥当性を欠くと思われる。ここでは、湛然が天台教学との整合性を維持しようとするのに対し、証真は正面から『法華玄論』依用を認めている。したがって、『涅槃経』に「超越足二十二劫一」[38]と説くにも拘わらず、『文句』には「九劫」とあることについて、道暹の『輔正記』巻九が、「疏云、大経超二九劫一者、応レ誤。」[39]とするのに対し、「私云、今録二玄論一。不レ可レ云レ誤。不レ知三嘉祥何意云二九劫一。浄影涅槃疏云、経言レ超二九劫一。今何説二十二一。釈言、釈迦初発心在二弥勒後一足二十二劫一。彼三祇中超二三劫一値二弗沙仏一。復超二九劫一。余経就レ後説二九劫一。今通論説二十二一。已上　玄論九劫恐拠二此義一。」[40]と述べている。すなわち、これが『玄論』の記述を録したものであることを指摘した上で、浄影慧遠（五二三〜五九二）の『大般涅槃経義記』巻五の説からの影響を推測しつつ、九劫と十二劫について、『文句』ではなく、吉蔵の意を斟酌しているのである。[41]

以上の検討から明らかであるように、証真は端的に、『法華文句』の本文中に『法華玄論』の文が挿入されたものとして理解しているのであり、これを盗用或いは剽窃と認識していないことに注意しなければならない。また、勿論看過されてはならないのは、湛然を常に批判の対象として捉えるのではなく、その見解を会釈しようとしていることである。こうした点で立場が異なる平井氏が、証真の見解を自説の傍証として用いれば、その解釈が証真の意図から外れたものになってくるのは、ある意味で当然である。しかし、従来の研究では、証真の立場からの検討はなされていなかったといってよい。そこで、次節では、『法華文句』における『法華玄論』援用箇所とされた部分が、証真自身によってどのように取り扱われているかを検討することにする。

四　証真による『法華玄論』援用箇所の取扱い

『法華玄義私記』巻七では、『法華玄義』巻七下の「問。三世諸仏皆顕レ本者、最初実成若為顕レ本。答。不二必皆顕レ本。」という問答を釈する部分で、新成の妙覚仏が本を顕すか否か、すなわち「新成顕本」をめぐる詳細な議論がなされている。その中で証真が本覚思想の批判を行ったということは知られている(42)。

前節で検討した寿量品を釈する『法華文句』の文は、次のように論じられている。

問。寿量疏云、開三顕一、諸仏道同。開近顕遠、亦諸仏道同。若爾、諸仏皆爾。非二独釈迦一。答云、是我方便諸仏亦然。又、諸菩薩聞二寿量一、発願願我於二未来一説レ寿亦如レ是。此即諸仏道同。亦不三偏言二一近一遠一。故知、寄二無始無終・無近無遠一、顕二法身常住一、有始有終・有近有遠、論二其応迹一云云。准レ此諸仏皆顕レ本也。答。若依二此文一為二定証一者、華厳始成、大経超劫、名二実説一耶。又、諸仏皆必開三顕一耶。又、諸仏本無二遠近一耶。又、以二法身一為二遠寿一耶。説文並指二報身一為レ遠、常破三他師約二法身本一。故此一文違二今家義一。此録二嘉祥玄論之文一。如二彼品抄一。為レ破二光宅法華無常一故、引二諸師寿量常義一。但用二常義一不レ用二法身一。故彼記云、験二前諸師一、偏得二斥意一。並以二法身一為レ極。皆違二論文一。論文但指二過去報寿一為レ長。何得下用二法身非寿一以釈上。法身非寿諸教常談。但未三曾説二久成遠寿一云云(43)。

要するに、開三顕一や開権顕遠が諸仏道同であることから、全ての仏は本を顕すとする説の当否を検討しているのである。これに対して、証真自身は、新成の仏の顕本を認めない立場から、「説文並指二報身一為レ遠、常破三他師約二法身本一。故此一文違二今家義一。此録二嘉祥玄論之文一。」とし、『法華文句』の文は『法華玄論』を録したもので、天台義ではないから証文となし得ないと述べている。また、右の引用文につづく問答では、天台教学との会通を図る湛然の所説を引用して、「妙楽既会二彼文一。故不レ可レ為レ証也。」[44]としている。『法華疏私記』では、証真は、『法華玄論』からの援用としつつ、「今師仮設」とした湛然の釈を会釈していたが、この論点では、『法華文句』の文を「仮設」とした湛然の意を、直接に用いていることが確認できるのである。

これとは異なり、『天台真言二宗同異章』の次の箇所では、『法華文句』の文は、自説の証文として用いられている点、既に論じられていることであるが[45]、注意すべきであろう。

問。真言教云、法界宮中本来自覚大日如来本覚法身遠離二因果一。天台云、久遠実成修因得果。寧是同耶。答。若約レ事論、真言亦云二修因得果一。故金剛頂経云、不レ久頓成。大日経云、我昔坐二道場一。義釈云、大日昔誓願漸次悟入等。若約レ理論、天台亦云、無始無終等云云[46]。

すなわち、事・理のうち、前者の観点からは、密教にも仏の修因得果をいうことができ、後者の観点からは、天台についても、「無始無終」をいうことができるとするのである。

右の他、『法華文句』において『法華玄論』からの援用を指摘した箇所を、証真が自説として用いる例は、『法華玄義私記』巻一本にも見出すことができる。すなわち、本書第一章で検討した、『法華経』と他経に説かれる円教の同異を論ずる箇所であり、証真は部・教に分けて論ずる。第一の「文理」に一〇項目を立てるうち、その二番目に、『法華文句』釈法師品[47]の文を挙げて、次のように述べている。

二者、是異名故。法師疏云、法華開権不レ異二般若顕実一。非三般若外別有二法華一。法華般若異名耳[48]。

つまり、『法華経』の開権と『般若経』の顕実が異名に過ぎず、教に約せば同じとするのであり、『法華疏私記』巻八本では、この箇所を含む記述について、「文有人云此一解去レ仏遠等者、此下乃至般若異名者、出二玄論第八[49]一。」とし、『法華玄論』巻八[50]からの援用を指摘している。湛然は「今師和会[51]」と釈するが、証真は、『法華文句』が、右の引用部分に続けて「既是諸師異釈故録レ之耳」とすることも踏まえて、「非二今家一也」と判ずる。他師の説であることを認めた上で、これを『法華玄義私記』では、自説として用いていることになる。

以上、証真が、『法華玄論』からの援用とした箇所をどのように取り扱っているかの一例として、寿量品と法師品の疏について若干の検討を行った。いずれも、当然のことながら、基本的には他師の義とし、天台義とは異なる見解とみなしている。しかし、自説に違背する内容でなければ、それを『法華文句』の文として直接に自説の証文にも用いることもある。つまり、『法華文句』を、吉蔵『法華玄論』の記述が処々に挿入された典籍と評価した上で、自身の教学構築に活用しているのである。

五　小結

吉蔵撰述書から『法華文句』をはじめとする天台宗章疏への文献的な影響関係を考察する際、ごく概括的にいえば、どのような立場を採るにしても、引用元を明記しない依用を行った灌頂（或いはそれを行った者）の行為への評価がその分かれ目となろう。それを否定的にみれば平井氏のような議論になる。これに対し、様々な異説を網羅するのが、隋から唐初における一般的な註経の仕方であるという「異説包容主義[52]」を前提とする立場では、少なくとも倫理的な問題とはならないであろう。

『法華文句』における『法華玄論』からの援用を詳細に指摘した証真には、『法華疏私記』巻七に、「章安雖レ取二玄論文一、亦有二取捨一。故非二必同一。」[53]とあるように、そのこと自体を糾弾する意図はみられない。また、『法華玄論』からの援用箇所を抽出して排除する目的があったわけでもなかった。

冒頭で触れたように、証真には、湛然のなし得なかった業績を上げようとする意識はあったと思われる。また、釈寿量品について検討したように、『涅槃経』の「超劫」の解釈上不審な点については『法華文句』の援用元である『法華玄論』における吉蔵の意図を問題としていた。こうした作業は、難解な『法華文句』という文献の文意を把握し、理解する上で必要な手続きでもあったろう。そうした仕方は、『法華疏私記』巻七の「応下以二玄論一対レ疏、看レ之了中疏意上也」[54]という記述からも読み取ることができる。

なお、その他灌頂による天台三大部の筆録については、証真は『法華玄義』巻一〇下「記者私録異同」[55]における『法華玄論』や、慧遠『大乗義章』の援用をも指摘している。こうした意識が、右の「異説包容主義」に由来するものかどうか、現時点では未詳であり、今後の検討課題としたい。

いずれにせよ、『法華玄論』との関係では、証真自身は、『法華文句』を、随所に『法華玄論』が挿入された文献として受容している。その構造を熟知した上で、論点に応じて自らの見識に従い、活用しているのである。なお検討すべき問題は多いが、証真の議論を評価する際には、その著作における文脈に照らして、意を酌む必要があろう。

註

（1）『法華疏私記』巻三末、仏全二一・四八二頁下。

（2）仏全二一・一一四一頁上。

（3）その他、『止観私記』識語には、夢中における智顗との交流を記した次のような記述もある。「又、文治五年之秋七月三日夜、於二持仏堂一自思二念此私記等事一。仮寝之暁、夢見二天台大師坐像一。長同二常人一。面顔温沢、眉目眴動。予即敬信。執二其右手一祈請願云、仰願。大師於我所レ作諸私記等、広令下流布、施二作仏事一、不中沈隠上也。又発誓云、私記文義、若契二聖意一、此我所レ執大師之手、柔軟不レ強。若違二聖意一、手強如レ木。方手之強軟可レ知二義之邪正一也。然所レ執手、柔軟而温、如二生人手一。予即歓喜、抱二大師腰一、亦柔軟温、似二生人身一。予則深心悲喜、涕泣、挙声唱云、唯願世尊。哀二愍我一、常令レ観二見大悲身一。三業無レ倦奉レ事レ尊、速出二生死帰真際一云云。」（仏全二二・一一四〇頁下）。大意は以下のとおり。文治五年（一一八九）七月三日、証真は夢において智顗の坐像を見た。それはあたかも生きている人のようであった。証真はその右手を執り、「三大部私記」以下の自著が世に流布することを祈願した。さらに、自説が智顗の意にかなうものであれば、握った手は柔らかく、そうでなければ木のように硬くなるようにと誓願したところ、手は柔らかく、温かかった。自説が智顗の意にかなうことを知った証真は歓喜し、坐像の腰に抱きつくと、生きた人間の身体のように柔らかく、温かかった。そこで証真は改めて仏道修行への意を強固にする、という内容である。証真の智顗への思いが率直に表現されている。また、坐像の腰を抱く箇所などは、生々しさも伝わってくる。本文の湛然との対話にもいえることだが、証真の夢記は、意味不明、或いは抽象的なイメージ、暗喩等を伝える性格のものではなく、総じて具体的であり、いわんとする主題も明確なものであるという特徴があるといえよう。

（4）平井俊栄『法華文句の成立に関する研究』（春秋社、一九八五）三〇二頁～三〇四頁参照。

（5）池田魯參「平井俊栄著『法華文句の成立に関する研究』」（『駒沢大学仏教学部論集』一六、一九八五）四三四頁。

（6）平井説への評価は様々であるが、奥野光賢「天台と三論―『法華文句の成立に関する研究』刊行二十年に因んで―」（『駒沢短期大学仏教論集』一一、二〇〇五）は、平井氏が提起した問題を「天台と三論の文献交渉」とし、それに関する研究動向をまとめている。奥野氏は平井説を擁護する立場から論じているので、反対説への見方等、検討すべき点は多いが、現在までの研究を概観するには有益である。また、松森秀幸『唐代天台法華思想の研究―荊渓湛然における天台法華経疏の注釈をめぐる諸問題―』（法藏館、二〇一六）にも、先行研究を概観する箇所がある。

(7) 平井前掲書、二八一頁。

(8) 『法華疏私記』巻一、仏全二一・三八三頁上。

(9) 平井前掲書、二八二頁～二八三頁。

(10) ここにいう『天台教蔵録』がいかなる典籍であるかは未詳である。瀧川善海「宝地房証真の史的考察」（『天台学論集』一、一九八四）は、この引用文が、『四十八巻伝』などを経て、『本朝高僧伝』所収の証真伝に至り、「遠師二大聖世尊一、近師二天台、荊渓一。其余者、不レ足レ用レ之。」（仏全一〇二・二〇九頁下）という証真の学風を示す記述に変化していったと推測している。

(11) たとえば『法華疏私記』巻六（仏全二二・五九四頁上）では、法華教主論において、報身説を本地という観点から整理する際、『輔正記』巻四の「報仏所説者、若開レ近顕レ遠已此他受用報。即本地自受用報仏也。」（続蔵一―四五・七九丁左上）という記述を引用する。『輔正記』の参照は証真の著作の全域にわたり、枚挙に暇がない。この点は、智雲や智度の著作にもいえることである。

(12) 大正四六・八二一頁下～八二二頁中。

(13) 大正五〇・五四八頁中。

(14) 平井俊栄「吉蔵と智顗―経典註疏をめぐる諸問題―」（『東洋学術研究』二〇―一、一九八一）参照。

(15) 大正三四・二一三中。

(16) 巻三、続蔵一―四五・五五丁右上下。証真は『法華疏私記』巻三末に、『輔正記』の略抄文を引用している。平井氏が『輔正記』の文として用いているのは、証真が略抄した記述である。

(17) 平井前掲書、二八八頁～二八九頁。

(18) 仏全二一・二五七頁下～二五九頁上。

(19) 奥野光賢「吉蔵と宝地房証真」（『印度学仏教学研究』四三―一、一九九四）は、上述の『註仁王護国般若波羅蜜経』をめぐる議論について、「証真は明らかに最澄の『註仁王経』が吉蔵の『仁王経疏』と全同であることを認識し、また天台の『仁王経疏』に吉蔵説の引用が見られることを承知していた。しかし、上記の議論から判断する限り、その事実から平井博士がなされたような著者性までを含むさらに踏み込んだ文献批判までに至ることはなかったと結論することができるであろう。」（二二七頁上）とし、平井氏と証真を「文献批判」という観点から比較している。この見解については、本書第三章「『註仁王護国般若波羅蜜経』の受容について」で検討する。

(20) 大正三四・一二七頁中下。

(21) この部分の解釈について、坂本幸男『大乗仏教の研究』（大東出版社、一九八〇）三一二頁～三一三頁参照。

(22) 巻一、大正九・三九五頁上。「如レ是我聞。一時仏在二摩竭提国寂滅道場一、始成二正覚一。」とある。

(23) 『大般涅槃経』（南本）巻一三・聖行品、大正一二・六九三頁上中。ただし、『法華玄論』『法華文句』では「九劫」となっているのに対し、経では「十二劫」としている。

(24) この部分は、『法華玄論』には見出されない。典拠としては、『法華経』薬草喩品（大正九・二〇頁中）に全く同じ偈があるが、『法華文句記』巻三下に、「本雖レ未レ至、権実理遍。故下文云、是我方便、諸仏亦然。故方便之名通二於本迹一。」（大正三四・二一四頁中）とあるように、この文を本門の意で用いる例もある。これについて、証真は、『法華疏私記』巻三末で、「諸文並引二寿量品一云二是我方便諸仏亦然一。而彼但云、諸仏如来法皆如レ是。此文意同二薬草喩文一。故互引耳。」（仏全二一・四八四頁上）とし、寿量品の「諸仏如来法皆如レ是」（大正九・四三頁上）と文意が通ずることから、互引するのみであると述べている。『法華文句』でも、寿量品の文として引用されたものとみてよいであろう。

(25) 『法華文句』では「諸菩薩聞二寿量一発願、願我於二未来一説レ寿亦如レ是。」（大正三四・一二七頁中）となっている。『法華経』分別功徳品に「願我於二未来一、長寿度二衆生一、如二今日世尊一。」（大正九・四五頁中）とある記述に基づくものと思われる。

(26) 大正三四・一二九頁上。

(27) 『法華文句記』巻九中、大正三四・三二八頁下。

(28) 大正三四・三七〇頁下。

(29) 大正三四・三七〇頁下～三七一頁上。

(30) 大正三四・三七七頁下。

(31) 大正三四・三八七頁中。

(32) 大正三四・三七七頁下〜三七八頁上。
(33) 仏全二二・七〇三頁上。
(34) 仏全二二・七〇三頁下〜七〇四頁上。
(35) 平井前掲書、四九三頁。
(36) 大正三四・三二九頁上。
(37) 平井前掲書、四九四頁。
(38) 註（23）参照。
(39) 続蔵一―四五・一五二丁右上。
(40) 仏全二二・七〇四頁上。
(41) 大正三七・七四七頁上。
(42) 大久保良峻「天台本覚論　証真説に着目して」（院政期文化研究会編『宗教と表象』院政期文化論集第四巻、森話社、二〇〇四所収）参照。
(43) 仏全二一・二八二頁下〜二八三頁上。
(44) 仏全二一・二八三頁下。
(45) 大久保前掲論文は、「このことをかたくなに矛盾と捉える必要はないであろう。なぜなら、ここではそれを理によるとして、事によって論ずれば真言も「修因得果」であると明言しているからである。ただし、『法華玄義私記』では、本来自覚仏を「妄説」とまで言っていたのであるから、その主張の方向性は異なっている。」（四九頁）としている。
(46) 大正七四・四二二頁下。
(47) 大正三四・一一一頁上中。具さには、「有人云、此一解去レ仏遠。一解去レ仏近。初三師明下諸教去レ仏遠、法華去レ仏近上。後二解但於二法華中一論二遠近一。尋レ経応二二義一。一挙二余経一対二法華一明二遠近一。二就二法華一論二遠近一。諸師失二経旨一。問。余経何故去レ仏遠。答。未二開権一求レ仏人未レ決。法華唯一無レ三。永出二退心一故去レ仏近。文云、決了声聞法。問。般若云何去レ仏遠。答。未二開権一辺則遠。始行菩薩不レ覚二般若一密化付レ財。則於レ其是遠。夫般若実慧方

便是三世仏法身父母。求レ仏者如二老病人一。両健扶レ之遍能遠去。当レ知、般若最勝。法華開権不レ異二般若顕実一。非三般若外別有二法華一。法華般若異名耳。」とある。

(48) 仏全二一・六頁下。

(49) 仏全二二・六五三頁下。

(50) 大正三四・四三二頁上中。

(51) 大正三四・三〇七頁中。

(52) 藤枝晃「勝鬘経義疏」(『聖徳太子集』日本思想大系2、岩波書店、一九七五)四八六頁~四八七頁参照。そこでは、吉蔵『勝鬘宝窟』が、慧遠『勝鬘義記』の註解を取り込んでいることにも言及している。また、藤井教公「天台と三論の交流—灌頂の『法華玄義』修治と吉蔵『法華玄論』をめぐって—」(鎌田茂雄博士還暦記念論集『中国の仏教と文化』大蔵出版、一九八八所収)参照。

(53) 仏全二二・六二四頁上。

(54) 仏全二二・六二〇頁下。

(55) 大正三三・八一二頁下~八一三頁下。『法華玄義私記』巻一〇、仏全二一・三八一頁下~三八二頁下参照。

第三章　『註仁王護国般若波羅蜜経』の受容

一　問題の所在

証真は、主著「三大部私記」の随所で、主として天台宗の章疏に関し、独自の学識をもって文献考証を行っている。[1]その一つに、智顗説、灌頂記とされる『仁王護国般若経疏』（以下、天台疏と略す）がある。中国における『仁王護国般若波羅蜜経』（以下、仁王経と略す）の註釈の中でも、天台疏は、その成立及び流伝について多くの問題があることが知られているのであり、日本における流伝については、現行の天台疏をはじめて将来したのは円仁（七九四～八六四）であることなどが佐藤哲英氏によって指摘されている。[2]

ところで、佐藤氏の研究によれば、天台疏を見ることがなかったであろう最澄の著作として、『註仁王護国般若波羅蜜経』三巻（以下、山家註と略す）が伝えられている。山家註の内容は嘉祥大師吉蔵の『仁王般若経疏』（以下、嘉祥疏と略す）とほとんど同一である。『法華玄義私記』巻六では「此仁王注是全写二嘉祥疏一。都無二私詞一。」[3]とあって、証真の教説においても、本書は最澄が嘉祥疏を書写したものであることが前提になっている。他方、証真は、天台疏を『仁王私記』[4]の書名で「三大部私記」中に援用する。しかしながら、『仁王護国般若波羅蜜経』巻上・菩薩教化品の「三賢十聖住二果報一」[5]という偈文の解釈においては、天台疏が智顗の著作でないだけではなく、章安灌頂の筆録でもないことを根拠にその所説を採用せず、山家註の所説、すなわち嘉祥疏の見解を自説の証文として用いている。以下、この論点における山家註の取扱いを検討し、証真の文献依用の姿勢の一端を解明する。

二　「三賢十聖住果報」と行位

般若経典である『仁王経』の教説は、『法華玄義釈籤』巻一〇にも「仁王多在二円別一、及含二通意一。[6]」とあるように、通別円の三教に通ずるのであり、菩薩教化品では菩薩の行位が説示され、十住・十行・十廻向・十地は「三賢十聖」と称される。そして、天台教学では、同品中の「三賢十聖住二果報一、唯仏一人居二浄土一。」という偈文が、円教の仏土論や行位論の経証として、しばしば用いられる。例えば、『維摩経文疏』巻一には、四土のうち実報無障礙土及び常寂光土を説示する箇所に、次のような記述がある。

三、明二果報国一者、……若円教義、初住已上生二実報土一。出二何経説一。答。仁王般若経云、三賢十聖住二果報一。当レ知、以二果報一為レ土。……

四、明二常寂光土一者、……問。常寂光国出二何経論一。答。仁王般若経云、三賢十聖住二果報一、唯仏一人居二浄土一。此経云、如二其心浄一、即仏土浄。心浄之極極二於仏一也。普賢観経云、釈迦牟尼名二毘盧遮那遍一切処一。其仏住処名二常寂光一。是其義也。[7]

要するに、『維摩経文疏』では、無明を断じた円教の初住、別教の初地以上の者が住する国土である実報無障礙土を「果報国」、或いは「果報無障礙土」とも称し、これを『仁王経』の「三賢十聖住二果報一」で証明している。また、常寂光土については、仏の住する国土として、やはり『仁王経』の「唯仏一人居二浄土一」を引用し、『維摩経』巻上、(8)『普賢観経』(9)の文と併せて、これが浄土であり常寂光土であることを述べているのである。

また、『法華玄義』巻六下には、十妙のうち第十功徳利益妙を説示する箇所で一〇種の遠益を説く中、十番目の実報土の利益を説く左のような文がある。

十番実報土益者、即実報土人益也。八番中有三両人生二方便土一。又二人悉破二無明一見二実相一者方得レ生レ彼。但無明重数甚多。雖三三賢十聖住二於実報一、報未レ尽、猶有二残惑一。更用二王三昧一、四十一番益レ之。至二於妙覚一、竪窮横遍不生不滅。不生不滅無明永尽、智慧円足。故言二不生不滅一。又機感満足利益究竟。故言二不生不滅一。(10)

ここでは、無明を破して実報土すなわち実報無障礙土に住するとしても、妙覚位に比すれば、なお断ずべき無明があるため、それを滅するための実践の説明を行う箇所で、『仁王経』の偈の取意の文を用いている。湛然はこれを釈して「次文言二三賢十聖住果報一者、名雖レ似レ別、義必依レ円。」(11)とし、「三賢十聖」の名称は別教に類似したものだとしても、必ず円教の義であるとしている。

このように、『仁王経』菩薩教化品の偈は、円教の教理として用いられることが多く、他ならぬ『仁王経』を釈する天台疏の巻四にも、次のような記述が見られる。

三賢十聖下、第三八行総結レ歎二五忍一。文三。先歎二法身果一、後歎二利益果一。初中将レ明二其勝一、先且挙レ劣。三賢即地前三十心。十聖即十地菩薩。此四十心同生二華蔵果報之土一。非二蔵通教中果報一。若蔵教唯是凡聖同居。若論二通教一、唯生二有余化城之土一。今言二果報一、即是別円教人得二無障礙一生二無障礙土一。

問。此中三賢十聖為二是別教一、為二是円教一。

答。正是円教。

問。円教即合レ生二常寂光一。何故生二華蔵一。

答。華蔵之中別円共生。以二是因非レ果不レ得レ生二於寂光之土一。故華蔵土中有二別教十地円教四十心共生一也。妙覚極果毘盧遮那唯独一人生二於寂光浄土一。

問。前三二中亦有二浄土一。何故寂光独名二浄土一。

答。凡聖同居聖少凡多。是穢非レ浄。方便有余但除二見思一、未レ断二無明一。偏真之浄非二是真浄一。華蔵世界帯二別方便一。未レ為二純浄一。寂光無レ此故受二浄土之名一也。[12]

ここでは、「果報」とは別円二教の初地・初住以上の者が無障礙土に生ずることとしながら、傍線部のように、偈にいう「三賢十聖」が、別円二教のうちいずれの行位であるかとの問が立てられ、これを円教の意としている。次の問答では、円教の場合は常寂光土に生ずべきではないかとの疑問が提示されているが、初住以上の聖位もまた因位であることから、常寂光土ではなく、別教の初地以上の者と共に、実報無障礙土に生ずると結論づけている。こうした疑問が生ずるのは、常寂光土と行位の関係についての説示が一様ではないことによると思われる。[13]そうであるとしても、「三賢十聖住二果報一」という偈が活用されるのは、円教の行位論が原則であるということを確認した上で、以下、証真の議論を検討することにしたい。

三　証真説の検討

証真の主張は、要を取って言えば、「果報」を「実報」に限定する必要はないという点にある。この天台疏の記述の意義については、『法華玄義私記』巻六で論じている。すなわち、前節に引用した『法華玄義』巻六下の文を釈する箇所であり、議論の冒頭の問答を記せば、次のとおりである。

玄三賢十聖住果報者、

問。此文為三唯是円明二実報土一。為三亦兼二余教余土一耶。若云レ兼者、諸文引レ彼、唯云二報土唯是円教一。籤云、名雖レ似レ別、義必依レ円。若不レ通者、経兼二三教一。何必唯円但報土耶。

答。応レ通二三土及以三教一。彼説、七地已前受二三界生一。八地已去受二変易生一。是別接通。結二此等意一、則云三三賢十聖住二果報一。豈但報土。若依二別意一、三賢是同居・有余。十聖是報土也。若依二別接通一、十地亦通二同居土一也。若依三十善已別二三界一者、三賢十聖唯居二実報一。諸文多約二円意一。故云二実報一。(14)

『仁王経』の偈が、円教の行位及び実報無障礙土を説くのみか否か、という問に対して、三土、すなわち方便有余土・実報無障礙土・常寂光土、及び通別円の三教に通ずるという結論を示している。その根拠としては、『仁王経』菩薩教化品に説かれる行位説が別接通であることが挙げられる。八地以上に変易生を受けることが説かれるのは別接通の意であり、これらを結するのが「三賢十聖住二果報一」という偈の文であることから、「果報」を実報土のみと解するのは妥当でなく、三土及び三教に通ずるというのである。

ところで、別接通との関連で問題となるのは、論題にいう「一生破無明」である。(15) すなわち、別接通の人が一生に無明を破して聖位に入ることができるか、という論点につき、証真が、『止観私記』巻三末で、次のように述べていることが注目されよう。

問。別接通人為レ有三一生破二無明一耶。……

答。亦有下一生破二無明一者上。接二入後教一、速入レ実人、凡有二三類一。一、入二別教住行等位一忽毒発故。如三諸教有二四種毒発一。今即別教行発人也。二、入レ別已続入二円教一、速断二無明一。三、於二前教一修行已熟後、受二円教一、即生能発。今論二被接一、拠二第三類一。初是毒発、非二被接意一。第二亦非二今文接義一。今論接続二不但中一故。若接二但中一、歴二多劫一。……

問。何意毒発非二被接一耶。

答。若毒発者、地々皆破二無明一入二初地一也。而被接者、従二下根一来多至二初地一。中上入者此則不定。毒発是横、非二教次第一。被接是竪、修行次第。経論常云三八地入二無功用一。此非二別円一。是別接通。七地行満入二無功用一。仁王・瓔珞七地無生分段生尽。八地已上三界報形永不レ受、受二変易法身一、能作二仏身一。仁王私記釈二彼文一云、尽二此一生一即入二変易一。故智論云、七地菩薩未レ捨二肉身一。進入二八地一、中道法流。此別接通意也。已上 玄文等云下八地破二無明一是別接通上。今文云下八地破二無明一能八相作仏上者、是依二仁王等一。既云二七地三界生尽一故、不三更受二生死身一也。既云下即受二変易法身一能作中仏身上。故知、即身破二無明一也。既行円満進破二無明一。故非二毒発一。[16]

ここでは、毒発と被接を弁別しながら、「一生破無明」を肯定している。その主な根拠となるのが『仁王経』や『瓔珞経』の七地・八地を説く箇所であり[17]、これらによって『摩訶止観』巻三下の「仍須下修レ観破二無明一、能八相作仏[18]上。」という記述を理解するのである。なお、ここでは、『大智度論』の「未レ捨二肉身[19]一」という記述を引用して別接通の意とする天台疏の[20]説を引用している点には注意すべきである。

また、同様の理解は、源信と知礼の間で交わされた『答日本国師二十七問』中第二十一問への私見にも見出すことができる。源信と知礼の問答を挙げれば、次のとおりである。

二十一問。止観第三説二別接通人一云、初修二空仮二観一、破二真俗上惑一尽、方聞二中道一。仍須下修レ観破二無明一能八相作仏上。意云、即身登二十地一耳。近代疑者云、且別教人尚無下肉身登二十地一者上。云何従二劣教一来便能超登耶。

答。拠二其二観功一成二二諦一惑尽、仍修二中観一深伏二無明一。必合下経レ生歴中於多劫上。未レ知三何処定云二即身応現一。聞中之言可レ云二即世一。修観之語不レ必二一生一。況聞中之後不レ局二今証一。須レ帰二後教一也。[21]

要するに、『摩訶止観』の記述の意が即身に別教の十地に登って八相作仏することにあるか否かを問う源信に対し、知礼は、即身の証拠が見出されないことからこれを否定するのである。証真は、これについて、次のように述べている。

私云、下根接者破二無明一八相作仏者、此是即身耳。何者、一家被接義本出二仁王等経一。彼明二現身入一故。今文八地現身破二無明一者、依二彼経一故。(22)

証真の理解によれば、被接の理論は仁王経等の行位説を基にしている。その『仁王経』に、現身において三界を出、法身を受けるという説示がある以上、それは即身に受けるというべきであり、「一生破無明」を肯定するということである。

以上のように、『仁王経』菩薩教化品の行位説に、円教をいう箇所があるとしても、全体としては別接通までを含むものと理解している。その上で、かかる行位説を結する位置にある「三賢十聖住二果報一」という文についても、円教のみでは理解しないという姿勢を採っていることを、被接における議論を通じて看取しうるのである。

右のような証真の立場からは、前節に言及した、「三賢十聖住二果報一」を円教の義とする天台疏の記述をどのように取り扱うべきかが問題となる。

これについて証真は、自説の証文として山家註の記述を引用し、次のように述べる。

山家注仁王云、三賢十聖住二果報一者、分段・変易報土也。又三賢住二分段同居報土一、十聖住二実報無障礙報土一也。唯仏一人居浄二土一、仏一人住二常寂光土一。一切衆生暫住レ報、前二土皆是生滅無常。(23)

山家註の見解は、十聖すなわち初地以上が実報無障礙土に住するという別教的な立場からなされたものである。したがって、証真自身の説と全同ではないが、余土に通ずるという点で、自説の証文たり得ると解したことになる。

この説を採用するにあたって、二つの問題点が存する。第一には、天台疏の見解と異なる点、第二には、山家註が、内容的に嘉祥疏とほぼ全同であり、「他師義」である点である。

証真は、前者については、天台疏の説が「三賢十聖住二果報一」を別教の意にも用いる灌頂の教説と矛盾することを指摘し、さらに七項目の根拠を列挙して、『仁王私記』すなわち天台疏が灌頂記であることを否定している。つまり、この論点においては、天台疏の権威を認めないのである。そして、後者については、「仁王嘉祥疏是帰二天台一後作故用レ之也。」、すなわち嘉祥疏は、吉蔵が天台宗に帰依した後の著作であるというのが基本的な立場であり[24]、吉蔵が、『仁王経』を釈するにあたって、五重玄義、四衆、乗戒四句及び四土といった天台義を用いていることを指摘している。ただし、嘉祥疏の五重玄義は天台疏において批判される内容を有するのであり、これに対する証真の会釈は、「山家既用二彼義一注レ経。何不レ信耶。又私記中、於二嘉祥疏一雖レ有二小破一、而多分用。」[25]とあるのみで、この部分は合理的な根拠を欠くといえよう。

しかし、このことから、先行研究[26]のように、証真にとって最も重要なのは、山家註が最澄の真撰であることであり、その議論の根底には宗祖最澄への思いがあったと解するのは、証真の教学の理解という点では妥当でないように思われる。冒頭に述べたように、証真の議論は、最澄が嘉祥疏を「全写」したという前提から出発している。自説の証文として採用しうるか否かは、嘉祥疏の見解が、自らの教学の体系に照らして妥当か否かに帰着する。証真は、天台疏の灌頂記を否定し、必ずしも全面的に信頼し得ない点を論証しつつ、天台義が散見する嘉祥疏の見解を、山家註を媒介として自らの教学に取り込んだと解すべきである。最澄の『依憑天台集』における「嘉祥依二天台宗一造二仁王疏二巻一。」[27]という記述が証真に示唆を与えたことも推測されるが、この論点における結論を導く上で、天台疏の撰者に疑問を投げかける必要はあっても、山家註のそれを問題視する必要はなかったといってよいのである。

四　小結

以上の議論をまとめておく。『仁王経』の「三賢十聖住二果報一」の解釈にあたって、証真の教学では、別接通の行位の理解に関連することから、これを円教の行位や国土説に限定しないとする説を確立し、論証する必要があった。そのためには、当該箇所の意義について円教に限定する旨を明言する天台疏との見解の相違をいかに解するか、という問題があったのである。証真は、天台疏の所説を何らかの方法で会釈するのではなく、天台疏が智顗の撰述ではないこと、及び灌頂の筆録にかかるものでもないことを主張し、その問題に関しては、天台疏の権威を否定した。そして、『仁王経』の偈が、他教や他の国土に通ずるとする山家註の見解を採用する。ただし、山家註は嘉祥疏と同一内容であることから、その理解がさらに問題となった。証真は、山家註とは最澄が嘉祥疏を全写した文献である、という事実を前提とし、吉蔵が五重玄義等の天台義を用いていること、また吉蔵が天台に帰依したという伝承を基に、その所説を採用することに問題はないとしている。つまり、証真は、最澄が全写した山家註の存在を媒介として、自説に吉蔵の所説を取り込んだのである。

本章で取り扱った議論は、智顗及び最澄の撰述の真偽が同時に問題となる点で、教学史上ではやや特殊であるとみることもできる。ただし、東大寺の学僧宗性（一二〇二～一二七八）の『法勝寺御八講問答記』によれば、正治二年（一二〇〇）二日朝座の第二問において、講師円能（延暦寺）と問者貞玄（東大寺）との間に、次のような問答が行われている。

問。仁王経三賢十聖住二果報一。文　然者、果報土者約二三土一如何尺耶。

進云、二土。付レ之、義必レ依二円意《ノ》一《ナラハ》可レ限二実報土一。果報詞広《キニヨラハ》可レ亘二三土一耶。今限二二土一尺、如何。
答。十三花報《ハ》同居也。住果報者実報也。仍二土《ト》尺歟。
問者云、十聖《ハ》実報土、三賢《ハ》同居土尺、果報土《ヲ》都実報土云者、不レ叶尺耶。
講師云、進《ハ》伝教注仁王経尺歟。若然、彼多載二他人義一。所尺皆以不レ叶二一家教相一。何為レ進耶。依二今難勢一進尺《ヲ》覚悟出《セリ》云云[28]。

すなわち、問者貞玄が依拠した見解は『仁王経』の果報を実報土に限定しない立場である。これに対して講師円能は、それが山家註の見解であり、「他人義」が多く、天台義に合致しないので、進の難にふさわしくないと述べている。つまり円能は、証真説とは反対の立場を採っているのであり、山家註の取扱いが、平安時代末から鎌倉時代初期における教学研鑽において、問題点の一つであったことを窺知しうる例といえる。

証真が、文献の活用にあたって教説の内容を重視する傾向は、『仁王経』関係の文献についていえば、上述のごとく「一生破無明」の議論で天台疏の説を有力な根拠としていたことにも見出しうる他、「三大部私記」を通じてみるに、他の箇所では山家註や嘉祥疏はほとんど用いられていないことからも首肯されよう。なお、最澄の著作とされる『二諦義』については、内容的には大過ないとしつつ、真撰とはしていないようである[29]。これらの点を併せて考慮することで、多種多様な文献を駆使した証真の真意を酌むべきであろう。

註

（1）『大乗止観法門』の慧思撰述を否定したことは、よく知られている。『法華玄義私記』巻五末（仏全二一・二〇七頁下）、『止観私記』巻八（仏全二二・一〇九一頁下～一〇九二頁上）参照。ただし、証真は、慧思の著作ではないことから用いない、という態度はとることはない。『法華疏私記』巻九本（仏全二二・七〇九頁下〜七一〇頁上）では、自受用身の相好の有無を論ずる際に、『大乗止観法門』の記述を証文とする。なお、『止観私記』巻五本（仏全二二・九六五頁上下）参照。また、日本の文献に対する文献考証としては、『法華疏私記』巻八本（仏全二二・六五九頁上）において、円珍に仮託される『円多羅義集』を偽作としたことが知られている。それは次のような割註の記述による。「彼書未レ詳二誰人所一レ著。雖レ釈二授決集一、而其文義可レ怪甚多。但此一事符二経文一耳。」。すなわち、『円多羅義集』の出自や内容について疑惑を抱いているのであるが、議論全体を見るに、自説の証文の一つとして同書の記述を引用していることには注意せねばなるまい。詳細は略するが、『法華疏私記』では、『大智度論』巻七の「復次、有二諸仏一無二人請者一、便入二涅槃一而不レ説レ法。如二法華経中多宝世尊一。」（大正二五・一〇九頁中）という記述と、『正法華経』巻六（大正九・一〇二頁下）の所説に齟齬があることから、多宝仏も法華を説くのではないかという問が立てられている。証真は、「正経誤。」とする黒谷（未詳）の説を出しつつも、「私云、正経云レ説二此経一者、是指三因位弘二法華一耳。」（仏全二二・六五八頁下）と会釈し、その根拠として『授決集』巻上（仏全二六・三五六頁下）の文を挙げ、『授決集』の註釈の形をとる『円多羅義集』巻上（仏全二八・一一五二頁下〜一一五三頁上）の文を用いて補説しているのである。したがって、ここでも、偽作の故にその見解を排除する、という立場を採っていないことが知られよう。

（2）佐藤哲英『天台大師の研究―智顗の著作に関する基礎的研究―』（百華苑、一九六一）五一七頁〜五五四頁参照。佐藤氏によれば、天台疏の書名の文献上の初出は最澄の『台州録』であるが、これは、唐の開元二二年（七三四）に撰述された碑文を最澄が書写したものであり、文献自体の将来は、円仁の『入唐新求聖教目録』に「仁王般若経疏三巻天台」（大正五五・一〇八三頁中）とあるのが嚆矢である。なお、佐藤氏は、禅林寺図書館所蔵本の奥書から、この円仁将来の天台疏は、唐の会昌二年（八四二）に、長安の資聖寺で書写したものであるとしている。

（3）仏全二一・二五八頁上。ただし、引用したのは問の文である。

（4）佐藤哲英氏によれば、円仁将来の天台疏は、『仁王私記』或いは『仁王経私記』の呼称で流伝したという。なお、佐藤氏は、これとは別に一巻の天台疏が存在し、覚超が『仁王護国抄』で同書を偽作と判じたことを指摘している。前掲書、五二〇頁〜五二二頁。

(5) 大正八・八二八頁上。
(6) 大正三三・八八三頁中下。
(7) 続蔵一―二七・四三三丁右上～四三三丁左上。
(8) 仏国品の文であり、「随二其心浄一則仏土浄」とある。大正一四・五三八頁下。
(9) 大正九・三九二頁下。
(10) 大正三三・七六〇頁下～七六一頁上。
(11) 『法華玄義釈籤』巻一四、大正三三・九一五頁中。
(12) 大正三三・二七五頁下～二七六頁上。
(13) 『維摩経文疏』巻一には、円教の行位との関係で、常寂光土を上中下の三品に分類し、上を妙覚、中を等覚、下を初住以上に配当する説と、下を第十地とする説が示されている。また、巻一九には、円教の初地以上の住処を常寂光土とする見解もある。この点につき、大久保良峻「『維摩経文疏』の教学―仏についての理解を中心に―」(『台密教学の研究』法藏館、二〇〇四所収)参照。
(14) 仏全二一・二五七頁下。
(15) 別接通における一生破無明を肯定することが、『摩訶止観』所説の別接通を証道と把捉することではじめて可能となること、こうした理解に関して良源の『被接義私記』が日本天台の学匠に与えた影響の大きさなど、日本天台における被接説の概要と問題点については、大久保良峻「日本天台における被接説の展開―基本的事項を中心に―」(『天台教学と本覚思想』法藏館、一九九八所収)参照。
(16) 仏全二二・八九五頁下～八九六頁上。
(17) 証真が文中で用いているのは、『仁王経』の偈文であろう。七地を説く箇所には、「三界報形永不レ受」、八地には「変生法身無量光」(いずれも大正八・八二七頁下)とある。なお、『瓔珞経』巻上に無明の断尽を説く箇所に、「八地乃尽故、従レ此以上示二現作仏一……」(大正二四・一〇一六頁下)という記述が見出される。
(18) 大正四六・二九頁上。
(19) 巻四〇、大正二五・三五一頁上。

(20) 大正三三・二七五頁上。
(21) 『四明尊者教行録』巻四所収。大正四六・八八九頁上。
(22) 仏全二二・八九八頁下。
(23) 仏全二一・二五八頁上。山家註の該当箇所は、伝全四・九六頁。嘉祥疏は大正三三・三三五頁上中。
(24) この点については、本書第二章「証真の教学と『法華玄論』」参照。
(25) 仏全二一・二五八頁上。
(26) 奥野光賢「吉蔵と宝地房証真」(『印度学仏教学研究』四三―一、一九九四)。
(27) 伝全三・三四八頁。
(28) 東京大学史料編纂所蔵写真帳『東大寺宗性筆聖教并抄録本』第五四冊、第五九紙。
(29) 『法華玄義私記』巻三、仏全二一・九七頁上。

第二部　二乗作仏論

第四章　『法華経』における授記をめぐる諸問題

一　問題の所在

日本仏教における二乗作仏の問題は、全ての衆生に成仏を認めるか否か、という仏性をめぐる論争の構図において注目され、研究されてきた(1)。

証真の二乗作仏に関する議論は、従来ほとんど顧みられることがなかった。天台宗の学僧である証真にとって、二乗作仏論の重要性が高いのは当然であるとしても、対法相宗の議論が既にかなりの程度蓄積されていた時代的な状況に鑑みれば、その問題意識が、例えば徳一と論争を展開した最澄のそれとは、少しく異なるものであることが首肯されるだろう。過去の仏性論争における成果を前提としつつ、天台教学における二乗作仏論の体系化を進めるのが、証真の教学史的な課題であった。

本章では、『法華経』に説示される声聞授記の理解をめぐる『法華論』の位置づけの検討を通じ、二乗作仏論に関する証真の問題意識と基本的な姿勢を具体的に明らかにする。婆藪般豆、すなわち世親造『法華論』は、『法華経』解釈の権威であると共に、その教説には、一切皆成を標榜する天台教学において、会釈の対象となりうる箇所が含まれる。最澄と徳一の論争でも『法華論』の教説の解釈は大きな論点となった。また、円珍の著作には『法華論記』があるなど、日本天台では『法華論』研究が一つの課題となっていたことが知られている。そこで、彼らの研鑽の成果を座右に置き、それを集成しようとした証真説の意義を解明する。

二　声聞授記と行位

『法華経』における声聞への授記の意義は、天台教学では『法華文句』巻四上に、開三顕一の十義として説示される。解釈上の問題となりうるのは、本迹二門における授記の意味如何である。『法華文句』の説示を確認しておく。十義のうち第三には、惑の厚薄と、その断尽について、次のような記述がある。

> 第三惑有二厚薄一者、……惑有二厚薄一者、約二別惑一為レ言耳。即為二四句一。一惑軽根利、二惑重根利、三惑軽根鈍、四惑重根鈍。若別惑軽大根利、初聞即悟。若惑重根利、再聞方暁。若惑軽根鈍、三聞乃決。第四句雖二復三聞一、不レ能二得悟一、止為二結縁衆一耳。或可三初両句根利同為二上根一。或可三中間両句為二中下根一云云。復次約三初品無明三重、覆二初住中道一、若初法説、上根之人、三重無明一時倶尽、開二仏知見一入二菩薩位一得二菩提記一。中根断二二重無明一、下根断二一重一。次譬説時、中根断二第三重一尽、開二仏知見一入二菩薩位一得レ授二記莂一、下根進断二二重一。次聞二因縁説一、下根断二三重一尽、開二仏知見一入二菩薩位一也。例如下小乗十六心未レ満不レ得レ名二初果一、十六心満名中須陀洹上也。[2]

ここでは、別惑すなわち変易生死を牽く煩悩の断尽について論じている。すなわち、三周説法によって、上中下の三根の声聞が開示悟入されて成仏の記莂を授けられ、その際に、初住の中道の障となる三重の無明を断尽するという。「三重」が三周になぞらえた名称だとしても、舎利弗以下の声聞は、仏の説法を聞くことで初品の無明を断じ、天台教学では成仏の位とされる初住位に入り、授記されることになるのである。

そして、既に初住位に入った声聞は、本門において仏の寿量を聞いて増道損生することになる。やや長いが、第七の「得記不得記」の記述を挙げれば、次のとおりである。

七得記不得記者、若同皆領解、何故声聞得レ記、不レ見二縁覚菩薩受記一。此亦三意。一者、昔明下二乗入二正位一不上レ能二発心一。何由得レ記。今既悟レ大。欣二斯別決一故為記二劫国一也。菩薩発心求レ仏行成自満。故不レ欣二急求一仏亦不二促授一。又前教処処授二菩薩記一。此是恒説逐要伝訳如レ前云云。二、菩薩亦有二別記一。調達・龍女豈非レ記耶。又法師品云、求二声聞一者、求二辟支仏一者。求二仏道一者。如レ是等類、咸於二仏前一聞二法華経一、我皆与二授記一、当レ得二三菩提一。此豈非二皆記一耶。三、二乗昔来未三曾得二八相記一。故記二其劫国一。菩薩先已曾記。故不二重明一耳。浅近之記初住已得、非二菩薩所一レ欣。菩薩所レ欣乃是円極妙覚遠記耳。故寿量品中、始従二発心一訖二一生得一。妙因斯満極果頓円。此乃授二法身記莂一。何謂レ無レ記耶。

問。若小悟レ大、応三同授二法身記一。那得レ授二八相記一耶。

答。八相是応記。既得二応記一、知二必有レ本。欲レ使三物知聞共結二来縁一。故与二応記一耳。又此二乗若聞二寿量一、即同損生得二法身記一也。(3)

すなわち、縁覚・菩薩と比較しながら、声聞に授記する理由を論じている。菩薩は「八相記」、すなわち初住の記ではなく「法身記」、すなわち妙覚の記を受けることを望むこと、声聞は『法華経』に至るまでに授記されたことがないため、初住の記を授けると述べる。また、引用文末尾の問答では、本門に至って、菩薩と同じく妙覚の記を得るとしている。つまり、『法華経』の会座における舎利弗以下の上中下根の声聞は、迹・本の二門にわたって、いわば二段階の記莂が想定されていることになる。

こうした事柄は、天台教学における基本説といえるかもしれない。しかしながら、授記による断無明や本迹二門における授記といった、経典には明らかに説示されてはいない教理の解釈は、概念規定の意味合いであるとしても教学史において重要論点とされてきた。[4]声聞授記における証真の教説もまた、その流れに連なるものである。

さて、声聞授記と行位との関連について証真は、『法華疏私記』巻六で論じている。冒頭の問答を示せば、次のとおりである。

問。何以得レ知下声聞至二法華一皆入中初住上。久習二小行一、無明難レ断。云何聞レ経忽入二聖位一。故嘉祥云、但入二十信一。慈恩云、廻心已後増寿変易、始入二初信一。

答。既是諸宗異解。義非二客《（ママ）》易一。今開二三門一。一明二道理一。二引二文証一。三遮二外難一。[5]

ここでは、法華会において、授記された声聞が初住に入ると解する天台の教説の基礎を検討している。「諸宗異解」とあるように、その背景にあるのは他師の所説である。ちなみに、他師の所説との関係でこの問題を論ずる先蹤として注目すべきは、後に言及する千観（九一八～九八三）『法華三宗要録』巻六の記述が挙げられる。[6]

吉蔵は、『法華義疏』巻七で、「五明二信解位一者、声聞廻レ小入レ大、始得レ入二菩薩十信之位一。故前文云、汝舎利弗以二信力一故得レ入二此経一、即其証也。……問。声聞廻レ小入レ大得レ入二十信位一者、為レ入二十信初心一、為二十信満足一耶。答。但入二十信初心一。故涅槃経云、須陀洹人八万劫到、乃至辟支仏人十千劫到。所レ言到者、至二十住初心一。故知、廻レ小レ入大、未レ具二十信一也。[7]」とし、真諦『十七地論』の所説なども参照しつつ、信解の行位を十信位の初心としている。

基の見解は、少々不明確ではあるが、『法華玄賛』巻四本で、『法華経』方便品の「舎利弗。汝等当四一心信三解受三持仏語一。諸仏如来言無二虚妄一、無レ有二余乗一、唯一仏乗。[8]」という文を釈する箇所に、「此下釈二第四疑一云、前説二三乗一、今説為レ一。今説法異。今説法異。云何世尊不レ成二妄語一。故仏答言、我已証解、汝全未レ知。行位未レ到、但当三一心信二我所説一。汝創発心、初可レ信故。阿羅漢廻レ心経二二万劫一、始至二三大阿僧祇劫初信心之位一故。但応レ信、勿レ生二疑惑一。仏語無レ妄、理唯一乗。不定種姓究竟成二果智一。亦唯一乗無二二乗一故。[9]」とあるのが見え、初信と解していることが見て取れる。両者に共通するのは、二乗の歴劫を説く『涅槃経』高貴徳王菩薩品[10]の文を根拠として、舎利弗以下の声聞が入るべき行位を理解していることである。

証真自身は、法華会における入初住を肯定する「道理」として、「初道理者、八相成道以論二其終一。既調レ機已、豈不レ脱耶。又久遠時来、及二大通後中間今日一、節節調熟、今聞二円頓一、初入二初住一。還是大遅。何怪レ速耶。[11]」と述べている。声聞が法華会において初住位に入ることは、久遠時来の種・熟・脱の調熟に照らせば、速度の問題としてはかえって遅く、怪しむに足りないという。しかし、他師の理解と異なり、初住が聖位である以上、論証が必要となる。

そこで、「文証」として、『法華経』をはじめ、いくつかの経論章疏を引証している。[12]その中で注目すべきは、『法華論』の所説である。例えば『法華論』が、声聞授記について「彼声聞等得二授記一者、得二決定心一。非レ謂三声聞成二就法性一。如来依二彼三種平等一説二一乗法一。以二仏法身声聞法身平等無レ異故与二授記一。非三即具二足修行功徳一。是故菩薩功徳具足、諸声聞人功徳未レ足。[13]」とし、三種平等のうち法身平等の義によって声聞に授記するのであり、成仏の功徳が具足しているわけではないという限定的な説示を行うことは知られている。要するに、天台教学において、『法華論』を自説の論拠とする場合、会釈を施す必要が生ずる場合がある。にも拘わらず、こうした論点の「文証」に挙げるということは、証真が『法華論』を重視していることの証左に他ならない。

証真が「文証」として引用する『法華論』の記述は二文ある。第一の文には、次のとおり、『法華玄義』巻二下の釈を併せ用いている。

論云、如三蓮華出二泥水一、喩諸声聞得レ入二如来大衆中一坐、如三諸菩薩坐二蓮華上一。聞レ説二如来無上智慧清浄境界一、得レ証二如来深密蔵一故。[14] 玄文第三釈二此文一云、聞レ説二一円道一証二一円果一云云。[15]

すなわち、大乗経に十七種名を挙げてその功徳を示す中、第十六に妙法蓮華経の二義（出水義・華開義）のうち出水義を説示する箇所である。ここでは蓮華出水を譬えるに、諸声聞が会座にあることを諸菩薩が蓮華上に坐することと同じとする。その理由は、『法華経』を聞いて「如来深密蔵」を証悟したことにあると述べている。これを引用して二諦の開麁顕妙を説示するのが「玄文第三《ママ》」の文であり、前後を含めて引用すれば、「必非レ坐二華葉一也。乃是諸菩薩聞レ説二一円道一、証二一円果一、処二華王界一、同二舎那仏一坐二蓮華台一耳。[16]」とある。諸菩薩が盧舎那仏と同様に華台に坐するというのであり、『法華論』の記述が入初住を述べたものと理解している。[17]

また、第二文は次のとおりである。

又論約二二乗一釈二開示悟入一云、入者為レ令レ証二不退地一。示三現与二無量智業一故。如レ経欲レ令三衆生入二仏知見一故。[18]

又云、又復入者、令下得二声聞小乗果一者入中大菩提上故。[19] 彼論約二凡夫二乗菩薩一並以二入句一為二入理一也。[20]

『法華論』は、「一大事」を無上義・同義・不知義・令証不退転地の四義を用いて説示し、これを方便品の「開・示・悟・入」の経文に配当している。証真は、その中、第四の「入」に関する記述に着目するのであり、傍線部のように、『法華論』の「入」は「入理」の意であると述べている。『法華論』の「入」を明確に入初住で理解するのは湛然『法華文句記』巻五上の「第四句者、証二無上一故名為二不退一。証秖是得、即入二初住一。論意、以二前三句一共令レ得レ入二初住位一也。[21]」という記述であり、円珍『法華論記』巻五[22]にもこれを引用しているのが見える。第二文では祖師らの説示を併せ用いてはいないが、これらを踏まえることで、三周説法による声聞の入初住の根拠の一端を、

『法華論』の記述に求めているとみてよいであろう。

ところで、先行研究には、証真の『法華論』に対する態度が、円珍の「尊崇」とは異なり、湛然の批判的態度を継承していると評価するものがあり[23]、この評価が特に疑問なく学界に継承されているようでもある[24]。証真が湛然説を継承し、諸師の学説を整理しているという点では誤りではない。しかし、『法華論』の所説に対して限定や会釈を加えることが少なからずあるとしても、その説示を重視していることは右に明らかである。また、円珍の説にも当然着目し、活用している。

そこで以下、主要な論点として、天台教学からは会釈を要する三種平等、及び四種声聞の理解に関する議論を検討し、証真による『法華論』受容の形態を明らかにする。

三　三種平等の理解

前節にみたように、証真は、「文証」の一つに『法華論』の文を引用した上で、「遮二外難一」において、その説示を会釈するという作業を行っている。ここで問題となるのは、先に引用した『法華論』における、声聞への授記の根拠を説示する箇所[25]であり、その記述を、証真の所説を含めて引用すれば、次のとおりである。

論云、彼声聞等為二実成仏一故与二授記一、為下不二成仏一与中授記上耶。若実成仏者、菩薩何故於二無量劫一、修二集無量種種功徳一。若不二成仏一者。云何虚妄与二之受記一。

彼声聞授記者、得二決定心一。非レ謂レ成二就法性一故。如来依二彼三種平等一説二一乗法一故。以下如来法身与二彼声聞法身一平等無レ異上故与レ授レ記。非下即具二足修行功徳一故如来与中受記上。是故菩薩功徳具足、諸声聞人功徳未二具足一。

已上

論問意云、菩薩多劫修行、得レ入二真位一、方得二受記一。声聞不レ爾。何得レ記耶。答意云、声聞但得二定作仏心一、不レ入二真位一。但是理性法身等故与二授記一也。非レ入二真位一故与レ記也。故菩薩入二真位一功徳具足、声聞不レ入也。答。論問云、菩薩何故多劫修集者、其意許レ在二妙覚記一也。謂菩薩多劫得二妙覚記一。声聞不レ爾。豈得二妙覚記一也。論答意云、声聞只入二初住一得二決定心一。故得二仏記一。非下成二就法性一妙覚仏上。故諸声聞人功徳未二具足一。故得二初住記一。故下記云、論言二未具足一者、拠二極果一耳。又論記云、授記此円家之事、歴劫是三教之分。論主以レ別徴レ円、令二円義成立一。答中、身子聞二法説一、安二住実智中一、心得二決定一未レ及二究竟一。非レ成二法性妙覚一名為二成法性一故。略抄[26]

「論云」部分における三種平等とは、乗平等・世間涅槃平等・身平等をいう[27]。「論問意云」以下が問の部分であり、『法華論』の記述の意を解釈している。つまり、「得決定心」とは「定作仏心」を得ることに過ぎず、真位、すなわち聖位に入ることではない。仏が授記したのは、仏と声聞の法身が平等であることによるのであり、多劫にわたる功徳を具足していない声聞が成仏することはない、と釈するのが問の立場である。

これに対して、「答。」以下が証真の説である。その要点は、『法華論』が、「功徳未具足」の声聞には与えないとする授記を、「妙覚記」と解することにある。『法華経』で、声聞が仏からまず受けるのが初住の記であることは前述した。初住に入って決定心を得た声聞は、初住の記を受けるものの、まだ功徳を修集していないため、その記は、功徳を具足した菩薩が受けるべき妙覚の記とは異なるというのが、『法華論』の文意だというのであり、自説の論旨を補強すべく、傍線部のように『法華文句記』巻八之一[28]と、円珍の『法華論記』巻七末[29]の文を引用している。これらはいずれも、天台教学の立場から、『法華論』の記述を会釈している箇所である。

右の『法華論』が授記の根拠とする、如来と声聞の「法身平等」については、『法華疏私記』巻六で次のような問答を行っている。

問。論意但云法性平等故与二受記一。非三是成二就法性一故記。摂論明二一乗十因一中云、得二一意楽一故者、一摂取平等意楽。一切有情彼即是我、我即是彼。此既成仏彼亦成仏。由二此意趣一故説二一乗一。二法性平等意楽。謂諸声聞法華会上蒙二仏授記一、得二法性平等意楽一、未レ得二法身一。由レ得二如レ是平等意楽一、作二是思惟一。謂仏法性即我法性。已上唐論第十文　若云三分論二法性一者、何云二平等一。言二平等一者、指二理性一耳。

答。若言下但依二法性平等一故与上記者、既是理性。何云レ得二決定心一耶。是指二経文安住実智中我定当作仏一也。然云二法身平等一者、論記云、衆生心中本有仏性、与レ仏平等。仏令三開覚即得二分入一云云。摂論亦指二究竟法身一。故梁摂論云、未レ得二仏法身一。意云、声聞於二法華一証二一分法身一。故謂二仏法性即是我法性一。故身子云、得二仏法分一。迦葉領云、無上宝聚不レ求自得。若由二理性法身同一故得二受記一者、一切衆生皆応レ得レ記。何只声聞[30]。

すなわち、『法華論』所説の「法身平等」を、玄奘訳『摂大乗論釈』巻一〇[31]の文に拠って、法性の平等性、すなわち理性の平等と理解する立場に反論している。ここでも傍線部のように、『法華論記』巻七末[32]の所説を用いている。証真が着目するのは、『法華論記』の「分入」、つまり分証即に入るという記述であろう。また、真諦訳『摂大乗論釈』巻一五には、玄奘訳のような「未レ得二法身一」ではなく「未レ得二仏法身一」[33]とあることから、これを妙覚の法身の意と解し、逆に、法華会において、舎利弗や迦葉が「一分法身」を証得することの論拠としているのである。

なお、『法華論』所説の「功徳未具足」を分証即の意とする見解は、『法華疏私記』巻四本にも見られる。それは、問の文に、「問。法華二乗何以得レ知レ受二初住記一。此諸声聞入二初住一已、尚於二一会一四節増進。況於二未来過無数劫一、応レ入二妙覚一。豈還初住。況円頓速疾、豈経二多劫一広修二万行一不レ入二妙覚一。故他師云、受二極果記一[34]」とあるように、声聞が何故に妙覚ではなく初住の記を授けられるのか、という問題を論ずる箇所である。そこでは、証真は端的に「雖レ云二円頓一、若至二極果一必経二多劫一。[35]」と述べている。その文証の一つに『法華論』の文を引用した上で、「既云二未具一。知是分証。[36]」とするのであり、「功徳未具足」は、あくまで分証と究竟を分かつ分水嶺として用いられている。こうして、『法華論』の記述に関しては、証真は、湛然の所説に併せて、円珍『法華論記』の見解を、自説の基盤の一つとしていることが看取しうる。

　こうした議論が最澄以来の研鑽を前提としたものであることはいうまでもない。例えば最澄は『守護国界章』巻下之下において、『法華論』の「功徳未具足」を「此論意者、彼声聞等雖二即未レ具一修行功徳一、然由二法身平等無レ異故、当レ具二未来一故、故与二授記一。非レ謂上雖レ与二授記一、定性二乗不上レ作二仏道一。……又云二功徳未具足一。当レ知。必当二具足一。麁食者、隠二未具文一、欺二誑後学一。可二憐愍一哉。[37]」とする。すなわち、教学的基盤を異にする徳一との論争の場において、「必当」すなわち未来に必ず具足するという段階的、時間的な意味として、要するに一般的な行位の問題として解釈している。この最澄の見解を源信も、『一乗要決』大文第一[38]で継承している。証真は、彼らの所説を基盤とした上で、「未具足」を天台教学の円教行位論、すなわち分証即と究竟即の差で解釈する湛然、円珍の説を活用した。それによって、より明確に『法華論』の説示を天台教学の行位論に位置づけようとしたのである。

四　決定在座

『法華論』に説示される四種声聞は、『法華経』における授記の主体及び対象を区分することで、授記の効力を限定する規定である。所謂一乗家の立場からは、これも会釈する必要が生ずる。『法華論』巻下の記述を確認すると、次のとおりである。

言三声聞人得二授記一者、声聞有二四種一。一者、決定声聞。二者、増上慢声聞。三者、退菩提心声聞。四者、応化声聞。二種声聞如来授記。謂応化者・退已還発菩提心者。若決定者・増上慢者二種声聞、根未レ熟故不レ与二授記一。菩薩与二授記一者、方便令レ発二菩提心一故。[39]

周知のように、『法華論』は、授記の主体を仏及び常不軽菩薩に分別した上で、応化・退菩提心の声聞は仏から記莂を受けるが、決定・増上慢の声聞は「根未レ熟」のために、発心を促すべく常不軽菩薩から授記されるに留まる、とする。

これについて、『法華文句』巻四上では、「五者、大乗声聞。以二仏道声一令二一切聞一。[40]」とあるように、『法華経』の経文に基づき、『法華論』の四種声聞に、第五の大乗声聞を付加している。この五種の声聞は、証真が指摘するように、吉蔵『法華玄論』[41]巻七に見出すことができる[42]。『法華文句』では、方便品で開三顕一がなされた後の声聞の有無を論ずるにあたり、特に大乗声聞について、「復次秖就二大乗声聞一、復論二有無一。若権作二応化一、外現二小迹一、内隠二大徳一、則謂レ無二大乗声聞一。若従二自行発迹顕本一、則言レ有二大乗声聞一。今開三顕一正意、為二決定・退大声聞令レ成二大乗声聞一。自行既立、即能化応二声聞一。若得二此意一、則達二有無一也。[43]」と述べる。ここでは発迹の観点から大乗声聞の有無を論じている。すなわち、自行の面では開会後における大乗声聞の存在を認め、方便品における開三顕一の主旨は、四種声聞中、決定及び退大声聞を大乗声聞にすることにあるという。このような『法華論』と『法華文句』の説示の齟齬から、四種声聞中の決定声聞が『法華経』の会座に在るか否か、論題にいう「決定在座」が論点となるのである。

まず、『法華文句記』巻四中における湛然の註釈を見るに、「従二今開三一下定二文正意一。須レ為二二人一。為二退大一者与レ論不レ別。今取二決定一意似二少殊一。論拠二在座得記一。今拠二通途被開一。其不レ在レ座展転為説。或在二界外一亦得レ聞レ之。或仏滅後敦逼令レ信。此経通説直云二与記一。論云二退大一、且依二一途一。如二諸声聞一、於二法華前一誰知二退大一。方等等席咸称二滅種一。準二今経意一、既彼此聞レ経、必彼此与レ記。一開之後、無レ所二間然一。廻与二未廻一以分二二義一。当レ知、論渉二有余之説一。無下以二経意一雷同上。[44]」とある。傍線部のように、湛然説の主旨は、『法華論』の説示を「在座得記」のみに限定し、会座にいない決定声聞にも聞経の機会があるというものである。右の引用部分全体を通じてみれば、『法華経』の開会の意義を重視する見解ではあるが、『法華経』の会座には決定声聞がいない、という点では、『法華論』の説示をそのまま受容していると解しうる。湛然によれば、『法華文句』の記述は、あくまでも、決定声聞のうち、会座にいない者、或いは、無余涅槃に入り、三界の外の方便有余土に往生した者[45]や、仏滅後の者の聞経について述べていることになる。

以上を前提に、日本天台の議論を概観する。[46]徳一との論争の中で二乗作仏論を形成した最澄は、決定声聞の意義について、湛然の立場を踏襲しつつ、やや異なる視点からの議論を展開している。徳一は、法相教学の綱格に従い、不定性の二乗が『法華経』の対機であり、定性二乗、或いは決定声聞には大乗姓がないため、成不成を論ずる余地がなく、したがって当然に仏の授記がないという立場を採る。[47]したがって、『法華論』の説示を会釈する必要はない。これに対して最澄は、『法華経』が開会の対象とするのは、決定声聞に他ならないと主張する。例えば、『守護国界章』巻下之下では、徳一が、『法華経』においては、菩薩ではなく舎利弗等の声聞を対告衆とすることから権教を説く経典であると主張するのに対し、定性二乗に授記するのが『法華経』の実教たる所以であるとする。「問云、何得レ知二法華得記諸声聞等皆悉定性一耶。答。有二三種一故。一者、三世故。二者、転レ機故。三者、本意故。初三世故者、過去定性、不軽授レ記。未来定性、他国受レ記。現在定性、霊山得レ記。是故、得レ知二霊山得記現在定性一。

二者、転機故。定性二乗、法華之前本性決定。又名二畢竟一、又名二趣寂一。到二法華会一、方便決定。又暫時決定。又名二不定一。……[48]」という問答を行っている。すなわち、『法華経』で授記される声聞が全て定性であるとするのが最澄の主張であり、これを三世・転機・本意という三点から論じている。三世のうち、未来の定性が他国で授記を得るというのは、湛然説と軌を一にしているが、現在の得記も定性だというのが眼目であり、舎利弗以下の声聞は、全て定性声聞が法華会において機根を転じたものだという。最澄は、中国の法相宗文献の記述に基づいて、これを方便決定、暫時決定とし、決定声聞の定義を拡大するのである[49]。『法華経』における授記の意義を強調する最澄の立場が、日本天台の学匠にとって大きな指針となったことは当然である。しかし、最澄の理論構成には独自性が強い部分があり、例えば、源信が、最澄の採用した、本性決定・方便決定、畢竟決定・暫時決定という分類について、疑義を呈したことは知られている[50]。

最澄以後も研鑽が重ねられたようであり、『唐決』円澄疑問の第十四には定性声聞の在座如何が問われている。広修と維蠲の決答が伝えられ、それぞれ定性声聞の在座を認める内容となっている[51]。円珍は、『授決集』巻下「論未者不也決三十八」において、「決定退大二種声聞正為二三周所化之機一。此等或作二滅想一擬レ入二無余一。或退二大心一中間取レ小。今日開二発蔵識之中三徳涅槃種子一、発二生実相芽葉根茎一。故経云、得二未曾有一非二本所レ望[52]。」という決を支持している。また、源信は『一乗要決』大文第一で、『法華論』の「根未熟」を「当熟」と読み、一切皆成を主張する[53]。ただし、源信の所説からは、最澄のような、決定声聞の在座を強調する姿勢を明確に見出すことはできない[54]。

そこで『法華疏私記』巻四本における証真の議論を見るに、中国天台の説示と、最澄以来の日本天台における研鑽との整合を図り、主として概念規定に留意したものになっている。冒頭の問答の要点を挙げれば、次のとおりである。

問。法華論列㆓四種声聞㆒。其決定性声聞在㆓法華座㆒耶。……

答。泛論㆓決定㆒惣有㆓三類㆒。

一、法華前入位声聞。他経談㆓之永不成仏㆒。故名㆓敗種㆒。亦名㆓決定㆒。此通㆓一切㆒。非㆓今所論㆒。

二、久習小。本来楽㆑小、不㆑発㆓大心㆒、定取㆓小果㆒。故名㆓決定㆒。此約㆓本性㆒名㆓決定性㆒。故玄論云、決定性者即是本学㆓小乗㆒得㆑果。故名㆓決定㆒云云。彼論五人同㆓今疏文㆒。故引為㆑証。此亦有㆑二。若入㆓無余㆒不㆑来㆓此座㆒。若未㆑入者、即在㆑座也。

三、永入滅彼土得㆑聞。此約㆓此土必不㆑入㆑大。故名㆓決定㆒。論指㆓此人㆒故不㆑在㆑座。[55]

ここでは、決定声聞の意味を三分している。すなわち、第一の「法華前入位声聞」とは、敗種であり、『法華経』以前の経典では永不成仏とされる声聞である。別の箇所で、「若其決定是敗種者、何故決定非㆓仏記㆒耶。[56]」と述べるように、法華以前の経典で敗種とされる声聞こそが、『法華経』において開会されるべき対象であることから、彼らは決定声聞ではあっても、在座如何の議論からは除外される。第二の「久習小」とは、大乗に発心したことのない声聞であり、『法華経』の説時に無余涅槃に入っていない限りは、会座にあるとする。第三の「永入滅彼土得㆑聞」とは、『法華経』を聞かずに入滅し、方便有余土で『法華経』を聞く声聞である。『法華論』にいう決定声聞は、第三の場合に該当する。つまり、四種声聞にいう決定声聞とは『法華経』が説示される時点で無余涅槃に入っている声聞のみを指すことになる。なお、第二の久習小の説明に、『法華玄論』巻七の定義を用いるのは、証真が『法華文句』を、随処に『法華玄論』の記述が挿入された文献と捉えていることによる。[57]

この論点における証真の基本的な立場は、決定声聞の範囲を拡大しようとする最澄の見解を基盤とし、そこに湛然の所説を結合することで構築されている。例えば、右の引用文に続く問答では、「問。何以得㆑知㆓論文決定是永滅者一。答。妙楽常云二彼土人一故。如二記第一・第四、及受記品記等一。又守護章明三世決定云、過去定性不軽受記。未来定性他国受記。現在定性霊山得記。又云、法華論説二定(ママ)決声聞根未熟故一、指二未来決定一云云[58]」としている。ここでは、『法華論』所説の決定声聞が、永滅者、すなわち既に無余涅槃に入った者であることを、湛然の『法華文句記』[59]における言及と、『守護国界章』巻下之下[60]の記述によって論証するのである。

また、決定声聞の在座を明言しない『法華文句記』の記述については、「問。若久習小亦在レ座者、何故記云二今拠通途被開一、不レ云二在座得記一。答。今久習小既云レ如二論決定一。故拠二決定之辺一、不レ云二得記一耳。三平等義云、文句云、開三顕一為二決定退大一。記云、生二滅度想一決定性也。準レ此、決定有二多種一。過二八万一者入滅決定。此会得益者、未入決定也。於レ昔名二決定一、於レ今無二此義一。是故得レ益也云云。又準二記文一、既於二通途被開之下一、泛出二三類一。一不レ在レ座。二在二界外一。三仏滅後。故久習小非レ局二余国一。」[61]という問答を行っているように、最澄或いは円仁の著作とも伝えられる『三平等義』[62]の記述等を引用して、『文句記』の記述からも決定声聞の在座を読み取れることを証する。また、最澄が活用した畢竟決定・暫時決定の概念も、会釈しながら採用している。[63]以上のような証真の議論は、中国乃至日本の主流に属する学匠の見解を集成したものとみることもできるであろう。[64]主要な論義書等の成立以前に多くの文献を駆使して構築された証真の議論は、後世に一定の影響を与えている。[65]そのことは、例えば、『台宗二百題』における「三周定性」の議論が、証真のそれの範囲を出ない点からも看取しうる。ただし、この論点においては、教学史上全く異なる観点からの見解も提示されている。それは千観の所説であり、以下検討する。

五　千観の見解

良源と同時代の学匠である千観には、法華教学の著作として、天台・三論・法相の『法華経』註釈を抜粋し、自説を付加した『法華三宗要録』一〇巻があり、八巻までが叡山文庫天海蔵に現存する。[66]その巻五において、『法華経』方便品の「無レ有二余乗、若二若三。」[67]を釈する箇所で、次のような問答を行っている。

問。就二摂大乗論所説十因一、若言下為三引二接一類不定性声聞一仏説中一乗上者、天台・三論五乗皆成仏義皆壊。如何可レ釈。

答。不レ壊。何者、於二二乗一有二定性・不定性一。其定性者、不レ来二法花会一。決定入二無余一故。々本論云、前二未熟、不レ与二授記一。法花聞《開》悟声聞皆是不定性也。摂論且約二此辺一云為二引接一類等一。猶如三彼法花論ノ云カ二不与授記一。非三畢竟隔二定性二乗一。次文云二法無我解脱等八因一、則是説為二定性・不定性一皆説二一乗一之文也。[68]

ここでは、無著造・玄奘訳『摂大乗論』巻下の「為下引二摂一類一　及任中持所余上　由二不定種姓一　諸仏説二一乗一　法無我解脱　等故性不同　得二二意楽一化　究竟説一乗」[69]という偈について、引摂される一類が不定性の声聞であると解する法相教学の説と、[70]天台や三論の一切皆成の義との矛盾を問題としている。矛盾しないとする千観の見解の根拠は、『法華論』の記述に則るものである。すなわち、『法華経』の会座には不定性声聞のみが来至し、定性声聞、すなわち決定声聞は必ず無余涅槃に入るため、会座にはいないことに求められるのである。ただし、仏に授記されない定性二乗についても、「而今言二不与授記一者、定知、是拠二現座得記言一之文。又経云、是人雖レ生二滅度之想一而於二彼土一得レ聞二是経一。故無二此座一。」[71]とすることで、結論としては湛然説同様に、彼土＝方便有余土における聞経を認めている点には注意すべきである。また、右の主張の反対解釈として、不定性の二乗は決して無余涅槃に入ることはない、という主張の基礎が、次の問答のように、『法華玄賛』[72]巻四本の記述との関係で問われている。

問。若必不レ入、何故玄賛云、令三不定性声聞不レ入二無余涅槃一故、旧仏菩薩作二声聞身一、自進入二涅槃一、待二実声聞欲レ入二無余一、便却現レ身告二諸人一曰、汝知否。無余涅槃一切無レ事。令三諸不定種姓二乗尽作二是心一。往昔者尊入二涅槃一者、今皆復起現受二仏記一。況我今者不レ希三作レ仏而入二涅槃一。取意文　若不実《定》性二乗無下必定可レ入二無余一之義上者、何故仏菩薩示二此化儀一乎。故知、不定性二乗可レ有下入二無余一者上。

答。涅槃経云、有二三種病人一。一、遇二医師一若不レ遇定可レ死者。二、遇二医師一不レ遇必可レ差者。三、若遇差不レ遇可レ死者。初人是定性二乗。次人是定性菩薩。後人是不定性也。故知、不定性二乗、若仏菩薩不レ作二此化一、可レ入二無余一。今仏菩薩作二此化一。故不レ入二無余一。如来大悲不共時故、為二諸不定性二乗一必作二此化一故、必不レ入二無余一。是非レ無二畢竟可レ入之理一。雖二或可レ入、依二仏大悲一不レ入也。[73]

すなわち、無余涅槃に入ろうとする不定性の二乗を仏菩薩が翻意させるという『法華玄賛』の記述によって、無余涅槃に入る不定性の二乗も存在すると主張する問の見解に対し、『涅槃経』所説の三種病人[74]を、順次、「遇二医師一若不レ遇定可レ死者」―定性二乗、「遇二医師一不レ遇必可レ差者」―定性菩薩、「若遇差不レ遇可レ死者」―不定性二乗、と配当することで、不定性二乗は仏菩薩の教化がなければ無余涅槃に入るのが道理だが、大悲によって必ず教化されるとの答を示している。三種病人の譬喩のこうした配当は、基の著作に見出すことができるが[75]、天台宗側の文献では、現時点では類例を見出せない。前述のように、千観の見解では、定性二乗が無余涅槃に入っても、彼土で『法華経』を聞くことができるとすることから、法相教学とは当然に結論を異にする。しかしながら、千観自身が法相教学を強く意識した議論を展開している点は注目すべきである。その立論の特徴は、『法華論』の説示を形式的に遵守することと、『法華玄賛』の記述を積極的に用いることにある。法相宗と共通の文献を援用しながら天台義を論証しようとしたものと推測するが、その全体的な意義の解明は今後の課題としたい。なお、千観が『法華玄賛』の所説を意識しつつ行う議論は、『三周義私記』の佚文としても伝えられている[76]。したがって、右に検討した説は、『法華三宗要録』のみに見出される特殊な見解でもないようである。

六　小結

本章では、『法華経』における授記に関連する基本的な問題のうち、『法華論』の所説に関する証真の理解について若干の検討を行うと共に、日本天台における多様な研鑽の一例として、決定声聞の在座に関する千観の説に言及した。

冒頭にも述べたとおり、証真の課題は、他宗との対論よりは教学体系の整備にある。したがって、『法華疏私記』でも、授記による声聞の断無明、入初住という基本的な教説の基盤が、吉蔵や基など他宗の祖師の見解との比較で問い直されることにもなる。その過程で証真が論拠の一つとしたのが『法華論』の記述であった。しかしながら、『法華論』には一切皆成を標榜する一乗家の立場からは会釈を必要とする説示が含まれる。本章では、声聞授記における三種平等と、四種声聞のうち決定声聞の『法華経』会座への在座の認否に関する議論を取り扱った。

三種平等については、声聞の「功徳未具足」が問題となる。これを「不具足」の意味で理解する徳一と対論した最澄や、或いはその論争を継承した源信などは、『法華論』の記述を、修行の段階、時節の問題、つまり行位論と捉えた。湛然や円珍は天台教学内部の問題として、より具体的に「未具足」を初住以上妙覚未満の分証即で理解している。既に他宗との論争という具体的な契機をもたない証真は、自ら最澄・源信の立場にあることは当然の前提とした上で、湛然や円珍の所説を活用し、『法華論』の記述を円教の行位論で消釈したのである。

また、決定声聞の在座如何については、決定声聞には授記を行わないという『法華論』の記述を肯定しつつ、他国での聞経に決定声聞の授記を見出そうとする湛然の説が出発点となる。証真は、最澄の説、すなわち、決定声聞の定義を三世に拡大し、むしろ『法華経』における決定声聞の在座を主張する方向性に着目している。決定声聞の概念規定を行い、『法華論』所説のそれを入滅の二乗のみに明確に限定し、湛然説に会釈を加えることで、可能な限り決定在座の範囲を広く理解しようとした。こうして、第一章の教判論同様、証真が単に諸説を列挙するに留まらず、特定の視点から前代までの研鑽を統合しようとする仕方を、二乗作仏論の議論からも看取することができるのである。

なお、千観の所説は、天台義を基の『法華玄賛』の記述によって論証しようとするものであった。その意義の解明は本文に記したとおり今後の課題であるが、二乗作仏に関する基本的な議論についても、多様な展開が見られることを示し得たと考える。

註

（1）常盤大定『仏性の研究』（丙午出版社、一九三〇）は、仏性理解の相違という観点から、インド・中国・日本にわたる論諍を整理している。常盤氏が、「三国仏性論諍の最高潮」（同・二五頁）と位置づける最澄と徳一の論争に関する基本的な研究としては、田村晃祐『最澄教学の研究』（春秋社、一九九二）がある。なお、最澄の『法華秀句』中巻は、インド・中国・日本にわたる仏性論諍の経過を記している。これに関する研究として、田村晃祐「最澄『法華秀句』中巻について」（『東洋学論叢』五、一九八〇）、また、浅田正博「『法華秀句』中巻別撰説について

—守護国界章との関連において—」（『仏教学研究』四一、一九八五）など参照。

(2) 大正三四・四六頁中下。

(3) 大正三四・四七頁中下。

(4) 例えば、本迹二門の授記については、夙に円珍『授決集』巻下が「八相法身二記傍正決三十四」（仏全二六・三七六頁下）で問題とし、ほぼ右の『法華文句』の説示に基づいて声聞授記が八相応身記であることを確認している。また、源信に対する知礼「答日本国師二十七問」には、第一問に「一問。法華三周授記作仏云云。近代疑者云、為二是初住仏一。為二是妙覚仏一。」（『四明尊者教行録』巻四所収、大正四六・八八五頁下）という問があり、『法華経』における声聞授記が初住か妙覚かを問うている。知礼は、これを「八相応身記」としつつ、舎利弗のような利根の超入があることを指摘し、さらに成仏への無数劫の期間を衆生との結縁、浄仏国土の因と述べるなど、やはり『法華文句』の説示を踏まえているのがわかる。ちなみに、その後の日本天台でも「法華授記」「法身八相」等の論題になっているが、結論としては右と同様に、迹門では初住記であるとすることが多い。ところで、内証の法身の理に対する初住仏の応用を示す「外用八相」の語が、日本天台で活用されている。例えば証真は、『法華疏私記』巻四本で、「問。今入二因位一須レ期二仏果一。其因位八相是普現色身三昧力用任運自現。何足レ与レ記。答。廻小入大本期二利他一。故仏先記二外用八相一。声聞楽三欲聞二成道一故、欲レ使三物機結二来縁一故、遠期二仏果一故、後記二法身一。近楽二利物一故、前明二八相一。」（仏全二一・五一〇頁下）と述べている。声聞が大乗へ移行することはそもそも利他行を期することであるから、まずは応身八相の記を与えるという文脈で、「外用八相」の語を用いているが、証真以前の用例は少なく、播磨道邃『法華疏記義決』に二例（仏全一五・一六八頁下及び二〇五頁下）を見出すのみである。院政期の研鑽を通じて一般化した用語と思われる。

(5) 仏全二二・五八二頁下。

(6) 叡山文庫天海蔵写本（別本五六）、一二七丁右〜一三〇丁右（丁数表示は写本の現況に従う）。千観は『法華論』（註(13)参照）の文を引いた上で、「若尒、天台何故立下法花声聞得悟之時、皆断二無明一証二初住理一而得二授記一之義上耶。答。三周得悟声聞皆断二無明一証二法性一。」（一二七丁右）とし、天台の基本説を確認する。その後の記述は、法華会における入地住を認めない基『法華玄賛』の立場を批判する内容となっている。

（7）大正三四・五四三頁中。
（8）大正九・七頁下。
（9）大正三四・七二〇頁中。
（10）北本では大正一二・四九一頁下。南本では、同・七三四頁下。
（11）仏全二二・五八二頁下。
（12）仏全二二・五八二頁下～五八三頁上。経名のみ挙げれば、『薩曇分陀利経』『法華三昧経』『涅槃経』『十住断結経』である。
（13）菩提留支訳・巻下、大正二六・八頁下～九頁上。
（14）菩提留支訳・巻上、大正二六・三頁上。
（15）『法華疏私記』巻六、仏全二二・五八三頁上。
（16）大正三三・七〇四頁上。
（17）『法華玄義釈籤』巻六には、「秖以二入実一名為二華台一。」（大正三三・八五七頁中）とある。ちなみに円珍『法華論記』巻二には、『法華論』の記述について、「今言、諸声聞衆悟二入一乗一名下入二仏衆中一坐上。即出二煩悩所知泥水一也。如諸菩薩等者、直往行人修二一乗行一証二一乗果一。故坐二蓮上一同二仏境界一。聞説無上智慧等者、挙レ行顕レ証。言、聞レ説二唯一実相妙境一、当三坐証入二如来秘蔵一。声聞小聖転二前所行一成今妙行、住二果報土一、同二大菩薩一。」（仏全二五・七一頁下～七二頁上）とあり、やはり入初住で理解している。
（18）大正二六・七頁中。具さには「令レ証二不退転地一。示二現欲レ与二無量智業一故。……」とあり、証真の引用は取意である。
（19）大正二六・七頁中。「大」の字は勒那摩提訳（大正二六・一六頁下）に見出すことができる。
（20）仏全二二・五八三頁上。
（21）大正三四・二三五頁上。
（22）仏全二五・一六四頁下。
（23）日下大痴『台学指針』（興教書院、一九三六）二二〇頁～二二一頁。円珍の『法華論記』以後、『法華論』の研究

は下火となったが、証真が『法華疏私記』で盛んに研究し、「古来一家の相違を調和し、之が整理に努む。」と説明している。これに続けて、「然に此論に対する尊崇は智証の夫れに異つて、更に荊渓峻烈の批判を稟け来り、之を敷衍して云く「記の云く、論に決定には与記せずと云へるは未尽理なりと、方等経の中には一切の声聞を皆敗種と云ふ、而も法華に至ては敗種が還生し、彼此の土に於て皆仏記を得、故に論に決定には与記せずと云ふは未尽理なり」と論断す、其態度知るべし。」とし、その後天台宗の学匠が、円珍の学風を守らず、『法華論』を尊重しなかったと述べている。日下氏が引用しているのは、『法華疏私記』巻四本（仏全二一・五〇二頁下）の記述であり、『法華論』に説く四種声聞のうち、授記されない決定声聞が敗種にあたるとする問に対する答の部分である。この部分については、その解釈は特段誤りではないが、本文で検討するように、『法華論』の説示を重視し、或いは会釈を施すことで、自説中に受容しようとする姿勢を看過すべきではない。

(24)　池田魯参「円珍『法華論記』における天台研究の特質」（『駒沢大学仏教学部論集』九、一九七八）は、円珍が湛然の華厳教学への批判的な姿勢を無視したことについて、知礼等の趙宋天台諸師と異なる独自の学風を認める。その上で、『法華論』について、湛然とは異なる円珍の「尊信の遺風」が、後世の証真や貞舜などには継承されなかったとする日下氏の説（『台学指針』二二〇頁）を引用し、「日下論は傾聴に価うもの」（一〇〇頁）と評している。

(25)　菩提留支訳では、巻下、大正二六・八頁下～九頁上。勒那摩提訳では、大正二六・一八頁上。例えば、最澄は、『守護国界章』巻下之下（伝全二・六三八頁～六三九頁）において、徳一の挙げる「七教二理」を破する議論の中で、『法華論』のこの箇所を用いている。なお、この箇所は、定性二乗に行仏性がないことの証として徳一にも用いられている。これに対して最澄は、「功徳未具足」とは、将来に具足しうることの謂であると反論する（同・六六六頁～六六八頁）。最澄の『法華論』理解と依用、円珍や源信などの活用について、近年の研究成果としては、奥野光賢『仏性思想の展開―吉蔵を中心とした『法華論』受容史―』（大蔵出版、二〇〇二）第一篇第五章参照。なお、ここで証真が引用している『法華論』の文は、勒那摩提訳と菩提留支訳を混在させたような記述になっている。菩提留支訳の該当箇所を挙げれば、次のとおりである。「問曰、彼声聞等、為三実成仏故与二授記一、為三不成仏与二授記一耶。若実成仏、菩薩何故於二無量劫一修二集無量種種功徳一。若不二成仏一、云何与二之虚妄授記一。答曰、彼声聞等得二授記一者、得二決定心一、非レ謂三声聞成二就法性一。如来依二彼三種平等一説二一乗法一。以二仏法身声聞法身平等無一レ異故、与二授記一。非三即具二足修行功徳一。是故菩薩功二徳具足一、諸声聞人功徳未レ足。」。また、証真が『法華論』の諸本を参照していることについては、『法華疏私記』巻九末（仏全二二・七三三頁上下）参照。

(26) 仏全二二・五八三頁上～五八四頁上。

(27) 菩提留支訳では、『法華論』巻下、大正二六・八頁下。勒那摩提訳では、大正二六・一八頁上。前者によって、三種平等を説示する箇所を挙げれば、次のとおりである。「何者名為二三種平等一、云何対治。一者、乗平等。謂与二声聞一授二菩提記一。唯一大乗無二二乗一故。是乗平等無差別故。二者、世間涅槃平等。以三多宝如来入二於涅槃一、世間涅槃彼此平等無差別故。三者、身平等。多宝如来已入二涅槃一、復示二現身一、自身他身法身平等無差別故。如レ是三種無煩悩人、染慢之心見二彼此身所作差別一、不レ知二彼此仏性法身悉平等一故、謂即此人我証二此法一故、彼人不レ得二此対治一故、与二諸声聞一授記。応レ知。」。つまり、乗平等とは、仏の教えは大乗のみであるということをいい、世間涅槃平等及び身平等は、それぞれ世間と涅槃、自身と他身の無差別をいう。後二者は、いずれも多宝如来の入涅槃によって説明される。

(28) 大正三四・二九六頁中。

(29) 仏全二五・二二〇頁下～二二一頁上の記述を略抄している。

(30) 仏全二二・五八四頁上下。

(31) 大正三一・三七八頁上。

(32) 仏全二五・二二一頁上。

(33) 大正三一・二六五頁下。

(34) 仏全二一・五〇九頁上。

(35) 仏全二一・五〇九頁下。

(36) 仏全二一・五〇九頁下。

(37) 伝全二・六六八頁。なお、当該箇所は、徳一が定性二乗及び無性有情の不作仏を証すべく挙げた四教二理のうち、四教の第四にあたる。

(38) 仏全三二・六頁上。
(39) 大正二六・九頁上。
(40) 大正三四・四六頁中。なお、「以㆓仏道声㆒令㆓一切聞㆒」（大正九・一八頁下）とは、『法華経』信解品の偈文の一部であり、「我等今者、真是声聞」に続いて、摩訶迦葉の領解を示すものである。
(41) 大正三四・四一一頁下。「次明㆓五種声聞得記不得記義㆒。一者退大学小声聞。如㆓身子之流㆒。二者発軫学小声聞。三者以㆓仏道声㆒令㆓一切聞㆒。四内秘㆓菩薩行㆒外現為㆓声聞㆒。五増上慢声聞。」とある。
(42) 『法華疏私記』巻四本、仏全二一・五〇〇頁下。
(43) 大正三四・四六頁中。
(44) 大正三四・二二六頁下。
(45) 拙稿「証真の二乗作仏論」（『印度学仏教学研究』五六―二、二〇〇八）参照。
(46) 奥野前掲書、第一篇第五章第二節～第四節参照。
(47) 例えば、『法華秀句』巻上本、伝全三・一三頁～一五頁。また、基『法華玄賛』巻一本、大正三四・六五二頁下～六五三頁上。
(48) 伝全二・六三三頁～六三四頁。
(49) 『法華秀句』巻上末（伝全三・八八頁）を併せ見るに、玄奘門下の神昉『種性集』から、本性決定・方便決定を、義寂『大乗義林章』や義一『法華論述記』から、畢竟決定・暫時決定の概念を導入している。また、『再生敗種義』（伝全二・七五二頁）でも、『法華経』で授記される声聞は、暫時決定或いは方便決定であると述べている。
(50) 『一乗要決』巻上、仏全三二・二二頁下。奥野前掲書、二六五頁～二六七頁参照。
(51) 新版日蔵・天台宗顕教章疏四。広修決答は一七二頁下。維蠲決答は二〇〇頁上。
(52) 仏全二六・三七八頁上。なお、『三周義聞書　決定在座』には、『授決集』のこの記述をもって円珍が決定在座肯定説を採る証拠とする箇所がある。続天全、論草2・八頁下～九頁上。
(53) 仏全三一・一〇頁上下。
(54) 『三周義聞書　決定在座』は異説を多数収載している。その中、難方の見解ではあるが、「凡論在座不在座事、非二凡情所一レ測。宜任二大師先徳釈一者、而摂州先徳不在座旨尽レ理尽レ文。楞厳先徳同述彼記意成不在座義。」（続天全、論草2・四頁上）とし、摂州先徳、すなわち後に検討する千観と並んで、楞厳先徳、すなわち源信が共に決定声聞の不在座を主張する旨を伝えている。ここにいう源信の説を特定することはできないが、『三周義聞書』の他所にも、円珍が在座を認めるに対し、この両者が容認しないことを、「私尋申云、摂州・恵心共重重問答、全不レ可レ在レ座。以今義存不可有相違歟如何。」（同・八頁下～九頁上）と問題にする記述が見られる。

(55) 仏全二一・五〇一頁上下。

(56) 仏全二一・五〇〇頁下～五〇一頁上。

(57) この点につき、本書第二章「証真の教学と『法華玄論』」参照。なお、『法華玄論』巻七の典拠は大正三四・四二二頁上。

(58) 仏全二一・五〇〇頁下。

(59) 大正三四・一六六頁中、二九六頁上等参照。

(60) 「又云」以下は、伝全二一・六三五頁。

(61) 仏全二一・五〇二頁下。

(62) 伝全三・四七〇頁の略抄。

(63) 仏全二一・五〇一頁上。

(64) 証真は、『法華論』所説の五驚怖のうち、損驚怖が入位の定性声聞であることを法相教学でも認める立場があることを証するにあたり、最澄撰とされる古佚『五驚怖抄』を用いている。仏全二一・五〇一頁下～五〇二頁上。

(65) 例えば『宗要白光』には、「凡天台意、付二定性声聞一即有二三意一。一、入位二乗。……二、以二元住小一名二決定性一。……三、法華論決定性便々入滅不レ到二法華一者也。」（天全一八・一六四頁上下）とあり、『法華論』の決定声聞を入滅者とする点も含め、証真が整理した規定をほぼそのまま用いている。なお、同書には、恵光坊流の議論を「等流有。或難レ測。或一辺無云義習来。然而中古明匠已来亦可レ有義相承玉。上二義共是当流意也。」（同・一六五頁上下）と伝える。すなわち、決定在座肯定説・否定説・定判を保留する説があったところ、「中古明匠」以来、肯定説を相承しているという。ただし、ここにいう「中古明匠」とは、檀那流における証真の師たる永弁を指すか。

『日本大師先徳明匠記』（仏全一一一・二七〇頁）参照。
(66) 千観の事績及び、『法華三宗要録』が『法華三宗相対抄』の再治本と位置づけられること等については、佐藤哲英「千観内供の研究」（『宗学院論輯』三〇、一九三九）参照。
(67) 大正九・七頁中。
(68) 叡山文庫天海蔵写本（別本五六）、五七丁左～五八丁右。
(69) 大正三一・一五一頁中。
(70) 『法華玄賛』巻四本、大正三四・七一六頁上。
(71) 叡山文庫天海蔵写本（別本五六）、五八丁右～左。
(72) 大正三四・七一六頁中。
(73) 叡山文庫天海蔵写本（別本五六）、五九丁右～六〇丁右。
(74) 『涅槃経』（南本）巻一〇、大正一二・六七三頁上。また、巻二四、大正一二・七六二頁上。
(75) 『成唯識論中掌中枢要』巻上本、大正四三・六一二頁上。この点につき、奥野光賢「『涅槃経』における「三種病人」の解釈をめぐって」（『駒沢短期大学仏教論集』四、一九九八）参照。
(76) 『三周義聞書』（続天全、論草2・九頁下～一一頁上）に、一部が収録されている。千観は決定声聞の不在座を主張する。その過程で、法華会において授記される敗種や、大乗の菩提心を発したことのない元住小の声聞が不定性であることの証拠として、『法華玄賛』巻一本（大正三四・六五二頁下～六五三頁上）の取意の文を援用している。

第五章　廻心向大と方便有余土

一　問題の所在

二乗作仏をめぐる論点は多岐にわたるのであり、その重要論点の一つに、定性二乗の成・不成の問題がある。定性二乗の灰身滅智を主張する法相教学を否定し、無余涅槃に入った定性二乗が廻心向大することを認めるとしても、作仏に至る階梯をいかに解するかという問題もある。

天台宗の学僧としての証真の基本的な立場は、声聞への受記は『法華経』で顕説されるということにあり、それは、他経の二乗作仏を論ずる『法華玄義私記』巻九の次の記述からも明らかである。

令三二乗人開二仏知見一、面記二作仏一名二二乗成仏一、亦名レ会レ人也。而一代中於二華厳時一、未レ有二二乗一。後分雖レ有、都不二覚知一。於二阿含時一始受二小果一。方等弾呵、般若加説。並云、若入二声聞正位一、永不二成仏一。唯至二法華一、四請三止、三周開悟、方始得レ記。故経云、諸仏法久後要当レ説二真実一。未三曾説二汝等当レ得レ成二仏道一。不レ務二速説一。後与二大車一、後至二宝所一。解レ髻与レ之。故知、二乗他経無レ分(1)。

二乗の人に仏知見を開し、作仏の記莂を与えるのが二乗の成仏であると定義した上で、かかる授記は『法華経』に至ってはじめてなされるとする。したがって、法華以前に説かれた経典における二乗作仏の授記は、「応レ是二密説二[2]」とあるように、仏の密意によるものである。

では、『法華経』を聞くことなく、無余涅槃に入ってしまった二乗は、どのような階梯を経て廻心するのか。すなわち、入無余後における廻心向大の問題である。

仏滅後の弟子であって、『法華経』を聞かなかった者の辿る階梯については、『法華経』化城喩品に次のような記述がある。

我滅度後、復有二弟子一不レ聞二是経一、不レ知二不レ覚三菩薩所行一、自於二所レ得功徳一生二滅度想一、当レ入二涅槃一。我於二余国一作仏、更有二異名一。是人雖下生二滅度之想一入中於涅槃上、而於二彼土一求二仏智慧一、得レ聞二是経一、唯以二仏乗一而得二滅度一、更無二余乗一。除二諸如来方便説法一。[3]

すなわち、釈迦が滅度した後、『法華経』を聞くことのなかった弟子が、自らの修行で得た功徳によって涅槃に入ろうとする。釈迦は「余国」、つまり他の仏国土において、異名の仏として教化していることから、その弟子はその仏国土で『法華経』を聞くことができ、唯一仏乗によって真の滅度を得ることができる、という。周知の経文であることはいうまでもなく、この箇所の理解が、所謂三乗・一乗の権実論争では問題となったことも知られている。すなわち、「滅度想」を生じた弟子の機根が不定性か定性か、仏が「余国」で弟子を教化するのは、「涅槃」に入る前か後か、或いは、「涅槃」とは有余涅槃か無余涅槃か、などが主要な論点となる。[4]

しかしながら、例えば最澄と徳一の論争でも、「余国」とは何かが主要な問題となることはなかった。最澄は、『守護国界章』巻下之上の「弾下麁食者謬破中定性二乗入二無余一後廻心上章第二」では、主に他師の所説に依拠している。[5] 論争の場では、双方が共通の場に立つことが必要であり、最澄が天台教学の議論に言及しなかったのは妥当な姿勢ということができる。他方、この「余国」とは、天台教学では、四土のうち、方便有余土に配当される。無余涅槃に入った定性二乗の廻心を問題にするということは、すなわち、方便有余土に生じた二乗が、いかなる階梯を辿って廻心するのか、という問題を論ずることに他ならない。以下、この問題をめぐる証真の議論の意義を解明する。

二　方便有余土における廻心

まず、基本的事項の確認をしたい。『法華文句』巻七下の、右の経文を釈する箇所には、次のような記述がある。

及我滅度未来下、第二会二未来弟子一。復二。一正会。二我滅度後復有下釈レ疑。疑者云、現在者、得レ聞三仏説二法華一、得レ入二一道一。可二是結縁之流一。未来者、不レ聞二法華一、而入二滅度一。此豈能捨レ小得レ入二一乗一。釈云、雖レ滅二度之一終会得レ聞。我於二余国一作仏得レ聞二是経一。余国者、三乗通教有余国也。除諸如来方便説者、断レ疑也。三是方便説。其実無レ三也。[6]

すなわち、未来の弟子が滅度したとしても、最終的には余国で『法華経』を聞くことができることを釈するのであり、傍線のごとく、これを「三乗通教有余国」としている。また、巻七上には、「如下下文云中、是人於二所レ得功徳一生二滅度想一。我於二余国一作仏、更有二異名一。此人於二彼国一得上聞二是経一、指二方便有余之土一、是善処。[7]」とあるのが見える。ここでも余国を方便有余之土としているように、化城喩品の「余国」とは方便有余土であることが知られよう。

そして、方便有余土への往生については、『維摩経文疏』巻一において、次のような説示がなされている。

二、明二有余土往生一者、三乗同見二第一義一、断二四住一尽、皆得三往生受二法性身一。若三蔵教羅漢縁覚、通教三乗断二見思一尽者、皆往受レ生。別教十行菩薩及円教十信後心長別二三界苦輪海一、皆往二生有余土一。此皆論二其実生一。

故勝鬘経云、変易生死者、二乗及大力菩薩三種意生身所レ不レ能レ断。故但得下往二生有余土一受中法性身上。

問。何等是三種意生身。

答。一者、三昧正受意生身。此恐是通教菩薩、同入二真空寂定之乗一。故涅槃経云、声聞定力多故、不レ見二仏性一。
二、覚法性意生身。此恐是別教菩薩、雖レ証二偏空法性一、而覚三知有二中道法性一也。三、無作意生身。此恐是円教菩薩、観二中道無作四諦一円伏二無明一也。此三皆言レ意者、未レ発二真修一、縁修猶是作意。無明為レ縁、無漏業為レ因、即得三生受二法身一也。
問。如二楞伽経明一、三種意生身悉在二十地一。応レ生二果報土一。何得レ生二有余土一。

答。約二別教十地一判三種意生身、即生二果報土一。若約二通教十地一判二三種意生身一、正与下向解三教菩薩断二界内惑一尽者上斉、則同生二有余土一也。(8)


要するに、ここでは、蔵教の声聞・縁覚、及び通教の声聞・縁覚・菩薩で、四住地の惑、すなわち三界の内の煩悩を断じ尽くした者が、分段身を捨てて、『勝鬘経』(9)に説示する意生身を受け、三界の外の方便有余土に往生し、変易生死を重ねるとしているのである。

ただし、右の引用文における第一の問答にあるように、『楞伽経』所説の三種意生身(10)については、『維摩経文疏』では通別円の三教の菩薩に配当しているのであり、二乗には言及していない。他方、『法華玄義』巻六下では、功徳利益妙の第九の変易益、すなわち方便有余土の人の利益を説く箇所に、「楞伽云二三種意生身一者、一、安楽法意生身。此欲レ擬下二乗人入二涅槃安楽一意上也。二、三昧意生身。此擬下通教出仮化物用二神通三昧意上也。三、自性意生身。此擬下別教修二中道一自性意上也。通言レ意者。安楽作二空意一。三昧作二仮意一。自性作二中意一。別円似解猶未レ発レ真。皆名二作意一。」(11)とあり、主として蔵通別の前三教に配当し、名称も異なるなど、説明が一定していないのである。また、方便有余土へ往生する行位の規定についても不明確な部分があることは知られている。[12] このように、無明を断ぜず、聖者でない者が往く国土である方便有余土には、規定が明確でない点が多い。

ところで、二乗の廻心をめぐっては、右にみた『法華経』の文と並んで、『涅槃経』高貴徳王菩薩品の「善男子。何因縁故不到到。不到者、名二大涅槃一。何義故到。永断二貪欲・瞋恚・愚痴・身口悪一故、不レ受二一切不浄物一故、不レ犯二四重一故、不レ謗二方等経一故、不レ作二一闡提一故、不レ作二五逆罪一故。以二是義一故名二不到到一。須陀洹者、八万劫到。斯陀含者、六万劫到。阿那含者、四万劫到。阿羅漢者、二万劫到。辟支仏者、十千劫到。以二是義一故、名二不到到一。」[13] という記述の解釈如何が問題となる。すなわち、『涅槃経』の文は、大涅槃に到るまでの四果の声聞及び辟支仏の歴劫を説示している。これについて、証真自身が、「若法相云、二乗廻心増寿変易経二八万等一、方入二十信一。今天台云、入滅二乗無余変易、経二八万等一後発二大心一。華厳・三論等諸師亦同二此義一。具如二一乗要決等一。」[14] と要約しているように、法相教学では、定性二乗は灰身滅智するとし、無余涅槃からの廻心を認めない。したがって、八万劫等は、無余涅槃に入る前、三界の中で廻心した不定性の二乗が寿命を延ばし、十信位に入るまでの期間ということになる。[15] それに対して、無余涅槃における灰身滅智を否定し、変易生死の意生身となった状態を経て廻心向大すると主張する天台等の立場からは、八万劫等は、廻心までの期間ということになるのである。

このように、歴劫を経て廻心するのが、いわば一乗家の原則的な立場であるとしても、天台教学では、右の方便有余土との関係で、異なる解釈が成立しうる。論題にいう「五果廻心」の問題であり、以下検討する。

三　廻心向大と歴劫

証真は、『止観私記』巻七において、この問題を詳細に論じている。それは、『止観輔行伝弘決』巻七之一の「言㆓須陀洹等㆒者、従㆑本為㆑名。経㆓七生㆒已任運入㆑般。生㆑彼復経㆓八万劫㆒竟方発㆓大心㆒。」[16]という記述を釈する箇所である。証真の議論は、まず方便土への往生が願生か否かという論点の検討から始まるのであり、冒頭の問答を挙げれば、次のとおりである。

問。二乗為㆘於㆓界内㆒発㆓大心㆒已方生㆗方便土㆖耶。若不㆑発者、界内浄土尚由㆑願生。亦由㆓深固大菩提心㆒。況界外浄土、無㆓願行㆒生耶。故正経云、臨㆓滅度㆒時、仏在㆑前立、勧㆓発無上正真道意㆒。修行道地経同㆑之。若云㆓発心㆒者、信解記云、五人断㆓通惑㆒者、未㆑堪㆑聞㆓如㆑是言㆒。今云㆓八万劫竟方発大心㆒。涅槃云㆔八六四二住㆓小涅槃㆒。楞伽云、味㆓著三昧楽㆒。乃至劫不㆑覚。浄名疏云、入㆓大滅定㆒。諸文皆云、蔵通二乗、不㆑聞㆓中道㆒生㆑彼鈍根。菩提心論云、要待㆓劫限等満㆒、方乃発生。

答。自謂㆓滅度㆒。而有㆓無明㆒、及成㆓無漏㆒故、雖㆑不㆑知、任運得㆑生。……[17]

方便有余土が三界の外の国土であることから、誓願によって生ずるか否かが問題とされ、それを肯定する立場からは、『正法華経』往古品の「臨滅度」[18]という記述が提示される。証真の立場は、方便有余土への往生は、無明を断じないことから「任運」に、いわば作意することなくなされるとするもので、これは、分段身を捨した二乗が、意生身として三界の外に変易生死を受けるという原則を確認するものである。その根拠となるのは、『楞伽経』の偈文[19]や、前に挙げた『涅槃経』高貴徳王品の文であり、これらは所謂三一権実論争では常に問題とされる記述である。『菩提心論』や『浄名疏』すなわち『維摩経略疏』の文については、後に触れることにする。

そのことを確定した上で、次のように、「今宗意」、つまり、天台教学における廻心の時節をいかに解すべきか、が論じられることになる。

問。今宗意、二乗生レ彼経二八万等一、方始廻心。為三廻心後経二八万等一。……

答。或云、生レ彼即発、不レ歴二多劫一。言レ経レ劫者、是教道説云云。

今謂、経レ劫已後廻心。若有二大縁一、非二必経レ劫。今明二此義一。一、引二文証一。二、明二道理一。三、遮二外難一。[20]

すなわち、二乗が方便有余土に任運に生ずるとしても、歴劫の後に廻心するのか、廻心の後に歴劫するのか、という問を立てている。証真の結論は、傍線部のように、歴劫を原則としながらも、「大縁」があれば必ずしも歴劫しないというものである。この「大縁」とは大通結縁を想起させるが、この後の議論との関連からしてより一般的に、『法華経』化城喩品の説示、すなわち、余国における法華聞経等、大乗の悟りへの縁を意味すると解すべきであろう。

右の引用文で注目すべきは、証真が、「或云」として、自説の前に挙げている見解であり、これは『法華文句記』巻八之一の、次の記述の論旨を敷衍した見解と思われる。

大経下正判三但至二初住一也。此取二鈍根一者、有二二義一。

一者、五中前三人鈍。以二住果一故。

二者、五人大乗根鈍。以二教権一故。故云三若如二三蔵中至一豈須八万与十千耶一。験知、八万等其教是権。未レ至二界外一者、尚於二此生一法華即発。豈定界外必爾許耶。云云者、釈二出教権須レ廃所以一。当知、諸教長遠之位多是教道。豈有丁出レ界聞二勝応説一、必須丙更経乙八・六・四・二一甲。雖レ爾、若不レ釈二此開権妙経一、豈可三専輒汎有二此説一。[21]

すなわち、湛然は、『涅槃経』の文が歴劫をいうことについて、機根が鈍であること、教が権であることの二義をもって釈している。そして、このような長遠の位を説くのは、多くは教道であると述べる。そして、三界を出て方便有余土に往生し、勝応身の教説を聞けば、八万劫等の劫を経ることはない、としている。「或云」の見解は、この『文句記』の説示を踏まえて、歴劫そのものを教道の説とし、方便有余土に生ずれば、「即発」、つまり即座に廻心し、歴劫することはないと解するのである。

　このような見解は、例えば播磨道邃の『摩訶止観論弘決纂義』巻七にも、「八万劫竟方発大心者、且従二経文一。経存二教道一、而作二是説一。若実教意、即生二彼土一、皆為二菩薩一。豈有出レ界聞二勝応説一、不レ発二大心一、更経二八・六・四・二万・十千劫一耶。当レ知、長遠是教道説。[22]」とあるのを見出すことができる。播磨道邃の理論構成は『法華文句記』の記述に基づく以外には定かではないが、証真自身が挙げる反対説の論拠を見ると、「若経二八万一後廻心者、既生二界外一、無二灰断執一。聞二勝応説一、即応二発心一。界内経二四十余年一。況生二彼土一経二多劫一。[23]」とある。界外に生じた以上は変易身なのであり、分段生死を受ける界内の二乗とは異なって、もはや灰身滅智への執着はないことから、方便有余土の教主である勝応身の教説を聞いて即座に大乗の発心を起こす、というのである。そして、証真自身によって、その反対説の立場の証拠として挙げられる文を見ると、例えば、『法華文句』巻六上には、「今取二方便有余土一為レ国。在二同居・実報両間一為レ中。有余涅槃為レ城。住二此涅槃一名レ止。処レ此為レ家。起二勝劣両応一。劣応応二声聞一。勝応応二菩薩一。五人断二通惑一者、同生二其土一皆為二菩薩一。仏以二勝応一、応レ之。[24]」という記述があり、通惑すなわち四住惑を断じて方便有余土に生ずる者は、皆菩薩であるとしている。また、湛然の『維摩経疏記』巻下にも、方便有余土について、「彼土剋レ実、但有二別円二種人一也。[25]」とする記述が見出されるのであり、有余土へ往生すれば、蔵通二教は教・位・名が解消されて、別円二教の人となるとしている。要するに、これらの文は、方便有余土が三界の外に存在する国土であって、たとえ無明を断じていないとしても、別円二教の菩薩が往生する国土であるという側面を強調するのである。証真にとっての反対説、すなわち歴劫を教道とする「或云」の見解は、このような教説を活用しながら、自説を構築している。

また、法勝寺御八講でこの問題が論じられていたことは、当時の研究課題にもなっていたことを窺わせる。東大寺宗性（一二〇二～一二七八）『法勝寺御八講問答記』によれば、文治二年（一一八六）の初日朝座において、講師を務めた安居院の澄憲（一一二六～一二〇三）が、問者である興福寺の珍恩を相手に、次の問答を行っている。

問。経文付説菩薩相、尓者前三教菩薩成二円大一時節、二乗廻心向大成二円人一時節、相望論レ之者、何久可レ云耶。

答。成二実人一之処、二乗速也。菩薩遅可レ云也。其故、三蔵菩薩第三僧祇判二有教無人一、二僧祇当教正所レ経也。通教入空雖レ非二一世之作行一、出仮動逾二塵劫一八九地成二実人一故動逾塵劫尤久。別教十廻向成二実人一、住行直行二一行一動経二無量阿僧祇一也。故二教可レ云レ久也。二乗三生六十四百劫叶二応果一了、即可レ生二方便土一。生二彼土一了、即為二菩薩一故、可レ云レ短也。[26]

すなわち、前三教の菩薩が円教の行者となるのには多劫を要するが、傍線部のように、二乗が方便有余土に生ずれば菩薩となることから、円教の行者となる時節が相対的に短いと述べるのであり、『法華文句』や湛然、道邃の説、或いは証真が批判の対象とした説の立場を採用していることがわかるのである。

証真自身の結論は、既に触れたとおり、歴劫の後に廻心するのが原則である。その理論的な根拠は、八万劫等の期間は、「無心」すなわち「大滅定」に入った状態であって、そもそも仏説を聞くことができないということ、或いはたとえ「有心」であり、二乗自身が界外に生ずることを知っていたとしても、「空三昧」の状態にある以上、菩提心を発することが不可能であるということの二点にある。「第三遮外難」の第一の問答において、証真は次のように述べている。

問。若生二界外一、自知レ有レ生、不レ執二灰断一。豈不二速入一。

答。入滅二乗相、唯仏所レ知、非二凡所レ測。依二経論一可レ知二其相一。

一者、生レ彼無レ心、如レ入二滅定一。故楞伽云、乃至レ劫不レ覚。菩提心論云、如二大虚空湛然常寂一。金剛仙論云、入二寂滅定一経二千億劫一。浄名疏云、有云、二乗無余是大滅定。経二七百僧祇劫一云云引如上。金剛仙論者、金剛仙菩薩造。十巻論二釈天親金剛般若論一。後魏菩提流支所レ訳也。義非二聊爾一、何必捨レ之。浄名疏引二他師大滅定義一、同二金剛仙論一。大師不レ破。但属二界外方便土事一。既入二滅定一。豈可二回心一。如レ受二卵生一。雖レ云レ受レ生、不レ能二了別一。……

二者、設復有レ心、入二空三昧一不レ入二中道一。無大悲心。背菩提道、不能速入。設知有生、豈即発心。……(27)

すなわち、方便有余土に生じた二乗がもはや「不レ執二灰断二」であることから、即座に発心することをいう問の立場に対して、それを否定する「滅定」及び「空三昧」の観点から、要文を収集している。これらの経論の文は、その多くは証真の先学が既に問題としたものであり、『守護国界章』(28)や『一乗要決』(29)の文も援用しているが、『金剛仙論』巻二への言及にはやや注意したい。『維摩経略疏』巻四に八難を列挙する中、第五の長寿天に関して、「五長寿天。二乗名為二浄天一。若入二無余一帰二第一義天一。豈可レ化也。有言、二乗無余是大滅定。経二七百阿僧祇劫一於二其有縁仏放レ光照一。方乃出レ之、始為説レ法。若依二大論明一出二三界一已受二法性身一。如レ是等異沈鈍難レ化。同二長寿天一。」(30)としている。証真は、この「有言」のいう、二乗の無余涅槃は大滅定であるという義を、『金剛仙論』巻二に説く二種の声聞、すなわち、舎利弗以下、『法華経』中で作仏の記莂を受ける発菩提心声聞及び寂滅声聞のうち、後者に関する「二者、寂滅声聞。断二三界惑一尽、出二分段生死一、生二究竟想一、起二憍慢心一、入二寂滅定一。逕二千万億劫一。於二此定中一、而不レ勉二変易生死微細行苦一。後時定力既尽、従二禅定一出。更無二所依一故、還覓二善知識一、発二菩提心一。求二無上道一故、菩薩於二此憍慢衆生一、亦興レ悲救度。故須レ明也。[31]」という記述に同定する。劫数は異なるとしても、三界の外において入定している間は発心することがない点に共通項を見出し、これを方便有余土に往生した二乗の相としている。[32] つまり、智顗の説示を他の経論の所説と接続し、その妥当性を補強しようとするのである。

このようにして、証真の説は、一乗家の原則に則り、歴劫を教道と解することを否定する。ただし、歴劫を要しないという理解自体は、自説の例外的な場合として許容される。例えば、前掲『文句記』巻八之一の所説は、次のように会釈されることになる。

記意云、出レ界聞二仏説一不三必経二多劫一。彼未レ聞二仏説一。故有二歴レ劫者一。守護章云、二乗住二三昧一。八万劫未レ満、未レ得二醒悟一時、如来智無レ用云云。又記意云、豈有二出レ界聞レ法之事一。必須レ経レ劫。亦有レ不レ経。非レ謂三出レ界即聞二仏説一。若即聞者、即違二諸文一。故知、覚後方聞二仏説一。彼不レ覚時、何必八・六。彼記亦云、不二必経一レ劫。不レ云二必不一レ経レ劫。……若云三彼拠二教門説一者、何処実教云レ不レ経レ劫。菩提心論為二円宗証一。彼論的云二要劫限等満一。[33]

証真によれば、『守護国界章』巻下之上[34]の記述にあるように、歴劫の期間中は仏説を聞くことができないという大原則は否定し得ないものである。したがって、『文句記』の文意も、往生即発心を主張するものではなく、あくまでも、仏説を聞けば発心し、歴劫することはない、という点にあるという。そして、仏説を聞かない二乗が歴劫するとしても、その期間が必ずしも『涅槃経』の所説どおりではないこともあり得るとする。歴劫をいう教説を教道の説に位置づける『文句記』の記述の趣旨はその点にあり、傍線部のように、必ず歴劫しないと述べるわけではないと会釈される。それを確認した上で、円教においては二乗が歴劫しないという説示が存在しないと述べ、『菩提心論』の説を「円宗証」とするのである。

ところで、証真が重視する『菩提心論』の記述は次のようなものである。

真言行者、当レ観。二乗之人雖レ破二人執一猶有二法執一。但静二意識一不レ知二其他一。又成二果位一、已灰身滅智、趣二其涅槃一、如二大虚空湛然常寂一。有二定性一者。難レ可二発生一。要待二劫限等満一、方乃発生。若不定性者。無レ論二劫限一、遇レ縁便廻心向大、従二化城一起為三已超二三界一。謂宿信レ仏故、乃蒙二諸仏菩薩一而以二方便一、遂発二大心一、乃従二初十信一、下遍歴二諸位一、経二三無数劫一難行苦行、然得二成仏一。(35)

傍線部のごとく、定性二乗は必ず歴劫し、不定性の二乗は縁に遇えば廻心向大すると述べているのであり、これ自体は、最澄の見解とも符合する。

ただし、証真の立場では、定性二乗であっても、大縁があれば、必ずしも歴劫しないことがある。そのことは、「道理」において、定性・不定性を定義づける次の記述からも明らかである。

第二道理者、二乗有レ二。一、決定性。昔来都無二大乗習一。故小習久熏不レ可二輒破一。但由二残惑一、受二変易生一。由二久熏習一入二空寂定一、久不二覚起一。若有二大縁一、非二必経レ劫。二、不定性。昔修二大行一、退レ大取レ小。故聞二大乗一即発二大心一、不レ受二変易一不二入寂一也。若云二定性亦速成一者、定・不定性則応レ無レ別。……(36)

この記述によれば、定性と不定性とを区別するのは、過去に大乗を習したか否かであり、不定性とは所謂退大声聞を指すことがわかる。かつて大乗を修学しなかったために変易生死を受けた定性二乗は、原則としては歴劫するとしても、余国で説かれる『法華経』を聞くという大縁があれば、例外的に歴劫を免れることになるのである。

四　小結

以上、二乗の廻心向大と方便有余土に関する問題を中心に、若干の考察を行った。

ここでの証真の立論の根底にあるのは、右の「道理」において、定性・不定性の二乗における成仏への遅速が述べられていたように、機根に関する問題であろう。一切皆成を主張する一乗家においては、最澄が徳一に対して、「定性・不定性者、約レ位立。[37]」と述べたように、定性・不定性の相違は、「約位」すなわち行位論の次元に解消することができる。そうであるとしても、機の利鈍は厳然として存在する、という認識である。かつて大乗を修学したか否かということも、作仏への階梯では重要な問題となる。[38]

また、証真自身が、「二乗八万劫以二非想八万劫一為二一日一。故劫非レ短。又、彼亦入二別教一歴二三十心一、動経二劫数一也。三蔵菩薩移二通教一易。故経二二祇一。通入レ別稍難。故動喩二塵劫一。別移レ円極難。故歴二多劫一。蔵人歴二三教一、後方成二円人一。故経レ劫極多。通人渉レ二。別教唯経レ一。故前々教経レ劫漸多。後々教人漸近二円位一也。若極利人超二入円一者、非二今所論一。亦有二別教理教発等一、即極速也。[39]」と述べているように、四教の行者は、それぞれの教で修行し、さらに難度の高い後教へ転入してゆくのであり、その階梯を全体としてみるならば、歴劫こそが「極利人」を除く通常の在り方なのである。

右で検討した、証真にとっての異説が論拠とする『文句記』等の所説は、廻心向大をめぐる論争の中で形成されてきた理論とは必ずしも合致しない部分があるが、それをも『法華経』化城喩品所説の例外的な場合と理解し、天台教学の体系に位置づけてゆくことが、証真自身の教学史的な課題であったということができよう。

註

（1）仏全二一・三三五頁上。

（2）仏全二一・三三八頁上。密説の受記について、「密対二菩薩一」「隠密説」「密入レ実」の三種に区分している。なお、本書第六章「不定教における二乗作仏について」参照。

（3）大正九・二五頁下。

（4）中国から日本にわたって展開されたこの問題を中心的に取り扱う研究としては、寺井良宣「〝無余界における回心〟をめぐる一乗・三乗の論争」（『天台真盛宗宗学研究所紀要』四、一九八九）がある。なお、玄奘の弟子であり、中国における一乗家の先駆者的存在である法宝の著作『一乗仏性究竟論』六巻については、巻三（続蔵一―九五）のみ伝えられていたが、浅田正博氏が巻一、二（翻刻は、『龍谷大学論集』四二九、一九八六に所収）及び四、五（翻刻は、『龍谷大学仏教文化研究所紀要』二五、一九八六に所収）を発見して以来、研究が漸次行われている。浅田正博・吉田健一・寺井良宣・間中潤「『一乗仏性究竟論』の共同研究」（『印度学仏教学研究』三五―二、一九八七）、浅田正博（研究主任）・寺井良宣・伊藤正順・道元徹心・今井浄円（以上、研究員）による「共同研究　法宝の「一乗仏性」教学の特色（その一）―『一乗仏性究竟論』の前三巻を中心として―」（『仏教学研究』五三、一九九七）など。

（5）『守護国界章』巻下之上では、徳一が、『法華経』化城喩品の文は不定性の声聞が有余涅槃に住している間、無余涅槃を求めるのに対して説示されたものであると主張する。最澄はこれに対して、「弾曰、麁食者所立、都不レ応レ理。何者、会二実経文一、令レ順二権義一故。麁食者云、法華経約下不定性声聞、住二有余涅槃一、求上入二無余一而説。不レ説下已入二無余涅槃一後、従レ彼起而回心向大上者、此亦非レ理。違二一乗理教一故。」（伝全二・五四〇頁）とし、徳一の主張が一乗の理・教に違背すると反論している。そして、理・教のそれぞれについて、霊潤の所説を証文として引用するのである。一乗の理に違するとは、「霊潤師云、一切煩悩、由レ道治滅。二乗之人、猶有二智障一、未レ修二治道一。云何永滅。」（伝全二・五四〇頁～五四一頁）とあるように、二乗が智障すなわち所知障を断じていないことから変易生死を受けること、及び灰身滅智を肯定すると、『不増不減経』の説く衆生界の不増減の道理に反するという二点が挙げられる。また、一乗の教に違するとは、『法華経』や『楞伽経』『大智度論』の説示に反することであり、特に『法華経』の文が、無余涅槃における灰身滅智を述べたものではなく、化城とは止息の場所に過ぎないとする反論を、霊潤の所説を引用しながら次のように展開するのである。「潤師云、依二法華文一、小乗之人、雖下生二滅度之想一、入中於涅槃上、而於二彼土一。求二仏智慧一。汝今乃言下二乗之人、入二無余滅一、永不中向大上。豈非二邪執不了義一也。又下経言、若有二衆生一、但聞二一仏乗一者、則不レ欲レ見レ仏、不レ欲二親近一、便作二是念一。仏道長遠。久受二勤苦一、乃可レ得レ成。仏知二是心怯弱下劣一、以二方便力一、而於二中道一、為二止息一故、説二二涅槃一。若衆生住二於二地一、如来爾時即便為説。汝等所作未レ弁。汝所レ住地、近二於仏慧一。当二観察籌量一。所レ得涅槃、非二真実一也。但是如来方便之力。於二一仏乗一、分別説レ三。如下彼導師、為二止息一故、化二作大城一、既知二息已一、而告レ之言、宝処在レ近。此城非レ実。我化作耳上。依二経文一、二乗涅槃是止息処、無レ有二真実一。喩如三化城滅無二所有一。云何永住。」（伝全二一・五四一頁～五四二頁）。その他、この章では「大唐大薦賓」や円測の所説を自説の論拠としている。

（6）大正三四・一〇〇頁上。

（7）大正三四・九三頁下。

（8）続蔵一―二七・四三四丁左下～四三五丁右上。

（9）大正一二・二一九頁下～二二〇頁上。

（10）『楞伽経』所説の三種意生身について、名称のみ記せば、次のとおりである。すなわち、『楞伽阿跋多羅宝経』（所謂「四巻経」）巻三（大正一六・四九七頁下）では、三昧楽正受意生身・覚法自性性意生身・種類倶生無行作意生身とある。また、『入楞伽経』（所謂「十巻経」）巻五（大正一六・五四〇頁中）では、三昧楽三摩跋提意生身・如実覚知諸法相意生身・種類生無作行意生身とある。そして、『大乗入楞伽経』（所謂「七巻経」）巻四（大正一六・六〇七頁中）では、入三昧楽意成身・覺法自性意成身・種類倶生無作行意成身となっている。

（11）大正三三・七六〇頁下。

（12）「円教十信後心」の意味が問題となる。大久保良峻「『維摩経文疏』の教学―仏についての理解を中心に―」（『台密教学の研究』法藏館、二〇〇四所収）参照。

（13）大正一二・七三四頁下。

（14）『止観私記』巻七、仏全二二・一〇四〇頁上。

(15) こうした見解の例として、基『法華玄賛』巻七末（大正三四・七九八頁上〜下）における化城喩への註釈参照。寺井前掲論文は、基の見解を詳細に論じている。また、玄奘以降の中国における唯識学派の五性各別説の諸相については、吉村誠「唯識学派の五姓各別説について」（『駒沢大学仏教学部研究紀要』六二、二〇〇四）参照。

(16) 大正四六・三五九頁中。

(17) 仏全二二・一〇三八頁上。

(18) 大正九・九二頁下。なお、『修行道地経』は、大正一五・二二六頁上。

(19) 『楞伽阿跋多羅宝経』（四巻経）巻二の偈文が同形。証真の引用は中間を省略したものである。「味二著三昧楽一、安二住無漏界一、無レ有二究竟趣一、亦復不二退還一、得二諸三昧身一、乃至劫不レ覚。譬如二昏酔人一、酒消然後覚。彼覚レ法亦然、得二仏無上身一。」（大正一六・四九七頁下）。『入楞伽経』（十巻経）巻四の偈文は、第二句が「無量劫不レ覚」（大正一六・五四〇頁中）となっていて、形がやや異なる。

(20) 仏全二二・一〇四〇頁上下。

(21) 大正三四・三〇一頁中下。

(22) 仏全一五・四〇〇頁下。

(23) 仏全二二・一〇四〇頁上下。

(24) 大正三四・八一頁上。

(25) 続蔵一―二八・四〇七丁右上。

(26) 東京大学史料編纂所蔵写真帳『東大寺宗性筆聖教并抄録本』第五三冊、第九五紙。

(27) 仏全二二・一〇四二頁上〜一〇四三頁上。

(28) 巻下之上、伝全二・五二一頁。

(29) 巻上、大正七四・三三八頁上。

(30) 大正三八・六二二頁上。

(31) 大正二五・八〇五頁中下。

(32) なお、安然は、『教時問答』巻三において、『金剛仙論』の記述を用いながら、不定性及び定性二乗の廻心向大を次のように論じている。「金剛仙論、二乗不定性者、法華経等廻心向大。若定性者、生二三界・三界外一、八六四二十千劫後、廻心向大。」（大正七五・四一五頁上）。顕教の五乗が、権教の果を得た後、廻心して真言の教えに入ってゆく過程を論ずる箇所である。ただし、『金剛仙論』には、八万劫等の劫数を説くことはないので、安然は、『涅槃経』の所説を併せ用いているのであろう。

(33) 仏全二二・一〇四三頁下～一〇四四頁上。

(34) 伝全二・五二一頁。

(35) 『金剛頂瑜伽中発阿耨多羅三藐三菩提心論』、大正三二・五七三頁上。引用文の傍線部にあるように、灰身滅智した定性二乗の発心には、歴劫が必須の要件であるとする。証真は、『菩提心論』の記述を積極的に円教における証文としているが、源信の『一乗要決』巻上では、同じく『菩提心論』の文を定性二乗における廻心向大の証文に挙げながらも、「問。彼論是真言密教。云何為レ証耶。答。今者不レ論二顕密一。但取二大乗理尽之教一、証二成仏義一。何況有云、論有二三門一。第三三摩地門是密教。前二門非二唯密一云云。今所レ引文在二彼第二勝義門中一。故無レ有レ過。」（仏全三二・三一頁上下）という問答を立てている。つまり、源信は『菩提心論』が密教の論であることを一応は問題点と捉えていたのであり、証真の態度とはやや異なることが知られよう。

(36) 仏全二二・一〇四一頁下。

(37) 『法華秀句』巻上本、伝全三・三六頁。

(38) 大久保良峻「証真の即身成仏論」「一生入妙覚について—証真を中心に—」（『天台教学と本覚思想』法藏館、一九九八所収）参照。

(39) 『止観私記』巻七、仏全二二・一〇四四頁上。

第六章　不定教における二乗作仏

一　問題の所在

二乗作仏の顕説は『法華経』に至ってはじめてなされるとするのが、天台教学における基本説であることはいうまでもない。他方、爾前、すなわち『法華経』より前の所説とされる経典にも、二乗作仏を説くものが少なからず存在し、それらの教説に対しては、『法華経』との関係で何らかの会釈が施されることになる。そこから歩を進め、爾前の経典における二乗作仏義を化儀の四教の枠組みの中で論ずる場合、不定教における二乗作仏がありうるか、という問題が生ずるのであり、そこでは不定教の性質の解明が課題となる。これに関連する諸論点について、証真は独自の学識をもって詳細な検討を行っている。以下、本章では、『法華玄義私記』巻九における議論を検討する。

二　『法華経』以外の経における二乗作仏

『法華経』と他経の関係についての証真の見解は、「令三二乗人開二仏知見一、面記二作仏一名二二乗成仏一、亦名レ会レ人也。而一代中於二華厳時一、未レ有二二乗一。後分雖レ有、都不二覚知一。於二阿含時一始受二小果一。方等弾呵、般若加説。並云、若入二声聞正位一、永不二成仏一。唯至二法華一、四請三止、三周開悟、方始得レ記。……故知、二乗他経無レ分。(1)」とあるように、『法華経』に至ってはじめて、まのあたりに二乗作仏の授記がなされ、他経にはそのことは説示されないというものである。

その立場から、『法華経』以外の経典における二乗作仏の意義に関する要文を収集し、整理している箇所を引用すれば、次のとおりである。

他経既言三入位二乗永不二作仏一。豈可三亦云二当作仏一耶。又法華云、説時未レ至、未二曾説一等。故諸経中、若有レ説者、応二是密説一。惣有二三密一。

一者、密対二菩薩一。如三楞伽対二大慧菩薩一。勝鬘但対二一乗機一説、不下対二二乗一説上。故玄十云、不共般若、何時不レ明二二乗作仏一。与二法華平等大慧一更復何殊耶。籤云、又復方等・般若中円、何曾不レ明二二乗作仏一。但不下顕露対二二乗一説上、則名為レ秘。記云、楞伽乃密対二菩薩一。疏云、勝鬘為レ一明レ一。

二者、隠密説。如二方等経一、以為二不了一。十法経中、亦以二記小一為二密意一。楞伽為レ護二退大者一説。故楞伽記通二二種密一。輔行云、不レ同二方等隠密与一レ記。

三、密入実者、即為授記。故他経中亦有二記小一。故疏四云、若顕露説、法華之前、二乗未レ悟。若密教為レ論、爾時密有二入者一、名二不待時一。略抄　薩遮・仏頂等、此対二一類不待時人一説二一乗一耳。不レ同三法華広開二一代一。迦葉・身子等至二法華経一始解二一乗一。故知、他経為レ引二一類一亦得二仏記一。応レ非二顕説一。浄居天者、或是密説。或摩醯首羅天中菩薩。如三華厳会列二浄居天一。(2)

要するに、他経における二乗作仏説は、密説に他ならず、三種の密が有るとする。

第一の「密対二菩薩一」とは、顕露に二乗に対してその作仏を明かす『法華経』(3)と異なり、『楞伽経』(4)や『勝鬘経』(5)

等は、一乗の教説を聞くに堪える機にのみ二乗作仏を明かす点で密なのであり、『法華文句記』巻三中、[6]『法華文句』巻九下[7]の文を引用して『法華経』に劣ると述べている。また、『法華玄義』巻一〇下[8]及び『法華玄義釈籤』巻二〇[9]の記述から、般若部にも二乗作仏を明かすが、顕露に二乗に対して説示されない点で密であるとしている。

第二の「隠密説」とは、『方等陀羅尼経』[10]や『大乗十法経』[11]等における声聞への授記が、密意によるものであり、実の授記ではない場合と、『楞伽経』の「退大者」への授記のように、特定の機根に対するものである場合があるとし、『止観輔行伝弘決』巻六之三[12]の文を引用している。

そして第三の、「密入実者、即為授記」とは、『法華文句』巻四上の、次の記述に基づくものである。

十、明二待時・不待時一。爾前不レ悟必待二法華一悟者、名為二待時一。法華前教已解者、名二不待時一。何故爾。仏有二顕・密二説一。若顕説為レ論、法華之前二乗未レ悟二大道一、要須三五味調熟会在二法華一。故云、説時未レ至故。今正是其時。決定説二大乗一。此即待時也。若密教為レ論、未下必具待二五味一在二法華一方会上。爾前密有二入者一故、名二不待時一。此乃大判二時・不時一。[13]

すなわち、十義にわたる開三顕一の意義のうち、第十の「待時・不待時」を明かす箇所である。つまり、五味の次第に従って、法華会において二乗作仏を悟る「待時」の者に対し、「密教」においては、爾前に一乗の教説を理解する「不待時」の者があるとする。これを化儀の秘密教を述べるものと解する立場もあるが、[14]証真の理解は異なるようであり、このことは後述する。右の『法華文句』の文で注意すべきは、「不待時人」への授記については、明確な記述が見られないことである。証真は、『法華文句』の記述が「一類不待時人」への説である点に着目して、そこに授記があるものと解し、これを『薩遮尼乾子経』巻二[15]や『大仏頂首楞厳経』巻四[16]における二乗作仏義に適用している。そして、いずれも、顕露に二乗作仏を明かす『法華経』の教説とは区別している。

三　不定教の意義

他経における二乗作仏義を密説と判ずるとしても、これを所謂化儀の四教の中に位置づけようとする場合、どのように解すべきか。証真が論じたのは、顕露不定教における二乗作仏の可否であるが、その議論には難解な部分もある。そもそも、天台教学における不定教の概念規定が、必ずしも明快とはいえないからである。

そこで、まずは『法華玄義』巻一上に見える次の記述によって、不定教の基本的な構造を確認する。

問。云何相資。答。小聞二於大一、恥レ小而慕レ大是為二頓資レ小。仏命二善吉一転レ教大益二菩薩一。是為二漸資レ頓。如二前分別一。但約二顕露一明二漸頓五味之相一。

若論二不定一義則不レ然。雖二高山頓説一不レ動二寂場一、而遊二化鹿苑一。雖レ説二四諦生滅一、而不レ妨二不生不滅一。雖下為二菩薩一説中仏境界上、而有二二乗智断一。雖二五人証レ果、不レ妨三八万諸天獲二無生忍一。当レ知、即レ頓而漸、即レ漸而頓。大経云、或時説レ深、或時説レ浅。応レ問即遮(ママ)、応レ遮即問(ママ)。一時一説一念之中、備有二不定一。不レ同三旧義専判二一部一。味味中悉如レ此。此乃顕露不定。

秘密不定其義不レ然。如来於レ法得二最自在一。若智、若機、若時、若処、三密四門無レ妨無レ礙。此座説レ頓。十方説レ漸、説二不定一。頓座不レ聞二十方一。十方不レ聞二頓座一。或十方説レ頓、説二不定一。此座説レ漸各各不二相知聞一。於レ此是顕、於レ彼是密。或為二一人一説レ頓、或為二多人一説レ漸、説二不定一。或為二一人一説レ漸、為二多人一説レ頓。各各不二相知一互為二顕密一。或一座黙、十方説。十方黙、一座説。或倶黙、倶説。各各不二相知一互為二顕密一。雖二復如レ此、未レ尽二如来於レ法自在之力一。但可二智知一、不レ可二言弁一。雖二復甚多一、亦不レ出二漸・頓・不定・秘密一。今法

> 華是顕露非二秘密一。是漸頓非二漸漸一。是合非二不合一。是醍醐非二四味一。是定非二不定一。如レ此分二別此経一、与二衆経相一異也。[17]

周知であり、先学によって詳論されている箇所でもある。[18] 要するに、顕露・秘密の二不定の構築にあたって共通に用いられているのは、『大智度論』巻六五の顕密二法輪であり、[19] 顕露と秘密とは、聴衆が「相知聞」するか否かで区別されるのである。なお、右の記述では、「三密」の語は秘密教のみに用いられている。

ところで、不定教の証文は、右の『大智度論』の記述だけではない。後に検討するように、証真が重視するのは、むしろ『維摩経』仏国品の文[20]である。例えば、『摩訶止観』巻一上には、「又云、仏以二一音一演二説法一、衆生随レ類各得レ解。或有二恐怖一或歓喜、或生二厭離一或断レ疑。斯則神力不共法。此証二不定教一也。[21]」とあり、ここでは顕露不定教の教証として用いられている。仏の一音説法を説くこの文は、『維摩経玄疏』巻六では、「此経云、仏以二一音一演二説法一、衆生随レ類各得レ解。此亦是秘密教之相。若時衆皆不レ得二聞見一即是秘密教也。[22]」とあるように、秘密教の証文にもなっているのであり、『大智度論』の顕密二法輪と共に、顕露・秘密の二不定教に通底する。この顕露・秘密という二種の不定教の、所謂通有性を規定したのが、次に引用する湛然『法華玄義釈籤』巻二の記述である。

> 次引二大経一証中、云二或時説深或時説浅等名不定一者、以レ由二彼此互相知一故。若秘密者、即如三下文互不二相知一、是故名レ密。不定与レ秘並皆不レ出二同聴異聞一。故名為レ即。今亦浅深同レ席故著二或言一。応三問謂開二其問端一。応遮謂レ置二其所問一。亦開置同レ席。故成二不定一。[23]

すなわち、不定教における顕露と秘密は、聴衆が互いに相知るか否かで区別されるが、「同聴異聞」という形式において共通するというのである。意識的に耳を傾ける「聴」と聞こえてくる「聞」とを対比させた湛然の規定は『大智度論』や『維摩経』の説示を巧みに要約したものということができ、これが後の教学における解釈の基準になったことは確かである。しかしながら、「同聴異聞」にいかなる意味内容を読み込んで解釈するかということは、やはり問題になろう。また、智顗や湛然の説示では、顕露と秘密を区別する、聴衆の「相聞知」或いは「互相知」の対象が明確に定められているとは言い難い。そこで、これらの事項の解明もまた課題となることが知られよう。不定教に関する以上のような問題点を確認した上で、節を改めて、顕露不定教における二乗作仏に関する証真の議論を検討する。

四　同聴異聞の意義

『法華玄義私記』巻九における冒頭の問答に、結論が示されている。やや長いが、具さに引用すれば、次のとおりである。

問。他経顕露不定教意、明二二乗作仏一耶。若云レ明者、不レ可三顕露明二其作仏一。故諸文中但云二密説一。若不レ明者、浄名玄四云、華厳但具二一教一。乃至　法華但一円教。涅槃具二足四教一、成二五味義一也。問。方等大乗亦具二四教一。何故不レ成二五味義一。答。不レ明二声聞作仏一、五味之義不レ成。約二不定中一得レ論二四教一也。暹記云、問意者、方等涅槃並具二四教一。涅槃何故声聞及鈍根菩薩、従レ乳皆至二醍醐一、方等何故声聞等但成二於酪一及成二生酥一耶。答意者、此経専明二弾呵一、不レ説二二乗作仏一。所以二乗及鈍菩薩、五味義不レ成。又、応レ知、方等中利根菩薩則成二五味之義一。約二不定中一得レ論二四教一者、以下方等中約二顕露四教一論中於不定上。是則声聞之人有二五味之義一。又、浄名疏第三暹記云、一一部中皆有二二不定一。是横論。若華厳中有レ機欲レ聞二開権顕実一者、仏即為説令レ得二実益一。是竪論二不定一。於二一一部一皆例同之。已上　**浄名疏一云**、問。此経未レ明二開権顕実一。何得レ明三二乗生二有余土一。答。

経云、仏以㆓一音㆒演㆓説法㆒、衆生随㆑類得㆑解。何妨㆘二乗・通教菩薩並得㆓横解㆒、別円両教横竪無礙㆖。記云、答意者、応㆘約㆓密教一音異解㆒、即通㆗顕秘二不定㆖也。已上 此顕露不定明㆔二乗生㆓界外㆒。故亦明㆓成仏㆒也。答。応㆑有㆓其義㆒。謂、対㆓菩薩㆒説㆓声聞作仏㆒。而余声聞同聴異聞、唯聞㆓余事㆒。如㆔勝鬘・楞伽等説㆓二乗作仏㆒、声聞但聞㆓余事㆒故也。(24)

ここでは、『法華経』以外の経が説かれる際、顕露不定教として二乗作仏が明かされるか否か、という問が立てられている。証真はこれを肯定するのであり、声聞ではなく、菩薩に対して、同聴異聞というあり方で説くのが、顕露不定教における二乗作仏義であるとしている。

この結論は、右に引用したように、『維摩経略疏』巻一(25)の記述、及び『維摩経疏記』巻上(26)における湛然の註釈を基礎とするものである。すなわち、智顗は、方等部の経典である『維摩経』において二乗が界外の方便有余土に生ずることを論じうる根拠を、仏の一音説法に伴う衆生の異解に求めるのであり、二乗・通教の菩薩は利根を除いてその教説を理解し得ないが、別円二教の菩薩には理解できるとする。つまり、二乗・通教の横解とは、その理解が界内に限定されることをいい、別円二教の横竪無礙とは、界内外にわたる自在な理解を指すのである。智顗の説示について湛然は、それが秘密不定のみならず、顕露不定にも通ずると釈している。これらを併せ用いることで、証真は右のごとき結論を導出している。

そこで、まずは一音説法における同聴異聞の意義の検討が必要となる。次の問答において、証真は同聴異聞と同聴異解との相違を論じている。

或人云、於㆓他経中㆒授㆓声聞記㆒。余人但謂㆓未入位声聞成仏㆒。是名㆔不定教授㆓声聞記㆒也。

難云、此是同聴異解、非㆓同聴異聞㆒。言㆓異聞㆒者、仏対㆓万機㆒以㆓一音㆒説、万機各聞㆓万種法門㆒名為㆓口密㆒。機互相知名為二不定一、互不二相知一各為二秘密一。以レ之名為二不思議口密不共徳一也。不定・秘密正拠レ此論。言二異解一者、同聞二四諦一、取レ解各異。如二玄文第三一、同非漏非無漏、三人取レ解不レ同也。此非二口密一。但是機縁領解異耳。此異解者、非二必独仏一。如二今世人一、語二一事一時、諸人同聞、異解不レ同。(27)

証真による同聴異聞の理解は、一音説法によって万の聴衆に万種の法門を聞かせる仏の口密の作用を強調する点に眼目がある。前節で触れた『法華玄義』巻一上の記述では秘密教のみに用いられていた三密を、顕露・秘密二不定に共通する同聴異聞の定義の中に読み込んでいるということもできる。

すなわち、ここでは、仏と聴衆各々について、同聴異解と対比しながら同聴異聞を論じているのである。仏が万の機に対して一音による説法を行うとき、聴衆には、万種の法門、すなわち機根に応じた内容の説として聞こえるのが同聴異聞であり、これが口密である。この口密において、聴衆が相知るのが顕露不定、相知らないのが秘密不定であり、二不定は共通の構造を有する。

これに対して、同聴異解とは、同一の説法内容に対する理解の相違であり、専ら聴衆の能力に由来するので、口密としての効力は認められないとしている。例えば、『法華経』以外の経典で声聞の授記が説示された際、これを未入位の声聞の成仏を説いたと思うような場合は、仏の口密とは無関係であり、同聴異解に過ぎない。したがって、そもそも顕露不定教における二乗作仏を議論する前提を欠くということになる。要するに、証真の立場では、仏の口密に基づく同聴異聞の場合に限って顕露不定教における二乗作仏義が肯定されうることから、異聞と異解の弁別が重要となることが知られよう。

右のような、異聞と異解を峻別する所説は、教学史的には、異説に分類されることがある。(28) また、この立場固有の問題として、同聴異解をどのように位置づけるか、という論点が派生するのである。証真自身は、「問。同聴異解為二是定教一、為二不定教一。答。雖レ非二口密一、既発二異解一。亦不定摂、非二正不定一。於二口密中一方有二秘密及不定一故。[29]」とあるように、口密の効力が否定されることから、同聴異解は、あくまでも「正不定」ではないとした上で、不定教の範疇に含めている。また、『維摩経』の一音説法を説く箇所に、「衆生随レ類各得レ解。[30]」とあることについては、「其異解亦由レ聞、傍名二異聞一。若其異聞即生二異解一。故浄名等亦名二異解一、一家諸文以為二異聞一。[31]」と会釈している。すなわち、異聞によって異解が生ずることから、経文のごとき記述がなされるのであり、不定教の証文とする場合は、その異聞の部分を取っているものと理解している。つまり、この経文は、同聴異聞と同聴異解の双方を含意しているというのである。したがって、証真における不定教は広狭二義からなる。広義においては、口密たる同聴異聞と、口密ならざる同聴異解を包摂する概念である。狭義の「正不定」、すなわち化儀の四教における、口密としての不定教として、正規に論ずべきは、同聴異聞の不定のみということになる。

五　知・不知の基準

同聴異聞の意味が確定したところで、次に、顕露不定と秘密不定を分かつ基準である「相聞知」或いは「互相知」の対象をどう解するかが問題となる。知・不知の対象が得益であるとする立場によれば、聴衆が互いの得益を知るのが顕露不定ということになり、『法華経』こそが顕露に二乗作仏を明かすという原則に抵触する。これに対して、他の聴衆の存在を互いに知るか否かという基準によって二不定を弁別する立場からは、顕露不定の二乗作仏義を肯定しうるのである。「或云、顕露不定互知二得益一。故不レ可レ云二二乗作仏一。難云、互相知者、互知二其人一不レ知二得益一。如二第一記一。[32]」とあるごとく、証真は後者の説を採るのであり、詳細については、『法華玄義私記』巻一本における次の記述に譲っている。

問。互相知者、為レ知二何事一。若知二得益一者、未レ得二法眼一。焉知二他人悟未悟等一。若知レ人者、秘密不定亦可レ知レ人。豈名レ不二互知一。

答。知不知者、是約レ人也。故大論秘密法輪、鹿苑則有二無量人天一互不二知見一。浄名玄六云、時衆皆不レ得二見聞一。則是秘密教也。従義四教記云、仏不思議力隠覆密説令三諸衆生互不二相知一。唐彦倫法師精微集云、乃人相見、法同聞者、謂二之顕露一。如二八万五人一。若人不二相見一、法不二同聞一、則曰二秘密一。如三鹿苑五人与二空中無量人一、彼此不二相見聞一。先達約下知二得益一与レ不レ知中得益上分二顕密一者、非也云云。

問。同一座列衆、豈不二互相見一。

答。既約二三密一明二秘密教一。一一塵中有二無量刹衆会囲繞説法得道一。豈可三顕機之所二見聞一。如下華厳会有二無量衆一、而小機見中樹下独生上。又於二顕秘一凡有二二義一。一者、約レ人。如二向所レ説。二者、約レ法。如二諸味中二乗入レ実、名為二秘見一。雖二復見レ人、唯一独得同梵行者非二其境界一。故亦名レ秘。[33]

ここでは『大智度論』の秘密法輪における聴衆の知・不知を論じているのであり、証真は、「約レ人」という自説の立場から、要文を収集している。中でも従義（一〇四二～一〇九一）の「四教記」すなわち『四教儀集解』巻上の見解は、同聴異聞における口密の意義を強調する証真の立場に近いものがある。[34] また彦倫の『精微集』（古佚）の所説は、得益に約して顕露・秘密を区別する「先達」の立場を明確に否定し、不定教の定義に関する中国での議論の一端を伝えている。ただし、聴衆の「相見」の可否を「同聞」の可否に直結させる彦倫の論法は、従義の説とは少しく方向性を異にするものかもしれない。秘密教の口密としての意義を重んじる立場からは、同一座に列する聴衆に対しても「互相見」させないことが可能となるのである。

なお、右の引用文中、二番目の問答に見られるように、証真は顕・秘を二義で説明している。このうち「約レ人」が化儀の不定教に関するものであり、「約レ法」は、諸味中における二乗の入実に関連する。前述した『法華文句』巻四上の「一類不待時人」は、後者に該当し、化儀とは異なる問題であると解される。

六　小結

以上、顕露不定教における二乗作仏の可否について、不定教に関する理解を中心に、証真の所説を検討してきた。やや特殊な論点ではあるが、仏一代の教説を八教に包摂しようとする場合、当然に生じてくる問題でもある。結論としては、『楞伽経』や『勝鬘経』のように、菩薩に対して二乗作仏義の説示がある場合、それが一音説法における同聴異聞としてなされるときに、顕露不定教における二乗作仏義を肯定するということであり、二乗への直接の授記ではない点において、やや歯切れが悪いことは否めない(35)。

証真の議論が成功したか否かは別として、その立論の根底には、『法華経』以外の経典における二乗作仏義を、あくまで例外として限定的に、かつ明確に規定する意図があったと思われる。また、化儀の不定教に関する証真の理解は独自性が強いものであり、その教学に照らせば、同聴異聞を専ら仏の口密の効力とする点で、毒発不定との相違を明確なものとしている意義をも認めることができよう(36)。

ともあれ、証真の議論を検討することで、不定教という基本的事項の理解にも、一概ならざる部分があることは指摘し得たと思われる。

なお、秘密不定教における二乗作仏については証真は特に論じなかったが、同聴異聞という構造に共通性を認める以上、顕露不定教と同様、肯定的に解するものとみて差し支えない。

註

（1）仏全二一・三三五頁上。

（2）仏全二一・三三七頁下～三三八頁上。なお、源信『一乗要決』巻上（仏全三二・一一頁下～一三頁上）に、「余教二乗作仏文」を論ずる箇所がある。そこでは定性二乗の成仏を論証することが主眼となっているのであり、この箇所における証真の議論とは、方向性が異なっている。

（3）大正九・八頁上。方便品の偈であり、そこでは「所三以未二曾説一　説時未レ至故。」となっている。

（4）『楞伽阿跋多羅宝経』巻四、大正一六・五一三頁上。『入楞伽経』巻八、同・五六〇頁下。『大乗入楞伽経』巻六、同・六二二頁中。例えば『入楞伽経』には、「仏告大慧。我為下曾行二菩薩行一諸声聞等上依二無余涅槃一而与二授記一。大慧。我与二声聞授記一者、為三怯弱衆生生二勇猛心一。大慧。此世界中及余仏国、有二諸衆生一行二菩薩行一、而復楽二於声聞法行一。為三転レ彼取二大菩提一。応化仏為二応化声聞一授レ記。非三報仏・法身仏而授二記莂一。」とあり、退大の声聞への授記、此の世界及び他の仏国土において声聞の涅槃を求める菩薩への授記、応化仏による応化声聞への授記という三種の授記が説かれている。

（5）「一乗章」（大正一二・二一九頁中～二二一頁上）参照。

（6）大正三四・二〇七頁下。

（7）大正三四・一二七頁中。

（8）大正三三・八一二頁上。灌頂による「記者私録異同」の部分。この箇所を含む問答の直前に、吉蔵の『法華玄論』巻三（大正三四・三八五頁）の文が引用されていることについては、『法華玄義私記』巻一〇（仏全二一・三八〇頁上下）参照。

（9）大正三三・九六二頁中。

（10）『方等陀羅尼経』巻二、授記分（大正二一・六四八頁上～六五〇頁上）において、声聞への授記が説かれている。

(11) 徳一が『法華経』における定性二乗の作仏を否定するために用いたのは、『宝積経』巻二八「大乗十法会」（大正一一・一五四頁下）の「善男子。何等是為二如来密教一。善男子。我記三声聞得二阿耨多羅三藐三菩提一者、此不レ応レ爾。如レ言三阿難我患二背痛一。此不レ応レ爾。……」（『守護国界章』巻下之中、伝全二・五九五頁）という記述である。これに対して、最澄は「又彼十法会経、法華経後、都不レ違二法華一。未レ到早授レ記。是名為二秘密一。……」（同・五九六頁。大正七四・二二九頁上）と反論している。証真が『法華玄義私記』巻一〇（仏全二一・三八〇頁下）で、この部分を「法華経前」としたのは、中間を省略した、取意の引用のためである。

(12) 大正四六・三四五頁中。湛然の立場は、「遍尋二法華已前諸教一、実無三二乗作仏之文、及如来文《(ママ)》成之説一。故知、並由レ帯二方便一故。若不レ爾者、豈部円妙独隔二二乗一。」（同・三四五頁上）というものであり、そこから『方等陀羅尼経』や『楞伽経』における授記を、顕露ではなく秘密の説と判じている。

(13) 大正三四・四七頁下～四八頁上。

(14) 例えば慧澄癡空『法華文句記講義』は、「密教」を「此即化儀秘密也。」（天台大師全集『法華文句』二・七九五頁下）と解する。

(15) 大正九・三二七頁上中。「薄福怯衆生、聞生二驚怖心一。為二此衆生一故、分別差別説、究竟皆成仏、更無レ有二余乗一。」とある。

(16) 大正一九・一一九頁下。「爾時世尊告二富楼那及諸会中漏尽無学諸阿羅漢一。如来今日普為二此会一、宣二勝義中真勝義性一、令下汝会中定性声聞及諸一切未レ得二二空一、廻二向上乗一阿羅漢等、皆獲中一乗寂滅場地、真阿練若正修行処上。」とある。

(17) 大正三三・六八三頁下～六八四頁上。

(18) 三﨑良周『台密の研究』（創文社、一九八八）第一編第二章「天台における「秘密」義」参照。

(19) 大正二五・五一七頁上中。

(20) 大正一四・五三八頁上。

(21) 大正四六・二頁中。

(22) 大正三八・五六二頁中。

(23) 大正三三・八二五頁上。
(24) 仏全二一・三四一頁下～三四二頁上。
(25) 大正三八・五六五頁上。『維摩経文疏』巻一、続蔵一―二七・四三三丁左上。
(26) 続蔵一―二八・三六三丁右上。
(27) 仏全二一・三四二頁上。
(28) 例えば、大宝守脱は、『法華玄義釈籤講述』（天台大師全集『法華玄義』二・一七九頁～一八一頁）で諸学僧の所説を検討する中で、同聴異解を口密ではないとする証真の見解を異説としている。
(29) 仏全二一・三四三頁上。
(30) 大正一四・五三八頁上。
(31) 仏全二一・三四三頁上。
(32) 仏全二一・三四三頁上。
(33) 仏全二一・二四頁上。
(34) 続蔵二―七・四丁右下。三﨑良周『台密の研究』三八頁には、証真がこの箇所を引用したことにつき、「この場合は、智顗が衆生の立場に立って言ったのと違って、秘密とは全く仏の側にあるとしている。そして仏の不思議力の中に秘密の意を寓しているのである。」とある。なお、「従義四教記」が『四教儀集解』であることについて、大久保良峻「日本天台における被接説の展開―基本的事項を中心に―『天台教学と本覚思想』法藏館、一九九八所収）参照。
(35) 論義では「帯権二乗」の論題中で議論され、例えば『台宗二百題』では否定的に解している。また、慧澄癡空は『法華玄義釈籤講義』巻九において、「其説似レ有レ義。然一家釈不レ見レ証、難二依用一。如二一類同聴異聞一、謂下其説不二彰灼一、猶属中秘密上可也。」（天台大師全集『法華玄義』五・二八四頁）と評し、一類の同聴異聞はむしろ秘密に属するものではないかという疑問を呈している。
(36) 毒発不定との相違については、『法華玄義私記』巻一〇で、「其異聞者、是教不定、是聞不定。並通二四教一、浅深更互。其毒発不定者、是部不定、是発不定。但約二円教一、於レ浅悟レ深。且如レ乳者、得二人天益一。此名二定教一。而聞二乳教、得二無生忍醍醐益一。故名為二不定一。余味例爾。故云二約部醍醐一。部中七方便人行二五味一中判二毒発一耳。」（仏全二一・三六五頁上）としている。なお、毒発不定を円教に約する理解は、『守護国界章』巻上之中（伝全二・二二二頁〜二二三頁）における最澄の説を継承するものである。所謂一巻教相と十巻教相の相違に関する理解については、本書第一章の付論「毒発不定について」参照。

第三部　実践と断証、行位

第七章　証真の心識説

一　問題の所在

中国の天台教学において、唯識思想を説く経論は、化法の四教でいえば主として別教に配当されてきた。新訳の、すなわち玄奘将来の経論を所依とする法相宗の教学に対し、湛然はこれを全面的に批判したが、やはり別教として取り扱っていたとみてよい。

これに対し、日本天台では、最澄と徳一の所謂三一権実論争以降、特に安然によって、法相宗の教学は、教判的には中国よりも低い通教、または名別義通と判じられたことが知られている。(1)

日本天台の学匠として、こうした教説を基本的に踏襲する点では、証真も例外ではない。例えば、『成唯識論』の行位説を「別位」と判じた湛然の註釈については、「彼論義、当二名別義通一。且拠二名別一故云二別位一。但明二界内一故亦云レ不レ出二三一教一。」(2)とあるように、界内の教として、名別義通で理解するのである。

筆者はかつて、証真が、通教に該当すると判じた法相宗の教理を、断惑論においては、界外の教学である別円二教の理解に援用していたことを指摘した。(3)すなわち、場合によっては、法相教学を、自らの教学体系における重要な構成要素として活用するのである。

そこで、本章では、新旧唯識教学の相違点の一つであり、天台の識説とされる九識説に関する証真の理解を検討することで、法相教学受容の形態の一端を示しながら、その心識説の構造の一端を解明する。以下では、証真が基盤に置いた智顗、湛然の見解を概観した上で、証真自身の議論を検討する。

二　中国天台の九識説

九識に関する智顗の見解としてまず挙げるべきは、『法華玄義』巻五下における三法妙を説示する次の記述である。

然摂大乗明二三種乗一。理乗・随乗・得乗。理者。即是道前真如。随者、即是観二真如一、慧随二順於境一。得者、一切行願熏習、熏二無分別智一、契二無分別境一、与二真如一相応。此三意、一往乃同二於三軌一、而前後未レ融。何者、九識是道後真如。真如無レ事。智行根本種子皆在二梨耶識中一、熏習成就、得二無分別智光一成二真実性一。是則理乗本有。随・得今有道後真如、方能化レ物。[4]

別教の三法が因果において融即していないことを述べる上で、『摂大乗論』に説かれるという理乗を道前真如とするに対し、九識を道後真如とし、随乗・得乗に配当している。そして、智行根本種子が阿梨耶識の中にあって熏習により成就し、無分別智光を得て真実性、つまり道後真如となると説明する。ただし、智行根本種子や三種乗の用語を現行の『摂大乗論』或いは『摂大乗論釈』等に見出すことはできない[5]。

さらに、同じく三法妙の中、類通三識を説示する箇所では、第九＝菴摩羅識・第八＝阿黎耶識・第七＝阿陀那識を、それぞれ真性軌・観照軌・資成軌に配当しながら、次のように説示する。

二、類通三識者、菴摩羅識即真性軌。阿黎耶識即観照軌。阿陀那識即資成軌。若地人明、阿黎耶是真常浄識。摂大乗人云、是無記無明随眠之識、亦名二無没識一。九識乃名二浄識一。互諍云云。今例レ近況レ遠。如二一人心一復何定。為レ善則善識。為レ悪即悪識。不レ為二善悪一即無記識。此三識何容三頓同二水火一。秖背レ善為レ悪、背レ悪為レ善、背二善悪一為二無記一。秖是一人三心耳。三識亦応レ如レ是。若阿黎耶中有二生死種子一、熏習増長即成二分別識一。若阿黎耶中有二智慧種子一、聞熏習増長、即転レ依成二道後真如一名為二浄識一。若異二此両識一、秖是阿黎耶識。此亦一法論レ三、三中論レ一耳。摂論云、如二金土染浄一。染譬二六識一、金譬二浄識一、土譬二黎耶識一。明文在レ茲、何労苦諍。下文譬如有レ人至二親友家一酔レ酒而臥。豈非二阿黎耶識一。世間狂惑分別之識起、已遊行以求二衣食一。豈非二阿陀那識一。聞熏種子稍起増長、会二遇親友一示以二衣珠一。豈非二菴摩羅識一。菴摩羅識名二無分別智光一。若黎耶中有二此智種子一、即理性無分別智光。五品・観行無分別智光、六根清浄相似無分別智光、初住去分真無分別智光、妙覚究竟無分別智光。麁妙云云(6)。

ここでは、地論学派が阿黎耶識を浄識、摂論学派が第九識を浄識として互いに論諍したことを背景に、それを会釈する意図のもと、九識に関する理解を述べている。阿黎耶識中の生死種子が増長すれば分別識となり、同じく阿黎耶識中の智慧種子が増長すれば転依して道後真如となり、これが浄識、すなわち菴摩羅識となるという(7)。「一法論レ三、三中論レ一」と述べるように、智顗は、第八阿黎耶識が染浄に通ずると理解すれば両者の論諍は会釈可能とするのであり、この所謂二分依他の構造は、『摂大乗論』(8)所説の地界金土の譬えを論拠としている。また、傍線部のように、これを円教の行位に配当すれば、理性乃至妙覚位まで、理即は種子に留まるとしても、六即にわたる菴摩羅識＝無分別智光を観念しうるというのであろう。

なお、『法華玄義』では、右の構造は別円二教に該当するようであるが、『金光明経玄義』巻上には、「若分別説者、則属二三人一。此乃別教意。非二今所用一。若依二摂論一、如二土染金之文一。即是円意。土即阿陀那。染即阿梨耶。金即菴摩羅。此即円意也。[9]」とある。すなわち、阿陀那識・阿梨耶識・阿摩羅識が、別個に二乗・菩薩・仏の識とされるのが別教の意、譬喩と識の配当に問題はあるものの、二分依他が円教の意とされる。ちなみに、証真はこの点について、『金光明玄略抄』で、「問。法華玄以二摂論三識一為二別教一。今何故云レ円。答。地界中有二土金一。即是一中論レ三。故属レ円也。法華玄文以二仏果一為二第九識一。故属レ教(ママ)。又各拠二一辺一。[10]」としている。右の『法華玄義』の記述は別教を主体としていること、及び「一中論レ三」が円教の意であることを確認している。このことは、別円二教にわたる説示がなされているという点で、『法華玄義』の説明がやや理解しづらいことに由来する。

なお、識数に関する智顗の教説は一定しない。『維摩経玄疏』巻五[11]では、八識説に依拠して類通三識を説明している。そこでは、第八識＝阿黎耶識＝真性解脱、第七識＝阿陀那識＝実慧解脱、第六識＝波陀那識＝方便解脱とされている。また、『維摩経文疏』巻二五には、仏道品に説示される「如来種[12]」を三因仏性として説明する上で識に言及する箇所に、次のような記述がある。

> 若約レ識為レ義、六識是縁因種。善悪並是六識所レ起、離二六識一則無レ悪無レ善。豈有二縁因種一。七識是了因種。惑之与レ解皆是七識。離二七識一則無レ惑無レ解也。八識是正因種。無二八識一則無二生死涅槃一也。真諦三蔵云、更有二第九識一、是真識。八識猶是虚妄、生死種子所依。若地論師解、用二七識一断二六識一智障滅、八識真修方顕者、此須下取二中論自他四句一撿破上。[13]

正因種＝八識、了因種＝七識、縁因種＝六識とし、真諦の九識説は、地論の説と共に言及されるに留まる。要するに、『維摩経』関係の著作では、智顗は八識説を基盤とするのである。

そこで湛然の註釈を見ると、『法華玄義釈籤』巻一二において、法相宗の転識得智説と対比させながら、『法華玄義』における智顗の九識説の意義を、次のように述べている。

> 初文者、三識同在二理心一。教門権説且立二遠近一。言二庵摩羅一是第九。本理無レ染以対二真性一。阿黎耶是第八無没無明。無明之性即是智性故対二般若一。末那識即是第七。執二持蔵識所持諸法一。即此執持名為二資成一。以下助二蔵識一持中諸法上故。第六但能分二別諸法一故与二第七一同為二資成一。是故今文不レ論二第六一。若準下唯識論転二於八識一以成二四智一、又束二四智一以成中三身上者、則転二第八一為二大円鏡智一、転二第七一為二平等性智一、転二第六一為二妙観察智一、転二五識一為二成所作智一。大円鏡智成二法身一、平等性智成二報身一、成所作智成二化身一、妙観察智遍二於三身一。此中不レ取二第九一。乃是教道一途属対、不二与レ今同一。何者、彼居二位果（ママ）一三身仍別。此在二因位一三身互融。即此三身秪是三徳。三徳抛レ内、三身約レ外。今従二初心一常観二三徳一。故与二彼義一不レ可二雷同一。[14]

湛然は、類通三識に関する智顗の説を、「三識同在二理心一」と規定する。この「理心」については説明されないが、「中実理心」[15]と解すべきであろう。九識＝菴摩羅識＝真性軌、八識＝阿黎耶識＝（般若＝）観照軌、七識＝末那識＝資成軌という配当であり、七識の名称が新訳になっている他は、智顗と同様である。そして、九識を説かず、転識得智して三身を成ずる法相宗の教学が、因果を分かつ点で教道であるのに対し、因位において融即する三身、すなわち三徳を具する天台教学の立場の優越を主張するのである。

こうした批判は湛然の著作に散見される。例えば、心意識に関する八識説を批判する際にも、「若大乗中、八識名レ心、七識名レ意、六識名レ識。彼教為レ迷、又無レ即レ理。」[16]とあり、心意識が理に相即していない点を問題視している。また、『止観輔行伝弘決』巻三之一でも、三識について次のように述べている。

> 言二三識一者、真諦三蔵云、阿陀那七識。此云二執我識一。此即惑性体、是縁因。阿頼耶八識。此名二蔵識一。以下能盛二持智種一不上レ失。体是無没無明、無明之性、性是了因。菴摩羅九識名二清浄識一。即是正因。唐三蔵不レ許二此

釈二云、第九乃是第八異名。故新訳摂論不レ存二第九一。地論文中亦無二第九一。但以二第八一対二於正因一、第七対二於了因一、第六以対二縁因一。今依二真諦一、仍合二六七一共為二縁因一。以二第六中是事善悪亦是惑性一。委釈二識義一、非二今所論一。但以二三識体性一、対二於三徳・三因一、於レ理即足。論家雖レ云二翻レ識為レ智、而不下即照中三識一心、即二此一心一三智具足上。[17]

ここでは、真諦の説として九・八・七識を列挙し、三因仏性に配当した後、法相宗と地論師が八識説を採ることに言及している。そして、傍線部のように、真諦の九識説に依拠することを明言した上で、やはり転識得智説が天台の円教説に及ばないことを主張するのである。

以上のように、中国天台では、智顗が九識説に着目し、これを円教義の説明にも適用したが、智顗自身は八識説を用いることもあった。湛然は九識説を真諦所説として援用し、法相教学の八識説を批判した。ただし、右に引用した湛然の見解を見る限り、その批判の重点は、法相教学では円教の相即義が説かれていない点にある。先行研究のように、八九の識数の相違が最重要とまで断言する必要もないのではないかという疑問は残る[18]。

三　証真説の検討

証真が識説を詳細に論ずるのは、『法華玄義私記』巻三及び巻五末である。その議論には、大別して二点の特色を見出すことができる。

第一には、八識説と九識説の相違には拘泥することなく、むしろ双方を別円二教における心識説の共通の枠組みとして理解する点である。この点は、智顗自身の識説に幅がある以上、当然ともいえるが、後に触れるように、日本天台では、教判や円密一致の教学構築との関連で九識が重視されたことから問題となるのである。
第二には、旧訳と新訳、双方の唯識教学における説示の会釈を試みている点である。安然以降、法相教学は通教、或いは名別義通に配当された。証真は、その枠組みを前提に、慧遠や、元暁、法蔵らの見解を援用して会釈を行っている(19)。以下、この二点に留意しながら、証真の心識説を検討する。

1　八識・九識の関係

まず、心識説、特に第九識に関する証真の基本的な理解としては、『法華玄義私記』巻五末における次の記述が重要である。

玄九識是道後真如等者、
問。此第九識為レ理、為レ智。若云レ理者、何名二浄識一、名二無分別智光一。若是智者、何名二真如一、対二真性軌一名二真実性一、名二道後真如一。何云二本理無染一。
答。経論不レ同。荘厳論云、心真如名二阿摩羅一。十八空論云、阿摩羅識是自性清浄心云云。是識性故只ハ是理也。或以二仏果第八浄分一名二第九識一。故云二如来無垢識等一。此是智也。摂ノ論転二滅梨耶一得二無分別智及法身一。弘論師以二仏果理智一並名二第九識一。若依二別義一、境智相応。如二函蓋合一。故今文云三無分別智契二無分別境一。若依二円義一、境智不二、如二水乳合一名二第九識一。若依二別義一、偏仏果浄識不レ在二因位一。若依二円義一、凡夫理ノ心非二只仏心一。古摂論十三云、法身境智無二差別一、性不可思議。若依二地論一、八識真如生二一切法一。但理非レ智、唯因非レ果。慈恩云、楞伽経中兼説二識性一。或以二第八染浄別開一云云。此亦約二理智二義一也(20)。

証真は、『法華玄義』で道後真如とされる別教の九識について、理智いずれであるかとの問を立て、識性としての理（心真如、自性清浄心）、智（第八浄分、如来無垢識）、理智二義という三つの観点から経論の要文を収集した上で、傍線部のような説を述べている。すなわち、別教の九識は境智相応であり、因位にはなく仏果にのみ浄識としてある。これに対し、円教の九識は境智不二であり、凡夫の理心にも仏心にもあるという。そして、前者は函・蓋が合するようであり、後者は水・乳が合するようであると譬えている。

この対比は『金光明経文句』巻二(21)、或いは『観無量寿経疏』(22)において報身について言及する箇所の、「如如智照二如如境一。菩提智慧与二法性一相応・相冥。相応者、如二函蓋一相応也。相冥者、如二水乳一相冥也。」という記述を想起させる。これを証真は別円二教に配している。別教の第九識は境智相応であるのに対し、円教の第九識は境智不二であり、境智相冥であるともいえよう。また、「理心」とは、直接には湛然のいう「三識同在理心」を受けたものであり、証真自身の文脈では、法性(23)や、草木成仏論においては、有情の有する事心と対比しながら、草木にも遍在する随縁真如(24)として、理心の語が用いられている。

次に、八識と九識との関係については、法相教学との関係で、次のような問答を行っている。

問。法相宗等但立二八識一。何意今家亦立二九識一。

答。若法相宗第八識中有二染浄種一。転レ識為二智相応浄識一名二菴摩羅一、猶属二第八一、不二別立一レ識。若地論師、第八是浄故無二第九一。若摂論師、迷位第八是無明惑。果位浄識名二第九識一。顕識論云、滅二阿梨耶一入二菴摩羅一。金剛三昧経云、転二諸有情識一入二菴摩羅一。大仏頂経等意同レ之。此与二唯識一開合為レ異。其第八識至二仏果位一名二菴摩羅一。或別開為二第九一。或猶属二第八一也。法苑章云、或説二因果倶八一。如二唯識等一。或因果相対為レ九。又有レ一。一無相論、同性経、真俗相対為二九識一。二云浄位第八名二第九識一 云云(25)。

第八識中に染浄の種子があり、転識得智して大円鏡智に相応する浄識となるのが菴摩羅識であるが、これも第八識に属し、別に第九識と名づけないのが法相宗の識体説であるとした上で、他の経論等が九識を説くのは、法相宗の所説との開合の異なりであるとするのである。

別円二教に九識を認め、しかも八九両識が開合の異なりに過ぎないとすれば、識数の相違を教の相違として固定的に判ずる立場に対しては、会釈する必要が生ずる。日本天台では、識数を問う議論が初期からなされたのであり、(26)『法華玄義私記』巻三では、円珍『授決集』「六七八九識等決第九」(27)の見解の意義を検討している。

問。授決集云、八識別教。九識円教云云。

答。此於二迷位一唯有レ八者、是別教義。若有レ九者、是円教義。如二摂論師一、迷位唯八。加二仏浄識一以為二第九一。若円教義、衆生亦具二仏果浄識一。籤五云、三識同在二理心一。教門権説且立二遠近一。以二円教義一破二摂論一也。授決集云、真如理心名二阿摩羅一。即八識所依也。不レ可四偏三同第八浄位名二無垢識一云云。若以二識性真如一為二第九一者、亦在二凡夫一。亦即別義。既非二理心一。故異二円教一(28)。

すなわち、識数について、別教では八識、円教では九識とする『授決集』の説示の意義を斟酌している。ここでも、前述のように、別教では、仏果の浄識、或いは識性の真如として九識を立てるに留まり、迷位においては八識であるとするのに対し、円教は凡夫位においても理心における九識を立てる相違があると自説を述べる。証文としては、前述した『法華玄義釈籤』巻一二の記述と、「真如理心」を八識の所依とする『授決集』自身の文を挙げている。つまり、『授決集』にも、右の引用文に続いて、「心為二八識一、性為二第九一。即自性浄心也。可レ見二止観大意一 今我凡位所発円心於二九識中一且名二第九仏性心一、即於二凡位一能見二聖体一、是大乗因。六位究竟、是大乗果。六六三十六。始中終平等具二足之一。如レ是了知、名二中実理心・無垢浄心・如如心・仏性心・実相心・無住心・無生心等一。具如二止観説一。三識一体猶如二三仏一。(29)」とあるように、円教については自説と同様の理解をする点を指摘しているのである。換言すれば、因位における理心としての第九識は円教のみで論ずるとしても、識性＝真如としての第九識は、その存在を別教にも認めることで、別円二教における通有性を見出すのである。

ところで、証真が『授決集』の説を会釈するのは、新旧の『摂大乗論』が、いずれも第八識を依止とすることを論証する過程においてであり、『法華玄義私記』巻五末には、それを要約した次のような問答がある。

常徒問云、若引二古摂論地界金土一為二九識証一者、新論同有二此文一。亦応レ云二九識一。何云三唐訳但立二第八一。答。二文雖同、而義有レ異。古訳存レ円故為二九識一。新訳存レ別故為二八識一云云。

今謂、此問答並大謬也。新古二論文既不レ異。何意古論是円、新論属レ別耶。又別円並明二八九一。豈可二分判一。今詳三玄文引二地界等一、都非二第九識証一。是為三和二会二師諍一也。籤云、引レ例和諍云云。謂、地師云、梨耶是浄。摂論師云、第八是染、第九乃浄。今家意云、具有二染浄一。故引下蔵識有二三分一文上。故云二明文在此何労苦諍一。非三是引証二第九識一也。又今家不三遍執立二第九一。何労引証。若偏立二九識一即同二摂論師一。云何和諍耶。故玄文・止観等明二九識一。浄名疏等但明二八識一、即以二第九一為二異説一。故彼疏云、梨耶喩二正因一。真諦云、有二第九識一云云。又玄文都無二八識九識之論一。但有二梨耶染浄之諍一。豈可レ引二第九識証一。又余文亦引二彼論三譬一但明二梨耶染浄一。非二是証レ有二第九一。[30]

証真が批判の対象とするのは、八識・九識を別個の見解として扱う立場、すなわち、新旧の『摂大乗論』の文は同一であるとしても、九識を説く真諦訳が円教の義であり、八識を説く玄奘訳は別教の義であるという解釈を採る立場である。それに対して、そもそも地界金土の譬えは第九識の存在を論証するものではなく、第八識が染浄の種子を有することの証拠であると述べている。そして、智顗が『法華玄義』でこの譬えを提示したのは、地論・摂論両学派の論諍を会釈する意図からであること、及び、天台教学では八識・九識に拘泥しないことなどから、右のような立場が妥当性を欠くというのである。証真が天台の九識説を「異説」とするのは、この文脈においてであることに注意したい(31)。

2　新旧唯識説の会釈について

『法華玄義私記』巻五末において証真が尽力するのは、『摂大乗論』を基に智顗が記述する九識説と、法相教学における識説との会釈である。例えば、第八識について「摂大乗人云、是無記無明随眠之識」とする『法華玄義』の記述については、次のような問答を行っている。

問。今家或時亦云二八識是無没無明一。而唯識第九云、此所知障決定不下与二異熟識一俱上。彼微劣故。不下与二無明・慧一相応上故。法空智品与俱起故。已上 彼有二三義一。一者、八識微劣。法執麁強故不レ応。二者、第八唯与二触・作意・受・想・思一相応。法執是慧及無明故。故不二相応一。三者、菩薩法空智与二第八一俱。法空若起、法執便滅。故第八識非二法執俱一。彼法執者、即無明也。

答。今以二第八一名無明者是摂師義。不レ知二彼師意趣如何一。今家意無記即無明也。界内無記是界外染汚。然彼三義、無明既微細故、第八相応。其一 受等心所即不了故。物名二無明一。其二 菩薩智慧与二無明一雑。其三(32)

ここでは、第八識を無没無明とする摂大乗論師の説と、無明が第八識と不相応であるとする『成唯識論』巻九(33)の記述の相違について、摂論師の説は天台義とは異なるとした上で、会釈を試みている。その後、法蔵の『大乗起信論別記(34)』と、元暁の『楞伽経宗要(35)』（古佚）の文を引用するが、いずれもかなりの長文である。そこで大意を示すと、法蔵は、阿梨耶識（第八識）を、根本無明が起在する染浄和合の識であるとする立場から、第八識を無覆無記とする説を批判する。元暁は、やはり「此識無覆無記、是異熟法。非レ解非レ惑。通与二解惑一作二所依一故。」と「蔵識分別即是法執、是知障。」とする立場を挙げた上で、後者の立場から会釈を加える。そして、結論としては、「此識有二二門一。諸業煩悩所感義門。是異熟果故非二迷執一。初師得二此門一也。根本無明所発義門。是等流果故是迷乱。後師得二此門一也。既各自得。何労致レ諍耶。」と和諍している。これらの引用からみると、証真は、第八識を真妄和合識とする立場に依拠しながら、元暁説のように、法相教学の立場への会釈を加えるのである。

その姿勢は、第八阿梨耶識中の生死種子が分別識（第七識）に、智慧種子が浄識（第九識）に転ずるという『法華玄義』所説の二分依他の構造において、種子が第八識に属するか否か、という議論にも表れている。染・浄の種子が第八識の一部でないとしたら、智顗が地摂二学派の論諍を会釈したことにはならない。そこで証真は、「所持染浄亦為二八識一故。古摂論第二不一異章明下種子与二本識一不一不異上云云。大乗止観能持所持並属二梨耶一。」(36)とし、所持の染・浄の種子もまた第八識に摂されるという自説を『古摂論』、すなわち世親釈真諦訳の『摂大乗論釈』巻二の不一異章(37)、及び『大乗止観法門』(38)の阿梨耶識説の要約文によって論証したのち、次のような問答を行う。

問。摂論梨耶既是無記。其種子者、亦通二善悪一。豈以二善悪一為二第八体一。又八是有漏持二無漏種一。何以二無漏一為二第八一耶。又第八識以二種子一為二所縁境一。何為二能縁第八識体一。

答。唯識一云、種子雖レ依二第八識体一、而是此識相分非レ余。見分恒取レ此為レ境故。諸有漏種与二異熟識一体無レ別故、無記性摂。因果俱有二善等性一故亦名二善等一。諸無漏種非二異熟識性所一レ摂故、因果俱是善性摂故、唯名為レ善。又云、有漏法種此識性摂故是所縁。無漏法種雖三依二附此識一、而非二此性摂一故非二所縁一。雖レ非二所縁一而不二相離一。如二真如性一不レ違二唯識一。已上論文(39)

『摂大乗論』所説の無記の阿梨耶識が善悪の種子を持し、種子は第八識の所縁の境であるとすれば、これらは第八識の体に属するとはいえないのではないか、との問に対し、『成唯識論』巻二の二文を引用して、会釈を試みている。前者は、有漏法の種子が第八識の体に依附し、八識の相分となるという説示であり、[40]後者は、無漏法の種子は第八識の体に依附するが、無記ではなく善性であることから所縁とはならないとしても、相離れることもないという説示である。[41]『成唯識論』では法爾無漏種子が第八識とは体を異にすることから、後者を証文とすることは論証としてやや苦しいが、証真は、法相宗の所依である『成唯識論』にも、第八識が染浄に通ずるという立場の論拠となりうる記述があることを示そうとするのである。そして、右の引用部分の後、元暁『楞伽経宗要』[42]及び慧遠『大乗義章』巻三末「八識義」[43]の記述によって、第八識の理解が多様であり、一概に否定されるべきでないことを確認している。

このように、証真は、『法華玄義』巻五下における智顗の九識説を消釈する際、それが基盤とする『摂大乗論』の説示と、新訳の『成唯識論』の説示とを会釈し、同一の方向性で理解しようとする。その媒介として、元暁らの見解を活用するのである。[44]

四　安然の教学との関連

冒頭に触れたように、日本天台において、新旧の唯識思想を詳細に論じ、特に法相教学の位置づけについて画期をなしたのは、『教時問答』や『菩提心義抄』における安然の議論である。円密一致の教学を継承する証真が、安然の教学を重視することは当然であり、心識説における影響を指摘する先行研究もある。[45]しかし、証真の心識説は、全面的に安然に依拠しているわけではなく、取捨を加えているのであり、その点は確認されなければならない。

まず、安然は、『菩提心義抄』巻四において、五相成身観における通達心を能所に分別した上で、九識と五智という観点から論じ、巻五では、さらに九識について諸宗派の説を分析し、それぞれの意義を判じている。例えば、天台教学の識説については、「若天台云、小乗唯明二六識一。通教亦明二六識一。……別円同明二因中八識・果上第九一広明二摂論一。八識及第八中無分別智光聞薫増長成二道後真如一名二第九識一。云レ識是智異名也。但以二束レ九為レ三、別明二三識分張一、円明二三識一心一。第九名二菴摩羅一。第八阿頼耶。第七阿陀那。第六波陀那。以二九八七一類一通二十種三法一。而以二八識一為二三仏性一。第八正因、第七了因、第六縁因、為二円義一也云云[46]。」と要約し、三識一心を円教の義としている。詳細をきわめる安然の議論が証真に裨益したことは疑う余地がない。

しかしながら、例えば、九識の名を釈する箇所で、「若摂大乗第八識中一分浄性是別義也。若唯識論第八識中法爾種子是通義也[47]。」とするように、安然が『摂大乗論』を別教、『成唯識論』を通教に配当する仕方は、ほぼ一貫している[48]。他方、両者の相違に会釈を施すことはないのであり、前節でみたように、証真が『成唯識論』を活用する姿勢とは、方向性が異なるとみるべきであろう。同じく名別義通と判ずるとしても、証真は名別の部分を重視し、これを別教における心識説に読み込むことで、より精緻な体系を構築することを企図したと解されるのである。

次に、安然が、『教時問答』巻一において、四一教判の一仏義の基盤として、八識に加えて『釈摩訶衍論』に基づく一切一心識、一心一心識からなる十識説を立てたことは知られている。しかし、これについては、証真は明確に疑義を呈している。

問。若但立二七八九識一、何故釈摩訶衍論中立二十識一也。八識如レ常。九謂一切一心識。十謂一心一心識。

答。山家判レ彼以為二偽論一。不レ可二信用一。然高野及五大院等、並用二彼論一。未レ詳二其意一。山王院四土通達義云、円宗等第九浄識、一切一心識、双照二二諦一、一切種智。一心(ママ)一心識、直縁二中道一、一切智、是名二心王一云云。私云、会レ俗帰レ真名二一功(ママ)一心一、真性本一名二一心一心識一、亦有二其義一。但彼論文応レ非二真論一[49]。

つまり、『釈摩訶衍論』は出処不明の文献であり、信じ用いるべきではないとした上で、『四土通達義』[50]の文を引用することで、十識を解釈するのである。ただし、『四土通達義』の文章はやや難解であり、日本大蔵経所収の本では、「円宗第九菴摩羅清浄識ニ一切一心識アリ。双照二二諦一。一切種智アリ。一切一心識之。直縁ニ二中道二五倶意識事一切智之。是名二心王一。」[51]となっている。証真の引用文では傍線部が一心一心識となっているが、いずれにせよ、第九識において一切一心識、或いはさらに一心一心識を論じ、これを心王としている。証真は、会俗帰真を一切一心識、真性本一を一心一心識と解することで十識説にも意義を認めているが、その後は『釈摩訶衍論』の信用性を否定する論証を行っていることから、[52]少なくとも、『釈摩訶衍論』に基づく十識説を採用する必要性はないと考えていたことがわかるのである。

また、次の問答では、第十識の存在自体を否定的に捉えている。

問。楞伽云、依二諸邪念法一故説レ有二識生一。八九種種識、如二水中諸波一。密厳経云、心有二八種一。或復有レ九。与二無明一俱為二世間因一。世間悉是心。心法現、雖二是心法及所出根一、生滅流転為二無明等之所一レ変。異二其根本心堅固不動一云云。準二此等文一、八九之外更有レ識也。

答。楞伽第五云、如来蔵是善不善因。能遍興二造一切趣生一。外道不レ知二執作者一、為二無始虚偽悪習行所一レ熏、名為二蔵識一、生二於七識無明住地一。譬如三大海而有二波浪一。其体相続恒住不レ断、本性清浄離二無常過一、其余七識念念生滅。已上七巻本略抄　経意真識本浄。望レ凡成レ染名二第八識一。従レ染生二七識一。故知、偈云二八九為一レ波者、是言惣略耳。故偈云、阿梨耶識常、依二風境界一起二種種波浪識一、能舞生不レ絶。又云、蔵識海常住、境界風所レ動、種種諸識浪云云。密厳経意、無明法性俱生二生死一。而真如不変也。故云二根本心不動一。[53]

要するに、『入楞伽経』[54]が識に八或いは九種ありとし、これを水中の波に譬えていること、及び地婆訶羅訳『密厳経』[55]も八或いは九識以外に根本心を想定することから、八・九識以外の識の存在を肯定する問に対して、いずれも経意に反すると述べる。すなわち『入楞伽経』の意は、真識がもとより清浄であり、第八識が染であることを述べているに過ぎず、『密厳経』は阿梨耶識の常住を述べているというのである。ところで、この『入楞伽経』と『密厳経』の文は、安然が『教時問答』巻一[56]において引用し、十識の存在の論拠とした記述である。この点からも、証真が、安然の十識説には懐疑的であったことが首肯されよう。

また、安然の十識説を採用しないだけではなく、『教時問答』巻一に示される「起信論中心真如門本有二平等・差別二義一。心生滅門則有三八識立二九識一者、取為二九識一。摩訶衍論為レ顕二其真如門平等・差別義一故、更開為レ二、名為二一切一心識・一心一心識一。[57]」という、『大乗起信論』の一心二門に基づく心識説の綱格についても言及することがない。心識をめぐる議論に関する限り、安然の所説を熟知し、援用することがあるとしても、その範囲は限定的であることが確認できる。

五　小結

智顗が在世当時に通行していた地論・摂論学派の心識説に言及するのは、それに対する批判や会釈であることが多く、天台教学独自の心識説が、体系的に説示されることはなかったといってよいだろう。法相教学を批判した湛然にも同じ指摘が可能である。これに対し、日本天台では事情が異なる。特に円密一致の教学を大成した安然においては、総合的な教理の構築のため、『大乗起信論』『釈摩訶衍論』などの文献や、地論宗、法相宗等他宗派の教学における心識説への言及も詳細になされていたのである。

証真も、そうした伝統を継承する学匠の一人であるが、決して詳細とはいえない智顗や湛然の説示を基盤としながら、天台教学における心識説の構築を行っている。証真によれば、別円二教の識体説として重要なのは、第八識が染浄の種子を有する点である。それを論証する過程で、智顗や湛然が用いた旧訳の唯識教学と、新訳の法相教学、特に『成唯識論』の教説との統一的な理解を試みるのが特色といえよう。

なお、教学史上、円教における九識は「九識証拠」の論題で取り扱われてきた。これについては守脱『法華玄義釈籤講述』巻五下[58]にその展開がまとめられている。守脱は、真諦訳『摂大乗論』の地界金土の譬えが九識の証拠にならないという証真説を支持する。この立場から、中世以降、『台宗二百題』に至る論義書が、地界金土の譬えを論拠の一つとして、別教の八識に対する円教の九識説を宣揚するようになった経緯を記述し、「宋朝四明、本邦宝地共許㆔別円並説㆓九識㆒、光明玄記上百十四紙。妙玄私記五末三十四。能得㆓今家意㆒矣。五百余歳廃㆑之、何耶。[59]」と評している。

最後に、証真の教学研究という観点からみれば、心識説における新旧唯識教学の会釈を図る議論は、界外の事教である別教の内実をより精緻に記述する意図に基づくものであり、それによって、界外の理教としての円教の心識の意義を明らかにすることに帰着する。本章では内在的な理解に重点を置いたが、「性相融会」の一局面として、例えば明代の智旭（一五九九～一六五五）の教学等との比較検討も可能であり、それについては今後の課題としたい。

註

（1）大久保良峻「最澄の教学」（『山家の大師　最澄』吉川弘文館、二〇〇四所収）一〇五頁～一〇六頁参照。

（2）『法華疏私記』巻二、仏全二一・四四二頁下。湛然の説は、『法華文句記』巻二中、大正三四・一八三頁中。

（3）本書第十章「証真の断惑論」参照。
（4）大正三三・七四二頁中。
（5）『法華玄義』の記述と、真諦の九識説との関連を考察する研究として、岩田諦静「『法華玄義』における第九菴摩羅識説について―真諦訳『摂大乗論釈』との関連―」（勝呂信静編『法華経の思想と展開』平楽寺書店、二〇〇一所収）がある。また、同『真諦の唯識説の研究』（山喜房仏書林、二〇〇四）参照。なお、真諦に関する研究については、「真諦三蔵関係主要研究一覧」（船山徹編『真諦三蔵研究論集』京都大学人文科学研究所、二〇一二所収）参照。
（6）大正三三・七四四頁中下。
（7）「道後真如」の語は真諦訳『摂大乗論釈』のみに見られる。大正三一・二三八頁中、同・二六二頁上等。
（8）真諦訳『摂大乗論』巻中、大正三一・一二二頁上。また、同『摂大乗論釈』巻六、大正三一・一九三頁上中。
（9）大正三九・五頁下。なお「三人」とは、三識を定義する箇所の記述（同・四頁上）によれば、仏・菩薩・二乗であり、それぞれ菴摩羅識＝第九不動識、阿梨耶識＝第八無没識、阿陀那識＝第七分別識に配当することができるとしている。
（10）仏全二四・三八二頁下。
（11）大正三八・五五三頁上中。
（12）『維摩詰所説経』巻中、大正一四・五四九頁上。
（13）続蔵一―二八・一五六丁右上。
（14）大正三三・八九九頁上。
（15）例えば、『法華玄義』巻二上（大正三三・六九四頁中）では、十如是の本末究竟「等」を理に約して説明する際、中実理心が仏果と異ならないと述べる。また、巻八下（同・七八二頁下）では、『法華経』の経体たる一実相印の異名の一つとされる。また、菩提心としては、『禅門章』に、「又縁二中道一発二菩提心一者、此心亦名二中道実理心・第一義空・菴摩羅識・仏性・如如・実際・実相・無住・無生等一」（続蔵二―四・一四丁右下）とある。ちなみに証真は、この菩提心たる理心について、所謂「観境六八」に関する議論の中で、止観の対境たることを否定する文脈で言及する。『止観私記』巻五本、仏全二二・九六九頁上。

(16)『法華文句記』巻四上、大正三四・二二五頁上。

(17)大正四六・二二二頁下。

(18)湛然の教学体系において、九識説の論証が新訳への対抗上不可欠であった点を強調する研究に、呉鴻燕『湛然『法華五百問論』の研究』（山喜房仏書林、二〇〇七）第三部第一章「「心識」説をめぐって」、吉村誠「天台文献に見られる地論・摂論学派の心識説—智顗と湛然の著作を中心に—」（『印度学仏教学研究』五七—二、二〇〇九）がある。いずれも、真諦所説の九識説の維持が、湛然の重要な課題であったという視点から論じている。なお、前者は、天台教学における心識説の研究動向を整理している。

(19)元暁と法蔵の法相教学への視角の相違について、吉津宜英『華厳一乗思想の研究』（大東出版社、一九九一）第七章「『大乗起信論義記』の成立と展開」参照。『大乗起信論』註釈において、元暁が『起信論』と法相教学との会釈を行ったのに対し、法蔵は元暁の註釈の影響を受けつつ、元暁が導入した法相教学の影響を排除する方向で註釈を行ったとしている。

(20)仏全二一・二一七頁上下。

(21)大正三九・五三頁下。

(22)大正三七・一八八頁上。証真は、この記述を、『法華疏私記』巻九本において、自受用身の智が常住であることの証文として用いる。仏全二二・七一五頁下。

(23)『止観私記』巻五末、仏全二二・九七三頁上。そこでは、『摩訶止観』巻五上の、「若従二地師一則心具二一切法一。」（大正四六・五四頁上）という記述について、「私云、法性是自故属二於心一。無明是他故属二於境一。又心是理心。故名二法性一。縁是迷境。故属二無明一。」としている。

(24)『止観私記』巻一本、仏全二二・八〇一頁上。『金剛錍』の「随縁不変之説出レ自二大教一。木石無心之語生二于小宗一。」（大正四六・七八二頁下）を引用して、法界が唯心であるなら、草木も有心であり、成仏可能であるとする問に対し、「言二唯心一者、謂理心也。理心是真如。非レ謂レ有二事心一。故次句云、随縁・不変以二真如随縁一故、木石有二理心一也。」とし、木石には発心修行する事心はないが、随縁真如としての理心があることを容認している。真如論について付言せば、日本天台の伝統に従い、証真は真如随縁の理論を円教の義とする。例えば、『法華玄義私記』巻二本（仏全二一・五七頁上下）では、円融三諦を不変・随縁真如で説明する。したがって、別理随縁は否定することになる。『法華玄義私記』巻八（仏全二一・三一九頁下～三二〇頁上）参照。また、真如熏習については、不変真如を標榜する法相教学との関係で自らの立場を示す際に言及することが一般であり、別円二教における真如熏習を肯定する。『大乗起信論』との関係では、『法華玄義私記』巻八で、別教における真如熏習を肯定する文脈において、次のように述べる箇所がある。「真如生法者、真如持二種子一、種子生二諸法一。故種子受レ熏、事法為二能熏一也。若論二法性能所熏一者、未二敢定判一。若有二熏義一、亦何妨耶。偏真可二思議一。故不レ可レ熏。中道不思議。何無二熏義一。既有二覚性一。何妨レ有レ熏。歴別経論不レ明レ熏者、是指二唯識等一。何必是別教。又、起信論云、熏習義者、如下世間衣服、実無二於香一、若人以レ香而熏習故、則有中香気上。此亦如レ是。真如浄法実無二於染一。但以二無明一而熏習故、則有二染相一。無明染法実無二浄業一。但以二真如一而熏習故、則有二浄用一。已上 此似下別教真如理中無二性徳九界一、由二無明熏一故、出中九界上。又云、譬如二種種瓦器皆同微塵性相一、如レ是無漏無明種種業幻皆同真如性相。故経説、一切衆生本来常住入二於涅槃一。已上 此似二円教随縁、諸法即是真如一。故知、論意含二別円教一。」（仏全二一・三一九頁上下）。すなわち、『大乗起信論』の二文を引用し、染浄の熏習の意義を説示する箇所（大正三二・五七八頁上）と、天台教学における別教の真如生法との類似を指摘する。また、覚と不覚の同相を説く箇所（大正三二・五七七頁上）は、天台の円教における真如随縁と似ているとしている。要するに、真如随縁は円教独自、真如熏習は別円二教にわたる教理とするのである。

(25) 仏全二一・二一八頁上下。

(26) 光定疑問、宗穎決答の『唐決』には、六問中第二として、「二種五種唯識八識九識色心」がある。宗穎は、「八識九識者、数之盈縮。非二碩異一也。」とした上で、第九識を性、八識を相・用に配し、「性之与レ相如二水波一。性相倶挙故立二九識一。若没レ性存レ相只立二八識一。所以八識九識皆無レ妨也。」と述べる。八識九識の廃立には性・相に鑑みるか否かの相違しかないため、拘泥する必要はないとするのである。新版日蔵・天台宗顕教章疏四・二二四頁上下。

(27) 仏全二六・三四五頁上～三四六頁下。

(28) 仏全二一・一〇八頁上下。

(29) 仏全二六・三四六頁上。
(30) 仏全二一・二二四頁上下。
(31) 武覚超『天台教学の研究―大乗起信論との交渉―』（法藏館、一九八八）第三章「天台の九識説と『起信論』」は、証真が、「智顗の『法華玄義』に説かれている九識について、九識は異説として取りあげられたもので、天台はこれを立てたのではない」と述べたとするが、誤りである。
(32) 仏全二一・二二〇頁下。
(33) 大正三一・四八頁下。
(34) 大正四四・二九〇頁下～二九一頁上。
(35) 以下、証真が引用した文を掲げておく。仏全二一・二二一頁上～二二二頁上。
又元暁師楞伽宗要云、蔵識縁用、為二是法執一、為レ非レ執耶。

有説、此識無覆無記、是異熟法。非レ解非レ惑。通与二解惑一作二所依一故。如二瑜伽説一。何梨（ママ）耶識不下与二煩悩一而共相応上故。若此識中有二法執一者、成二法我見一、有二無明等一。不レ応下唯与二五法一相応上。是為二初過一。又若此識有二法執一者、則是染汚、不レ受二浄熏一、猶如二蒜等不レ受レ熏故。是第二過。又若此識有二法執一者、則此法執無レ所二熏習一故、応二念念失一、不レ須二対治一。是第三過。又法空観初現前時、此識応レ断。障治相違。不二倶行一故。若爾、所余有漏種子応レ無二所依一。所レ修功徳応レ無二熏習一。無二所熏一故亦不レ可レ言レ熏二於鏡智一。非二無記一故。猶未レ得故。是第四過。

有説、蔵識分別即是法執、是知障。如二深密経言一。微細随眠者、謂八地以上、従レ此以去、一切煩悩不二復現行一。唯有二所知障一為二所依止一故。不レ可レ説三此為二余七識一。不下与二随眠一作中依止上故。当知、是説二阿頼耶識微細智障現行未レ絶。又十巻経言、阿頼耶識知二名識相一。所有体相如下虚空中有二毛輪一住上。不浄知所知境界。中辺論云、塵根我及識本識生似二彼乱識有無一。彼彼無故識無。又下文言、此乱識云何名二虚妄一。由二境不実一故。由二体散乱一故。若説三此識無二妄執一者、如レ是等文皆不レ能レ通。然此識中想数為レ苦。取相分別即此相数。不レ了二無相一故名二無明一、亦名二法執一。非下推二求性一、計中度実有上故。無二慧数等一。余心心法、又此法執是微細染故得レ受レ熏。非二極香臭之所記一故。如二人衣等一。仙人覚レ臭、而亦能受二香臭所熏一、非二極臭一故。此識亦爾。故摂論云、無記者、非二是不レ可レ記二極香臭一義故。又此法執雖レ無二所熏一、而自前後相生相続未レ得二対治一、終無二間断一。既無二隔滅一、何須二熏習一。若無二所熏一則有レ失者、種子無レ熏応二念念失一。然此種子雖レ無二所熏一、而自相続無二隔絶一、離二念念失一。此識法執当レ知亦爾。又此執最極微細。唯与二鏡智一相変。故無レ妨二於聞等知等一。由二是義一故離二諸過一也。
問。如レ是二義、何者為レ得。
答。此有二道理一。何者、此識有二二門一。諸業煩悩所感義門。是異熟果故非二迷執一。初師得二此門一也。根本無明所発義門。是等流果故是迷乱。後師得二此門一也。既各自得。何労致レ諍耶。已上宗要文
この文に言及した研究として、石井公成「元暁の和諍思想の源流―『楞伽経』との関連を中心として―」（『印度学仏教学研究』五一―一、二〇〇二）がある。

(36) 仏全二一・二二二頁下。
(37) 大正三一・一六二頁下～一六三頁中。
(38) 例えば、巻一では、阿梨耶識に染分・浄分があるとする。大正四六・六四四頁上中。また、巻三では、阿梨耶識・和合識・種子識・果報識等が一体異名であるとする。同・六五三頁下。
(39) 仏全二一・二二二頁下。
(40) 『成唯識論』巻二、大正三一・八頁上。
(41) 『成唯識論』巻二、大正三一・一一頁上。
(42) ここにも、証真が引用した文を掲げておく。仏全二一・二二二頁下～二二三頁上。
元暁楞伽宗要云、有云、蔵識直是真心、相雖レ有レ染、体性常浄。経云、本性清浄、客塵所染。或云、心体雖レ非二生滅一、随レ縁流二転生死一。経云、即此法身流二転五道一名為二衆生一。或云、直是妄心。起信論云、依二梨耶識一説レ有二無明一。或云、雖二是生滅一無二能所縁一。直是心神無相。論云、相境不レ可二分別一。或云、雖レ有二能縁一而縁境不レ可レ知。如二摂論云一。此識所縁境不レ可レ知。或云、体是異熟有二所縁一。境謂内執二受外器世界一。如二瑜伽説一。

問。六説何者得。

答。皆得・不得。論云、此識有二二義一。覚及不覚。覚亦有レ二。一、性浄本覚。初師得レ此 二、随染本覚。二師得レ此 不覚有レ二。一、根本不覚。謂無明。三師得レ此 二、随相不覚。生二三相一。一、名二業識一。謂無明力不覚心動。四師得レ此 二、

名二転識一。依二動心一能見レ相故。五師得レ此 三、名二現識一。現二一切境一常在レ前故。六師得レ此 物而言レ之、以二一心一摂二六門一。諸説如二象六触異説一。已上取意略抄

なお、証真は、この元暁の説を、「此師、通二染浄一義同二今家一。但以二起信論文一為レ証、義未二分明一。」と評する。

(43) 大正四四・五二四頁中～五四〇頁中の取意略抄。

(44) 心識説における元暁の見解の引用として注目すべきは、『法華玄義私記』巻五末における七識縁境の議論である。証真は「論師異説。今家諸文無二分明説一。」(仏全二一・二二六頁上)とするが、肯定説の証文として、元暁の『起信論疏』巻上(大正四四・二一二頁下～二一三頁上)を引用している。この議論の日本天台における先蹤としては、円珍『法華論記』巻四(仏全二五・一二三頁上～一二五頁下)参照。円珍は元暁の『大乗起信論別記』(大正四四・二二四頁中下)を用いている。なお、「三大部私記」における元暁著作の引用は多く、例えば、『止観私記』巻五末での如来性悪説の議論では、本覚の性が染浄に通ずることの論証に、「此理通与二染浄一作レ性。」を結論とする、『大乗起信論別記』(大正四四・二三〇頁中下)の文を引用する。なお、『楞伽宗要』については、例えば『法華玄義私記』巻九での、別教における界外の廻心を肯定する議論の中、「四、破二異計一」において引用している。具さには、「元暁師楞伽宗要判二二家一云、二説皆実。皆依二聖典一故。法門非レ一。無二障礙一故。是義云何。真妄相望略有二二門一。謂、依持門及縁起門。依持門者、猶如下虚空持二風輪一等上。縁起門者、喩如下海水起二波浪一等上。約二依持門一真妄非レ一。衆生本来法爾差別故。有三衆生無始時来堅習二楽著一、不レ可二動抜一。於二此衆生六処之中一求二於出世法一、永是不レ可レ得故、依二此門一建三立彼為二無性有情一也。約二縁起門一、真妄無レ二。一切皆同一心レ為体故。諸衆生従二無始一来。無レ不下即二此法界一流転上。於二諸衆生心神之中一永不レ可レ令レ帰二自源一者、永不レ可レ得故、依二此門一建三立一切皆有二仏性一。二師所立各得二一門一。已上」(仏全二一・三四七頁下～三四八頁上)とある。要するに、生仏不増不減の議論との関係で、一切皆成を否定する立場と肯定する立場とを、それぞれ依持門・縁起門とすることで意義を認めるのであり、証真は、この依持門を別教、縁起門を円教に配当している。また、『法華疏私記』巻九本で、自受用智の常住を論ずる際に、「元暁師楞伽宗要広明二仏智常・無常一。二家倶有二得失一。」(仏全二二・七一六頁下)と言及する。このように、『楞伽宗要』は、対立する立場を会釈する文脈で用いられている。

(45) 兼子鉄秀「宝地房証真の菩提心説—九識説をめぐって—」(『天台学報』二六、一九八四)は、『法華玄義私記』

巻三及び巻五末における、証真の九識に関する見解を簡潔に要約している。兼子氏が、別円二教で八九両識を立てるという証真の見解が、「おそらく『起信論』にもとづいた安然の『真言宗教時義』に述べられる「別円に八九識を配する」説を受けたものと考えられるのである。」（一五一頁）とするのは、勿論誤りではない。ただし、本文で論じたように、証真が基調とするのは智顗や湛然の説示であることに触れない点、及び、安然の心識説に関する構想全体との関連において証真説を考察する視点を欠く点で、やや説明不足と思われる。

(46) 大正七五・五三七頁上。

(47) 大正七五・五三八頁中。

(48) 別教に配当する例としては、『菩提心義抄』巻五の「亦以下唯識転二八識一為二四智一束二四智一為中三身上為二別義一也。」（大正七五・五三七頁上）という記述がある。

(49) 仏全二一・二一八頁下。

(50) 新版日蔵・天台宗顕教章疏四・三三五頁下。証真は山王院、すなわち円珍撰としているが、一般には円仁に仮託された著作とされる。『仏書解説大辞典』における田島徳音氏の解題参照。

(51) 新版日蔵・天台宗顕教章疏四・三三五頁下。

(52) 仏全二一・二一八頁下～二一九頁上。『円宗文類』（証真は『華厳宗文類』と呼称する）所収の、『釈摩訶衍論通玄鈔序』（続蔵一―七三・八一丁右上）の略抄文などを俎上に載せながら、偽撰説を展開している。

(53) 仏全二一・二一八頁下～二一九頁上。

(54) 大正一六・五六五頁中。

(55) 大正一六・七三四頁上。

(56) 大正七五・三七五頁上。安然は、九識を説く経論が、「真俗迷悟相対」の観点から第九識を設定するのに対し、「摩訶衍論更約二法本一体多体之義一開二第九・第十一識一。是故更説二平等差別相対一為レ十。」とし、『釈摩訶衍論』は、平等・差別の観点から一切一心識・一心一心識を説くとする。安然によれば、『入楞伽経』の文は差別の観点から八九識を説示し、『密厳経』の文は九識の他に第十識が存在することの証拠である。

(57) 大正七五・三七五頁上中。

(58)　仏教大系『法華玄義』三・六四六頁〜六五二頁。

(59)　仏教大系『法華玄義』三・六五二頁。なお、癡空は、『法華玄義釈籤講義』巻五で証真説を否定し、地界金土の譬えを円教における九識の証文とする。同・六四五頁。

第八章　『維摩経文疏』所説の三観について

一　問題の所在

『維摩経文疏』は、智顗による、鳩摩羅什訳『維摩詰所説経』（以下、『維摩経』と呼ぶ）の註釈である。全二八巻中、仏道品を釈する第二五巻までが智顗の手になり、入不二法門品以降を釈する三巻は、灌頂の補遺である。『四教義』『三観義』『維摩経玄疏』などと共に、智顗最晩年の思想が展開された重要文献であることは知られている。(1)しかしながら、その教説については、未解明の部分が多く、天台三大部（『法華玄義』『法華文句』『摩訶止観』）等とは様相を異にする部分のある、『維摩経文疏』独自の教義に関する研究は進展していないのが現状である。(2)別相三観・通相三観・一心三観からなる三種三観は、その一例である。「通相三観」は他の文献では言及されることがなく、三種三観という構想も、『維摩経文疏』独自のものである。ただし、その説示は、問疾品を釈する巻二一以降にのみなされるのであり、何より智顗自身の註釈が未完であることから、その意義何如が問題となることは窺知できよう。

近年の研究によって、『維摩経文疏』における通相三観の説示内容については徐々に解明されているが、通相三観という観法が設定された由来や、教学上の位置づけについては、十分な検討がなされているとは言い難い。

本章では、こうした研究状況に鑑みて、『維摩経文疏』における智顗の説示のうち、実践の過程に関する全体的な構想との関連から、三種三観、特に通相三観設定の意義を考察する。

二　三種三観と通相三観の梗概

まず智顗の科段を確認しておくと、『維摩経文疏』巻一において、十四品からなる『維摩経』のうち、正説分十二品を、室外（仏国品・方便品・弟子品・菩薩品）、室内（問疾品・不思議品・観衆生品・仏道品・不二法門品・香積品）、出室（菩薩行品・見阿閦仏品）と区分する。(3) 本章で検討する正説分中の室外・室内の意義については、巻七で、室外では弾呵・折伏を、室内では慰喩・摂受を明かすとしている。(4)

室内六品の冒頭に位置する問疾品を釈する巻一九の冒頭に、「今歎二円教三解脱之果一、接引摂受令レ修二三観之因一……」(5)とあるように、室内における接引或いは摂受は、三観の修習の教示という形で行われる。具体的には、三教（通別円）による有疾の菩薩への慰喩と、三観（従仮入空観・従空入仮観・中道正観）による菩薩自身の心の調伏として組織され、ここに通相三観を含む三種三観が説示されるのである。ただし、三教を用いる慰喩も、その内容は三観修習の説示であり、(6)慰喩・調伏の異なりは、機根の利鈍によるところが大きい。これらについては後に詳述する。

巻二一における三種三観の初出を示せば、次のとおりである。

今但約二別教・円教二種一以簡二別三観之相不一レ同、即有二三種一。一者別相三観。二者通相三観。三者一心三観。

一、別相三観者、歴別観二三諦一也。……

二、①通相三観者、則異二於此一。従仮入空非三但知二俗仮是空一、真諦中道亦通是空也。若従空入仮非三但知二俗仮是仮一、真空中道亦通是仮。若入二中道正観一非三但知二中道是中一、俗真通是中也。②是則一空一切空無レ仮無二中而不レ空。一仮一切仮無レ空無二中而不レ仮。一中一切中無レ仮無二空而不レ中。但以二一観一当レ名解心無レ不レ通也。③雖レ然此是信解虚通、就二観位除レ疾、不レ無二患尽前後之殊別一也。

三、一心三観者、知二一念心不可得不可説一而能円観二三諦一也。即是此経云一念知二一切法一即是坐二道場一。成二就一切智一故。此観前於二三観玄義一已具分別也。

④此三種三観、初別相三観的在二別教一、歴別観二三諦一也。若通相三観・一心三観的属二円教一也。今此経室内六品明二三観一、正是通相三観意、或用二一心三観一也。何以故知。初明二従仮入空観一云、唯有二空病一空病亦空。此語似レ空二於中道一也。又観衆生品、従仮入空徹二観三諦一。入レ文解釈、方見二此意分明一也。

問。此両観既並是円教。何意為レ両。

答曰、⑤通相三観約レ通論レ円。此恐是方等教帯二方便一之円、非レ如二法華所レ明也。[7]

①では、通相三観の梗概を述べている。すなわち、空仮中の三諦を歴別に観ずる別相三観と異なり、通相三観とは、従仮入空観では、「従仮入空非三但知二俗仮是空一、真諦中道亦通是空也。」とあるように、三諦全てが空であり、同様に従仮入空観では三諦全てが仮、中道正観では三諦全てが中であると把捉する観法である。これを換言するのが、②である。「一空一切空無レ仮無二中而不レ空」[8]等とあるように、『摩訶止観』巻五上の破法遍で、「一空一切空、無二仮中而不レ空。総空観也。一仮一切仮、無二空中而不レ仮。総仮観也。一中一切中、無二空仮而不レ中。総中観也。即中論所レ説不可思議一心三観。歴二一切法一亦如レ是。[9]」と説かれる、所謂総相三観に近似している。

しかしながら、③のように、通相三観では、行者の信解が三諦に無礙に通ずるに留まり、断惑や行位については前後があると規定される。この点が、三諦を円融に観ずる一心三観と異なるのである。④では、別相三観が化法の四教中の別教に、通相及び一心三観は円教にそれぞれ配当され、室内六品に説示される三観は通相・一心の二であると説示される。同じく円教の観法である一心三観との相違は、⑤で確認される。すなわち、『法華経』所明の一心三観と異なり、通相三観は、五時中の方等時所説の方便教を帯びた円教に基づくというのである。

湛然の註釈を見ると、『止観輔行伝弘決』巻五之三には、「若浄名疏亦明二総相三観之相一。与二今意一別。故彼文云、有二三種三観一。一者別相、即別教也。二者通相、亦名二総相一。語似二今文一、其意則別。彼但是方等部中通相之意。如二観衆生品等一三観雖レ空三観猶別。如二仏道一為レ仮、入不二門為レ中、其意亦然。[10]」とある。『摩訶止観』所説の総相三観と通相三観とは、一と一切の同一を観ずる仕方が類似するとしても、後者はあくまでも方等部中における総相であって、三観相互はなお融即せず、順次に説示される点で異なると述べている。また、『維摩経疏記』巻下では、「通相・一心的在円者、問。那云三断惑終成二前後一耶。答。行相無レ殊、従レ教前後。故前文云二恐是方等中意一也。当レ知、猶是方便之説。[11]」と述べる。すなわち、円教に属する通相三観が前後に断惑する点について、行相は一心三観と同様であるが、説示に前後があることに基づくとし、この点が方等時中の方便説であるとする。

これらを併せ考えれば、要するに、三種三観中の通相三観とは、一心三観と同じく円教に属し、空仮中の三諦を、順次に一切空、一切仮、一切中と把捉する観法である。しかし、一心三観のように三観を同時に修するということはなく、『維摩経』の構成、すなわち説示の順序に従い、三観を順次に修して断惑する観法と規定されているのである。

三　通相三観の教理的基盤に関する先行研究と問題点

通覧するに、通相三観に関する先行研究は、天台三大部、特に『摩訶止観』所説の三観に対して、『維摩経文疏』所説の三種三観がどのような意義を有するか、という観点から行われてきた。[12]その中では、佐藤哲英氏と野本覚成氏の見解の相違が意識されてきたようである。

佐藤氏は、三種三観の組織を、智顗晩年における思想の進展と評した。[13]これに対して野本氏は批判を加えたのである。野本氏によれば、三種三観、特に通相三観は『維摩経』註釈の必要上、案出された特殊な観法である。煩悩対治としての三観の運用を詳細に説明するが、思想的には『摩訶止観』所説の横の破法遍を出るものではない。また、『法華玄義』所説の五種三諦中、被接を明かす円入通三諦（或いは円接通）と通相三観には近似性がある。以上から、三大部講説時には、通相三観を含む三種三観の構想は既に成立していた、と結論する。[14]

しかし、両者の見解は必ずしも背反せず、両立が可能である。野本氏は、通相三観が「最とも進んだ三観法門」ではない証左を破法遍や被接等の既存の教理の存在に求めるが、佐藤氏も三種三観を高次元の説とみているわけではない。[15]方等時の経典で説かれる円教は帯方便であることから、それを説示する室内六品における三観を通相三観として、三種三観を組織したとするのであり、その過程を、「しかるに智顗は晩年に及んで三観説に強い関心を示し、大本三観義や維摩経玄疏には、別相三観と一心三観が説かれ、更に進んで維摩経文疏には別相三観と通相三観と一心三観との三種三観説が示されている。[16]」と評するのである。つまり、純円独妙の『法華経』ではなく、方等時の帯方便の円教を説示する『維摩経』の室内六品を註釈するために通相三観を案出し、三種三観を組織したと考える点では、佐藤・野本両氏に相違はない。その事実を晩年における智顗自身の思想の進展として積極的に捉えるか、『法華経』を中心とする天台教学における一種の例外として消極的に捉えるか、という見方が異なるのであり、それ自体はどちらも誤りとはいえないであろう。

すなわち、通相三観を含む三種三観を、天台三大部に展開される実践の理論から発想されたものとして、『法華経』を中心とする天台教学では傍流に位置づけるとしても、智顗自身の三観思想としては、最も詳細な形態となる可能性があったという意味で、新機軸と評価することもできるのである。

むしろ、野本氏のような説は、結論自体はある意味で無難なものであるだけに、その妥当性の検証がなされてこなかったことが問題なのかもしれない[17]。そこで、その意義を簡単に確認しておく。

通相三観と『摩訶止観』所説の総相三観との近似については、前述のとおり、夙に湛然が指摘している。天台三大部講説の後に『維摩経』註釈を行ったという歴史的な前後関係に誤りがなければ、智顗が『維摩経文疏』を撰述した時点で、『法華経』を中心とする天台教学は綱格を成している。通相三観が一心三観より低位とされる点からみても、所謂実相論の観点での深化がみられないのは、むしろ当然というべきかもしれず、この点で野本氏の見解は妥当である。

しかしながら、後の目からみて既存の教理で説明が可能であるということと、創唱者の意図とは必ずしも一致しないであろう。私見によれば、野本氏の見解の問題点は、自説の論拠について必要な論証を行わないことにある。細かい点では、智顗の「約レ通論レ円」[18]という註釈の「通」を通教の意味で訓ずることの根拠が示されていないのも問題であるが、その主張の中心に関わる部分では、通相三観の教理的な基盤を、被接のうち五種三諦中の円入通（円接通）とする点も同様に根拠が示されていない。以下、この点について少しく検討する。

既に確認したように、通相三観では通別円の三教、空仮中の三観を次第に修習するので、後教への接続は予定されている。方等時の機根の多様性に鑑みるに、その中に被接者が含まれるのは、湛然によって整備された天台教学からすれば、むしろ当然ともいえる。ただし、『維摩経文疏』では、被接は『摩訶止観』と同じく別接通のみが説示され[19]、『法華玄義』のように円接別や円接通に言及することは全くない。したがって、この点は論証が必要になるが、少なくとも近代以降にそれを解明しようとする先行研究はない。また、円接通等の被接を念頭に通相三観が案出されたと考えたとしても、具体的に、通別円三教のどの行位からどこへ入るのか、すなわち、後世における案（按）位・勝進に相当する行位論が問題となるが、智顗のみならず湛然にも、この点に関する詳細な言及は見られないため、それも説明が必要となる。しかし、やはりこの点を取り扱う研究はない[20]。

これらの点については、趙宋天台の学僧、智円（九七六～一〇二二）の『維摩経略疏垂裕記』巻八における議論が参考になる。「通相、即通別人受二円接一者所レ修也[21]。」とあるように、智円は、通教或いは別教の行者で円接を受ける者が修するのが通相三観であると主張する。当時は通相三観の意義をめぐって様々な考察がなされたようであり、少し後の箇所では、次のような問答を行っている。

問。此通相観由来、学者未二敢定判一。或謂、同二於漸次止観一。或謂、方等部内別有二一機一宜二此修証一。況大師疏文、荊渓旧記皆不レ云二通相是円接通別一。今何以作二接義釈一耶。

答。大師判釈、荊渓賛述、其文甚微、其旨甚顕。不二約レ接釈一恐乖二宗師一。請為レ陳レ之。大師向云二信心虚通就観除惑不無前後一。此云二通相一心的属円教一。除レ惑前後非二通別位一耶。的属二円教一非二被接一耶。荊渓又云二行相無殊従教前後一。既云レ従レ教。豈非レ示三当教受接位有二空仮等一耶。況下荊渓消二中観調伏一中、顕云二円接一。又云三空但破二見思一、三仮但破二塵沙一。虚解虚通未レ成二実益一。今之中観定空仮並中。豈非レ約三受レ接進破二無明一耶。若謂レ同二於漸次止観一者、大師・荊渓何嘗顕示。況三種止観倶是法華妙行。此明二通相一唯在二方等一。故疏云、恐是方等中意。故知、不レ同。若謂三別有二一機一更為二不可一。若爾、四教収レ機未レ遍。方等之中応レ有二五教一。此最為レ非。(22)

問の立場は、通相三観の位置づけについては定判がないと述べている。そして、三種止観中の漸次止観とする見解、方等部中の特殊な機根のための実践とする見解を列挙したのち、智顗や湛然にしても被接との関連に言及しないことを指摘し、被接に立脚する見解の証拠を要求する。それに対して、智円は、通相三観が円教に属しつつ、断惑が前後であることを理由に、これを円接別、円接通で解釈する必要性を強調するのである。智円の議論は、確立された天台教学からの解釈論としては十分成立すると解されるが、被接に関する直接の証文としては、湛然『維摩経疏記』巻下の「円教等者、雖レ属二通相一、復以レ教分、円教永興《異カ》。故以二空観一多属二於通一、入仮属レ別、入中属レ円。或円接別、或円接通、以三方等中不二定判一故、故云二菩薩観照等一也。(23)」という記述を挙げるのみである。しかし、ここでの湛然は、方等時の円教においては、三観の配当を一様に判定し難いことを、円接別、円接通を引き合いに述べているに過ぎない。智円の議論を一覧するだけでも、智顗自身が被接と関連づける形で通相三観を構想したとするには、典拠に乏しいことが知られよう。同時に、天台教学における被接説を精密ならしめた湛然にして、通相三観と被接との関連については詳述していないことが見て取れる。したがって、智円の説にしても、あくまで一つの解釈とみるべきであり、『垂裕記』の問の立場が挙げるように、他の説明が可能であるということも看取し得るのである。(24)

結局のところ、通相三観の構築にあたっては、『維摩経文疏』で智顗自身が別接通に言及するように、被接など後教への接続に関する教理の存在は前提とされていたのであろうが、何が直接の基盤となっていたのかは、現時点では、資料不足で不明と言わざるを得ない。そうである以上、端的に、方等時の経典である『維摩経』所説の円教、つまり帯方便の円教に基づく観法を、通相三観を含む三種三観として組織しようとしたとみるのが自然であり、智顗の意図を推測するには、『維摩経文疏』全体にわたる、実践の過程に関する構想を俯瞰しながら考察することが必要になる。そこで、以下では節を改めて、『維摩経文疏』における実践主体という観点から、通相三観の意義を検討する。

四　『維摩経文疏』における信行人・法行人―行者実践の過程―

『維摩経』の教相を判ずるにあたって、智顗は『維摩経玄疏』巻六で次のように述べている。

> 今判二此経一、非二是頓教一、乃至五味漸教生蘇之味。若約二不定教一、即是置二毒生蘇一而殺レ人也。利根菩薩於二此教一入二不二法門一、見二仏性一、住二不可思議解脱涅槃一、即満字之教。(25)

方等時の経典である『維摩経』は、五味でいえば生蘇味にあたる。また、不定教の観点からは、生蘇味における毒発殺人があり(26)、利根の菩薩はここで不二法門に入る。すなわち、仏果である不可思議解脱涅槃に住することになるとする。この記述は、直ちに室内の入不二法門品を想起させるが、『維摩経文疏』では、利根の菩薩の入不二法門を、前段階である室外でも論ずる。その主体を考察する上で注目すべきは、信行人・法行人という二つの根性の行者である(27)。また、この両種根性は、室内の問疾品以降においても、通相三観の行者に設定されている。したがって、『維摩経文疏』全体を通じた実践の主体として、注目すべきであると考えられる。しかしながら、その意義はこれまで十分に論じられてこなかった。そこで以下では、智顗の説示をやや詳しく辿ることにする。

両種の根性に『維摩経文疏』がはじめて言及するのは巻五であり、仏国品における対告衆のうち、八部などの凡夫衆を釈する次の箇所である。

①第二明二信法両行根性不同一者、即為二二意一。一信行根性。二法行根性。②一信行根性者、聞慧勲習所レ成也。此人悉是過去多聞・受・持・読誦・聴講・講説等人也。就レ此即有レ四。一戒乗倶急。……二戒緩乗急。……三戒急乗緩。……四戒乗倶緩。……今時義学之人、必須三善得二此意一。③二法行根性者、修慧勲習所レ成、即是過去坐禅観行之人。乗戒四句分別得失類二信行根性一可レ知。……第三明二大小根性不同一者、……第四明二頓漸根性不同一者、……④初明二大乗信行頓根性一。若従二無量劫一来聞二大乗経一、受・持・読誦・解説・書写。若乗戒倶急、即生二人天釈梵身一、値二盧舎那一、聞二七処八会之説一入二仏知見一、譬如三日出前照二高山一。……⑤次明二大乗法行頓根性一、即是過去学二大乗一。修二一心三観・仮中中仮一観行之人。(28)

①、②、③のように、信行・法行の両根性に衆生を大別した上で、それぞれ乗戒四句によって機根を分別する。信行根性とは聞慧を修習する人であり、法行根性とは修慧を修習する人である。これを漸頓と大小乗という基準で細分化してゆくのが④、⑤である。すなわち、大乗信行頓根性の衆生は、過去世から大乗経を聞いて修行した人であり、大乗法行頓根性の衆生は、過去世で大乗を学び、一心三観等を修した人であるとされている。なお、大乗信行頓根性・大乗法行頓根性という用語が、智顗自身の著作では『維摩経文疏』以外に見出されない点には注意すべきであろう。

さて、両種根性の入不二法門を論ずるのは、巻一六で室外の菩薩品を釈する箇所である。ここでは、菩薩品の来意を明す中、信行人・法行人の機根に応じた転教と転観が説示されている。少々長いが、関連のある箇所を引用すれば次のとおりである。

①第二為レ転二方便教門一者、亦是転レ観義。所三以然一者、若是鈍根菩薩、即是転レ教、此即信行人也。若利根菩薩、即是転レ観、此法行人也。就レ此即為レ二。一明二転教義一。二明二転観義一。

②一明二転教義一者、仏為二鈍根菩薩不レ堪レ聞下円入二仏道一之教上故、開二方便教門一引接調熟。此諸修二方便行一菩薩、既以下鈍熟堪中聞二円教一入上レ道、今欲レ転二方便教一。故修二諸方便教一菩薩、各於二往昔一為二浄名一呵折、今欲二転レ権用レ実、事須三重述普使二聞知一、次命二諸菩薩一往問レ疾也。

此即有二三種転教不同一。一転二三蔵方便教一。二転二得道夜般若中方便一。三転二華厳中方便教一。

一転二三蔵方便教一者、即有二二義一。一漸転。二頓転。一漸転者、鈍根菩薩一往転レ教与二声聞一五味同教。而約二レ人小有レ異。所三以然一者、三乗同学二三蔵一、二乗断レ結成レ酪。是則教・人倶是酪。菩薩伏レ結。教是酪、人猶二是乳一也。二頓転者、声聞於二方等教中一不得頓転一。三蔵教中有二利根菩薩一、於二此方等教中一即得二頓転一、入二不二法門一也。此正是不定教意、如二生蘇中毒発殺人一也。

二約下聞二得道夜般若一中上明転二方便教一者、得道夜般若即是仏従レ道至二泥洹夜一常説二般若一。此教若在二三蔵中一為二利人一説、即秘密教。若不レ在二三蔵中一而諸菩薩別聞者、即是不定教也。但此即従二鹿野苑一来而説二般若一備明二三智一。是中即有二三種菩薩一。前両種菩薩即是稟二般若一、方便教門故、為二浄名一用二円教一弾折。若弾三通教菩薩住二一切智一而得レ見二中道一者、即是生蘇中毒発殺人也。若弾下稟二般若別教一得中道種智上即得レ開二仏知見一、即是熟蘇中毒発殺人也。若稟二般若一修二円教一切種智一則是有二弾・不弾一。其不弾者、即是深得二円教之意一、不二執生レ見亦不二順道法愛生一。是則不レ須レ弾也。所三以応二須弾一者、雖レ稟二円教一不レ得二教意一、従二実語一生レ見、或時順道法愛生。有二如レ此過一故、為二浄名之所一レ弾也。若心開悟入二不二法門一、即是醍醐中毒発殺人也。

三明下菩薩稟二華厳中方便別教一修中道種智上、偏取執滞、即為二浄名所一レ弾。若心開悟亦是熟蘇中毒発殺人。若稟二華厳円教一此則有二弾・不弾一也。例レ稟二般若円教一得失可レ知。……

③二明レ為二転観一者、法行利根菩薩、随二其所レ住方便観門一、若聞三大士弾二諸菩薩一、即転レ観也。是人既利根、聞二三蔵教一、或聞三得道夜来説二般若教一、或聞二華厳方便別教一、心即信解開悟。但随二其解悟猶是方便一、観解偏執未レ見二正道一。若聞三大士呵二諸菩薩一、即豁然心開意解、各得レ入二不二法門一。

④復次、若有二菩薩一、聞二三蔵一、或従二得道夜一来聞二般若教一、或聞二華厳教一、随二少有レ所レ聞即能発心修習、猶是凡夫、如レ乳。若入レ空発レ真見レ理、是即如レ酪。若従レ空入レ仮法眼見レ俗、即是生蘇。若発二相似中道之解一、即是熟蘇。若発二中道真解一、即是醍醐。若聞三大士呵二諸菩薩一、初心中即悟入二不二法門一、即是乳中毒発殺人。若入レ空見レ真得レ悟入二不二法門一、即是酪中毒発殺人。若見レ俗得レ悟入二不二法門一、即是生蘇中毒発殺人。若是中道相似解得レ悟入二不二法門一、即是熟蘇中毒発殺人。若見二真中道一更進入二上位一、即是醍醐中毒発殺人也。是則大士往昔弾二諸菩薩一槌砧以成二菩薩行一也。彼時各有二得益一、今此大衆悉有二堪レ聞之機一。故如来次命二諸菩薩一問レ疾、各述二往昔被レ弾之事一。是則時座大衆悉沾二転教・転観之利益一、如三前弾呵得二利益一。故次命二諸菩薩一問レ疾意在レ此也。……

問曰、大士呵二諸菩薩一、定皆得二一円教之益一不。答曰、一往尋下呵二四大菩薩一文上、似レ如二皆是円益一。但諸菩薩各述文既不レ度。豈可二定判一。且諸方等経猶帯二方便一明レ義。未レ得三頓同二法華一。何容二全不レ得二随機方便益一也。[29]

室外の掉尾に位置する菩薩品の趣意は、蔵通別の三教の教説が方便であることを、維摩詰の円教による弾呵で明らかにする点にある。そこで、来意の第二として、①で転教・転観を示し、これを鈍根菩薩＝信行人、利根菩薩＝法行人に配当するのである。信行人の転教は、②に概説されているとおり、方便教門で調熟され、円教を聞く機が熟した者が教を転ずる。そして、天台教学の五時教判を前提に[30]、方等時までに説かれた教が転ぜられ、不二法門に入ることが、様々な機根の行者による毒発不定で説明されている。同様に、③では法行人の転観による入不二法門が、やはり毒発不定によって説明されているのである。ここでは、利根の菩薩が『維摩経』以前の方便の教門を聞くことで信解開悟しているが、方便教による解悟は不十分であり、維摩詰の弾呵によって不二法門に入るとされている点に注目すべきである。前述した通相三観の、信解虚通ではあるが断惑は教説の次第に従って前後するという構造を想起させるからである。また、④では、三観修習と行位に関連して、それぞれの段階で毒発不定による入不二法門が可能であることが説示されているのであり[31]、この点も、室内における三観修習との関係で注目すべきである。そして、右引用文の末尾の問答では、方等時における帯方便の円教の利益として、多様な機根の成道の過程が説明されていることを確認できるのである。

このようにして、室外において弾呵・折伏された信行人・法行人の両種根性は、転教・転観によって、入不二法門を頂点とする随機不定の益を受ける。そして、室内では、維摩詰による慰喩・調伏の対象・主体となる。例えば、問疾品を釈する巻一九に、「一明二三観摂受引入一者、室外弾下呵諸稟二偏教一菩薩・三乗未レ入二正位一及諸凡夫上。雖三復心折慕二仰不思議正道一、而莫レ知二修入方軌一。若文殊入レ室問三有レ疾菩薩云何調二伏其心一、浄名略・広明二三観調伏一。即是摂受・引入義也[32]」とあるように、通相三観を基調とする実践を修習することになるのである。以下では節を改め、室外と室内の関連、及び実践主体に着目しつつ室内における通相三観説示の展開過程を検討する。

五　通相三観説示の展開過程

1　実践における室外・室内の構造的連関

室内における慰喩或いは調伏の対象・主体は信行人・法行人であり、その実践の過程に関する構想は、『維摩経文疏』巻二〇の次の記述に示されている。文殊が維摩詰に対して、疾ある菩薩をどのように慰喩すべきかを問う、「菩薩応云何慰喩有疾菩薩」[33]という文を註釈する箇所である。

此文即有二。一此文正為信行人問。二従調伏其心為法行人問。所以知然者、①初文殊問慰喩、浄名答三教明慰喩、即是為信行人也。後文殊問調伏、浄名答用三観調伏、即是為法行人也。若信行人、必仮藉外人恒為説法指示分明方乃得悟。此是鈍根。若法行人、不専藉外縁、少有所聞即能観行入道。即利根也。②雖然、此亦未必定爾也。但衆生信・法二行互有利鈍、而有両種根性不同。文殊為此興両問也。復次菩薩修道累劫、有時須聞法、有時自進行。此二問亦得為一人。如為一人衆亦然也。

文殊問慰喩意在請出三教。問調伏意在請出三観。

若将三教成上室外経文者、③即用通教慰喩・従仮入空観調伏、即是成上為国王長者説法弾呵有為縁集衆生。若別教慰喩・従空入仮観調伏、即是成上呵十弟子無為縁集也。若円教慰喩・空仮一心三観調伏、即是成上弾呵菩薩自体縁集也。

若将此成下文者、上已明問権疾為不思議品作本。④今問実疾若通教慰喩・従仮入空即為観衆生品作本。若別教慰喩・従空入仮調伏為仏道品作本。若円教慰喩・中道正観調伏為入不二法門・香積二品作本。而不取三蔵教者、此摩訶衍義也。未入室明四教者、為折伏弾呵凡夫著楽也。今入室明三教三観、正為摂受。[34]

ここでは、続く「有疾菩薩云何調伏其心」[35]という問と併せ、菩薩への「慰喩」、及び菩薩自身の心の「調伏」を軸として、室外から室内における実践に関する構想が説示されている。

まず、慰喩・調伏の対象、或いはそれに基づく修行の主体となるのは、傍線部①の信行人・法行人であり、前者は鈍根、後者は利根とされる。また②では、両種の根性を不同としながら、修道の過程で一人の菩薩が信行或いは法行を実践する可能性を指摘しているので、慰喩と調伏、信行・法行という差別は、流動的な性格をも有することになる。

文殊が慰喩を問うのは、室内において通別円の三教を用いて慰喩するとの回答を意図したものであり、同じく調伏は三観に対応する。

また、傍線部③のように、室外の経文との関係では、通教による慰喩と従仮入空観による調伏は、方便品において維摩が問疾に来た国王・大臣や長者らに身の無常を説き、三種縁集のうち有為縁集の衆生を弾呵する箇所を釈成する。別教による慰喩と従空入仮観による調伏は、弟子品において、維摩が往昔舎利弗以下の十大弟子らに法を説き、無為縁集の衆生を弾呵した箇所を釈成する。また、円教による慰喩と「空仮一心三観」(36)による調伏は、菩薩品において、弥勒菩薩・光厳童子・持世菩薩・長者子善徳への説法、すなわち自体法界縁集の衆生を弾呵する箇所を釈成するのである(37)。

さらに、権疾に関連する不思議品は措くとしても、問疾品の慰喩と調伏は、問疾品に続いて説かれる室内の経文の基盤になるとされる。具体的には、傍線部③のように、通教による慰喩、従仮入空観による調伏は観衆生品の、別教による慰喩、従空入仮観による調伏は仏道品の、円教による慰喩、中道正観による調伏は入不二法門品、香積仏品の、それぞれ「本」となる。

このように、室内六品の冒頭に位置する問疾品で説かれる慰喩及び調伏は、智顗の註釈では、それぞれ信行人と法行人を想定して設定されるのであり、室外及び室内における実践の過程を連結する概念であることが知られよう。

右の引用文の末尾では、方等時の経典である『維摩経』においては、室内の慰喩・調伏は大乗の教説によるため三蔵教が用いられないことが確認された後、この室内六品所説の三教慰喩・三観調伏が、室外での折伏・弾呵に対する摂受に他ならないとされている。

　以上を図示すれば、左のようになる。

(室外)←成	(信行人)	問疾品所説	(法行人)	本→(室内)
方便品—	通教慰喩	・	従仮入空観調伏	—観衆生品
弟子品—	別教慰喩	・	従空入仮観調伏	—仏道品
菩薩品—	円教慰喩	・	中道正観調伏	—入不二法門品・香積仏品

　この構想は、巻二三の冒頭に、観衆生品の来意を論ずる箇所では、さらに詳述される。「今次従二観衆生品一去有二四品一。近為レ語、正為レ成三問疾品三教慰喩・三観調二伏三種有レ疾菩薩一、此中広説故、得三釈二成上一也。遠而為レ論、亦得三兼成二室外四品一也。[38]」とあるように、観衆生品以降の四品では、問疾品の説示が、右に図示した次第で広説されると共に、室外四品、すなわち仏国品乃至菩薩品での説示が釈成されるとし、具体的には次のように説明される。

　観衆生品成下上為二国王・長者一説二身無常夢幻等一令上レ求二法身一也。方便品文但明二世諦有為縁集通教体仮入空一、未レ弁下染二真諦涅槃一空病亦空上。今此具弁故、得二是広レ上也。次仏道品成三上弟子品明二別教義一者、弾二呵弟子一為下取二真諦涅槃一無上レ有二入仮方便一。今明下行二於非道一通中達仏道上、広弁下入二仮名非道一破二恒沙無知一善二於知見一得中無罣礙上也。次入不二法門品・香積品成三上菩薩品明二円教義一者、若別教菩薩歴別修行在レ因雖二能入レ仮、不レ能三双遊二真俗一。今入不二法門品入則生滅俱泯。香積品出則有無浄穢同遊、顕三円教法門除二自体法界縁集一也。[39]

要するに、方便品での国王長者への説法が通教の体仮入空を明かすものだとしても、空への執着の有無という相違を論じていなかった点を、観衆生品では広説すると述べる。同様に、仏道品は弟子品に欠けていた入仮方便を、入不二法門品・香積品は菩薩品に説かなかった点を補完する関係にあるとしている。ここでは、問疾品の三教慰喩・三観調伏を軸として、室内と室外を結合させるだけでなく、室内の四品における説示を、室外の説示とも直接に関連させている。それによって、前者は後者を補完し、広説するものと位置づけているのである。この点からも、行者実践における室外と室内の緊密な連関が看取できる。

2　通相三観と不定

以上を、実践主体である信行人・法行人についてみるならば、室外では菩薩品、室内では入不二法門品・香積品に至る『維摩経』の経文の展開に即して、通別円三教による段階的な実践の説示と共に、それぞれ、利根の者の入不二法門をはじめとする随機の多様な得益が想定されているといえる。例えば、巻二〇では、室内の問疾品で、維摩詰が文殊の問に答えて、「又言二是疾何所因起一、菩薩病者、以二大悲一起。[40]」と述べる箇所を、「今浄名無縁大悲故、能三土現二身有レ疾、説二四教三観一、如下人置二毒於乳一即能殺レ人、乃至醍醐亦能殺上レ人。[41]」とし、無縁の大悲による四教三観の教示を、毒発不定に譬えている。前節冒頭に言及したとおり、智顗が『維摩経玄疏』で『維摩経』の教相として述べているように、乳乃至醍醐味における毒発不定は、室外と室内を通じ、実践過程の構築の基礎となっていると解される。

室内で中道正観に配当される入不二法門品の註釈を見るに、これ以降は灌頂の手によるものではあるが、巻二六では、品名を十種の四句で釈する中、第一の四句で、「三、偏門入二円理一。二乗根敗高原不レ論二入義一。三蔵菩薩不レ妨レ論レ入也。[42]」として、三蔵教の菩薩の入不二法門を肯定している。被接では原則として三蔵教は対象外となるが、[43]毒発不定では特にそのような制限はない。また、第十の四句では、蔵通二教・円教菩薩・別教菩薩について入の義を論ずる中、「四、三門非レ入非二不入一。修二三観門一不定円《別カ》教人者、是也。[44]」として、不定者の入不二法門を論じている。これらはたしかに智顗自身の註釈ではないが、智顗の教説とは無関係な、全く灌頂独自の説と解さなければならない理由も特にない。先に検討した室外の菩薩品と同様の構造を見出すことができるからであり、『維摩経』における多様な機根の毒発及び入不二法門を前提とする記述であるといえる。

また、毒発不定を『維摩経文疏』に通底する実践の理念と解することで、三種三観の実践の態様を智顗がどのように意図していたか、についても、ある程度の推測が可能である。

智顗は、室内では円教に属する通相三観を主とし、一心三観も副次的に用いられると説示していた。通相三観の構想は、入位の二乗を除く利根の菩薩を不二法門に導くために、経典の次第に従って、三教・三観を段階的に教示するというものである。智顗の註釈を、湛然の見解を補助線として検討すると、三観を略説する問疾品と、広説する観衆生品以降の品とでは、その位相に異なりを見出すことができる。つまり、単に三教・三観を次第に説示するだけではなく、直接に円教を説示し、実践としての一心三観に言及していると解される箇所があることが確認できるのである。

例えば、『維摩経文疏』巻二三で観衆生品の来意を述べる箇所では、問疾品所説の空に比して、その相違点を挙げている。[45]品名を釈する箇所では、「所レ言観衆生品者、前問疾品所レ明従仮入空但観二自身疾一。今観衆生品明二従仮入空一、即是観レ佗自之与レ佗一如無レ二。如三前所レ引華厳経云二心仏及衆生是三無差別一、自之与レ佗互挙二一辺一也。[46]」として、『華厳経』巻一〇の偈[47]を引用しつつ、問疾品の従仮入空観が自身の疾のみを観ずるに対し、観衆生品では自他無差別と観ずる点で異なるとする。このことが、観衆生品で文殊と維摩詰の間で四無量心の意義に関する問答が行われる[48]点に基づくとしても、観衆生を三諦観に擬し、空観の見地から中道を空ずることについて述べる箇所では、問疾品で説示する通相三観中の従仮入空観の範疇を超えた説示を行っている。

一往入二空観一時、三諦皆空。雖二復皆空一、亦不二断滅一。以下見二真中道一者、即一心万行上。豈得二是空断一也。故此品説レ至二中道究竟如無色界等譬一也。当レ知、菩薩従レ仮入レ空之時、雖二同入レ空一切智拠レ名、即見二三諦一具二三智一也。故釈論云、三智実一時得。[49]

すなわち、通相の従仮入空観では三諦皆空と観ずるに留まるところ、観衆生品では三諦を観じて三智を得る場合があることを、『大智度論』巻二七の取意の引用によって示すのであり、これが一心三観を修する行者についての記述であることはいうまでもない。[50]

ちなみに湛然は、観衆生品に展開される通相の従仮入空観が三諦皆空をいう意義について、『維摩経疏記』巻下において、「上所レ明仮空既空二一切一、即是皆空故也。応レ具二仮・中一。但云レ空者、此有二二意一。一者、通途虚二照三諦一。雖レ三而空。二者、由下在二方等教中一雖レ三而通上。故使三通相復異二次第一。未二是独顕一。但是通知。……観衆生中、有レ仮、有レ中。故云三約レ空起二四無量一、義当三仮観含二於空・中一。故云レ約レ空。若準二此文一、窮二衆生源一、義当下中在二空・中一意上也。[51]」と述べている。つまり、観衆生品における通相の従仮入空観の説示には一定の幅があることを含意すると共に、仮中の二諦・二観も含まれると理解するのである。

また、この理解を前提に、湛然は、「次仏道品既弁二仮・中一、任運変成二不可思議之仮・中一也。文中雖レ不二彰灼言一レ之、道理応レ爾。雖レ然、此乃従二於教旨一以説顕レ機。乃須三依二附方等教一、分二三品一以属二三観一。[52]」とし、仏道品の従空入仮観の説示にも、道理として仮諦のみならず中諦が含まれると解してもいる。智顗の註釈で関連する箇所を挙げれば、『維摩経文疏』巻二五で、菩薩の非道を釈する際、五逆について、「此五逆之心即是無生。即是阿字門。謂諸法初不生故。亦是無垢三昧。若知二諸法不生一、即具二一切仏法一。[53]」とする。従仮入空観によって五逆の心が無生であると知ることが、一切仏法を具するための従空入仮観に通ずると釈している。ここで智顗が通相の従仮入空観を論ずる際に、阿字門[54]や無垢三昧[55]といった、円教の初住、別教の初地という聖位に言及することについて、湛然は、「阿字等既是通相入仮之観故、得下通用二無生観門及無垢等一以為中其行上。若爾、亦得三名為二不思議仮一。但於二別教一猶名二次第一、及鈍菩薩仍名二生蘇一。於二利根者一即名レ入レ中、此会得レ入。[56]」という註釈を加える。すなわち、通相三観中の従空入仮観では、一仮一切仮と観ずるが故に、一切法の不生を観じて円教の初住に入る阿字門や、別教初地で修する無垢三昧も行法とすることができると共に、行者の機根によって、『維摩経』において直ちに円教の中道に入る利根の者や、生蘇味相当の方便教の菩薩に至るまで利益が様々であると述べることで、智顗の意を酌もうとするのである。

右のように、通相三観の概念に幅をもたせようとする智顗や湛然の釈は、『維摩経玄疏』巻四の、「第二明室内用四教釈六品経文者、大士無二三教之疾一。而以二方便一現同二三疾一。約レ此弁二問疾品一也。不思議品正明下住二円教不思議果一示中現四教之事上也。観衆生品即是弁二不思議通円両教従仮入空不可得空一也。仏道品即是弁二不思議別円両教従空入仮行於非道通達仏道一也。不二法門品正明三円教不思議中道正観入二不二法門一也。香積品即是不思議円教所レ明双照二二諦一法界円融也。[57]」という記述と符合する。なお、『四教義』巻一二の記述は少々異なり、観衆生品を別円二教に、仏道品を円教に配当している。[58]このことは、智顗の構想に変化があったことを示唆するが、これらの記述によれば、観衆生品以降には、常に円教が配当されている点に注目すべきである。右にみたように、『維摩経文疏』でも、通相三観の説示内容には、原則として段階的な次第三観に近い態様と、機根の利鈍によって確定し難い、より高度な態様とが認められるのである。智顗が、室内では通相三観を主とし、或いは一心三観を用いるという指針を示した意味は、方等経たる『維摩経』の教相である毒発不定を念頭に置くことで、より自然に解釈できると考える。

六　小結

本章では、『維摩経文疏』の巻二一以降にのみ説示がなされる三種三観のうち、特に通相三観の教学的な位置づけに関する先行研究の問題点を指摘した上で、それとは異なる視点からの試論を行った。先行研究の問題点は、その立論に根拠が乏しいことにある。その一例として、通相三観の基礎を被接の円入通（円接通）に求める見解が伝統的であるが、『維摩経文疏』の説示を見る限り、被接への言及は別接通以外にはなされていないこと、行位論への言及が少ないことなどから、智顗や湛然は、通相三観と被接との関連をさほど意識してはいないことを明らかにした。

私見では、通相三観とは、『法華経』以前の説示における後教への接続に関する天台教学の既存の教理――勿論被接も含む――を前提とした上で、方等時の行者が円教の悟りに至る方法として案出された観法である。その構想には『維摩経』の教相である不定教が関連していることを、室外・室内における信行人及び法行人の実践の過程を指摘することで、ある程度解明し得たと考える。なお、通相三観が『維摩経』のみに特殊な観法であるか否か、という問題点もあるが、少なくとも既存の教理との関連の有無とこの問題点が論理的に関連しないことは、智円が「華厳・般若悉応レ有レ之。豈止方等諸部有レ義。此経有レ文、彼既無レ文。故於二諸疏一置而不レ説。[59]」として、華厳や般若、方等時にも通相三観を認めることが一つの参考にはなる。

以上より、通相三観の意義については、次のように考える。すなわち、通相三観の観法としての性質は、『摩訶止観』所説の総相三観に近いものがあるため、止観の体系から派生したものといえる。しかし、不定なる機根による、円教の悟りに至る実践のあり方を整備することを試みたという点では、智顗の思索の新機軸を示すものとして、より詳細に深化した形式という評価も当然可能である。

智顗が三種三観の体系を完成させずに死去したため、彼自身の企図は推測するしかないが、『法華経』を中心とする教学を大成した後、爾前の教理を精細化することで、天台教学を拡充する意図はあったとみることもできるだろう。『維摩経文疏』独自の説示は、そのような方向性で読み解くこともできると思われる。『維摩経文疏』には未解明の教理が少なくない。これらは今後の課題にする。

註

(1) 智顗の『維摩経』関連の著述の経緯などについては、佐藤哲英『天台大師の研究―智顗の著作に関する基礎的研究―』(百華苑、一九六一) 第四篇第二章参照。

(2) 『維摩経文疏』の説示が天台教学において有する重要性と独自性については、大久保良峻「『維摩経文疏』の教学―仏についての理解を中心に―」(『台密教学の研究』法藏館、二〇〇四所収) 参照。

(3) 続蔵一―二八・四三六丁右上。

(4) 続蔵一―二八・四七〇丁左下。なお、『維摩経』全体の科段については、同・四三一丁右上～左下。なお、ここにいう折伏・摂受が『勝鬘経』十受章(大正一二・二一七頁下)に基づく点について、『維摩経玄疏』巻六(大正三八・五六一頁上)参照。

(5) 続蔵一―二八・四七〇丁左下。

(6) 三教を用いた慰喩は、巻二〇で詳説され、それぞれ三観の修習によって断惑し、三智の獲得を目的とする。例えば、「今先明下用二三蔵教一助二通教一慰中喩界内有二見思因果実疾一菩薩上者、正観令《勧カ》三従仮入空観修二一切智慧眼一也。」（続蔵一―二八・一一五丁右上）とあるように、蔵教を補助的に用いた通教慰喩の内実は、従仮入空観の修習である。別教については、同・一一五丁左下、円教については、同・一一六丁右下。

（7）続蔵一―二八・一一六丁左下～一一七丁右上。

（8）傍線部②のような箇所の読みとしては、刊行年時不明の早稲田大学図書館蔵版本の訓点に従っておく。版本の記述「一空一切空無レ仮《ト》無二中《トシテ》而《モ》不《ル》レ空《ニ》」（巻二一・二丁右）の送り仮名に基づいた書き下しを示せば、「一空一切空、仮と無く中として而も空に不ざる無し」となる。私見では、「一空一切空、無レ仮《ク》無レ中《ケレバ》而不《ンヤ》レ空《ナラ》」と反語に読むことも可能と考えるが、やや不自然か。

（9）大正四六・五五頁中。

（10）大正四六・二九八頁下～二九九頁上。

（11）続蔵一―二八・四一〇丁左上下。

（12）先行研究の概要については、山口弘江「通相三観の成立に関する一考察―智顗の『維摩経』解釈との関連から―」（『東アジア仏教研究』七、二〇〇九）参照。

（13）佐藤哲英「三種三観の起源及び発達」（関口真大編『止観の研究』岩波書店、一九七五所収）。

（14）野本覚成「二つの三種三観」（『印度学仏教学研究』二五―一、一九七六）、同「三種三観の成立」（『印度学仏教学研究』二六―二、一九七八）。

（15）佐藤前掲論文は、前節で引用した「通相三観約レ通論レ円。此恐是方等教帯二方便一之円、非レ如二法華所レ明也。」という記述について、「智顗によると維摩経は方等時の所摂とするが、方等時の経は蔵・通・別・円の四教並説であるから三麁一妙にして、そこに説かれる円は方便を帯びるの円教であり、純円独妙の法華の円教とには等差がある。かかる見地に立って智顗は維摩経の室内六品にとく三観をば通相三観と呼んで、別教分斉の別相三観よりも一段高い円教の三観としたようである。而も智顗は法華円教の一心三観との水際を明らかにするため、通相三観なる別目を立て、ここに別相三観、通相三観、一心三観なる三種三観説を説いたものと考えられる。」と述べている。二四五頁参照。

(16) 佐藤前掲論文、二四八頁。

(17) 例えば、癡空『法華玄義釈籤講義』、守脱『法華玄義釈籤講述』は、論題「爾前一心三観」に関連する形で通相三観の概説を行っている。前者は、『維摩経』以外の爾前の経典にも通相三観を用いる余地がある、とするが、後者は通相三観を『維摩経』に特殊な観法とするようである。仏教大系『法華玄義』一・九一頁~九四頁参照。

(18) 註(7)の引用文⑤を参照。この「通」を通教の意味で読む例として、本純(一七〇二~一七六九)『維摩経疏籤録』(天明八年刊)巻七に、「純曰、恐是約二通教一論二円義一也。」とあるのが見える。

(19) 例えば、『維摩経文疏』巻二二で、問疾品における中道正観を修する行位を述べる中に、「若将レ別接レ通者、八地正是修二中道一位、為レ治二無明病一也。若生二似解一入二九地一名二聞見一。若発二真解一入二十地一名二眼見一也。」(続蔵一―二八・一二一丁左下)とし、別接通の行者に言及する。『摩訶止観』巻六下では、「七地論レ修、八地論レ証。」(大正四六・八三頁上)となっており、行位の配当が少々異なる。他には、巻二三から二四にかけて、五住地等の煩悩を論ずる中で別接通に言及する箇所(続蔵一―二八・一四一丁左上、同・一四二丁左下~一四三丁右上)や、巻二六では、別接通における入不二法門を述べる箇所(同・一六二丁左上)等がある。

(20) 被接の詳細については、本章では立ち入らない。被接が智顗の段階では極めて簡略であったことを含め、被接説の概要と形成過程、及び諸論点については、大久保良峻「日本天台における被接説の展開―基本的事項を中心に―」(『天台教学と本覚思想』法蔵館、一九九八所収)参照。

(21) 大正三八・八一八頁中。

(22) 大正三八・八一八頁中下。

(23) 続蔵一―二八・四一一丁左下。

(24) 例えば、日本天台の学僧、宝地房証真は、『止観私記』巻三本(仏全二二・八九四頁下~八九五頁上)において、問疾品における中道正観の断惑の仕方を『四念処』巻二(大正四六・五六三頁中)所説の通円(通教において断惑せずに円教の行位に入る)と理解しうる可能性を指摘する。他の説明もあり得ることを示す一つの例といえよう。
この点及び、証真の通相三観に関する見解については、本書第九章「証真の教学における三種三観について」参照。

(25) 大正三八・五六二頁中。

(26) 毒発殺人の典拠は、『涅槃経』(南本) 巻二七、大正一二・七八四頁下。北本では、巻二九、同・五三九頁中。『法華玄義』巻一〇上では、五重玄義の教相中、不定教の説明に毒発不定を用いる。大正三三・八〇六頁中。『涅槃経』では、衆生が五道に流転しようとも各自の有する仏性は同一であることを、乳乃至醍醐どれに毒を置いても、その毒が摂取した者を殺すという性質の点では同一であることに譬える。『法華玄義』は、この毒を、過去仏から聞いた大乗の実相の教説とし、殺人とは、今生における釈迦仏の五味の教説を聞いた際に、過去の聞経によって置かれた毒＝実相の教が、聞者の能力に応じて効力を発揮し、聞者が各自悟りを開くことであるとするのである。

(27) この両種の根性は、大小乗の諸経典や阿毘達磨論書等に広く説示され、天台三大部にも散見する。例えば、『摩訶止観』巻五上では、十乗観法の第三、善巧安心の安心を自行と教他に分別する中、他の二種としてその名が見える。大正四六・五六頁下～五七頁上。なお、先行研究では、宮部亮侑「天台教学に説かれる三観をめぐって」(『大正大学大学院研究論集』三四、二〇一〇)が『維摩経文疏』所説の信行人・法行人に言及するが、後述の菩薩品における両種根性には関説する所がない。

(28) 続蔵一―二七・四五八丁左下～四五九丁右下。

(29) 続蔵一―二八・七一丁右下～左下。

(30) このうち、「得道夜般若」すなわち、成道乃至入滅まで『般若経』を常に説いた、ということについては、典拠が明瞭でないなどの問題点もあるが、今は立ち入らない。なお、『大智度論』巻一、大正二五・五九頁下参照。

(31) 『法華玄義』巻五下では、位妙を説示する中、五味、及び四教それぞれの行位における毒発殺人を詳説している。大正三三・七四〇頁上下。また、『摩訶止観』巻三下では、止観の摂法を明かすうち、摂一切教の中で、三観における毒発殺人を論ずる。大正四六・三二頁下。

(32) 続蔵一―二八・九八丁右下。

(33) 大正一四・五四四頁下。

(34) 続蔵一―二八・一一四丁左上下。

(35) 大正一四・五四四頁下。

(36) この「空仮一心三観」は、『維摩経略疏』巻七(大正三八・六六〇頁中)を除けば、智顗に帰せられる文献には見られない。ただし、他の二観と対照する形で「空仮一心」という名称を用いる例は、巻一〇に「若不下先因二両教方便観門一断中界内見思障上即不レ能二従空入仮遊戯神通一亦不レ能二空仮一心開仏知見一」（続蔵一―二八・二四丁左上）とある記述に見出すことができる。すなわち、常住の仏果を求めるに際し、蔵通二教所説の観門を説示する必要性を論ずるのであり、従仮入空観を用いて界内の見思惑を断じなければ、従空入仮観による遊戯神通や、「空仮一心」による開仏知見も不可能であると述べている。これに関連して、智円『維摩経略疏垂裕記』巻五は、「空仮一心者、輔行云、心性不動仮立二中名一。亡二泯三千一仮立二空称一。雖レ亡而存仮立二仮号一。今云二一心一、一心即中也。」（大正三八・七六七頁下）と釈している。つまり、湛然の『止観輔行伝弘決』巻五之三（大正四六・二九三頁中）の記述によって、巻一〇所説の「空仮一心」を、即空即仮即中の一心三観と理解するのが智円の理解であり、妥当と思われる。ここでも同様に解してよいであろう。

(37)　地論宗の縁集説を、智顗が煩悩論として天台教学に導入しようとした点について、青木隆「『維摩経文疏』における智顗の四土説について」（『早稲田大学大学院文学研究科紀要』別冊一一、一九八五）参照。

(38)　続蔵一―二八・一三三丁左下。

(39)　続蔵一―二八・一三四丁右上。

(40)　大正一四・五四四頁中。

(41)　続蔵一―二八・一〇一丁右下。

(42)　続蔵一―二八・一六一丁左下。

(43)　大久保前掲論文「日本天台における被接説の展開―基本的事項を中心に―」参照。『法華玄義』巻二下に、「問。何不レ接二三蔵一。答。三蔵是界内不相即。小乗取レ証根敗之士故不レ論レ接。」（大正三三・七〇三頁下）とある。ここでは二乗が対象となっているが、湛然は、『法華玄義釈籤』巻六で、「三蔵菩薩非二但教拙一、以レ未レ断レ惑、接義不レ成。」（大正三三・八五六頁中）と補説し、三蔵教の菩薩は断惑していないので被接を論ずる余地がないとする。また、『摩訶止観』巻三下では、「三蔵菩薩明レ位不レ爾。故不レ論レ接。」（大正四六・三五頁上）とし、通教と行位の異なる三蔵教の菩薩については、被接を論じないと述べる。

(44)　続蔵一―二八・一六二丁右上。ちなみに、この「不定」を、智円『維摩経略疏垂裕記』巻一〇は、「不定止観人」

であるとする。大正三八・八三九頁下。
(45) 続蔵一―二八・一三三丁左下。
(46) 続蔵一―二八・一三四丁右下。
(47) 大正九・四六五頁下。
(48) 大正一四・五四七頁中下。
(49) 続蔵一―二八・一三五丁右上。
(50) 『大智度論』の該当箇所は、大正二五・二六〇頁中。ちなみに湛然『維摩経疏記』巻下も、「一心具万行者、此為下因レ茲入二円中一者上而説レ之也。即空仮但空而入中空中空任運具二足万行一。」（続蔵一―二八・四一三丁左下）と釈し、円教の中道に入る者の為の説示であると述べている。
(51) 続蔵一―二八・四一三丁右下。
(52) 続蔵一―二八・四一三丁右下。
(53) 続蔵一―二八・一五三丁左上。
(54) 例えば、『四教義』巻一一（大正四六・七六四頁下）では、『摩訶般若波羅蜜経』所説の、阿字門から荼字門に至る四十二字門を円教の初住以上の四十二位に配当する。したがって、阿字門は無生法忍を得る位であり、一位に一切地の功徳を具するとされる。
(55) 『四教義』巻一〇では、初地に『涅槃経』（南本）巻一三（大正一二・六九〇頁中）所説の二十五三昧を具するとする。その冒頭に挙げられるのが、無垢三昧である。大正四六・七五六頁上中。
(56) 続蔵一―二八・四一七丁左上。
(57) 大正三八・五四五頁上。
(58) 大正四六・七六八頁下。関連する部分のみ示せば、「観衆生品即是弁二不思議別円両教従仮入空一也。仏道品即是弁下不思議円教従空入仮行二於非道一通中達仏道上也。不二法門品正明二円教不思議中道正観入不二法門一也。香積品即是不思議円教所レ明双照二諦法界円融也。」とある。
(59) 『維摩経略疏垂裕記』巻八、大正三八・八一八頁下。

第九章　証真の教学における三種三観

一　問題の所在

智顗の最晩年の著作である『維摩経文疏』には、『法華経』を中心とする天台三大部には説示されない教義が少なからず見出される。(1)別相三観・通相三観・一心三観から成る三種三観も、その一つである。中でも、問疾品から香積品までの所謂室内六品の観法とされる通相三観については、用語としては他の文献に見出されないだけでなく、智顗の説示も必ずしも意を尽くしたものとはいえないことから、その意義の解明が問題とされてきた。それについては前章で考察を行ったところである。本章では、証真教学研究の観点から、通相三観の取扱いを具体的に検討し、日本天台における受容の一形態を明らかにする。

二　基本説とその理解

まずは、具体的に三種三観が説かれる『維摩経文疏』巻二一の記述を確認する。通相三観は、別教に属する別相三観、同じく円教の観法である一心三観と対比されつつ、次のように説明される。

二、通相三観者、則異二於此一。従仮入空非三但知二俗仮是空一、真諦中道亦通是空也。若従空入仮非三但知二俗仮是仮一、真空中道亦通是仮。若入二中道正観一非三但知二中道是中一、俗真通是中也。是則一空一切空無レ仮無レ中而不レ空。一仮一切仮無レ空無レ中而不レ仮。一中一切中無レ仮無レ空而不レ中。但以二一観一当レ名解心無レ不レ通也。雖レ然此是信解虚通、就二観位除レ疾、不レ無二患尽前後之殊別一也。……此三種三観、初別相三観的在二別教一、歴別観二三諦一也。若通相三観・一心三観的属二円教一也。今此経室内六品明二三観一、正是通相三観意、或用二一心三観一也。何以故知。初明二従仮入空観一云、唯有二空病一空病亦空。此語似レ空二於中道一也。又観衆生品、従仮入空徹二観三諦一。入レ文解釈、方見二此意分明一也。問。此両観既並是円教。何意為レ両。答曰、通相三観約レ通論レ円。此恐是方等教帯二方便一之円、非レ如二法華所レ明也。(2)

　要するに、通相三観とは、例えば従仮入空観について、「一空一切空無レ仮無レ中而不レ空」とあるように、空観では三諦全てが空であり、同様に仮観では三諦全てが仮、中観では三諦全てが中であると知る観法である。こうした仕方は、『摩訶止観』巻五上に説示される総空観・総仮観・総中観(3)と近似性を有する。しかしながら、右に「信解虚通、就二観位除レ疾、不レ無二患尽前後之殊別一也。」とあるように、通相三観では、行者の信解が三諦に及ぶとしても、断惑や行位において、三観に前後があると規定される点に特色がある。このことは、通相三観における従仮入空観の行者について、「初観之者、雖二如レ此知一、位行終在二従仮入空観一。不レ可下以レ知二中道空一即已断中無明上也。(4)」と説示され、仮や中もまた空であると知ることが、直ちには断無明を意味しないと強調されることからも看取しうる。ただし、こうした記述のみから、実践における行証の様相を直ちに理解することは困難であろう。

　ちなみに、『維摩経疏記』巻下における湛然の註釈を見ると、通相三観に断惑の前後がある理由については、「行相無レ殊、従レ教前後。故前文云二恐是方等中意一也。当レ知、猶是方便之説。(5)」と述べ、行相は同一であるが、教によって断惑の前後があるとする。また、中道正観を修する行位について述べる箇所では、「円教等者、雖レ属二通相一、復以レ教分、円教永興《異カ》故、以二空観一多属二於通一、入仮属レ別、入中属レ円。或円接別、或円接通、以三方等中不二定判一故、故云二菩薩観照等一也。即浄名病与レ物理同既専二後心一。験知、即是本修レ円人、前之二観成既前後。雖三復亦云二三空三仮一、三空但破二見思之惑一、三仮但破二塵沙之惑一、虚解疎通、未レ成二実益一。今之中観定空仮並中。進退消レ之、依レ教準レ部、無レ令レ失レ旨。」[6]としている。つまり、前半部分では、空仮中の三観が多く通別円の三教に属するとし、後半部分では、三観が各個に三惑を破するべきことを確認している。なお、智顗は中道正観を修する行位について、三被接中、別接通のみに言及するのであり[7]、湛然はこれを受けて、円接別、円接通といった被接の人の行位に智顗が言及しない理由について、方等教中に定判がないためであると述べている。

その後の中国天台では、智円が、この記述をもって、通相三観が被接を基盤とするという所説の証文の一としている[8]。通相三観が後教への接続を予定する以上、行証の観点から被接と解すべき場合があることには問題はない。しかしながら、被接で理解するとした場合、そこには行位論が複雑な問題として立ち現れる[9]。智顗や湛然が、通相三観と被接との関係について積極的に言及していない以上、被接と通相三観を直結させる解釈の仕方は、一つの可能性とみるべきである。

日本天台では、円仁の撰述とされる『法華迹門観心絶待妙釈』に三種三観を説示する中、通相三観について、「通相三観、物接二昔時帯権所生円一。別接通、円接通、円接別三観。就二三接人一、未レ得二念不退一時、猶帯二本教習一。故云二解心通一。亦名二惣相三観一。」[10]とあり、三被接によって簡潔に説明しているのが見える。真撰か否かの判断は保留するが、本書の記述は後世『等海口伝抄』巻一「通相三観事」[11]や、『恵光房雑雑』巻六「爾前円機事」[12]などに引用されている。口伝法門においては、通相三観の教理的基礎を説示する証文として一定の影響力を有したとみてよい。なお、伝源信・覚超撰[13]とされる『三観義私記』にも三種三観の教理的な位置づけを論ずる箇所があるが、被接等との関連を述べることはない。

これらに対して証真は、『止観私記』巻三本において、他の説明方法を示唆している。

又、随二人意楽一用レ観不定。浄名疏七云、中観正治二有余・果報無明一。利根菩薩傍治二同居見思・無知一。亦傍治二有余無知一。妙楽記云、利根傍治者、通教利根具二界内惑一、但修二中観一細惑未レ破。兼雖二前除一亦非二正意一。故云レ傍也。又非二正障レ中。故亦云レ傍。暹云、傍治同居見思等者、一、但観二中道一、麁惑先除。二、唯観二見思即是中道一並名二並治一云云。此約二円接通一耳。若別接通、不レ可下以レ中断中見思惑上。三観三惑各別治故。不レ観二見思即中道一故。或此文亦是通円之人、非二必接者一。以レ云レ具二界内惑一故也[14]。

これは直接通相三観に言及したものではないが、問疾品における中道正観の断惑の仕方を、湛然『維摩経疏記』巻下[15]の註釈や、道暹『維摩経疏記鈔』の古佚部分の記述を基に、円接通であると理解する立場を基本としながらも、傍線部のように、『四念処』巻二[16]所説の「通円」（通教において断惑せずに円教の行位に入る）の可能性を指摘するのである。他の説明もあり得ることを示す一例といえよう。

三　『法華経』以外の経典における円融三諦と通相三観

証真は、その著作中において、通相三観を主題として論ずることはないが、いくつかの重要な論点においては、通相三観の意義を問題としている。それは例えば、他経において三諦円融が明かされるか否か、という『法華玄義私記』巻一本における議論であり、論題としては、「爾前一心三観」に関連を有する。冒頭の問答を示せば、次のとおりである。

　但為次第三諦所摂者、

問。他経亦明二円融三諦一耶。若云レ明者、今云二但為次第三諦所摂一。浄名疏、以二他経円一名二通相三観一。若不レ明者、諸文釈二円融三諦一、皆引二他経一。四教義云、他経明二一心三諦一。

答。欲レ知二此義一、先応下了二今昔二円同異一、次了中三諦上也(17)。

『華厳経』乃至般若経典を次第三諦の所摂とする『法華玄義釈籤』巻一(18)の記述を釈する上で、右のような問が立てられている。波線部のように、『浄名疏』が通相三観を説示することが、『法華経』以外の経には円融三諦を認めない立場の論拠になっているのであり、通相三観を「他経に説示される円教」とみる立場が存在したことが知られる。証真は、前提論点として『法華経』と他経の円教の同異を解明した上で、他経における円融三諦の諸否を論ずるとしている。ここでは立ち入らず、結論部分のみを示せば、「他経円教与二法華円一、有レ同、有レ異。若約レ部論、雑二偏教一故、異二開顕円一。故云二超八一。若約レ教論、別取二円教一、彼此円同故云レ有レ同(19)。」ということになる。すなわち、部の観点からみれば、純円の『法華経』と、権教が併せ説かれている他経とは異なるが、『法華経』と他経に説かれる円教自体をみれば同価値であるというのが基本的な立場である。証真は、これと同様の論理をもって、他経における円融三諦についても肯定するのであり、右に引用した、他経の円＝通相三観とする立場に対しては、次のような問答を行っている。

問。若今昔円同円融者、何故他経円名二通相三観一、不レ名二一心一。

答。通相三観者、室内六品、三観之相未二是純円一、文含二権教一、通惣明レ円故名二通相一。謂、方等座、教機未レ純。以二機雑一故、教亦未レ純。故彼三観猶是覆相。故以二空・仮一亦属二通・別一、亦明二別相一。浄名玄云、観衆生品通・円二教従仮入空、仏道品別・円入仮、不二品正明二円中道一云云。当レ知、帯レ権凡有二二義一。一者、部兼帯。謂、一章中純説二円頓一、余章明レ権故名二兼帯一。作二与奪義一、拠レ此而説。二者、文兼帯。謂、於二一文一帯レ権明レ円。彼円非二今之所論一也。[20]

傍線部のように、通相三観とは、証真の理解では、機根が多様であることから、教もまた未純である方等教の会座の中でも、特に『維摩経』の室内六品に説示される三観のことである。経文に権教を含みつつ、通惣して円教を明らかにすることから、通相と呼ぶと述べている。つまり、通相三観を説く室内六品の経文は、他経における円教一般を意味するわけではないため、問の立場の主張は、そもそも自説への批判とはならないとするのである。そして、『維摩経』における三観の分類については、次のように述べている。

且浄名経明二円三観一有二此二文一。一者、純円。謂、菩薩品以レ円弾レ偏。呵二光厳一云、一念知二一切法一。是為レ坐二道場一。成二就一切智一故。諸文引レ此、証二一心三観一。若含二偏教一、不レ成レ弾レ偏。二者、帯権。謂、室内三観文不二分明一。故名二通相一。若唯法華明二一心一者、何故又云三室内亦明二一心三観一。彼疏明三種三観云、……今室内六品正是通相。或用二一心一。何以知レ然。初従仮入空観云下唯有二空病一、空病亦空上。此似レ空二於中道一。又観衆生品従仮入空観、徹二観三諦一。入レ文方レ見。問。此等三観既並是円。何以為レ両。答。通相約レ通論レ円。恐是方等帯方便円。不レ同二法華一。略抄　明知、菩薩品明二純円一心三観一。故得レ引レ之。而云二或用一心一者、仏意難レ測。或正意通相、或正意一心。故作二二解一。**広疏**云、正意或用二一心三観一。已上　又浄名玄第二、以二室内三観一為二別相三観一。即問云、室内既正明二不思議一。何得三別相三観以通二諸品一也。答。経文一往似下約二別相三観一而説上、細尋二意趣一、悉入二一心中道一也。已上[21]

円教の三観として、菩薩品における純円の一心三観と、室内における帯権、すなわち通相三観を挙げる点に問題はないとしても、傍線部の、室内における一心三観については、『維摩経略疏』巻七の「今室内六品正是通相。或用二一心一。」(22)という記述に関して、やや不明確な議論を行っている。現行の『維摩経文疏』巻二一（前引）には、証真が「広疏云」として引用する記述は見出されない。いずれにせよ、室内六品を三観に分別して釈する仕方が実には一心中道に通ずるとする『維摩経玄疏』巻二の文の引用が示すように(23)、最終的には、室内でも一心三観を正意とする結論を導出し、『法華経』以外でも円融三諦を明かすと解する説を補強する意図が見える。そうだとすれば、証真の『維摩経』解釈において、通相三観の有する意義は限定的に理解されているということができる。

四　一心三観と通相三観

一心三観によって、見思・塵沙・無明の三惑が同時に断ぜられるか、順次に断ぜられるか、すなわち「三惑同断」の論題で知られる議論において、通説が一向に同時断と解するのに対し、同時断・異時断の両義を立てる証真の説は異説とされること、また後世では専ら異時断の義のみが注目され、批判の対象となることなどについては、別章で論ずる(24)。通相三観が問題となるのは、「遮二外難一」のうち第一の「遮二文難一」中の問答であり、具さに引用すれば、次のとおりである。

問。浄名疏明二通相三観一云、就二観除一レ疾、不レ無二前後一云云。故知、一心三観同除二三惑一。

答。①一心三観通治二三惑一。通相三観各治二一惑一。故云二就観除疾有前後一也。涅槃疏云、一空一切空三諦皆空。此観破二五住惑一。仮中亦爾。略抄 暹記云、或人用二空観一断二三惑一。乃至或人只用二中観一断二三惑一。取意 ……②通相三観以レ空属レ通、但破二見思一。以レ仮属レ別、但破二塵沙一。以レ中属レ円、破二無明一。故約二此次第一云二前後断一。

又以二三観一並属レ別。故明二次第断一。故妙楽記云、通相・一心的在円者、問。那云三断惑終成二前後一耶。答。行相無レ殊、従レ教前後。故前文云、恐是方等中意也。当レ知、猶是方便之説。暹記云、形相無レ殊者、通相及一心三観行相一也。従教前後者、一、属二衍門一故。二、順レ別故。③私云、属衍門故者、以二空・仮・中一対二三教一故。(25)

通相三観の断惑には前後があるという説示に対する、いわば反対解釈によって、一心三観は同時に三惑を断ずるというのが問の立場である。証真の立場からは、一心三観であっても、断惑を論ずる場合には、三惑が異時に断ぜられると解する。したがって、ここでは断惑の順序ではなく、一心三観と通相三観の観法それ自体の質的相違を強調する論述がなされるのである。すなわち、傍線部①のように、同じく「一空一切空」をいうとしても、一心三観では、三観が通じて三惑を断ずるが、通相三観は、一観が各々一惑を断ずるに過ぎないことを、『涅槃経疏』巻二四(26)及び道暹『涅槃経疏私記』巻七(27)の記述によって論証する。そして、傍線部②のように、通相三観では、空・仮・中の三観が各々、通・別・円の三教に属することから、これを前後断の義とする。証文として、前出湛然の『維摩経疏記』巻下(28)と、やはり道暹『維摩経疏記鈔』（古佚部分）の文を引用し、傍線部③のように、道暹の註釈に補足している。これは内容的には傍線部②と同様である。つまり、湛然の説のうち、「行相無レ殊」の部分ではなく、「従レ教前後」の部分に重点を置いた解釈がなされている。前章で述べたように、通相三観は、一心三観と同じく円教に属する観法である。しかし、証真は、一心三観よりはむしろ別相三観に近い観法として把捉しているようである。

五　小結

以上、証真による通相三観の取扱いについて若干の検討を行った。証真は、『維摩経略疏』を中心に、智顗の所説は勿論、湛然や道暹の註釈を基盤として通相三観説を構築している。その上で、円融三諦や一心三観といった重要教義との対比を通じて、自己の教学を明確化するために活用するのである。他方、通相三観の実践に伴う問題点等については、積極的に独自の考察を行うことはなく、その意味では、やや形式的な理解を示している。また、通相三観と被接との関連についてはほとんど言及がなされず、智円などの議論とは、方向性が異なるというべきである。

なお、証真以降の日本天台、例えば口伝法門でも、通相三観と被接との関連性が様々に吟味されていることには触れたが、東大寺の宗性（一二〇二～一二七八）『法勝寺御八講問答記』によれば、鎌倉時代初期には、同御八講において、通相三観の意義に関する論義が行われていた記録が散見される。[29] 今後、通相三観を含む三種三観については、中国・日本における受容の形態を、より精密に検討する作業が必要になると考える。これらについては他日を期したい。

註

（1）この点について、大久保良峻「『維摩経文疏』の教学―仏についての理解を中心に―」（『台密教学の研究』法藏館、二〇〇四所収）、及び、青木隆「『維摩経文疏』における智顗の四土説について」（『早稲田大学大学院文学研究科紀要』別冊一一　哲学・史学編、一九八五）参照。

（2）続蔵一―二八・一一六丁左下～一一七丁右上。

（3）大正四六・五五頁中。この点につき、野本覚成「二つの三種三観」（『印度学仏教学研究』二五―一、一九七六）、同「三種三観の成立」（『印度学仏教学研究』二六―二、一九七八）参照。

(4) 続蔵一―二八・一一八丁左下。
(5) 続蔵一―二八・四一〇丁左上下。
(6) 続蔵一―二八・四一一丁左下。
(7) 続蔵一―二八・一二二丁左下。
(8) 『維摩経略疏垂裕記』巻九、大正三八・八二一頁上。「請、観二荊渓所釈一。既以二通相中観一約二円接義一釈レ之。験前空仮亦約二円接一、此為レ対レ教故、未レ論レ之。若謂レ不レ然、豈得レ云二通相的属レ円耶。」とある。先行研究は、通相三観を被接との関連性で説明するものが多い。例えば、野本前掲論文の他、浜田智純「通相三観について」(『天台学報』一七、一九七五)、同「天台維摩疏の三観について」(『天台学報』一八、一九七六)など。
(9) 被接に関する諸問題点について、大久保良峻「日本天台における被接説の展開―基本的事項を中心に―」(『天台教学と本覚思想』法藏館、一九九八所収)参照。
(10) 仏全二四・六六頁上。
(11) 天全九・三五三頁上～三五四頁上。円仁の『迹門観心』に依って通相三観を三被接に配当する。さらに「尋云、於二通相三観一、有二法通相・機通相云事一。如何可二口伝一乎。」(同・三五三頁下)とあるように、通相を「法の通相」、「機の通相」に分別する仕方について議論を展開する。これについては、心賀の義を用い、前者を、一空一切空等、能説の法が三観に通じていることとし、後者を、弾呵されて法を信解する四教の機であると説明している。
(12) 続天全、口決2・五二二頁上～五二三頁上。
(13) 『仏書解説大辞典』「三観義私記」の項を参照。
(14) 仏全二二・八九四頁下～八九五頁上。
(15) 続蔵一―二八・四〇九丁右上。
(16) 大正四六・五六三頁中。
(17) 仏全二一・六頁上。
(18) 大正三三・八一九頁中。
(19) 仏全二一・六頁下。

(20) 仏全二一・一〇頁上。
(21) 仏全二一・一〇頁上下。
(22) 大正三八・六六二頁上。
(23) 大正三八・五三二頁上。
(24) 本書第十章「証真の断惑論」参照。
(25) 仏全二一・二〇六頁下〜二〇七頁上。
(26) 大正三八・一七九頁下。
(27) 続蔵一―五八・一三六丁右上。
(28) 続蔵一―二八・四一〇丁左上下。
(29) 例えば、正治元年（一一九九）五日夕座、講師顕忠（園城寺）に対し、問者定玄（興福寺）が、第一問で「通相三観信解虚通亘二三観一耶。」と問うている。また、建仁三年（一二〇三）五日夕座、講師公胤（園城寺）に対し、問者範信（興福寺）が、第二問で、「且付二通相三観一三惑同時断レ之可云耶。」と問うている。なお、「爾前一心三観」については、嘉応二年（一一七〇）初日夕座第二問で、講師隆心と問者栄禅が「問。宗師尺二通相一心等三種三観相一。尓者法花已前経明二一心三観一耶。答。不レ可レ明也。」という問答を行っている。治承四年（一一八〇）五日夕座では、講師永弁（延暦寺）と問者弁忠（延暦寺）が第二問で、「問。法花已前明二一心三観一耶。答。奪云不レ明。与云可レ明歟。」等の問答を行っている。類似の問答は、承元三年（一二〇九）初日朝座、講師円能（延暦寺）と問者眼操（興福寺）の第一問、承久元年（一二一九）初日朝座、講師円能（延暦寺）と問者証慶（園城寺）の第二問、寛元三年（一二四五）五日夕座、講師長静（園城寺）と問者実尊（興福寺）の第二問にも見出される。法勝寺御八講の論義の内容に関する研究は今後の課題である。特に摂関期から鎌倉前期の学僧達による教学研鑽の方向性と、こうした大規模かつ公的な法会における論義との具体的な関連を解明しなければならない。

第十章　証真の断惑論

一　問題の所在

煩悩を断じ尽くして悟りを得るというのは、仏教の修証における基本である。他方、「煩悩即菩提」「生死即涅槃」といった、迷悟を止揚する教説は大乗仏教の理論的特色の一つとなっている。天台教学では、化法の四教において行位次第の断惑を論じながら、円教の行位を六即で説示し、断惑については「不断而断」(1)とすることもある。日本天台では、名字即などの修行を経ない凡夫位における成仏論が、様々な立場によって論じられたが(2)、これとは異なる観点から、独自の見識に基づく煩悩論及び断惑論を展開した学匠の一人として、証真の名が挙げられよう。証真が「三大部私記」の随処に論点を設定し、詳細な議論を行ったことは知られている。中でも、論題にいう「三惑同断」については、『法華玄義私記』巻五本～末で相当の紙数を費やして論じ、他所でもしばしば言及するなど、証真がこの問題に少なからぬ関心を寄せていたことが窺えるのである。

しかしながら、その所説が少数説とされてきたことは、例えば『宗要白光』の「此算諸流異義不同也。或云㆓住前住上倶前後断㆒。是住上無㆓見思・塵沙㆒、住前無㆓無明㆒也云々。宝地房義也　或云㆓住前住上倶同時断㆒。恵竹毘沙門恵心　或云㆓住前前後断・住上同時断㆒。此義恵光坊一義弁長堅者前唐院大師講時述之云々(3)」という記述にも見ることができる。

では証真の見解はいかなるものかというに、問答の冒頭の部分を示せば、次のとおりである。

問。円教三惑為二同時断一、為二前後断一。若同時断者、諸文並云、初信断レ見、七信思尽、八信断二塵沙一、住上断二無明一。若前後断者、三惑相即、三観円修。故応二同断一。故諸文中云二同時断一。

答。学者多云二同時断一也。然、諸文云二次第断一者、只是三惑麁分名二見思一、前断。中分名二塵沙一、次断。細分名二無明一、後断也。是故三惑倶至二等覚一云云。

今謂、若約二断惑分斉一、与二別教一同。故諸文中明二前後断一。若約二相即一、只点二見思一即無明故、断二見思一即名レ断二三惑一。乃至無明即見思故、断二無明一亦名レ断二三惑一。諸文明二同時断一、多依二此義一。若界外見思実同時断。別教則云二前後断一也。将レ明二此義一。一引二文証一。二立二道理一。三遮二外難一。[4]

すなわち、断惑の過程という観点からは、円教においても別教と同じく異時断であり、相即の観点からは同時断をいうことができるとするものである。したがって、必ずしも一向に異時断を主張するものではないが、自ら「学者多云二同時断一也。」と述べているように、議論の比重はほとんどが異時断説の論証に置かれている。

証真が多数説として挙げた見解は、次第断を説示する箇所については、三惑の麁分を見思、中分を塵沙、細分を無明と会釈するものであり、いわば三惑を一体として捉える立場である。右の引用文に見られるように、証真も相即的観点からは「見思即無明」を認めるのであるが、それは事の観点による三惑の別体を踏まえた上での立論である。したがって、批判の対象である多数説と証真の見解とは、依拠する煩悩論が異なるというべきであろう。そこで、以下では、まず煩悩論、特に界外の煩悩に関する証真の所説を検討し、その後「三惑同断」をめぐる議論に言及することで、その断惑論の一端を明らかにしたい。

二　天台教学における三惑とその断尽

天台教学における三惑が見思・塵沙・無明であることは基本説である。以下、その概要を確認しておく。

三惑及びその対治については、『三観義』巻下に簡潔に説示されている。

一、三観摂二一切理一者、一、従仮入空観、摂二真諦一。二、従空入仮観、摂二俗諦一。三、中道観、摂二中道第一義諦一。……

二、明三三観摂二一切惑一者、迷レ理之惑不レ過二三種一。若是見思取相之惑九十八使、皆従レ迷レ真而起。若説二初観一対二破此惑一。説レ薬知レ病、即摂二九十八使一也。若説二塵沙無知一、是迷レ俗之惑。為二第二観之所治一。説レ薬知レ病、即摂二一切恒沙無知一也。無明住地惑者、此従レ迷二中道第一義一、而起二見思別惑一。若説二中道第一義観一、正治二無明別惑之見思一。説レ薬知レ病、即摂二無明界外一切別惑一也[5]。

「見思取相之惑」すなわち見惑、思惑は、『雑阿毘曇心論』などの阿毘達磨論書に従って構成されている。「塵沙無知」すなわち塵沙惑は、「恒沙無知」ともいわれることがあり、「迷レ俗」といわれるように、菩薩の化導における障害となる惑である。塵沙惑の典拠については「塵沙証拠」という論題にもなっているが、近年の研究[6]では、地論宗の教学からの影響の可能性が指摘されている。無明は中道第一義を障する惑であり、「無明住地惑」とあるように、『勝鬘経』一乗章[7]に説かれる五住地をもって説示する場合、見一処住地・欲愛住地・色愛住地・有愛住地の四住地が見思惑に配当されることになる。

そして、従仮入空観・従空入仮観・中道第一義観（中道正観）の三観をもって、見思・塵沙・無明の三惑を対破し、真諦（空）・俗諦（仮）・中道第一義諦（中）の三諦を証するのが、修証の基本である。

なお、二障（煩悩障・智障）との関係では、見思惑が煩悩障にあたることはいうまでもないが、湛然の『法華玄義釈籤』巻七に「今家依二大品・大論一開為二三惑一。是故、智障兼二於事理一。障二事智一者、是塵沙惑。障二理智一者、是無明惑[8]。」とあるように、智障を事理に区分し、塵沙が事智、無明が理智の障となるとされることがある。

以上を行位との関連でみると、『四教義』巻一一によれば、別教では、十住・十行・十回向の三十心に界内の惑を断じ、初地から妙覚位に至るまで、十二品の無明を断ずる。それに対し、円教では五品弟子位の初心である随喜心から一心三観を修し、十信位で界内の惑を断尽し、初住以上に四十二品の無明を断ずることになる。そして、一品の無明を断じた初地・初住が聖位とされるのである[9]。

ところで、塵沙惑は潤生しないものとされ[10]、別円二教共に、初地・初住以前、すなわち無明を断ずる前の段階で、界内・界外にわたる塵沙惑を滅すると説示されるのが一般である[11]。したがって、行位に即して断惑を論ずる場合、三界内の生死を牽く見思惑と、初地・初住以上における無明の断尽が主たる問題となるのである。

三　別惑の意義

まず別教の初地以上における断惑の階梯をみると、『四教義』巻一〇では、初地から等覚に至る過程を、見道・修道・無学道の三道に分けて説示している。

五明二十地一者、……従二初地一至仏地、皆断二無明一。但以レ位約分為二三道一。初地名二見諦道一。二地至二六地一名為二修道一。従二七地一已去名二無学道一。……初歓喜地名二見道一者、初発二真中道一見二仏性理一、断二無明見惑一、顕二真応二身一縁レ感即応、百仏世界現二十法界身一、入二三世仏智地一。……此二従二二地一至二六地一名二修道一、断二別惑三界愛一。……五難勝地即是別教阿那含果、断二別惑欲愛一尽也。六現前地即是別教阿羅漢向、断二別色愛一也。七遠行地即是別教阿羅漢果、断二別無色愛一尽。故従レ此名二無学道一也。……八不動地即是別教辟支仏地。……自然断二法界無明惑色習一尽也。九善慧地、無明稍薄、断二心習一尽。……十法雲地、……断二無明一也。六等覚地者、……断二無明習一也。[12]

すなわち、十地及び等覚に三界の修行の階梯を配当すると共に、所断の惑としての四住煩悩を挙げ、初地（見道）では「無明見惑」、第二地乃至第六地（修道）では「別惑三界愛」、七地以降の無学道では、「別無色愛」乃至「無明習」が、次第に断じられることを述べているのである。

円教では、次のような説示がなされる。

若円教、十信断二界内見思一、円伏二界外見思無明一、発二趣初心一、円断二界外見思無明一、終至二等覚一方尽。故地持論[13]明清浄浄禅云、離一切見清浄浄禅、煩悩障智障断清浄浄禅。此並等覚之位明二此義一也。大涅槃云[14]、十地菩薩為二無我見輪惑之所レ転也。即是断見不尽之義。又、十地菩薩雖レ見二仏性一而不二了了一。諸仏如来見二於仏性一而得二了了一。此皆約二見惑尽不尽一。故有二了了・不了了殊一也。断二欲愛一至二仏果一方尽者、欲愛即是六欲。……四住惑与二無明一共合。四住若尽、無明亦尽。若無明尽、四住亦尽。是則円伏、円断、円尽[15]。

要するに、十信位で界内の見思を断尽して界外見思無明を伏した後、初心すなわち初住位で界外見思無明を断ずるという。別教との相違は、初住以上の所断である界外見思無明が等覚に至って尽きるという点であり、証文として『菩薩地持経』の離見禅や『涅槃経』などが引用されている。そして「四住」と無明は「共合」であり、一方が尽きれば他方も尽きるという関係にあるとされている。

こうした別惑或いは界外見思無明などと称される初地・初住所断の惑の性質については、『摩訶止観』巻三下に「一、止観摂二一切惑一者、以レ迷レ諦故起二生死惑一。迷即無明。若迷二権理一、則有二界内相応・独頭等無明一。与二見思諸使一合者、名二相応一。不二相応一者、名二独頭一。……若迷二実理一、則有二界外相応・独頭等無明一。所以者何、界内雖レ断二相応・独頭一、而習気猶在。小乗中習非二正使一。大乗実説習即別惑。是界外無明也。[16]」とある。界内・界外の十二因縁を説示する箇所であり、ここでは、無明を独頭無明・相応無明とする。前者はいわば無明自体であり、後者は見思惑の習気と相応する無明である。これらは界内のみならず、大乗実説の習気、すなわち別惑として界外にも存在することを述べている。このうち、界外における相応無明についての湛然の釈を見ると、「言二相応一者、如レ云三自レ此已前皆名二邪見一。又、等覚已来修二離見禅一。此即界外同体見也。方便・実報二十五塵為二界外思一。如レ此見思必有二無明一、名為二相応一。[17]」とあり、三界の外における見惑を、『涅槃経』[18]『菩薩地持経』を引用した上で「界外同体見」と呼び、方便有余土、実報無障礙土における五塵が界外の思惑としている。つまり、湛然は、界外の相応無明を、同体見思として定義づけている。

湛然のいう「界外同体見」は、『法華玄義』巻五上の、仏果に対する因を述べる次の記述に見出される。

伏順二忍未二是真因一。無生一忍未二是真果一。従二十住一去名二真因一。妙覚名二真果一。云何伏順非二真因一。例如下小乗方便之位不レ名二修道一、見諦已去約中真修道上。此義可レ知。今順忍中断二除見思一、如二水上油一。虚妄易レ吹。無明是同体之惑、如二水内乳一。唯登住已去菩薩鵝王能唼二無明乳一、清二法性水一。従レ此已去乃判二真因一。復次別教判二三地或四地断レ見尽、六地或七地断レ思尽一。此不レ応レ爾。何者、無明見思同体之惑。何得二前後断一耶。当下是別教附二傍小乗一方便説上耳。若見先尽、則実理無二復有レ障。云何十地見不二了了一。地持云、第九離一切見清浄浄禅。第九是等覚地。入二離見禅一乃成二大菩提果一。若見先断、等覚復何所レ離。若思前尽、後地応レ無二果報及諸禅定一。何者、華厳明、阿僧祇香雲華雲、不可思議充二塞法界一者、此是菩薩勝妙果報所レ感五塵。呼レ此為二欲界思惑一。一切菩薩皆入二出無量百千三昧禅定心塵之法一。呼レ此為二色無色界思惑一。若七地思尽、上地応レ絶二六塵一。何故復言三三賢十聖住二果報一。若住二果報一思不二前尽一。今明三如レ此見思通至二上地一、至レ仏方尽上。故云、唯仏一人居二浄土一。唯仏一人能尽レ源。是故伏断如二前分別一云云(19)。

ここでは、まず、三界内の見思惑が水上の油に譬えられ、これが断除しやすいのに対し、無明は「同体之惑」であって、水内の乳(20)のようなものであり、初住以上の菩薩にしてはじめて断ずることができるとされている。次に、別教では界外の見惑が「三地或四地」に、思惑が「六地或七地」にそれぞれ断尽すると判ずることを批判している。無明と見思が「同体之惑」であるから、前後断ではあり得ず、次第に断ずるというのは小乗に附傍した方便説であるという。

前に引用した『四教義』における円教行位の記述と、この『法華玄義』の文を比較すると、前者では無明と（界外の）四住が「共合」とされていたが、後者では「同体」という語が用いられている。また、『法華玄義』では、無明が法性と同体であること、及び界外の見思・無明が同体の惑であるという説明がなされている。『四教義』の文旨をより明確化したものともいえようが(21)、『法華玄義』の記述を、別教の義から同時断を述べたものと理解することは可能であり、そのことは、『法華玄義』にいう「同体」という語をいかなる意味で把捉するかにも関連する問題である。ちなみに湛然の註釈を見ると、「此中、為レ消二界外同体見思一故、須下於二界外一更立中三界上。若不レ然者、此与二二乗一所レ断何別。既分二内外見思一名同。是故須下立レ思分中三界上。従二五塵一為レ名。故例如二欲界一。従二定地一為レ名。故例如二色無色界一。故知、違レ理由レ見、感レ報由レ思(22)。」とあり、界外同体見思を「違レ理由レ見、感レ報由レ思。」と説明している。なお、「同体見思」という語は、天台三大部や智顗の他の著作には見出されず、湛然の著作に散見される。おそらく、湛然の時期までには用語として成立していたのであろうが、日本天台では、この『法華玄義』の記述の意図が別教にも該当するのか否かが論題になった。

以上、天台教学では、三界の内・外にそれぞれ見思・無明の惑があり、界外の見思惑は、相応無明であること、また、界外においても三界を立てて見思の断尽を論ずること、別教では十地において次第断であって、円教では初住から等覚に至るのが基本となるものの、『法華玄義』の記述によれば、別教でも円教同様に解しうること、及び同体の意義が解釈上の問題となりうることを指摘した。そこで、次節では、「同体見思」に関する証真の見解を検討したい。

四　証真の「同体見思」理解

証真は、『法華玄義私記』巻五本で、別教において、界外の見思、すなわち同体見思が等覚に至るか否かの議論を行っている。そこでは、界内・界外における見思惑の概念規定を行い、併せて無明論を展開している。問答の部分を示せば、次のとおりである。

問。別教意、同体見思至㆓等覚㆒耶。若云㆑至者、今明㆓円断㆒。対㆓別教㆒簡云㆓三四地断見、六七地断思㆒。若不㆑至者、等覚猶有㆓惑㆒報違㆑理。豈無㆓見思㆒。又、地持九禅通㆓別円㆒。其離見禅非㆓等覚㆒耶。

答。若依㆓教道㆒、不㆑至㆓等覚㆒。若拠㆓証道㆒、等覚猶有。諸経論中、或云㆓初地断㆑見、或云㆓四地断㆑見、七地思尽㆒。此等経論豈非㆓別義㆒。今家探㆓理実㆒、説㆔見思至㆓等覚㆒也。故弘決六[23]云、別見更長。仍有㆓二意㆒。若約㆑理説、通至㆓仏地㆒。若約㆓教道㆒、云㆓三四地㆒云云。浄名記九略抄[24]云、若依㆓別教㆒、界内界外見思除処皆有㆓前後㆒。易㆑可㆓相例㆒。

登地同体、理非二前後一。於二別教中一雖二復入レ地、仍分二見思前後之別一。円教一向初後不二一。是則不レ可レ分二於見修之異一。已上　約二証道一故、理非二前後一。約二教道一故、仍分二見思一。然地持九禅通二別円一者、等覚離見是証道義。故諸文中等覚離見唯云二円義一。浄名疏一[25]云、蔵通見道即断二諸見一。別教登地断二界外見一。並不レ可レ歎二補処之徳一。地持離見禅此拠二等覚一。一家円断義、転分明。四念処[26]云、地持解、等覚始得二離見一。乃是円義。四教義十一云、円教界外見思無明終至二等覚一方尽。故地持明二離見禅一。……[27]

問にあるように、円教において『菩薩地持経』の離一切見清浄禅を証文の一つとし、界外の見思が等覚まで至ると説示されることから、この論点では、『菩薩地持経』の九種禅の位置づけも併せて問題となっている。証真の結論は、教証二道のうち、教道では別教の原則どおりに次第断とし、証道では等覚に至るとするものである。つまり、『法華玄義』の記述は、基本的に円教の立場からなされたものであり、証道同円という見地からのみ、別教でも円教と同様に解しうるという。また、『菩薩地持経』の九種禅については、別教では証道の義であり、それ故に、天台では円教の義をいうのに離見禅が用いられるとしている。

論証にあたって証真が批判の対象とするのは、次のような二種の見解である（異説の名称は筆者が付したもの）。

【異説1】

有人云、別教教道凡有二二義一。常途教道見思至レ後。異途教道見思前断。故弘決云、別見義長。仍有二二義一。地持九禅通二別円教一。而諸文云二見思前断一者、並拠二異途一耳。

【異説2】

難云、諸文別円相望、皆云二別前後断、円同時断一。未レ有三別教教門有二二断義一。今文明二円断一。亦簡レ別云二別教三地断見等一。然弘決云二別見二義一者、弘決第三、別教有レ二。一約説別教。対二地前一説二登地歴別一。二約行別教。別人修レ行登レ地証レ円故、別証道亦是別教。故云三別見有二二義一也。一家諸文多依二約行一、小明二約説一。地持離見雖レ云二別教一、是証道。故諸文以レ彼皆約二円義一。常途多云二同体見思一者、於二無明上一、違レ理名レ見、感レ報名レ思。故等覚位既有二無明一。豈無二見思一。泛明二同体見思一有レ二。一者、無明同体。如二向所レ説。是別教意。故玄文云、無明見思同体之惑。何得二前後断一耶。籤云、違レ理由レ見、感レ報由レ思。二者、法性同体。無明法性其体是一。故名二同体一。是円教意。[28]

異説1は、教道を二種に分別し、異途の教道では見思惑が次第に断ぜられるとするもので、いわば別教の教道でも同体見思を円教と同様に理解する余地があると解している。この見解によれば、『法華玄義』の記述は、別教の立場からなされたものであり、『菩薩地持経』の九種禅は、別円二教に通ずるものとなる。

異説2は、教道を二分して断惑を論ずる異説1を批判し、『法華玄義』の記述は円教の立場からなされたものとする。そして、同体見思を別円二教に分別する。すなわち、無明同体が別教の意であり、法性同体が円教の意であるとするのである。また、『菩薩地持経』の離見禅は証道をいうものであり、証道同円であるから天台の諸文は円教に約していると会釈している。

この異説2は、『法華玄義』の文及び離見禅の位置づけに関しては証真と結論を同じくするといえるが、証真は、次のごとく、同体見思を二分する異説2を厳しく批判し、併せて無明論を展開している。

今謂、此大謬也。一家諸文都無二此説一。若云三無明法性体一故名二同体一者、界内見思亦同二法性一。何故不レ名二同体見思一。若云三無明体上立二見思一者、則違二諸文一。一者、言二同体一者、亦名二付体一。界外煩悩親付二法性一。如二乳雑レ水故云二同体一。故玄文云、見思如二水上油一。虚妄易レ吹。無明是同体之惑。如二水内乳一。[29]又云、界外塵沙是体上惑。止観一[30]云、界内客塵故為レ枝。界外同体故為レ本。同第五[31]云、界外惑付レ体生。故言二不生生一。界内惑是枝末。故言二生生一。浄名疏[32]云、無為縁集、此惑付レ体故受二自体之名一。大経疏四[33]云、断二塵沙惑一除二体上垢一、如レ除二毒樹一。断二無明悪同体之惑、如レ除二白髪一云云。若於二界内一、見惑親迷レ理亦名レ付レ体。二者、界外無明之外亦有二諸惑一。但以二界外一切煩悩一摠名二無明一。別円皆爾。今明二此義一。一引二文証一。二明二道理一。三遮二外難[34]一。

証真の批判は、まず、無明・法性が体を一にするが故に同体であるとする主張、つまり異説2における円教の義に向けられている。すなわち、法性と同体であるから同体見思とすると、界内の見思惑も法性以外のものではないということになり、同時に、界内外の見思惑を峻別していることになる。次に、無明と見思惑が同体であるという主張、つまり異説2における別教の義に対しては、二点を挙げている。第一点は同体という語の意義であり、同体とは付体の意味に他ならないことを、諸文を挙げて論証している。第二点は、無明の定義に関わるものである。主張の要諦は、無明とは三界の外における煩悩の総称であり、界外には根本煩悩である無明のほか、界内の諸惑の習気が存在する。したがって無明同体ということはできない、というものである。

証真の主張で注意すべきは、第一に、同体見思における「同体」という語に特別な意味を付与することを避けている点である。第二に、無明を界外の諸惑の総称と定義し、このことは別円二教に共通するとしつつ、界外の煩悩、より正確に言えば、別教の初地、円教の初住以上で断ずべき煩悩の意味で「同体」の語を用いている点である[35]。

他の学僧の所説を見れば、そのことは明確になる。例えば、道邃は『法華玄義釈籤要決』巻五で、「玄無明見思同体之惑等者、以二実《衍カ》証道実説一破二教門方便説一。更因体惑復有二二種一。一者、無明之上義分二二惑一。故云二同体一。二者、界内界外三惑与二法性一体同、通至二等覚一。教道用二前義一立二同体一。証道用二後義[36]一。」と述べている。これは教証二道で同体を分別する見解であり、証真が批判した異説2に近い内容となっている。また、静算は『心地教行決疑』巻一本で「円教枝本界内外惑同在二一念一故名二同体一。別教三惑同是別惑、同是界外、同是梨耶蔵識一心。与二円界外一心一不レ殊、亦言二同体一也。[37]」とし、別円二教の惑を同じく同体としているが、円教の界内外の惑を同体と捉えている点、証真とは異なる。いずれにせよ、これらの説は、「同体」という語を、何らかの形で文字通りに理解しようとしている。このように、証真は異説を批判し、要文を収集しながら、界外における惑の概念規定を行っていることがわかる。

やや異なる観点から注目すべきなのは、その過程で唯識法相教学の文献を援用している点である。すなわち、界外に無明のほか諸惑があることの証文の一つとして、『菩薩地持経』や『仏性論』[38]に加え、『成唯識論』[39]を用いている。具さに引用すれば、次のとおりである。

地持論明三地上断二二障一。其煩悩障是同体見思。豈非三無明外有二見思一耶。仏性論第二云、方便生死是無明住地。為下一切煩悩所二依止一処上。而一切煩悩通名二無明一者、以二無明衆惑根本一故。唯識第九云、所知障中有二見・疑等一。無明増故摠名二無明一。非レ無二見等一。如三煩悩種立二見一処・欲・色・有愛四住地名一。豈彼更無二慢・無明等一。已上彼論雖レ不レ明二界外一、而於二無明住地一有二諸煩悩一。其義同也。[40]

ここでは、『菩薩地持経』が初地以上の所断を煩悩障と智障とすることに[41]ついて、地上の煩悩障を同体見思であると述べているほか、『成唯識論』において、無明住地中に諸惑があると説示される箇所を証文としている。

ところで、『菩薩地持経』の位置づけについては少々検討すべき問題がある。『維摩経玄疏』巻一に「弥勒菩薩造二地持処論一。即是用二一番悉檀一、釈二華厳・方等・般若諸大乗所レ明円別二教一也。[42]」とあるように、天台教学では原則として『菩薩地持経』は別円二教に配当されている。しかし、証真は、『法華玄義私記』巻一末では「彼論唯明二菩薩行位一、不レ見二共義及二乗法一。故云二別円一。少分亦有二名別義通一。而従二別名一。無二当通教一。故云二別円一。而妙楽云[43]、唯識等文但明二別位一。故知、名別義通。亦但云レ別也。[44]」と述べ、別円のほか名別義通の義があるとし、さらにその断惑論については「全同二唯識一」としている。また、『法華玄義私記』巻三末では、次のような問答がなされている。

問。地持二障唯地上断。彼明二別円一故。煩悩障非二是見思一。智障唯是無明、不レ兼二塵沙一。故止観第五[45]以二地持地上煩悩一為二同体見思一。

答。地持現文即同二唯識一。唯識依二瑜伽一。瑜伽即地持。故地持義同二唯識論一。地持前不レ明二断惑一、地上始断二二障一。其煩悩障三乗同断。故是三惑等之見思。……

問。若爾、止観何云二煩悩是同体惑一。同体只是無明惑也。

答。地持現文雖レ同二唯識一、若探二其義一、応レ同二瓔珞一。彼経中、十住人空断二見思惑一。十行法空応レ断二塵沙一。初地証レ中応レ断二無明一。彼経挙二華厳七処説一已、今至二第八会一重明二六位一。故知、二経地位同。地持十地全依二華厳一。故地持義応レ同二瓔珞一。故地前亦応レ明二断惑一。地上応レ断二同体見思一也。……但若探二其義一、亦有二地前断惑義一。故現文雖レ云二初地始断一、而探二義理一故云三従二初心一断二二障一也。[46]

要するに、『菩薩地持経』の断惑論は基本的には『唯識論』すなわち『成唯識論』[47]と同様であり、地上所断の煩悩障は三乗に通ずるものであるが、その義を探れば『菩薩瓔珞本業経』[48]に等しく、同経は『華厳経』の第八会において行位を説くことから、『地持経』の十地も華厳と同等であり、地上には同体見思を断ずることになる、という論法を用いているのである。

そもそも、新訳の唯識法相教学の位置づけについては、『止観輔行伝弘決』巻五之五に「瑜伽論・解深密経等並方等部摂。[49]」とあり、『法華玄義釈籤』巻三では「唯方等部未㆑有㆓別論㆒、可㆘以㆓唯識㆒通用申㆖之。無性之文全同㆓敗種㆒故。[50]」とするなど、湛然は方等部に属せしめている。化法の四教との関係では、「自㆓新訳㆒来、但以㆓瑜伽唯識之位㆒、掩㆓蔽華厳円常之説㆒。誰知、唯識等文但明㆓別位㆒。[51]」などとし、基本的に別教としながら、その断惑論については、『法華文句記』巻八之一で、「論云、初地見道、二地去入㆓修道㆒者、応㆑知、地前是伏㆓別惑㆒、登地是断㆓同体見思㆒。[52]」と、天台の別教義から批判を加えていることも知られる。日本天台では、最澄が徳一との論争の過程で「夫瑜伽論者、通㆓三乗教㆒。[53]」としたことなどを安然が活用して、「天台守護章云、瑜伽所説無常仏果是夢裏仏果、三獣度河之意。又秀句云、瑜伽論是三乗通教義也。又深密中第三時云㆔普為発㆓趣一切乗㆒者、即是天台三乗通教義也。而天台有㆓名別義通之義㆒。故約㆓名別㆒且云㆓別義㆒。然実通義。[54]」と論じ、法相教学を通教と判じたのである。

証真が、こうした日本天台における教判上の理解を踏襲していることは、右の引用文に、「彼論雖㆑不㆑明㆓界外㆒」とあることから窺い知ることができる。同様に、『法華文句記』巻八之一の文の「登地是断㆓同体見思㆒。」という記述については、「世人多迷㆓此記文㆒。故便云㆔唯識地上所断、妙楽判為㆓同体惑㆒也。……当㆑知、今文破㆓唯識義㆒。非㆑述㆓彼論㆒。[55]」と述べ、『成唯識論』の地上の所断を同体見思と理解する見解を批判している。つまり、証真は『成唯識論』における煩悩論及び断惑論について、界内を論ずるものと判じながらも、無明住地に諸惑があるという構造において、天台の別円二教の界外における煩悩との共通点を見出し、これを援用するのである。そして、『菩薩地持経』については、煩悩論・断惑論における『成唯識論』との共通性を認めつつ、「探㆓其義㆒」ことによって、初地所断の煩悩障を同体見思と解している。界外の教相を説明する際、界内のそれに附傍することは通途の手法ともいえるが、自宗における教判上の結論を踏襲しながら、必ずしも明確な規定がなされていない界外の煩悩論・断惑論の概念規定にこうした文献を活用しようとした意図を指摘することができる。[56]

五　三惑異時断の主張

既に検討したように、証真は別円二教における煩悩の構造を共通のものと理解している。地住所断の惑の総称が無明であり、それらの本質が界内所断の惑の習気であるならば、無明は別教の地前、円教の住前には断ぜられる道理がないことになる。また、既に界内で断じられた見思惑が、住上に至ることも否定されなければならない。断惑の過程における別円二教の相違は、「若界外見思実同時断。別教則云二前後断一也。[57]」とあるように、界外の見思、すなわち同体見思の断尽が、別教では次第断とされ、円教では同時断とされる、という点に見出されるのである。したがって、『法華玄義』の「今順忍中断二除見思一、如二水上油一。虚妄易レ吹。無明是同体之惑、如二水内乳一。唯登住已去菩薩鵝王能唼二無明乳一、清二法性水一。[58]」という記述について、「今明二円位断伏一。故以二此文一為二定量一也。今文上下住前但断二二惑一。住上但断二無明一也。十信既非二鵝王一。豈唼二無明乳一。見思既易レ吹。豈猶至二住上一。[59]」とし、円教の初住の前後では断ずべき惑が異なることを強調することになる。

また、このことは、別教で次第三観を修し、円教では一心三観を修するとしても同様に解されている。すなわち、『摩訶止観』巻五下の破法遍で化法の四教の断見の位を説く箇所に、「若依二別教一、伏レ見者是鉄輪十信位。破レ見是銅輪十住位。若依二円教一、伏レ見是五品弟子位。破レ見是六根清浄位。断伏名同、観智大異。……別教雖レ知二中道一、次第観智伏断。円教即中、一心観智伏断。不レ可レ聞レ名仍混二其義一。[60]」とあり、見惑の断伏の名義は等しくとも、それを破す観智には各々浅深の異なりがあるという説明がなされている。証真はこの記述について、「明知、観法雖レ円、見思先尽。若十信所断異二別教一者、亦応二所断惑異一。何只智異耶。[61]」とし、たとえ観法が別円二教で異なりがあっても、円教の十信位における所断の惑は別教と同様であるとしているのである。また、湛然の『維摩経疏記』巻下に見える「若依㆓別教㆒、界内界外見思除処皆有㆓前後㆒、易㆑可㆓相例㆒。登地同体、理非㆓前後㆒。於㆓別教中㆒、雖㆓復入㆑地、仍分㆓見修前後之別㆒。円教一向初後不二。是則不㆑可㆑分㆓於見修之異㆓。[62]」のような記述についても、「明知、界内見思前尽。若不㆑爾者、応㆘如㆓真位㆒、不㆖㆑可㆔分㆓別見修之異㆓。[63]」とし、円教に関する「初後不二」を、真位すなわち初住以上の意味に解している。

さらに、一心三観における断惑の過程については、多数の証文を引いて、見思惑が住前に断ぜられることを主張している。[64]例えば、『摩訶止観』巻二下の「進入㆓銅輪㆒、破㆓蔽根本㆒。本謂無明。本傾枝折、顕㆓出仏性㆓。[65]」という箇所における湛然の「観法雖㆑円、銅輪已前麁惑前去。故至㆓此位㆒、方破㆓根本㆓。[66]」や、『四念処』巻四の「円教初有㆓五品弟子㆒、名㆓外凡㆒。十信名㆓内凡㆒。皆円伏㆓無明㆒。而界内見思自然而尽。如㆓火焼㆑鉄。鉄雖㆑未㆑融、垢在㆑前去。正慧観㆓無明㆒。無明未㆑除、見思前尽。若登㆓初住㆒、断㆓一品無明㆓。[67]」などであり、四明知礼『観音玄義記』の「円譬㆓治㆑鉄作㆑器。別喩㆓焼㆑金作㆑器。治謂鎔鋳。淳樸頓融、任運麁垢先落。焼謂鍛錬。物体猶堅、特要麁塵先去、然後融㆑金以除㆓細垢㆒。円観頓窮㆓法界㆒。無意先観㆓二諦㆒、二惑任運先落。別観次第顕㆑中。有意先観㆓二諦㆒。故使㆓二惑先㆑除。[68]」という記述や、『唐決』（円澄問維蠲決答）[69]などに依拠しつつ、円教における住前の一心三観の本意が断無明にあるとしても、麁惑すなわち見思惑が先に断ぜられるのが天台義であることを述べている。

また、前述のように、証真の立場では見思惑が別教の初地、円教の初住以上に至ることはなく、したがって、住上に三惑すべてを断ずるという説も否定される。

問。止観二[70]云、発心所治三障、究竟所治三障。発心所得三徳、究竟所得三徳云云。三障者、取相・塵沙・無明也。玄文三法妙[71]云、迷㆓此三法㆒即成㆓三障㆒。一者、界内界外塵沙、障㆓如来蔵㆒。二者、通別見思、障㆓第一義空㆒。

三者、根本無明、障二第一義理一。若達二三障一、即顕二三徳一。取意 準知、住上同断二三惑一、証二三徳一也。若云三住前断二二惑一者、般若解脱応下在二住前一、唯有二法身一、初住証上之。答。若約レ竪論、二徳住前、法身住上。故下文般若解脱為レ麁。若見二法身一、方始名レ妙。若約二真位三徳一者、住前雖レ断二見思塵沙一、猶未レ能レ証二二惑之上中道理一。故今至二初住一、断二無明惑一証二中道理一時、具見二三惑実相理一。故方証二三徳一。故亦得レ云三登住断二三惑一。又、究竟所治三障者、止観第三云、[72]問。三障開通至レ極。三道四倒亦応二開通至レ極。答。例何者、業有三種。謂漏業、無漏業、非漏非無漏業。感二於三報一。謂分段・方便・実報。報由二三種煩悩一。謂取相・塵沙・無明也。弘決云、[73]第二巻末云、有二発心所治三障、究竟所治三障。発心所得三徳、究竟所得三徳一。此則三障三徳倶通至レ極。今将二三道四倒一以並二三障一。障之与レ道及以四倒、名異義同。乃至三義既同、倶至レ極云云。彼第三巻、三道至レ極者、非無漏業、実報報、無明煩悩、方至レ極也。非レ謂二三業三報三惑並通至レ極。而引二同第二巻究竟所治三障一。故知、彼究竟三障者、界外三惑也。[74]

ここでは、『摩訶止観』巻二下における発心・究竟における三障及び三徳の解釈が問題となっている。証真は、法身・般若・解脱の三徳について、住前には般若・解脱の二徳を証し、初住に中道の理を証することで三惑実相の理を見、はじめて法身を含む三徳を証するとする。そのような意味でならば、住上に三惑を断ずるということができると会釈している。また、『摩訶止観』巻二下の「究竟所治三障」については、湛然の見解を媒介として、界外の三惑の意に解釈しているのであり、取相・塵沙・無明にいう取相が直ちに究竟所治となるわけではないと主張している。

六　三惑同時断の主張

同時断については、「若約㆓相即㆒」という場合に認めている。すなわち『摩訶止観』巻六下に「破若不㆑遍、不㆑得㆑入㆑空。見思若尽、乃名㆓破法遍㆒也。就㆓文字㆒論、乃当㆑如㆑此。意則不㆑然。見思即是無明。無明即是法性。見思破即是無明破。無明破即是見㆓法性㆒、入㆓実相空㆒、方名㆓破法遍㆒也。従空入仮破法遍亦爾。……挙㆑要言㆑之、次第破者、則不㆑名㆑遍。不次第破乃名為㆑遍耳。[75]」とあり、『止観輔行伝弘決』巻六之三に「即観㆓見思㆒、即見㆓法性㆒。不㆔復更論㆓三惑三観前後次第㆒。如㆑此結要乃名㆑遍耳。[76]」との釈がなされ、「見思尚乃即是法性。豈有㆔塵沙在㆓見思外㆒。豈有㆔無明在㆓二観後㆒。三惑既即、三観必融。[77]」ともある。右の文は、入空の破法遍を結する箇所である。入空観によって見思を破すことは破法遍の本意ではなく、見思を破すことがすなわち無明を破すことであり、無明を破して法性を見ることによって実相空に入ることこそが、入空の破法遍であるとするものである。右のような説示について、証真は「約㆓相即㆒故、名㆓同時断㆒。謂、指㆓見思㆒即無明。故但破㆓見思㆒亦名㆑破㆓無明㆒。故非㆔見思外加㆑断㆓別無明㆒。若約㆑事論㆓三惑㆒、麁細枝本不㆑同。[78]」とし、破法遍にいう相即の観点からは見思の断がそのまま無明の断となることを認める。しかしながら、見思・塵沙・無明の三惑の断尽を、事の観点から、すなわち、実際の断惑の過程を論ずる観点からいうとすれば、あくまでも次第断であるとする。そして、『摩訶止観』の文を、事の観点から断惑を論ずる際の証文とすることにつき、六項目からなる批判を加えている。このうち第二点を示せば、「若依㆓此文㆒三惑同断者、二種生死亦応㆓同離㆒。以㆓其二死亦相即㆒故。……若云㆓二死亦同離㆒者、博地凡夫具受㆓二死㆒。於㆓分段身㆒即法性土。十信応㆑生㆓実報㆒。真位応㆑生㆓分段㆒。則大倒乱也。[79]」とある。相即の理を説く『摩訶止観』の文を、事における三惑同時断の証文とするならば、分段・変易の二種生死、及び報として生ずべき土にも同様の結果が成立せざるを得ないとする。これと同様の論難は、「道理」[80]を述べる箇所にも展開されている。証真にとっては、天台教学の綱格に関わる問題の一つと認識されていたのである。

七　小結

上来、天台教学の煩悩論における界外の見思惑の断尽、及び三惑の異時断・同時断という、基本的ではあるが、些か細かい問題をめぐる証真の所説について、若干の検討を行ってきた。証真は、中国天台において必ずしも精密に規定されていない界外同体見思を、法性の体に附する相応無明と捉え、界内で断ぜられる見思惑が界外に至るものではないとする立場を採るのであり、そのことは『摩訶止観』巻六上の「夫見思両惑障二通別二理一。」[81]という記述を「見思亦障二別理一故。若有二通惑一、不レ証レ中故。」[82]と釈する箇所にも見て取ることができる。そして、界内外の惑を峻別するとすれば、界内外にわたる見思・塵沙・無明の三惑が同時断であることは、『摩訶止観』の破法遍などの説示があるとしても、少なくとも事の観点からは否定せざるを得ない。観心主義が隆盛となっていた時代背景もあろうが、事における同時断を肯定した場合、天台教学の綱格が維持できなくなるという問題意識から、事理に分別して異時断・同時断の両義を立て、多数の文献を用いて詳細な議論を行ったのである。

断惑に関する証真の見解は、天台における煩悩の構造論についての理解に立脚したものである。証真は別円二教に共通の法相を構想している。それだけに、この論点で異時断説が前面に押し出されていることは、いわば当然であるともいえよう。

しかしながら、一方では同時断の義が主張されていることも看過すべきではなく、むしろ証真にとっては、こちらこそ、別教と異なる円教独自の断惑説として宣揚すべき見解であろう。別円二教に共通の三惑の組織を構築した上で、これを相即させるのが、証真の教学における円教の修証論の特質であると解すべきである。

なお、後世の評価について付言すれば、証真が検討した天台教学の諸文は後の論義書等にも用いられているのであり、一定の影響を及ぼしたことは明らかであるが、[83]その所説のうち、異時断の義は批判の対象となった。[84]江戸期においては、慧澄癡空が、『法華玄義釈籤講義』巻五において、「私記重重弁論、其意在レ謂二円三惑理体無一レ差、同体同断、事用惑落必前後一。是於レ法分二張事理体用一、大違二円旨一。蓋円教意、法体事理無二。有二何所レ不レ融。但修門由二智浅深一分二惑厚薄一、敵二対三観三惑一、寄二次第一論二前後一耳。宝地全失二此意一。」[85]と述べている。三惑の一体を前提に、円教では事理不二であり、修行者の智の浅深に従って次第断が論じられるに過ぎないとする立場から、事理に分別して円教における異時断・同時断を論ずる証真説を批判しているのである。大宝守脱も、『法華玄義釈籤講述』巻五上[86]において癡空とほぼ同様の理解を示していることが知られる。また、普寂も証真の説に批判を加え、証真が、慧思撰とされる『大乗止観法門』を偽撰と断じたこと[87]を非難している。[88]

ただし、癡空や守脱による証真説の理解については、その真意を酌んでいない部分もある。証真は、三惑同体の故に同時断とする見解に対して、「答。言二一体一者、為レ約二理性一。為レ約レ事耶。諸文一体皆約二理体一。故止観云、見思即無明。無明即法性。又云、只界内煩悩即是菩提。何得レ非二是別惑一。円頓止観云、若作二円通語一者、何得下離二通惑一而有中別惑上。貪欲即是道。一切法趣レ貪。只約二通惑一而論二別惑一。円頓止観一切法趣二無明一。無明是通別之本。略抄　雖二理体同一、何必同断。二種生死亦理体同、応二一時離一。設約レ事論二三惑一、体一而用異。故感報不レ同。障レ理有レ異。云何同断。又雖二復一体一、非二必同断一。凡有二四句一。有二同惑異断一。……有二異惑同断一。……有二異惑異断一。……

有㆓同惑同断㆒」[89]と述べている。すなわち、理体における惑の一体をいいながらも、同体の故に直ちに同時断であるとはしていない。また、事においても四句分別を行うなど、惑体の同異が、論理的には、断惑の同時・異時と結合しない点を指摘しているのである。後世の学匠は各々の立場から証真説を批判しているが、その問題意識が必ずしも十分に咀嚼されてはいなかった点には留意すべきであろう。

註

（1）例えば『四教義』巻一一（大正四六・七六一頁上）には、「若円教明㆑義、多説㆓不断㆒。不断而断者、即是不思議断。非㆓次位㆒以明㆓次位㆒。」とある。
（2）大久保良峻「本覚思想―天台教学の日本的展開―」（『天台教学と本覚思想』法藏館、一九九八所収）参照。
（3）天全一八・二〇八頁下。
（4）仏全二一・一九八頁下。
（5）続蔵二―一四・五〇丁左下～五一丁右上。
（6）青木隆「天台智顗における三惑について」（『印度学仏教学研究』三四―一、一九八五）、同「天台大師と地論宗教学」（『天台大師研究』編集委員会編『天台大師研究―天台大師千四百年御遠忌記念出版―』祖師讃仰大法会事務局天台学会、一九九七）参照。
（7）大正一二・二二〇頁上～
（8）大正三三・八六八頁下。
（9）大正四六・七六〇頁中。無明を断ずる位の異なりから別円二教の行位を説明している。
（10）『摩訶止観』巻三下、大正四六・三〇頁上中。
（11）『四教義』巻九（大正四六・七五四頁下～七五五頁中）には、別教の十住位で上品、十行位で中品、十廻向位で下品の恒沙惑を断ずるとあり、巻一一（同・七六二頁下）では円教について、「住㆓此十信之位㆒、断㆓界内見思㆒尽、破二界外塵沙無知一」とする。『四教義』では、別教について界内外の分別を行っていないようであるが、『四念処』巻四（大正四六・五七三頁中）には、別教の十住について「断二界内見思一、又、断二界外上品塵沙一。」とある。また、『法華玄義』巻四下（大正三三・七三二頁中下）では、四種四諦に関説して「正以二無量一破二内外塵沙一。次正用二無作一伏二無明一。」とし、円教については、巻五上（同・七三五頁下～七三六頁上）で「十信之位、伏道転強、発二得似解一、破二界内見思・界内界外無知塵沙一。」としている。なお、若杉見龍「智顗教学における塵沙惑の研究」（野村耀昌博士古稀記念論集『仏教史仏教学論集』春秋社、一九八七所収）参照。

(12) 大正四六・七五五頁下～七五九頁下。なお、青木前掲論文「天台大師と地論宗教学」は、この箇所を含め、天台の別教の行位論、断惑論における敦煌出土の地論宗文献『法界図』からの影響を指摘している。また、青木氏による『法界図』の翻刻は、「敦煌出土地論宗文献『法界図』について―資料の紹介と翻刻―」（『東洋の思想と宗教』一三、一九九六）に収録されている。

(13) 『菩薩地持経』巻六、大正三〇・九二二頁中。九種の禅波羅蜜のうち、第九清浄禅の九番目にあたる。清浄禅を説く箇所を具さに示せば次のとおり。「云何菩薩清浄禅。略説二十種一。一者、世間清浄不味不染汚禅。二者、出世間清浄浄禅。三者、方便清浄浄禅。四者、得根本清浄浄禅。五者、根本上勝進清浄浄禅。六者、入住起力清浄浄禅。七者、捨復入力清浄浄禅。八者、神通所作力清浄浄禅。九者、離一切見清浄浄禅。十者、煩悩障智障断清浄浄禅。如レ是菩薩無量禅得二大菩提果一。菩薩依レ是得二阿耨多羅三藐三菩提一、已得、当レ得。」

(14) 『涅槃経』（南本）巻二五、師子吼菩薩品、大正一二・七七二頁中。経文では「十住菩薩」となっている。

(15) 大正四六・七六〇頁中下。

(16) 大正四六・二九頁下～三〇頁上。

(17) 『止観輔行伝弘決』巻三之三、大正四六・二四〇頁中。

(18) 『涅槃経』（南本）巻七、四倒品に「迦葉菩薩白レ仏言、世尊。我従二今日一始得二正見一。世尊。自レ是之前、我等悉名二邪見之人一。」（大正一二・六四八頁上）とある文の取意。

(19) 大正三三・七三六頁上中。

(20) 水乳の譬えは様々な経論章疏に用いられる。天台教学における用例を挙げれば、『金光明経文句』巻一（大正三九・五三頁中下）には、「報身者、修行之所感也。……如如智照二如如境一。菩提智慧与二法性一相応相冥。相応者、如二函蓋相応一也。相冥者、如二水乳相冥一也。法身非身非不身。智既応レ冥、亦非身非不身。彊名二此智一為二報身一也。」とあり、報身すなわち智が法性と相冥であることを、水乳の譬えで説明している。天台における仏の三身説については、大久保良峻「『維摩経文疏』の教学―仏についての理解を中心に―」（『台密教学の研究』法藏館、二〇〇四所収）参照。また、証真の引用（『法華玄義私記』巻五本、仏全二一・一九三頁上）によって一例を示せば、真諦訳『摂大乗論』巻上（大正三一・一一七頁中）の「若本識与二非本識一共起共滅、猶如二水乳和合一。云何本識滅、非本識不レ滅。譬如二於レ水鵝所レ飲乳一。猶如二世間離欲時、不静地熏習滅、静地熏習増一。世間転依義得レ成、出世転依亦爾。」という記述がある。同じく真諦訳の『摂大乗論釈』巻三（大正三一・一七五頁上）には「釈曰、即以レ譬釈レ難。水乳雖二和合一、鵝飲レ之時、唯飲レ乳、不レ飲レ水。故乳雖レ尽而水不レ竭。本識与二非本識一亦爾。雖二復和合一而一滅一在。」とあり、『摂大乗論』では、本識（阿梨耶識）とそれ以外の識の滅在が各別であることを、水乳の譬えによって説明しているのである。

（21）『法華玄義』筆録整理の際、灌頂が『四教義』を参照した形跡が認められる点について、佐藤哲英『天台大師の研究―智顗の著作に関する基礎的研究―』（百華苑、一九六一）三二六頁～三三〇頁参照。

（22）『法華玄義釈籤』巻一一、大正三三・八九二頁上。

（23）『止観輔行伝弘決』巻六之一、大正四六・三三二頁下。

（24）巻下、続蔵一―二八・四一九丁右上。

（25）『維摩経略疏』巻一、大正三八・五七八頁中。

（26）巻四、大正四六・五七三頁下。

（27）仏全二一・一九三頁下～一九五頁上。

（28）仏全二一・一九四頁上下。

（29）『法華玄義』巻五上、大正三三・七三六頁中。

（30）『摩訶止観』巻一下、大正四六・七頁下。ただし、「或言」とある。

（31）『摩訶止観』巻五下、大正四六・六〇頁下。

(32)『維摩経文疏』巻九、続蔵一―二八・一八丁右上。また、『維摩経略疏』巻三、大正三八・六〇二頁中。
(33)『涅槃経疏』巻七、大正三八・八〇頁上。
(34) 仏全二一・一九四頁下～一九五頁上。
(35) このことは、『法華玄義私記』巻五本（仏全二一・一九七頁上下）において、実報無障礙土に塵沙惑があることを述べる箇所で、「諸文中多不レ云二此義一。塵沙障レ俗故在二地前一。不レ妨三亦有二微細塵沙一。地上菩薩望二妙覚位一亦迷レ事故。浄名疏云、今雖レ得レ入二中道之理一、但塵沙仏法悉未二現前一。応レ須レ照レ俗云云。地上既障二恒沙仏法一。知、有二塵沙一。故浄名疏明二同体塵沙一。」としていることからも明らかである。すなわち、塵沙惑は界内外にわたって存するものであるところ、その断尽は別教の初地、円教の初住以前になされると説示されるのが一般である。註（11）参照。証真は、ここでは別教の地上の菩薩について、妙覚位に比してなお事に関する迷妄があることから、『維摩経略疏』巻一〇（大正三八・七〇三頁上）の記述を根拠に、「同体塵沙」があると述べている。また、『法華玄義私記』巻四末（仏全二一・一八二頁下）では、「法身菩薩已尽二見思一。二乗習気於二菩薩一是正使。即是界外煩悩也。」としている。
(36) 仏全一五・六四頁下。
(37) 叡山文庫薬樹院蔵版本（寛永一七年刊）、一七丁左。
(38)『仏性論』巻二、大正三一・七九九頁上中。
(39)『成唯識論』巻九、大正三一・四八頁下。
(40)『法華玄義私記』巻五本、仏全二一・一九五頁上。
(41) 例えば、『菩薩地持経』巻九、大正三〇・九四五頁中。
(42) 大正三八・五二三頁上。また、『法華玄義』巻一下、大正三三・六八九頁上参照。
(43)『法華文句記』巻二中、大正三四・一八三頁中。
(44) 仏全二一・四二頁上。
(45)『摩訶止観』巻五下（大正四六・六〇頁中下）では、『菩薩地持経』の六住を十地に配当している。これについて湛然は、『止観輔行伝弘決』巻五之五（大正四六・三一〇頁下～三一一頁上）で「浄心是初地者、破二同体見一。……

即是別教見道位。行道迹者、別修道位、破二同体思一。」と釈している。ただし、『摩訶止観』の挙げる六住が『菩薩地持経』巻三（大正三〇・九〇一頁上）と異なる点について、『止観私記』巻五末（仏全二二・九七八頁下～九七九頁上）参照。

(46) 仏全二一・一二六頁上～一二七頁下。

(47) ちなみに、『菩薩地持経』の九種禅と『瓔珞経』との関係については、『法界次第初門』巻下之上（大正四六・六八八頁中）に「此九種禅、瓔絡経中、雖レ有二其意一、而不レ列レ名。解二釈弥勒菩薩造地持処一、明二六波羅蜜一、方乃弁出二九種相一。並是菩薩不共之禅。従二自性禅一乃至二清浄一不レ与二二乗人共一。今為レ明二菩薩不共次第深広内行思惟修法一於二六波羅蜜中一、的別出二此九種大禅一。」との言及がある。

(48) 例えば、『菩薩瓔珞本業経』巻下、大衆受学品（大正二四・一〇二二頁上）に、「仏子。我本初得道時、在二此樹間一、説二十世界海法門一。有二九十億人一亦入二此六入明門一。復至二普光堂一、説二十仏国土一。……復至二帝釈堂一、説二十住一。……復至二焔宝堂一、説二十行一。……復至二第四天法光堂一、説二十廻向一。……復至二第六摩尼堂一、説二十地一。……復至二祇洹林一、説入二法界品一。……今復至二此第八会座一、為二十方無極大衆敬首菩薩一切衆一、説二六入明門一。」とある。『華厳経』成立史における『瓔珞経』の位置づけについては、坂本幸男『華厳教学の研究』（平楽寺書店、一九五六）第二部第一編「華厳聖典成立に関する研究」参照。

(49) 大正四六・三一三頁上。

(50) 大正三三・八三二頁下。また、『五百問論』巻上（続蔵二―五・三四八丁右下）にも「今謂、消二今法華之文一、不レ応下引二於唯識論一釈上。唯識自通二諸部方等一、以下彼方等弾二呵二乗一、挫言中敗種上。」とある。

(51) 『法華文句記』巻二中、大正三四・一八三頁中。

(52) 大正三四・二九九頁中。

(53) 『法華秀句』巻中本、伝全三・一一七頁。

(54) 『教時問答』巻二、大正七五・三九六頁中。同趣旨の議論は、『教時問答』巻二（大正七五・三九九頁中）、『菩提心義抄』巻四（大正七五・五二三頁中）などにも見られる。この点について、大久保良峻「最澄の教学」（『山家の大師　最澄』吉川弘文館、二〇〇四所収）一〇五頁～一〇六頁参照。

(55)『法華疏私記』巻七、仏全二二・六三四頁下。
(56)同様の解釈は、『法華玄義私記』巻二末（仏全二一・七一頁下～七二頁上）における、真位に無明を起こすか否かという論点をめぐる議論にも見出される。
(57)『法華玄義私記』巻五本、仏全二一・一九八頁下。
(58)大正三三・七三六頁中。
(59)仏全二一・一九九頁上。
(60)大正四六・六九九頁下。
(61)仏全二一・一九九頁下。
(62)続蔵一―二八・四一九丁右上。
(63)仏全二一・二〇一頁上。
(64)仏全二一・二〇〇頁上～二〇一頁下。
(65)大正四六・一八頁中。
(66)大正四六・二〇八頁下。
(67)大正四六・五七三頁中下。
(68)大正三四・九一〇頁下～九一一頁上。
(69)第二十八問答。新版日蔵・天台宗顕教章疏四・二〇六頁下。
(70)『摩訶止観』巻二下、大正四六・二二頁上。
(71)『法華玄義』巻五下、大正三三・七四二頁下。
(72)『摩訶止観』巻三上、大正四六・二三頁下。なお、『宗要光聚坊』（続天全、論草5・一八頁上）では、この箇所について、「尋云、止二云、発心所治三障、乃至究竟所治三障矣。此釈如何。義云、発心者、十信位也。三障者、取相・塵沙・無明三惑也。此十信発心断三障云者、断三惑麁分聞。是吉証也。」とする。すなわち、住前住上同時断を認める立場から、発心を十信位と解しているのである。
(73)『止観輔行伝弘決』巻三之一、大正四六・二二三頁上中。

(74) 仏全二一・二〇四頁下～二〇五頁上。
(75) 大正四六・八〇頁中。
(76) 大正四六・三四七頁中。
(77) 大正四六・三四七頁中下。
(78) 仏全二一・二〇三頁下。
(79) 仏全二一・二〇三頁下～二〇四頁上。
(80) 仏全二一・二〇一頁下～二〇三頁上。項目のみ示せば次のとおり。一、三惑麁細雑乱。二、二種生死雑乱。三、煩悩感果雑乱。四、円位三諦雑乱。五、真似二位雑乱。六、真中二理雑乱。七、五住麁細雑乱。
(81) 大正四六・七三頁中。
(82) 『止観私記』巻六本、仏全二二・一〇一頁上。
(83) 例えば、聖覚撰とも伝えられる『例講問答書合』（天全二三・二〇四頁上～二〇六頁下）では、証真の名は挙げないが、難方の所説は、『法華玄義私記』における証真の見解とほぼ同様である。
(84) 『宗要白光』（天全一八・二〇八頁下）は一義として住前後断を認めるが、そこでは「尋云、此義同二宝地房義一歟如何。示云、不レ可レ然。当流三惑自レ本相即、元初一念起時、忽然並レ鼻、乃至分段麁分施時、又三観同相並立也。以籤五（『法華玄義釈籤』巻一二、大正三三・八九九頁上）云三惑同在二理心一。教門権説且立二遠近一。文　然住前後断者、住前住上倶断二三惑一。住前作意断故、望二住上無功用一時、細念前後何在レ之釈也。仍云二住前後断一也。故宝地房義遥異也。」としている。すなわち、住前住上にわたって三観によって三惑を断ずるのであるが、住前の断惑については住上の無功用の断との比較の上で住前後断というのみであり、その点で証真の説とは異なるとしているのである。
(85) 天台大師全集『法華玄義』三・四八二頁。
(86) 天台大師全集『法華玄義』三・四八二頁～四八三頁。
(87) 『法華玄義私記』巻五末、仏全二一・二〇七頁下。『大乗止観法門』巻一（大正四六・六四三頁中）に「一念創始発修之時、無明住地即分滅也。以二其分分滅一故、所起智慧分分増明。故得レ果時迷レ事無明滅也。」とあることについて、証真は「或指レ伏名レ断。又彼文恐非二南岳所出一。……」とし、以下、偽撰説を展開している。また、『止観私記』巻八（仏全二二・一〇九二頁上）参照。

(88)『法華玄義復真鈔』巻四（仏全二三・一一五頁下）には、「且大乗止観是偽造者、真公飽知。何挙二彼偽濫之言一労作二会釈一乎。」とある。

(89)『法華玄義私記』巻五末、仏全二一〇八頁下～二一〇九頁上。

第十一章　元品能治について

一　問題の所在

元品能治とは、天台宗の論義における論題名の一であり、元品智断とも称される。元品無明、すなわち最後品の無明を断ずるのは等覚の智か、妙覚の智か、という論点に関する議論であり、伝統的には宗要の一項目とされている。『宗要抄　上三川』には、「精云、宗要算何親疎無、元品能治明算故殊三国諍也。天竺護法《等覚智断》・青弁《妙覚智断》、震旦開善《妙覚智断》・荘厳《等覚智断》二師諍、山家御在唐決、道邃等覚智断、行満妙覚智断授玉ヘリ。本朝宝地房証真、縦大聖文殊来玉フト等覚智断云也。[1]」とあるごとく、インドや中国でも論諍があったと伝えられ、この点については、辞典類でも梗概を知ることが可能である。

近年の研究では、日本の法相宗における論題「仏果障」をめぐる研鑽について解明が進んでいる。[2] また、天承元年（一一三一）の法勝寺御八講において、東大寺の覚樹（一〇七九～一一三九）と比叡山の忠春（一〇九八～一一四九）とが、この論点をめぐって対論を行ったという記録が見出されている。[3] このように、地域や宗派に限定されない論点でありながら、日本天台における議論についてはさほどに研究がなされていない。また、右の『宗要抄』の引用文にも言及されているように、証真の教学的特徴が語られる際、「元品無明等覚智断」が、異説としてしばしば挙げられる。そこで、本章では、元品能治に関する基本的な問題点を検討し、証真の説の教学史的な意義を明らかにする。

二　基本説

天台教学では、無明は三惑の一であり、中道を障う根源的な煩悩である。行位との関係では、別教では初地、円教では初住以上の聖位で断じられる。元品無明とは、円教でいう四十二品の無明の最後品にあたる。[4] ただし、「元品無明」という用語は、智顗に帰せられる文献中、天台三大部には見出せず、『維摩経文疏』巻七に、「四次四義。入二通常寂光土一者、元品無明未レ尽故須レ化也。果報既有二高下一、即是調伏。進二於実相之解一、即是入二仏智慧一義。入二重玄門虚空法界海一自行化他横竪転明即是起レ根也。[5]」とあるのが唯一の用例であることを確認しておきたい。この他、巻一九では、維摩詰が等覚位にあり、まだ元品無明を断じてはいないことの意義を論ずる問答において、「問曰、浄名既是等覚源品無明実因疾未レ尽、無有後生死実果疾猶存。何得下約二実報無障礙之土一而明中権疾上也。[6]」とあり、答の部分を含めて「源品無明」と表記されている。『維摩経略疏』巻六では、これらは「元品無明」に改められているが、[7] 永明延寿（九〇四～九七五）の『宗鏡録』巻四五にも「只如二浄名居士一、位臨二等覚一、尚有二原品無明、実因疾未レ尽、現受二後有生死一、実果疾猶存。[8]」という記述が見られることから、誤記の類ではなく、この語も用いられていたのかもしれない。[9] いずれにせよ、「元品無明」の語は、智顗が多用したものではないのであり、少なくとも灌頂より以降に定着したものである。

以上を前提に、智顗自身の言及を確認すると、『維摩経玄疏』巻三には、次のような記述がある。

妙覚地者、金剛後心朗然大覚妙智窮源無明習尽名二解脱一。蕭然無レ累寂而常照名二妙覚地一。常住仏果具二足一切仏法一名二菩提果一。四徳涅槃名為二果果一。

問曰、為下定用二金剛智一断中無明上。為下用二妙覚一断中無明上耶。

答曰、涅槃経云、有所断者名二有上士一。無所断者名二無上士一。

問曰、何故勝鬘経云三無明住地其力最大、仏菩提智之所二能断一耶。

答曰、若用別接通、十地等覚即是仏菩提智。所以者何、涅槃経云、九住菩薩名為二聞見一。十住菩薩名為二眼見一。雖レ見二仏性一而不二了了一。以二無礙道一与レ惑共住故不二了了一。諸仏如来了了見者、即真解脱蕭然累外故了了也。若別教明レ義、従二初歓喜一即用仏菩提智一断二初品無明一、乃至等覚後心方乃断尽。若円教明義、即是初発心住得二仏菩提智一断二初品無明一、乃至等覚後心方乃断尽。[10]

すなわち、別教の妙覚地を説示する際に、無明の断尽は等覚智・妙覚智のいずれによるものか、との問に対し、『涅槃経』梵行品の取意の文[11]を引用しながら、妙覚には所断がないとする立場を示している。また、次の問答では、無明住地は「仏菩提智」のみが断じうると述べる『勝鬘経』一乗章[12]の記述を引用する問に対し、別接通・別教・円教における「仏菩提智」の意義を説明している。別接通では十地・等覚が、別教では初地以上、円教では初住以上が仏菩提智を得るとし、別円二教では、等覚後心に無明を断尽すると説示する。ここから天台の正義として等覚智断説を導出することもできる。しかしここでは別教の妙覚位を論ずる際に円教に言及しているのであり、円教の行位を述べる箇所では改めてこうした議論がなされないこと、因位で「仏菩提智」を用いると説示していることなどから、その意義の解釈が、他の説示との関係も含めて問題となる。以下、節を改めて、日本天台における議論の展開を概観する。

三　日本天台における議論の推移

日本天台において、元品能治がいつ頃から論題として現れたのか、資料不足のため現時点では確定し難い。佐藤哲英氏の研究によれば、青蓮院吉水蔵には、源信（九四二～一〇一七）撰述『六即義私記』の写本がある。(13) 佐藤氏の見解に従えば、覚超（九六〇～一〇三四）が再治する以前の形態を保つということであり、そこに見られる記述は、かなり早い時期のものといえよう。冒頭の部分を引用すれば、次のとおりである。

問。無明有二四十二品一。如何妙覚不レ断レ惑乎。
答。玄義云、等覚用二仏菩提智一断二最後品一、入二妙覚一。例如三住前修レ観断二一品無明一。文　故妙覚分無明於二等覚位一断也。……(14)

答に引用する「玄義」と同内容の記述は、道暹『涅槃経疏私記』巻七に見出すことができる。(15) それを論拠として、妙覚分の無明、すなわち元品無明を等覚位において断ずるとしているのであるが、用いる智は仏菩提智であるため、前節で言及した『維摩経玄疏』巻三の記述と同様の議論になっている。

佐藤氏の見解によれば覚超の再治本である『六即詮要記』巻下では、該当部分はかなり増広されているものの、冒頭の問答には、「問。断下障二初住一無明上無間道智、初住摂歟。断下障二妙覚一無明上無間道智、妙覚摂歟。答。先徳皆云下初住断道摂二住前一、妙覚断道摂中等覚上。」(16) とあり、元品無明を断ずる無間道智は等覚位に属するとした上で、等覚位における断無明が主張されている。

また、静算『心地教行決疑』巻一本には、『維摩経玄疏』巻三の問答を引用した後、「断二最後品無明一之智非二妙覚智一。無レ断為レ果故。非二等覚智一。非二彼位障一故。是無礙道与レ惑得レ倶、如二秤両頭低昇時等一、勝二進等覚一因分究竟、最後断位也。断二初住惑一亦如レ此。非二賢位智一、非二聖位智一。是無礙道。勝二進賢位一行止為レ位。行進非レ位也。[17]」と述べる。最後品の無明を断ずる智は妙覚智ではなく、等覚位の障ではないため等覚智でもない。惑と倶にある無礙道であるとし、結論としては勝進の位であるとしても因位たる等覚位に属するものとしている。

播磨道邃の『法華玄義釈籤要決』巻五では、やはり『維摩経玄疏』巻三の略抄文を引用した後、「応レ知、等覚断二元品一已、即入二妙覚一。只是因用二果智分一、而断二元品一名為二仏菩提智能断一。若拠二実理一、智生惑滅不レ得二前後一。如二明生暗滅一故也。[18]」と結論する。道邃によれば、等覚位において元品無明を断じた後に妙覚位に入るのであり、それは、因位において果智を用いることに他ならないとする。ただし、実理としては、智生と惑滅に前後はないと述べている。

このように、証真以前の文献には、等覚位で元品無明を断ずるという立場が散見され、能断の智については、端的に「仏菩提智」とするものや、これを等覚位との関係で「因用果智」と構成する立場がみられる。果智を用いる以上は、これらを妙覚智断説に分類することも可能と解されるが、こうした見解の評価は、教学史的には必ずしも一定していない[19]。

これに対し、証真が独自の等覚智断説を主張した時期、すなわち平安末期乃至鎌倉初期よりも後の時代に編纂された論義書等では、異義不同と留保しながらも、妙覚智断説を正義とするものが多い。例えば、宗要の書としては比較的初期の成立とされる恵光房流の[20]『宗要白光』巻二では、「示云、此算異義不同也。宝地房等覚智断云云。自余諸流悉妙覚智断云云。就レ云二妙覚智断一、竹林房一義、位在二等覚位一、智用二妙覚智一云云。当流只在二妙覚位一、直以二妙覚智一断レ之定也。[21]」という説を立てる。つまり、等覚位で妙覚智を用いて元品無明を断ずるという立場も妙覚智断説に含まれると述べた上で、恵光房流の定説としては、妙覚位において妙覚智を用いて元品無明を断ずるという説を採用するのである。別の箇所に、「一家意、因果共入位断惑也。但四教義釈如レ難見、必如二難勢一不レ可レ得レ心。等覚後心方想断尽云、夫且准二教門一、非二実義一也。[22]」とあるように、入位断惑が円教の実義であり、「四教義釈」すなわち前述の『維摩経玄疏』巻三のように、等覚の後心に無明を断尽すると説くのは、教門方便の説であると主張する。

こうした立場が共通に依拠するのは、例えば、『例講問答書合』巻八の、次のような記述である。

円教断惑、異二権教所談一也。権教断惑、敵対相除惑故、惑智相対、金剛喩定智以断レ惑、後解脱道智起也。円教意、惑智不二、智断一体也。四十二品迷転即成二四十二品智一。煩悩即菩提也。菩提非二自レ外来一。故点二迷体即菩提智一也。本観二理是一不レ観二染除一云、但除二其執一不レ除二其法一云其意也。故以二初住迷一即為二初分智一。点二元品迷一名二妙覚智一。故智不レ顕者迷去不レ可レ云。只以二体達一名レ断。是不断而断也。権教意、惑外智論故、先断レ惑後顕レ智。円教惑即智也。若先惑払、以レ何為レ智耶。惑転成レ智処、附二准権教一且名二断惑一。故智体現前位立二断惑名一可レ得レ意。[23]

要するに、惑智不二・智断一体、煩悩即菩提という実相論的概念を理論的根拠とし、それに沿った要文を収集することで論証するのである。惑がそのまま智であれば、妙覚の障である元品無明は、妙覚智によって断尽されるのが当然ということになり、不断にして断、体達の断という、断惑を論じない立場が正義であるという結論が導出される。こうして、中世の天台教学においては、妙覚智断説が通説的位置を占めるに至るが、諸法門でも多様な見解が見出される[24]。近世では、『台宗二百題』が結論としては両義を正とするほか、妙覚智断説を円教の実義としつつも、等覚智断説の意義を権教の方便として認め、包摂するようになってゆく[25]。

理論的な完成は早く、夙に証真の『法華玄義私記』巻三末では、妙覚智断説側の主要な論拠と証文が、ほぼ網羅的に検討、批判されている。また、妙覚智断説の理論的な支柱である惑智不二・智断一体の概念にしても、当然には妙覚智断の根拠とはならないことが指摘されている。(26) こうした点に、論義の形成における証真説の重要性を看取することもできよう。以下節を改め、証真の見解を検討する。

四　証真説の検討

『法華玄義私記』巻三末における冒頭の問答を示せば次のとおりであり、証真は元品無明の等覚智断を明言している。

問。円教意、元品無明定何智断。若用二等覚智一者、云何因智断二妙覚障一。若妙覚者、究竟無学。云何断レ惑。例如三惑尽後証二羅漢一。故諸文云二等覚智断一。

答。等覚智断。一立二道理一。二引二文証一。三遮二外難一。(27)

証真が等覚智断説を主張する根拠は、「道理」にあるように、小乗における断惑論の原則を、界外の教である別円二教に類推するということである。したがって、阿羅漢果が断惑後に証されるのと同じく、無上正等覚である妙覚智には断惑はあり得ない。そして、彼以前の学説との相違が顕著に表れるのは、「文証」の第五における次の記述のように、等覚位で妙覚智を用いて元品無明を断ずるという解釈の可能性を明確に否定する点である。

五者、浄名玄第三云……四教義文同レ之。依二涅槃疏一、元品智断古有二二説一。大経・勝鬘互為二其証一。今家判云、等覚断レ之、妙覚已尽。重欲二定判一故、起レ問云二為定用金剛智等一。答中固為二等覚智断一。暹記云、仏菩提智者、如従二第十信一用レ智断、方入二初住一、乃至等覚断已、方入二妙覚一。即是因用二果智一而断二無明一、名為二仏菩提智能断一也。已上 此以二中道仏智一名為二果智一。非レ謂二妙覚智一也。若云下等覚用二妙覚智一故、名中因用果智上者、於二第十信及初住等一、皆応レ用二妙覚智一也。涅槃還記云、仏菩提智者、等覚用二仏菩提智一、断二最後品一入二妙覚一。例如下住前修レ観断二一品無明一即入中初住上云云。……[28]

ここでは、『維摩経玄疏』巻三の記述が、天台教学における等覚智断説の決定的な証文であることを述べた上で、『六即義私記』等が引用していた道暹の見解における「因用果智」の意義を論じている。つまり、証真によれば、道暹のいう「仏菩提智」は、道暹自身が十信位における断無明を例証とするように、妙覚智ではなく、初住以上の聖位が有する「中道仏智」の意である。このように、「等覚位において、等覚智を用いて元品無明を断ずる」という立場から、多くの要文を会釈し、等覚智断説を明確ならしめているのが、証真説の特質といってよい。

ただし、後世の教学史的評価には、妥当性を欠く点もある。元品能治の議論でも、「四念処云、教道明レ断、証道不レ断。故円証道非二断不断一。若依二教道一明レ断者、即同二別教断惑相一也。[29]」とするように、証真が円教の証道では惑の断不断を論じないとし、そこに円教独自の意義を見出している点は、例外なく看過されている。証真の教学は、別教で規定される界外の事法を前提に、円教でそれらの相即を論ずることを重視する。したがって断惑論も重層的なものになるのであり、それがここでは『四念処』[30]所説の教証二道に依拠する形で述べられている。証真が等覚智断説を採るとしても、「円教の教道で断惑を論ずる限り」という条件が付加されるのである。

なお、このことに関連して、等覚位における修行であり、元品能治と関連して論じられることのある、入重玄門の位置づけについて付言しておく。先行研究によって、『菩薩瓔珞本業経』の等覚位で名称のみ説示される入重玄門が、智顗によって別教のみならず円教の等覚位でも修されると規定されたこと、後世には別円二教の入重玄門が別内容とされ、或いは円教では入重玄門を論じないという説が生じたことなどが明らかにされている。[31]これを踏まえて確言するならば、智顗には、別教だけで入重玄門を論じ、円教では言及しない箇所も見られるなど、入重玄門の意義については不明瞭な部分が多い。それ故に、後世の規矩となったのは、『法華玄義釈籤』巻七における、湛然の「決二法眼中一云二辺際智満一者、決二別地前法眼一、来二至等覚一入二重玄門不思議眼一。故下第五巻釈二円位一中云、観二達無始無明源底一、辺際智満名為二等覚一。[32]即成二円門一遍応二法界一名二入重玄一。不レ同二別教教道重玄一。居二妙覚辺一名二辺際智満一。亦可下以二仏不可思議用一為二辺際智一以為中法眼上。[33]」という記述である。湛然は、『法華玄義』巻三上の、「決二法眼一入レ妙者、辺際智満是也。[34]」、すなわち、別教の地前の法眼を妙眼ならしめることは、等覚の辺際智が満つることに該当するという説示を註釈するにあたって、円教の等覚智との比較を行っている。円教の入重玄門は、法界全体に応ずる化他を行うという意義を有する点で、別教とは異なるというのである。証真を含む後世の学僧は、湛然の見解を、直接円教を説くものとして活用したのであり、その延長線上で理解すべきである。

そこで証真の議論を確認すると、『法華玄義私記』巻三末には、「若位教門、地地法門歴別明故、唯在二等覚一。若依二円意一、四十二位功徳互具。豈等覚十法不レ在二諸位一耶。如下学二仏神通一集二眷属一等上、豈唯等覚。初住亦分遍応二法界一。豈非二重玄一。[35]」とあり、湛然の説を基盤としながら、円教では初住乃至等覚に入重玄門があるとしている。さらに、これを敷衍して、「既云三遍応法界名二入重玄一。何隔二妙覚一。[36]」とし、妙覚にも当然に入重玄門を肯定するのである。[37]要するに、証真は、初住乃至等覚における入重玄門と、妙覚のそれとを同質と理解しているのであり、湛然の「辺際智」の解釈を、「籤作二二解一。一云、等覚名二辺際智一。於二此位中一入二重玄門一。是化他法故名二法眼一。二云、仏果応用名二辺際智一。然辺際智名出二何処一。検[38]」と説明するように、住上における「応」の義、すなわち化他の意義を重視し、元品能治の問題とは異なる視角から論じているのである。

五　小結

日本天台における元品能治の議論を概観すると、少なくとも現存が確認されている文献を通覧する限り、証真の著作を境として、議論が質量共に精密化している。証真以前の学匠の説は、等覚智断説か、等覚位で妙覚智を用いる（因用果智）という説が散見されたが、それらの位置づけは明確ではなかった。証真が等覚智断説の立場から、因用果智の説を否定し、あわせて妙覚智断説を批判したことで、元品能治における立場は三種に整理されることになった。証真の議論は、三論宗や法相宗など他宗の議論と結論を同じくするものでもあり、異説とされるに至ったが、日本天台の学僧達が、天台独自の明確な妙覚智断説を確立する上で、看過し得ない影響を与えたというべきである。証真の断惑論については、等覚位の意義を含めて論ずべき点が多い。それについては、今後の課題としたい。

註

（1）天全六・二七二頁下。
（2）楠淳證「日本唯識における論義「仏果障」展開の意義」（朝枝善照博士還暦記念論文集『仏教と人間社会の研究』永田文昌堂、二〇〇四所収）、同「『唯識論尋思鈔』における仏果障義と『成唯識論同学鈔』」（『龍谷大学論集』四六三、二〇〇四）等参照。
（3）翻刻は『南都仏教』七七（一九九九）、二六頁下に掲載されている。ただし、精査してはいないが註釈に不正確な部分もあり、本章との関連では「重玄門」を入重玄門ではなく、「十玄門」（二七頁下）で説明している。
（4）天台教学における三惑とその断位については、拙稿「宝地房証真の断惑論」（『東洋の思想と宗教』二三、二〇〇六）参照。

（5）続蔵一―二七・四七三丁左下。

（6）続蔵一―二八・一〇一丁右上。答の部分では「若位居等覚、則猶有㆓源品無明実一品因疾無有後生死実果疾㆒。」（一〇一丁右下）とある。また、同・一〇〇丁右上も参照。

（7）大正三八・六五一頁中。

（8）大正四八・六八二頁中。

（9）例えば、『大乗四論玄義』巻二、明断伏義（続蔵一―七四・四丁右下）及び金剛心義（同・一七丁右上、左上）にも、「源品無明」或いは「源品」の語が用いられている。

（10）大正三八・五四〇頁上。なお、『四教義』巻一〇にも、同内容の記述がある。大正四六・七五九頁下〜七六〇頁上。

（11）南本では巻一六、大正一二・七一一頁下。北本では巻一八、大正一二・四六九頁上。

（12）大正一二・二三〇頁上。

（13）佐藤哲英「六即義私記の研究―青蓮院蔵鎌倉古鈔本（再治本と未再治本）に就きて―」（『龍谷学報』三一七、一九三六）参照。

（14）翻刻は、柳澤正志『日本天台浄土教思想の研究』（法藏館、二〇一八）所収源信撰『六即義私記』（青蓮院本）部分翻刻・註釈、四四四頁参照。

（15）続蔵一―五八・一二六丁右上。

（16）仏全三二・二一五頁下〜二一六頁上。

（17）叡山文庫薬樹院蔵版本（寛永一七年刊）、一七丁右。

（18）仏全一五・六二頁下。

（19）例えば、『涅槃経疏私記』等に見られる道暹の見解は、『天台直雑』巻三（天全三・一一一頁下）では、「位等覚・智妙覚証拠」の一つとされ、妙覚位で、妙覚智を用いて元品無明を断ずるという、いわば純然たる妙覚智断説とは区別されている。また、守脱『法華玄義釈籤講述』巻三上は、道暹の説を、妙覚智断を遮することのない得意の等覚智断説の一とし、「不レ可三誤謂二等覚位中妙覚智断義一。」とする。他方、播磨道邃の見解については、証真説と同様、「似下執二等覚智断一遮中妙覚断上矣。」と評している（以上、仏教大系『法華玄義』二・三六八頁〜三六九頁）。

⒇　藤平寛田「天台宗最古の『宗要集』の成立形態」（『天台学報』三六、一九九四）参照。

(21)　天全一八・一〇四頁下〜一〇五頁上。

(22)　天全一八・一〇七頁上。

(23)　天全二三・三四二頁上下。

(24)　例えば、口伝法門では、『等海口伝抄』が、元品無明能治の智の実義として、「所詮不縦不横ノ一心三観［智］ト云カ実義也。不思議ノ智也。」とし、所断の無明についても、「所断ノ迷モ不縦不横ノ法也。」とする。天全九・四一七頁上下参照。この「不思議智」による断惑が法相宗でも注目されたことについては、楠淳證前掲論文「日本唯識における論義「仏果障」展開の意義」五六四頁〜五六五頁参照。また、密教義からの言及例としては、慈円『毘逝　別』上（続天全、密教3・二一二頁下）の所説が挙げられよう。慈円は支分生灌頂を元品無明を断ずる修法と捉え、「然以二等覚智一断レ之也。但其智者、妙覚智下加也。凡一切四十二位昇位次第之証入、皆以如レ此。等覚菩薩目前、以二等覚智一断レ之見也。妙覚如来、妙覚智断見給歟。是則法花迹門之開悟等覚智、本門之開悟妙覚歟。然而如レ此事、顕教之面有レ義無レ証。今密宗事理之教相已存二其証一耳。今此支分生灌頂之儀、則専顕二此義一歟。」とする。等覚智断であるが、その智は妙覚如来の加持によるのであり、妙覚から見れば妙覚智に他ならないと述べている。また、迹・本二門を等覚智断・妙覚智断に配当している。これらの点につき、三﨑良周「慈鎮和尚の密教思想について――青蓮院吉水蔵『毘逝別』を中心として――」（『台密の理論と実践』創文社、一九九四所収）参照。

(25)　守脱『法華玄義釈籤講述』巻三上、仏教大系『法華玄義』二・三六九頁参照。

(26)　仏全二一・一一九頁下。

(27)　仏全二一・一一六頁上。

(28)　仏全二一・一一六頁下〜一一七頁上。

(29)　仏全二一・一二一頁上。

(30)　大正四六・五七四頁上。

(31) 青木隆「天台行位説形成の問題―五十二位説をめぐって―」(『早稲田大学大学院文学研究科紀要』別冊一二　哲学・史学編、一九八六)参照。

(32) 大正三三・七三四頁下。

(33) 大正三三・八六五頁下。

(34) 大正三三・七一〇頁下。

(35) 仏全二一・一二四頁上。

(36) 仏全二一・一二四頁下。

(37) 渡辺麻里子「尊舜の入重玄門説について」(『天台学報』四六、二〇〇三)は、尊舜(一四五一～一五一四)に先行し、かつ影響を与えた学僧の説として、証真の議論の概要を紹介している。ただし、『尊談』第七条「円等覚重玄門経二多劫一歟事」の後半部分で尊舜が引用するという『法華文句』巻九上(大正三四・一二六頁下)、及び、この意義を等覚で解釈する道暹『法華経文句輔正記』巻九(続蔵一―四五・一五〇丁右下)の記述は、円教では入重玄門が等覚位に限定されないことの証拠として、いずれもすでに証真が引用していることに注意すべきである。仏全二一・一二四頁上下参照。

(38) 仏全二一・一二三頁下。

第十二章　乾慧断惑と二入通—証真説を中心に—

一　問題の所在

化法の四教のうち、通教の名義について、『四教義』巻一には、「問曰、何故不レ名二共教一。答曰、共名但得二二乗近辺一、不レ得二遠辺一。若立二通名一、近遠倶便。言二遠便一者、通レ別通レ円也。[1]」とあり、二乗のみならず、遠く別円二教に通ずる意味で通教と名づけると述べている。したがって、その行位論や修証論には、名別義通や被接など、後教との関連を含意した説示が多い。これらの教理の規定は難解であるだけでなく、成立・展開における問題点が少なからずあることから注目され、いくつかの重要な先行研究が存在する[2]。

ところで、名別義通の教学史上の展開に関する研究は立ち遅れていたが、近年、最も複雑な『摩訶止観』所説の名別義通の解釈について、伝統的に中国天台と日本天台とでは異なる立場が採られ、日本天台における理解に関しては、証真の教説が規矩となっていることが解明されるに至り、裨益するところが多い[3]。今後は、中国・日本における研鑽の諸相を研究する必要があろう。

そこで本章では、先学の業績を踏まえつつ、証真教学研究の観点から、基礎的な作業を行う。被接と名別義通が交錯する論点の一つとして、通教の乾慧地における断惑の問題に関する証真の教説の内容を検討し、日本天台における行位論形成に果たした意義の一端を解明する。

二　名別義通の理解

名別義通をめぐる証真の見解は、主として『法華玄義私記』巻四末、及び『止観私記』巻六本に展開されている。まずは、名別義通の枠組みに関する証真の理解を確認しておく。『法華玄義私記』巻四末には、次のような記述がある。

問。此為下是借二別教名一名中通共位上耶。若爾、即同二第二名別義通一。若不レ爾者、既在二名別義通章内一。何云レ非耶。

答。名別義通章中有レ二。其第者一(ママ)、此是通教単菩薩位。此亦名為二名別義通一。謂伏順等名別在二菩薩一故云名レ別、非二別教一也。其義通二三乗一故云二義通一、非二通教一也。故輔正記二云、後約独菩薩者、此専約下十地辺始終別為二菩薩一立中忍位上以釈。則是被二別円接一菩薩也。已上　拠二利菩薩一別立二忍名一。故名二被接一。止観第六明二名別義通一有レ二。一、約二三乗共位一借二別名一。二、約二但菩薩位一借二別名一。於二菩薩中一亦明二但菩薩位一。今文名別義通有レ二。一、明二但菩薩位一不レ借二別名一。二、約二共位一借二別名一。望二止観文一、闕三但菩薩借二別名一也。[4]

ここでは、『法華玄義』巻四下の「就二三乗共位中一菩薩別立二忍名一而義通」[5]を名別義通と捉えるか否かを問題としている。証真は、道暹『法華経文句輔正記』巻二[6]の記述を援用することで、端的に通教の但菩薩位を明かすものとし、名別義通ではなく、むしろ被接の範疇に含まれるとみている。『摩訶止観』所説の説示を併せると、結論としては、「約二三乗共位一借二別名一」「但菩薩位借二別名一」の二種を名別義通と解するのである。

ところで、先行研究が明らかにするように、『摩訶止観』巻六上に説かれる「借二此別名一判二三人通位一」において、「初地断二見惑一……」[7]と説示されることは、証真の見解では独立した意義を有するものでない。つまり、そこでの「初地」は乾慧地ではなく歓喜地に配当される。こう解することで、名別義通は、全ての場合で、通教で見惑が断ぜられる八人地以降と、別教の歓喜地が対応することになる。証真の見解が、後世、日本天台における指針となったことが知られるのである。[8]

これに付言するならば、証真が否定した、初地に乾慧地を対応させる解釈は、良源の著作とされる『名別義通私記』の次のような記述に見出すことができる。

問。単以二別十地一、対二通十地一方何。

答。文云、若借二此別名一判二三人通位一者、則初地断二見惑一、二地断二欲界一両品思一、及至二八地已上一、侵二習無知一等云云。

問。今以二此義一云レ判二三人通位一、不レ可レ然。何者、以二別十地一単対二通十地一者、是顕二単菩薩地一也。故可レ判二単菩薩位一也。又以二別十地一単対二通十地一者、有下以二別教地前一不三摂二尽通位一之失上。通地前無レ位故。又乾恵地是外凡三賢位。性地内凡四善根位也。不レ可レ云下初地断二見惑一、二地断中一両品思上也。又設以二乾恵地一為二断通(ママ)之初一者、断レ思専不レ可レ至二七地一。至二七地一尽レ思者、是以二八人地一為二断道初一者也。而何不レ爾耶。

答。今云レ判二三人通位一者、是以二別教単菩薩地一対二三乗共十地一、共十地之上、顕レ開二独菩薩地一也。今且随二所対之共地一、云レ判二三乗通位一也。又会二次難一者、法華記云[9]、通教地前無二位可レ論。借二別位名一以通二其位一。或指二地前仮二立七賢一矣。故以二別教地前位一、可三仮二立通教地前一也。又通教外凡内凡不二断惑一者、此共位意。但初地断二見惑一、二地断二欲界一両品思一者、此以二別教単菩薩地一、名二共位一之時之意也。故不二相違一也。亦以二乾

恵一雖レ為二断道一、尽レ思至二七地一者、是上之下根者同二下根一故也。(10)

問の立場は、初地を乾慧地と解することの難点を挙げるものである。名別義通においては乾慧地における断惑を認めず、八人地を断惑の始期と捉える点で、証真の見解と共通する。これに対し、良源は、『摩訶止観』の説示を、三乗共の十地に独菩薩十地を開出する趣旨と解し、通教の乾慧地と別教の歓喜地を対応させる形で捉えている（以降、この見解を、後世の呼称に従って、「腹合」(11)と呼ぶ）。このように、良源の時代には既に「借二此別名一判二三人通位一」における初地の意義に関する対立があったことが確認できるのである。

証真が名別義通に関する教説を形成するにあたっては、良源の説にみられる立場の超克が念頭にあったと解される。その方向性は、論題にいう「三教初焔」における、乾慧地での断惑をめぐる議論の構築に明瞭に表れている。そこで以下、節を改めて検討する。

三　乾慧地における断惑

乾慧地における断惑の問題は、『摩訶般若波羅蜜経』及び『大智度論』の説示が出発点となる。『摩訶般若波羅蜜経』巻一七で、須菩提が仏に対し、阿耨多羅三藐三菩提には初心、後心のどちらを用いて至るかを尋ねた際に、「……須菩提。譬如二然灯一、為レ用二初焔一燋レ炷。為レ用二後焔一燋レ炷。須菩提言、世尊。非二初焔燋一レ炷、亦非レ離二初焔一。世尊。非二後焔燋一レ炷、亦非レ離二後焔一。須菩提。於二汝意一云何。炷為レ燋不。世尊。炷実燋。(12)」とあるごとく、仏は、燋炷の譬喩によって、初焔、後焔がいずれも単独で炷を焦がすわけではないが、どちらを離れても燋炷はないという解答を引き出す。ちなみに『大智度論』巻七五には、「灯譬二菩薩道一、炷喩二無明等煩悩一。焔如三初地相応智慧乃至金剛三昧相応智慧、焦二無明等煩悩炷一。[13]」とあり、焦炷を、菩薩の智慧という焔による断惑と説明している。経では続けて、「菩薩摩訶薩如レ是。不下用二初心一得中阿耨多羅三藐三菩提上、亦不下離二初心一得中阿耨多羅三藐三菩提上。不下用二後心一得中阿耨多羅三藐三菩提上、亦不下離二後心一得中阿耨多羅三藐三菩提一、而得二阿耨多羅三藐三菩提一。須菩提。是中菩薩摩訶薩、従二初発意一行二般若波羅蜜一、具二足十地一、得二阿耨多羅三藐三菩提一。……菩薩摩訶薩具二足乾慧地・性地・八人地・見地・薄地・離欲地・已作地・辟支仏地・菩薩地・仏地一。具二足是地一、得二阿耨多羅三藐三菩提一。[14]」と述べる。要するに、菩薩が得べき菩提も、同じく初心・後心双方を離れてはあり得ないとした後、菩提に向けた菩薩の十地を説示するのである。

この十地については、経が乾慧地乃至仏地の所謂共の十地で説明するのに対し、周知のとおり、『大智度論』では、次のように、共の十地と不共の十地を組み合わせつつ、独自の説示を行っている。

菩薩地者、従二乾慧地一乃至離欲地、如二上説一。復次、菩薩地、従二歓喜地一乃至法雲地、皆名二菩薩地一。有人言、従二一発心一来、乃至金剛三昧、名二菩薩地一。[15]

すなわち、菩薩地について、乾慧地に始まる共の十地と、歓喜地に始まる不共の十地を挙げた上で、ここではさらに「有人」の説として、発心から金剛三昧までの菩薩地を説示するのである。

この『大智度論』の見解を、天台教学における通別円三教の行位の不同の説明に導入したのは、『四教義』巻八の次の記述が嚆矢であろう。

大智度論釈灯炷品云、有人言、従二乾慧地一為二初焔一、仏地為二後焔一。有人言、歓喜地為二初焔一、仏地為二後焔一。有人言、初発心為二初焔一、仏地為二後焔一。如レ此解釈不レ同者、恐此是諸大乗論師釈二満字教門一、三教明レ位不レ同、各取二此意一已釈二初焔・後焔一。[16]

ここでは、大乗における初焔、すなわち断惑の行位を、「有人」の説として乾慧地・歓喜地・初発心とし、それぞれ通別円の三教に配当している。こうした配当について、『法華玄義』巻四下では、次のような問答がなされる。

問。大論三処明二初焔一、約二別円一、皆取二発真一為二初焔一。通教何意取二乾慧一為二初焔一。

答。別円各逗二一種根性一。故用二発真一為二初焔一。通教為レ逗二多種根性一。所謂別円入通。故含容取二乾慧一耳。若鈍者、八人・見地是初焔。利者、於二乾慧一即能断レ結。故是初焔。

問。利人応レ無二十地一。

答。備有。以二根利一故、故不レ制レ位耳。

問。別円無二利人一耶。

答。雖レ有二利鈍一、以二根性純一故、但作二一説一。宜レ如レ此也(17)。

冒頭の問答では、『大智度論』所説の三箇所の初焔のうち、別円の初地初住は無明を断ずる位であるから問題ないとしても、断惑の位でない乾慧地を初焔とする所以が問われ、これを通教の行者の機根の多様性に帰している。鈍根は原則どおり断見の位である八人地・見地を初焔とするが、利根は乾慧地を初焔とするというのである。その後の問答では、乾慧地で断惑する利根の人にとっては通教の十地がないと同じことになるという問に対し、それを否定する内容となっている。また、最後の問答は、別円二教においては、行者に利鈍があるとしても、断惑の行位は一定であるとする。全体としては通教の行者の根性が多岐にわたることを強調する内容になっている。湛然もこれを受けて、『大智度論』所説の三処を通別円の三教の初地初住で理解することから(18)、乾慧地における断惑は通教における利根の行者を対象とした例外的規定として、特に問題を残さないようにも考えられる。

しかしながら、右のごとく『法華玄義』の記述は、乾慧初焔の根拠として二入通に言及し、それ故に別円二教に含容する意味で通教においても乾慧地を初焰とすると述べるため、そもそも乾慧初焰は通教当分の断惑説ではないという解釈を導出しうる。すなわち、後教と関連する教理の観点から会釈する仕方であり、名別義通について腹合十地を肯定する立場を採れば、乾慧断惑は名別義通の説示と解することが可能である。これについては、良源が『名別義通私記』で、「乾恵是伏位也。今為二初炎一、非二是共地意一。以二歓喜地名一名二乾恵地一時、歓喜地之能断レ惑也。乾恵地非二正断惑一。……」[19]と述べ、名別義通の意で乾慧初焰を会釈している。

さらには、同じく『大智度論』の記述を用いて通教の行位を説く『四念処』巻二の記述の理解何如も問題となる。『四念処』では、通教の三義（因果倶（皆）通・因通果不通・通別通円）について、次のような説示がなされている。

因果倶通者、如二上八通説一。近通偏真四枯拙度。因通果不通者、乃是別果来接。通因得下見二仏性一成中四栄双樹上。通別通円者、別円因果皆与レ通異。藉レ通開導、得レ入二別円因一、成二非枯非栄双樹之果一也。[20]

すなわち、因果倶通が当通教であり、因通果不通が被接を意味するとして、通別通円は、そもそも因果が別円二教に属し、通教を藉りて行者を別円二教の因位に導くというのである。[21] 通別通円の行者が入る行位については、「若通別者、初因二通門一得レ入二十住一、断二界内惑一尽、十行断二界外塵沙一、学二道種智一、十廻向学二中道一、十地破二無明一見二仏性一。是為下通二於別一意上也。通円意者、初因二通門一入二十信一、断二界内惑一、任運自尽、登住見二仏性一、断二無明一十行十廻向、並断二別惑一。此通円意也。[22]」とある。要するに、通教から別教の十住、円教の十信に入り、界内外の惑を断ずると説示するのである。

また、乾慧初焰については、次のように述べている。

又大論明灯炷云、乾慧為二初炎一、仏地為二後炎一。此即通家名。乾慧非二断道一。而為二初炎一者、乃是論主申二含容一引二外人一作二此解一、乃以二相似灯炷一為二初炎一耳。若言二二地是菩薩断道一者、此取二性地一為二断道一、至二六地一与二羅漢一斉。或取二八人地一、是断道、此以二三地一為二断道一、七地斉二羅漢一。而今不レ取二二地三地一、乃取二乾慧一者、故知、是通三人之初、以二似道一為二初炎一耳。(23)

ここでは、通教の乾慧地における初焔は、別円の初地初住に含容する意で「外人」の説を用いた義であり、相似の断惑であると説示している。

このように、乾慧初焔については一概に判ずることが困難であり、様々な解釈が生ずることになる。『四念処』の「藉レ通開導」という説示を重視して、通別通円とは、本来的には別円二教の機根を有する行者の階梯と理解すれば、乾慧初焔は、少なくとも通教特有の問題として論ずる必要はなくなる。(24) 或いは、『四念処』の説示によって、乾慧初焔は全き断惑でないと理解することも可能である。以上を前提に、節を改めて証真の見解を検討する。

四　証真説の検討

『法華玄義私記』巻四末における証真の説を検討すると、基本的には、『大智度論』や『法華玄義』などの説示に従って、乾慧初焔を乾慧地における断惑として文字通りに理解するのであり、その立論は、乾慧初焔を名別義通と捉える立場を批判する形でなされている。順次確認してゆく。

玄利者於乾慧即能断結者、

問。設是利根於二乾慧地一忽断レ惑者、即入二八人一。何意猶名二乾慧断惑一。例如二別円地前住前一、毒発見レ理、即入二地住一、不レ名三凡位断二無明一也。

答。利人外凡忽発二真智一、方能断レ惑。然発二真智一実入二見地一。而猶名二乾慧断惑一者、為レ顕下通教有二多途根一、最極利人超速断㆖㆑惑故、於㆓乾慧㆒立㆓断惑名㆒。若別円人、雖㆑有㆓利人㆒、不㆑如㆔通人証㆓後教理㆒。是故雖㆑有㆓凡位断人㆒、而不㆔名為㆓凡位断惑㆒。故文云、通教謂㆘逗㆓多種根性㆒、所謂別円入通等㆖。[25]

別円二教では、地前住前における毒発不定による断無明は、凡位の断無明とみなされないのに対し、乾慧地で断見して八人地に入る行者の実践が凡位である乾慧地の断惑と称される理由について、通教には多様な機根の行者が存在し、最極利の者が例外的に「超速」に断惑することを示すために、乾慧断惑と称すると述べている。その論拠として、別円入通を謂う『法華玄義』の文を引くことから、次の問答では、『四念処』の説示との関係で、その意義が問題となっている。

問。四念処云、通有㆓三種㆒。一者因果倶通。二者被接。三者通別通円云云。第三別円入通、未㆑断㆑惑人入㆓別円㆒也。今明㆓乾慧断惑㆒。何是別円入通。

答。若分㆓別之㆒、断㆓本教惑㆒名為㆓被接㆒。[26]若未㆑断㆑惑入㆓後教㆒者、名㆓二入通㆒。若惣㆑論㆑之、不㆑論㆓本教惑断・未断㆒、通入㆓別円㆒並名㆓二入通㆒。故玄文七重二諦中、以㆓別接通二諦㆒名㆓別入通㆒、以㆓円接通㆒名㆓円入通㆒也。[27]

別円入通が『四念処』所説の通別通円の謂であり、その内実を、別円の機根が通教を方便として未断惑の状態で別円二教に入る教理と捉えるとすれば、乾慧「断惑」と矛盾することになる。そこで証真は場合分けをし、通教で断惑した上で後教に入るのを被接、未断惑で後教に入るのを二入通とする理解と、通教における断惑の有無に拘わらず後教に入るのを総じて二入通と称する理解とで会釈するのは、先行研究が指摘するとおりである。[28]ただし、この分別は会釈の性格が強く、本意としては、通教から別円二教への入は、むしろ二入通を基本線とするところにあると解される。この点は後に言及する。

如上の二問答より、証真が、乾慧地における断惑の内実を、通教所断の見惑と、被接や二入通といった後教への入との両義で把握していることが確認できる。そして、証真の超克の対象が、乾慧断惑を名別義通で理解する立場であることは、次の問答から明らかになる。

或云、依二名別義通一故有二乾慧断惑一。四念処云、乾慧非二断道一。而為二初炎一者、乃是論主申二含容別一。已上　故知、依二名別義通一故云二乾慧断惑一。非下於二当教一実有中断人上。

難云、当教若無二乾慧断惑一。如何外凡以対二聖位一。故今文中但云二利者乾慧断惑一、不レ云二名別義通相一也。夫以二別名一名二通位一者、非二必経論通別二教相対説一レ之。但明二歓喜等十地相一、断二界内惑一不レ説二界外一。今家私以二八人見地一対二歓喜地一。彼此二地断証同故。其通乾慧既未レ断レ惑、云何大師対二別初地一。故於二通教一明二乾慧断惑一、大師即可レ対二別初地一。四念処文含容別者、即同二今文一。故含容取二乾慧一耳。意云、通機多種。一者鈍根傍通二真諦一。二者利根正通二実相一。即是別円入通人也。於二乾慧中一含三容利人入二別理一故、立二断惑名一。為レ顕三当教有二利人一故立二此名一也。故四念処含容別者、何必是名別義通耶。[29]

すなわち、『四念処』の説示に則って、乾慧地は断惑の位ではないことから、これを初焔とするのは名別義通の意に他ならないというのが「或云」の主張である。ただし、この名別義通は、先に触れた「腹合」の名別義通である。これに対して証真は、乾慧地における断惑がなければ、智顗が乾慧地と歓喜地とを対応させることはあり得ないと強調する。それは乾慧地の初焔を謂う『大智度論』の説示、及びそれを受けた『法華玄義』等の記述の趣旨を指すのであり、他方で名別義通において八人地及び見地を歓喜地に対応させるのは、断証が共通であるという「私」的な解釈に基づくと指摘する。そして、「或云」が論拠とする『四念処』の説示を、乾慧断惑の理由を通教における多様な機根の存在に帰する『法華玄義』と同旨であるとして、名別義通による解釈を斥け、二入通を乾慧地に実相に通じて別円二教に入る利人を対象とする規定であると述べている。

利根の行者による通教の乾慧地における断惑を認めるとなると、その立場を補強する典拠が必要となる。そこで証真は、さらに、智顗や湛然の説示が、乾慧地における断惑を容認することを論証しようとする。『維摩経』仏国品[30]に浄仏国土の行を説く箇所を、『維摩経略疏』巻二では、通別円三教の行位に配当する。通教については、「一約二通十地一直心対二見地一。前未レ発レ真名為二邪曲一。登地見レ理、離二諸曲一見故名二直心一。因二此直心一進入二一地一。……九地能説法浄、説法浄即智慧浄。九地具二四十弁才一名二智慧地一。因二智慧浄一得レ入二十地一。十地即心浄故一切功徳浄。始自二直心一訖下于結句言中欲レ得二浄土一当レ浄二其心一。心浄則仏土浄上。借二此十地一対成三通教竪明二相資浄土行一也。[31]」とする。つまり、冒頭では、直心を見地及び「登地」に対当させつつ、九地を「智慧地」と称するのであり、これは『維摩経文疏』巻八[32]では別教の第九地である「善慧地」と表記されている。こうした説示について、湛然は『維摩経疏記』巻上で次のように述べている。

次約二通教一釈。於レ中、初以二直心一対二於見地一、而云二登地発レ真者、何耶。答。於二通教中一、上根菩薩初地見真義、当三三人共位見真二。入二第三地一為二深心一者、此十三句中云二深心一者、非二前三心之深心一也。故前深心但是初発之深心也。望二声聞人一得レ名レ深耳。第四去云二事理倶行一、乃至智慧以対二十地一。皆従二成就一別、別言レ之通教初心既事理倶行。亦応三合有二教化調伏乃至起根一、得名処別故、別対レ之、以成二竪義一。通教尚爾。況復円耶。言二善慧一者、借レ別諂レ通故所レ列地不レ標二地称一、但云二初地乃至十地一。唯此第九暫借二別名一。至二第十地一、摂二後三句一併結二成地一。借二此十地一者、正借レ別也。経文但云従レ初至レ後、雖レ無二地名一、既云二登地見真理一。豈可三専用二乾慧等者名一。通教初地未レ名レ直故、故可借レ別以名二於通一。初地断レ見仍成二通義一。又復通教地前無レ賢。故第十地含二於三句一。初之両地倶名為レ直。故使三第十含二於三句一。[33]

証真はこれらの記述と、道暹の『維摩経疏記鈔』の古佚部分「直心対見地者、若約二三乗共一不レ得レ作二此対一。今直心対二登地一者、此約下利根菩薩借二別名一名中通菩薩位上。即当下乾慧地而見二真諦一破中於見惑上。故名二直心一(34)」という註釈を俎上に載せ、次のように会釈する。

彼疏通教初地名二登地見レ理。妙楽記文上下二処、各出二一義一。初云上根菩薩初地見レ真者、上根菩薩乾慧断レ惑見二真理一故、即同二三乗共見地一故、以二通初地一名為二見地一、亦名二登地一。次云レ借二別名一者、此依下疏下文善慧地名反云借二此十地一之文上、更依二名別義通之意一、即以二見地一対二別初地一。故云二登地一、亦云二見真一。若但通教之初地者、既是乾慧故、不レ可レ云二登地見真一。記文既云二初之両地倶名為一レ直。此以二直心一対二八人見之両地一也。暹師別約二乾慧断惑名別義通一、謂三通初地名二登地一者、此約二利人乾慧断惑一故、借二別名一名二通菩薩位一、以二別初地一対二当乾慧断惑位一也。此乃当教乾慧断故、対二別初地一。非レ謂下借二別名一故明中乾慧断上也。言二即当一者謂二対当一也。乾慧断惑故、以二別初地一対二当乾慧一也(35)。

証真によれば、湛然の見解の概要は次のとおりである。すなわち、智顗が疏で直心を見地に配当しつつ「登地見理」とも述べるのは、上根菩薩の乾慧地における断惑が、三乗共の十地における見地の断惑に斉しいことに基づくものである。他方、直心以降を行位に配当する際に第九地のみ「智慧地」或いは「善慧地」という別教の名称を用いたのは名別義通の意であり、この観点からは八人地・見地を歓喜地に対当させることになる。また、道暹の説は、一向に乾慧地と歓喜地を対応させる名別義通で理解しようとする立場である。これは証真自身の名別義通説とは相容れるものではないが、乾慧地と歓喜地を対応させる根拠として、道暹が乾慧断惑を挙げる点に着目して引用したと思われる。

以上を要するに、通教の乾慧地における断惑は、通教の利根の菩薩による断惑の形態であり、その典拠は『大智度論』などの説示に求められる。智顗がこれを三処焦炷として受容し、その三処を通別円三教の初地に比定しうる以上、乾慧断惑を端的に肯定する方向で理解する。したがって、これを名別義通で理解するのは妥当でなく、右にみたように、『維摩経略疏』等において、智顗や湛然、道暹等が、乾慧断惑を前提とする議論を展開していることをも、その立論の基盤とする。こうして証真は、乾慧地における断惑を名別義通によって理解する見解を斥け、名別義通の枠組みについて一貫した立場を保持しようとするのである。

なお、中世の論義書等を瞥見するに、「腹合」の名別義通説が、そもそも名別義通に含まれるか否かの他、論題にいう「三教初焔」において、その意義をめぐる研鑽が重ねられていたことが確認できる[36]。証真の問題意識が中世以降にも維持、継承されたとみるべきであろう。

五　乾慧断惑の位置づけ

証真が乾慧地における断惑を論ずる際、当通教における断惑と、別円二教への入との両義を念頭に置いていることは、先に触れたとおりである。

前者の場合は、『法華玄義』巻四下[37]の記述に基づいて、「雖レ云二乾慧断惑一、而不レ失二十地一、不レ超二地位一。若拠二速疾一名為レ超者、即初二地亦可レ名レ超[38]。」とする箇所があるように、乾慧断惑といえども通教の十地の階梯を無視するものではなく、通教の断惑の始期が乾慧地であるというに留まる。要するに、速疾な断惑と呼ぶべき態様である。また、後者は、『法華玄義』や『四念処』の説示に基づき、乾慧断惑を二入通、或いは通別通円として理解する態様である。前後者いずれの場合も、その概念規定や行位をどのように解するかが問題となる。

まず、乾慧断惑と被接との関係については、『法華玄義私記』巻四末において、通教の行者の機根を論ずる過程で言及している。

問。亦有二性地初炎一不。若云レ有者、諸文唯云二乾慧断惑一不レ云二性地一。弘決六云、中根之人亦同二二乗一、三四地断。止観第六云、瓔珞明二四地須陀洹一是下根。三地須陀洹是中根。初地須陀洹是上根一云云。若云レ無者、既有二乾慧初炎一。豈無二性地初炎一。

答。必有三性地忽発二聖智一。位位皆有二発不同一故。而諸文中且依二大輪初地初炎一。故不三更明二性地初炎一。既有二四種発一。何無二多種断一。然弘決云三中根之人同二二乗一者、彼止観文、通教惣有二三種一。一引二大論乾慧初炎一。此当二上根一。二但菩薩。彼文云今取二八人真断一為二初炎一、此当二中根一。三三乗共位。此当二下根一。中下二根同二八人断一。故云中根同二二乗一也。彼止観不レ論二性地初炎一。故弘決中不レ論二此義一。設有二性地初炎一、但属二上根一。非二是中根一。何者、通人惣分二二類一。利人被接、鈍人通レ真。此約二見地断惑一分レ之。於二被接中一、亦分二三根一。即以二四地断見一為二上根一。此外更有二乾慧断惑一。凡位断惑皆名二上根一。性地初炎亦是凡位断惑者、故同属二上根一。被接為レ中。余人為レ下。彼中下根既有二多類一。於二上根人一、豈只一人[39]。

ここで直接に問題となっているのは、性地初焔を認めるか否か、すなわち、『大智度論』が説示する乾慧初焔は認めるとしても、直接の説示がない性地での初焔の肯否である。結論としては、証真は、乾慧地と同じく利根の行者の凡位における断惑として、性地初焔を肯定する。それに伴い、通教行者の機根を、『摩訶止観』巻六上及び『止観輔行伝弘決』巻六之一の記述を基に整理しているのである。

『摩訶止観』巻六上に名別義通を説示する箇所では、『大智度論』の「三処燋炷」について、次のように論じられている。

問。三乗共断其義已顕。用レ何為レ拠、更独開二菩薩地一耶。

答。大論判二三処焦炷一、則有二三種菩薩断惑一。乾慧是伏レ惑。尚得レ為二初炎一。今取二八人真断一為二初炎一、有二何不可一云云[40]。

名別義通において、三乗共の十地の他に、「借二別名一名二通家菩薩位一」[41]として通教の菩薩地を単独に規定する理由を述べている。『大智度論』の三処燋炷を引き合いに出し、そこでは本来伏惑の位である乾慧地に断惑を認めることから、天台の名別義通義として、三乗共の十地と同じく八人地を菩薩のみの断惑の位とすることにも問題がないとするのである。必ずしも明快な説示ではなく、『止観輔行伝弘決』巻六之一における湛然の註釈も、「所レ言三種菩薩者、即共地菩薩中根之人。亦同二乗三四地断[42]。」とあるように、『大智度論』所説の三種菩薩を共地の菩薩とする点は解釈論上の問題を残す。

ともあれ証真は、こうした説示の基盤として、通教に三種類の機根が想定されているとみている。上根が乾慧地及び性地に断惑する者であり、中・下根が、八人地に断惑する菩薩と三乗共地の行者である。『摩訶止観』等で論じられない性地の者が乾慧地同様に上根に属する理由も、断惑の行位による分別に基づくことになる。証真によれば、一般に通教の行者を利鈍で分別する場合、利根が被接者、利鈍が当通教の者とする区分は、見地の断惑を基準とする分類方法によるものである。被接中に三根があるとしても、この方法を用いる限り、断惑の位ではない乾慧地・性地は規定の枠外にある。しかしながら、乾慧地という凡位における断惑を認める場合、これを行うのが上根の行者となり、被接は中根、余の者が下根ということになる。そうであるなら、同じく凡位である性地の断惑も、特に否定する理由はないのである。

このようにして、乾慧断惑の行者は、例外的であるにせよ、通教における最上利根とされるのであるが、本節の冒頭に触れたように、十地の階梯を無視するものではない。これと関連して、乾慧地における被接は、『止観私記』

巻三末の次の記述のように否定されることになる。

問。為レ無二乾慧・性地被接一耶。若云レ有者、此文如何。又下決云二四地為レ上。若云レ無者、既有二乾慧断惑之人一。寧無レ接者。

答。若欲レ了二此義一、先応三解二了乾慧断惑一。如二玄第四記一。設拠二乾慧断惑之義一、乾慧・性地猶是見道。終至二四地一方有二出現一。故於二乾慧一亦無二被接一。[43]

乾慧断惑を認めるとしても、見惑が断尽される見地を修道とすれば、乾慧地・性地は見道に留まるというのであり、通教における断惑を前提とする被接は、それらの行位では論じ得ないことになる。証真は明言することがないものの、乾慧断惑の利根の行者が、速疾に見地に至った後、被接によって別円二教に入るという事態も想定することができると思われる。

次に、乾慧断惑を二入通として捉える場合については、やや曖昧な部分がある。既に触れたように、そもそも証真の見解では、二入通に広狭二義がある。狭義では、『四念処』の説示に基づき、未断惑の行者による別円二教への入を意味するが、広義では、通教における断惑・未断惑に関わりなく、行者が後教へ入るという態様を総称し、『大智度論』所説の三処燋炷に基づく乾慧断惑や、被接を包含するのである。

その『大智度論』との関係では、『法華玄義私記』巻四末では、「菩薩地中明二歓喜等一、是明二通教二入通義一。故四念処引二此論文一、為二通通通別通円一也。[44]」として、共の十地の菩薩地中に歓喜地等の不共の十地を説示することを、『四念処』所説の通教の二入通の義と述べている。また、三処燋炷の三処を三教と解釈する過程で、湛然が三種菩薩を「共地」[45]と釈することについても、『止観私記』巻六本に「決云二共地一者、大論三処燋炷者、於二通十地中一開二出別円一。故四念処第二云、此是通教通通通別通円之義。已上[46]」とあるように、三処燋炷を二入通で会釈している。これらは、いずれも広狭両義の二入通を含意するものと解され、証真の構想としては、後教への入を二入通の名で総称しようとしたのではないかと推測する。[47] こうした発想が、「通教是通二実相一門。故於二一地一皆入二後教一。[48]」という通教観を背景とするものであることは相違無いであろうが、広狭両義の二入通については、具体的な適用場面の区別や、行者の機根にも言及するところがない点で、理解に十分な説明が尽くされているとはいえない部分があるようにも思われる。例えば、右の『止観私記』巻六本にいう「開二出別円一」の意味を、文字通り別円二教の初地・初住を通教の十地に開いたと理解すれば、「藉レ通開導」に類似した結論を導出することもできるかもしれない。

六　小結

本章では、先行研究による基礎的な業績を踏まえながら、通教の行位論のうち、名別義通の枠組みに関する証真の理解を確認した上で、論題にいう「三教初焰」、すなわち乾慧地における断惑の解釈の意義を、その問題意識に即して解明することを試みた。如上の検討結果をまとめれば、以下のとおりである。

証真の基本的な立場は、外凡の位とされる乾慧地・性地における断惑を利根の行者について肯定するというものである。立論にあたって、証真が主たる対論者としたのは、乾慧断惑を名別義通によって会釈する見解である。この見解を採る前提としては、名別義通のうち、『摩訶止観』所説の「借二此別名一判二三人通位一」において通教の乾慧地と別教の歓喜地を対応させる必要がある。先行研究が指摘するように、証真がそうした立場を否定しながら自らの名別義通説を確立させたことは、日本天台の教学形成に大きな影響を与えたのである。

本章では、証真教学研究の観点から、証真が批判した見解の始点の一つに、良源の『名別義通私記』を想定した。

また、証真以後の日本天台でも、良源が主張した名別義通説が「腹（複）合十地」或いは「十地十地」として、議論の対象になっていたことを指摘した。

証真による乾慧断惑の理解は、通教の凡位における超速、或いは速疾な見惑の断尽と、『法華玄義』や『四念処』が説示する二入通の両義にわたるものである。前者については、被接と矛盾することがないことから、合流する可能性があることを指摘し、後者については、被接を含む通教から別円二教への入を、二入通という上位概念で統合しようとした意図を指摘した。ただし、こうした両義的な教説が詳細に構築されるに至らなかったため、批判の対象にもなったのである。不明確な部分も残るが、その意義の一端を明らかにすることはできたと考える。

通教の行位論には、他にも問題点が多く、それらについては今後の課題としたい。

註

（1）大正四六・七二二頁上。

（2）被接については、大久保良峻「良源撰『被接義私記』について」「日本天台における被接説の展開―基本的事項を中心に―」（『天台教学と本覚思想』法藏館、一九九八所収）参照。名別義通については、若杉見龍「智顗と灌頂―「名別義通」をめぐって―」（『印度学仏教学研究』三三―二、一九八四）が、その形成過程を論じ、『四教義』の記述が『法華玄義』、『摩訶止観』の順に増広されたことを指摘する。また、青木隆「天台行位説の形成に関する考察―地論宗説と比較して―」（三﨑良周編『日本・中国　仏教思想とその展開』山喜房仏書林、一九九二所収）、同「天台行位説に関する一、二の問題」（『印度学仏教学研究』四一―二、一九九三）は、名別義通の成立に関し、地論宗の行位論からの影響を指摘する。

（3）大久保良峻「名別義通の基本的問題」（『天台学報』五二、二〇一〇。のちに『最澄の思想と天台密教』法藏館、二〇一五に収録）参照。

（4）　仏全二一・一六五頁上下。
（5）　大正三三・七三〇頁上。
（6）　続蔵一―四五・二九丁左下。なお、『宗要光聚坊』巻上「三教初炎」（続天全、論草4・三九二頁上）では、この記述を「被接《ハ》機。名別《ハ》教《ト》云事。」の典拠の一とする。
（7）　大正四六・七二頁中。
（8）　大久保前掲論文「名別義通の基本的問題」参照。
（9）　『法華文句記』巻二中、大正三四・一八三頁上。略抄である。
（10）　仏全二四・二一九頁上下。良源に『名別義通私記』一巻という著作があることについては、『本朝台祖撰述密部書目附同顕部書目』（仏全二・二四〇頁上）、『山家祖徳撰述篇目集』巻上（仏全二・二七〇頁下）などの目録参照。また、証真は、『法華玄義私記』巻四末で、『仁王般若経』の断惑を論ずる際に「大僧正名別義通記云、仁王断惑是影略互顕也云云。」（仏全二一・一七一頁上）とし、良源の『私記』（仏全二四・二二一頁下）の文を引用している。良源の真撰であるか否かは措くとしても証真が当該文献の記述を知悉していたことを疑う事由は特にない。
（11）　大久保前掲論文が指摘するように、これを「複合」とするものもあるが、用例としては「腹合」が多いようであり、例えば、『宗要光樹坊』巻上では「サテコソ腹合《セトモ》被レ云。」（続天全、論草4・三七五頁上）としている。他には註（36）に挙げた論義書や、『天台名目類聚鈔』巻六「名別義通事」でも、「十地腹合名別義通」（天全二二・四三二頁下）との表記が見える。
（12）　大正八・三四六頁上。
（13）　大正二五・五八五頁下。
（14）　大正八・三四六頁上中。
（15）　大正二五・五八六頁上。『大智度論』の行位説については、平川彰『初期大乗と法華思想』（春秋社、一九八九）第七章「大乗独自の十地」参照。
（16）　大正四六・七四七頁中。また『四念処』巻二（大正四六・五六三頁下）にも類似の記述がある。
（17）　大正三三・七三一頁上中。

(18) 『法華玄義釈籤』巻一〇、大正三三・八八六頁上。「問大論三処明燋炷等者、謂乾慧地・初地・初住。」とする。

(19) 仏全二四・二二三頁上。

(20) 大正四六・五六三頁中。

(21) 『止観輔行伝弘決』巻三之三における湛然の註釈によれば、通別通円は、「即是別円用二於通教一而為二方便一、但成二別円因果人一也。是故菩薩拠レ位雖レ同、乾慧性地観慧猶劣。是故亦復不レ受二接名一。」（大正四六・二三七頁上）とされる。端的に別円二教の機根であって、乾慧地・性地から別円に入るとしてもそれは方便に過ぎず、被接とは区別すべきであるとする。

(22) 大正四六・五六三頁中。

(23) 大正四六・五六三頁下。

(24) こうした解釈は、癡空や守脱など、近世後期の学匠に見られる。癡空は、『法華玄義釈籤講義』巻四に、「別円入通者、謂下本別円機入二通教中一者上。即藉通開導人。諸説為二被接者一、甚謬。」（仏教大系『法華玄義』三・三二八頁）とあるように、『法華玄義』にいう別円入通を藉通開導の人とする。また守脱も同様の結論を採り、『法華玄義釈籤講述』巻四下で、「第一道理・第二文証・第三証二藉通開導断証一・第四評二異説一・第五遮二外難一」（仏教大系『法華玄義』三・三二〇頁～三二七頁）の構成をもって自説を開陳している。彼らの所説の指針となっているのは、知礼『金光明経玄義拾遺記』の説示である。すなわち、「第三義者、即於二乾慧及性地中一、聞二体法空一、不三但空二於二十五有一、亦乃空二於涅槃之空一。此人雖レ藉二通教譚一レ空開二導其心一、而了二此空体是中道一、乃以二別円外凡観一、同二於二乗一歴二乾慧等及後諸地一、至二第十地一、即成二別円初地初住八相之仏一。此乃通教通別通円義也。既在二初地一便知二不空一。是故不レ受二被接之名一。」（大正三九・四六頁中）とあり、『四念処』所説の通別通円を、被接とは異なる別円二教の階梯として明確ならしめている。なお、守脱は異説として、中国の法照『三大部読教記』巻一六（続蔵一―四三・四〇八丁右下～左上）、可観『山家義苑』巻下（続蔵二―六・一八八丁右下～一八九丁左下）、蒙潤『天台四教儀集註』（仏教大系『四教儀集註』（完結）二一三頁）、そして証真らの説を引用し、藉通開導の立場から批判している。

(25) 仏全二一・一七二頁下～一七三頁上。

(26) 『法華玄義』巻二下、大正三三・七〇三頁中。

(27) 仏全二一・一七三頁上。
(28) 大久保前掲論文「日本天台における被接説の展開」(『天台教学と本覚思想』二六一頁註(32))参照。
(29) 仏全二一・一七三頁上下。なお、証真『維摩経疏私記』巻一(新版日蔵、方等部章疏九・一八三頁下～一八四頁上)にも、道暹の見解が引用され、本文と同様の会釈が行われている。
(30) 大正一四・五三八頁中下。
(31) 大正三八・五九三頁下～五九四頁上。
(32) 続蔵一―二八・四丁右下。
(33) 続蔵一―二八・三七六丁右上下。
(34) 証真の引用文は、仏全二一・一七四頁下。
(35) 仏全二一・一七四頁下。
(36) 例えば、『宗要白光』「後三教初焔事」(天全一八・一七八頁下～一九一頁下)、『宗要光樹坊』巻上「三教初炎」(続天全、論草4・三七〇頁上～三九二頁下)、『宗要柏原案立』巻三「三教初焔」(大正七四・四七六頁下～四七八頁上)など参照。なお、『宗要白光』には、「尋云、立二腹合名別義通一耶。……示云、此事異義也。相伝本体義可レ立レ之云々　而永弁已来不レ被レ許レ之レ云々　但弁長方猶依二根本義一可レ立云義習也。」(天全一八・一八二頁上下)とあり、証真にとって檀那流における師とされる永弁以後、腹合の名別義通を認めなくなったが、証真の弟子である弁長は肯定したなどと、当時の思想的な状況を伝えている。なお、『台宗二百題』「三教初焔」は、ほぼ証真説に依拠している。
(37) 註(17)参照。なお、『止観私記』巻六本にも、「准二玄文第四一雖二乾慧断惑一而具有二十地一。故乾慧断レ見盡者、即至二八人見地一。故不レ可レ云二四地断レ思六七成仏一。」(仏全二二・一〇〇二頁、下)とあり、乾慧地に見惑を断尽することが、十地の階梯を無視するものではないとする。
(38) 『法華玄義私記』巻四末、仏全二一・一七五頁上。
(39) 仏全二一・一七五頁下～一七六頁上。
(40) 大正四六・七二頁下。

（41）大正四六・七二頁中。
（42）大正四六・三三三頁中。
（43）仏全二二・九〇二頁下。
（44）仏全二一・一六八頁上。
（45）註（42）参照。
（46）仏全二二・一〇〇三頁上。
（47）この点で、後世の批判には、証真の意を酌んでいない部分がある。例えば、守脱は『法華玄義釈籤講述』（仏教大系『法華玄義』三・三二五頁）において、「宝地意、於二被接中一輒立二最上利根凡位断惑一類一、以消二乾慧断惑義一也。」とし、こうした理解が被接の綱格を乱す旨の批判をするが、本文で述べたように、証真の理解は、むしろ二入通を被接の上位概念とする方向性を有する。
（48）『止観私記』巻三本、仏全二二・八九三頁下。

第十三章　教証二道の報身について

一　問題の所在

証真の仏身論、教主論については、日本天台の重要論点、すなわち法華教主論や法身説法などに関する教説の意義が夙に明らかにされている(1)。本章では、証真の教学研究の立場から、より内在的な理解を目標として、教証二道における報身義を解明する。このうち証道の報身とは、別教における初地已上の法身菩薩所見の、いわば通途の報身であることから、考察は主として教道の報身を対象とすることになる。

守脱（一八〇四～一八八四）の『観経疏妙宗鈔講述』巻四を見るに、教道の報身を次のように評している。

如三古来云二地前所見是教道報身一者、於二一家教義一非三全無二其義一。教道方便、証道真実、是今家常談也。然享保云、此義未レ見二所出一。已上　未レ詳。……(2)

別教の初地以前に見る報身を教道報身と称するのは、教道＝方便、証道＝真実とする天台教学では全くその意義がないというわけではないとしながらも、「享保」すなわち『台宗二百題』(3)が、義科の論題「地前報身」で教道報身の義を出所未詳とする記述を引用しつつ疑義を呈し、批判を加えてゆくのである(4)。守脱による批判の対象となったのは、本章で検討する証真の説であり、近世に至ると異説とされたことがわかる。しかしながら、同時に『二百題』が言及し、守脱が「古来」と述べるように、教道報身が中世においては議論の対象になっていたことからすれば、その意義を解明する必要があると思われるのである。

証真の先蹤と思われるのは、播磨道邃『摩訶止観論弘決纂義』巻五の「若教道意、為レ引二地前一現二報身相一、加レ力令レ見。唯是為二入地方便一。権示二他受用身一、非二真実身一。以非二円直見一故。義当二曲見一。」(5)という記述である。ここでは教道の意として、入地の方便のために他受用身を示現すると釈している。教道報身と同旨であるが、『弘決纂義』にはそれ以上の論述はなく、詳細は不明である。以上を前提に、証真の議論を検討する。

二　教道報身の概要

まずは、教道報身の概念規定が問題となる。教道報身という名称の直接の典拠は、湛然（七一一～七八二）『止観輔行伝弘決』巻一之四の、次の記述であると思われる。

> 論云去、八十行般若頌文也。無形謂二法性一也。荘厳謂二福智一也。境智相称遍応二法界一。唯有二同類一見二非荘厳一。今従二教道他受用辺一亦云二報身一。即是登地菩薩所見。(6)

これは、『摩訶止観』巻一下の五略のうち、発大心の中、報仏の相好を見ることで菩提心を起こすことを説く「若見二如来一、身相一切靡レ所レ不レ現。如三明浄鏡観二衆色像一。一一相好凡聖不レ得二其辺一。梵天不見其頂。目連不レ窮二其声一。論云、無レ形第一体、非二荘厳一荘厳。願我得レ仏斉二聖法王一。是為下見二報仏相好一上求下化発中菩提心上。」(7)という記述を釈した箇所である。

ところで、『摩訶止観』では、報身の相好を『金剛般若経論』巻上(8)の偈によって説明している。湛然はこの偈のうち「無形」を法性、「荘厳」を福智に配当することで、これらが相応して法界に遍満した様相を報仏の相好とし、「非荘厳」は同類、すなわち報身と同位の者にとっては荘厳ではないと解する。それ故に、傍線部のように、これは「教道他受用」の報身の相好であって、それがそのまま初地已上の登地の法身菩薩の所見であると釈するのである。

ただし、湛然の註釈は必ずしも明快とはいえない。そもそも「教道他受用」など、教道報身を想起させる用語は、湛然の著述中、この箇所以外には見出されないからである。また、右の記述自体も問題を含む。『金剛般若経論』の偈は、『維摩経文疏』巻一（及び『維摩経略疏』巻一）では、常寂光土における身土の一体性を証する際に引用されている(9)。さらには、「教道他受用」がそのまま（即是）登地菩薩の所見の報身であるという説示の意味も確定される必要があるだろう。

証真は、これらについて、『止観私記』巻一末で次のように消釈する。

問。今明㆓他受用身㆒。何引㆓内証㆒。故浄名疏以証㆓法身㆒。
答。若従㆓教道㆒、荘厳之言即是色相故為㆓他受㆒。故決云㆔今従㆓教道他受用辺㆒。
問。地前菩薩見㆓報身㆒耶。若云㆑見者、今決云㆓即是登池菩薩所見㆒。
答。別教教主即是他受為㆓凡夫見㆒。而今文者、意云、此荘厳者、従㆓教道辺㆒是地前見、本是登地菩薩見也(10)。

最初の問答では、他受用身を説示するにあたって法身の内証をいう偈文を引用することを問題とする。これについては、偈の「荘厳」が教道においては報身の色相であると会釈する。また次の問答では、別教の教主である他受用身が凡夫所見であるとした上で、所見の色相、すなわち荘厳が、本来は登地菩薩の所見であるとする。この点、『法華玄義私記』巻一〇では、「彼明㆘別教初心見㆓報仏㆒発㆗菩提心㆖。故知、地前見㆓報仏㆒也。而此地前所見報仏、即是登地菩薩所見、同一報身。但随二位浅深一、見有二勝劣一耳。[11]」とされ、教証二道で行位の高低に応じて所得が異なるとしても、見るのはあくまで同一の報身であると説明されている。

ところで、証真がこのように報身を教証二道で分別するのは、『華厳経』の教主に関する経論章疏の説示との関連が深いと思われる。右に引用した『法華玄義私記』巻一〇の前後において、『華厳経』の教主としての報身の意義を詳説している。

『私記』が註釈の対象とする『法華玄義』巻一〇上では、五重玄義の第五として、頓漸不成の三種を用いて教相を判じている。そのうち、頓教の会座に法身菩薩より下位の者が存在することを、「如レ此等初頓、未三必純教二法身菩薩一。亦有二凡夫大根性者一。[12]」と述べる箇所がある。証真は、この「凡夫大根性者」に関して次のような二つの問答を行う。

玄亦有凡夫大根性者、
問。既是報身報土。何以凡夫所見。
答。**法華云**、始見二我身一入二如来慧一。有レ凡明矣。又既説二別教一。豈無二地前一。**華厳云**、其余不二久行一。智慧未二明了一。由レ有二彼類一即説二別地一。又於二界内一現二報身報土一者、為下引二凡夫一入上実故也。**止観第四云**、何意相輔現二此三界一。為レ欲レ度二此凡俗一故。**第二本云**、若是上地、皆是法性身菩薩。自応二法性身一、為レ其説レ法。何意相輔来二此三界一。当レ知、七処八会只是為レ度二凡俗之衆一。已上
問。若爾、凡夫見二他受用報一耶。若云レ見者、経論常云、為レ化二十地一現二他受用一。若不レ見者、他受既是別教教主。応二地前見一。
答。異説不同云云。今謂、報身有レ二。一、教道報。是凡夫見。為二地前人一横現二報土一現二報身一。故別教教主

名二報仏一。彼華厳会主地前見故。方便土仏五人見故。二、証道報。是真報土地上所見。経論常指二此報仏一。故云二地上見一。**浄名疏云**、華厳・方等・般若・法華四度現二尊特一。**円頓云**、七処八会為レ度二凡俗一。**弘決五云**、如下為二地前菩薩一現レ身名為中報身上、非二自受用一。権示二他身一、非二真実一故。義当二於曲一。此等並是教道報也。[13]

最初の問答では、報身の国土が地前の凡夫の所見である理由が問われている。これに対し、『法華経』従地涌出品[14]の文を引用するのは、仏の教導が頓教から漸教に至る経証としてこの文を用いる『法華玄義』の記述の意を承けたものである。さらに仏駄跋陀羅訳『華厳経』十地品の文[15]を引用することで『華厳経』の会座に凡夫がいることを証している。これについては、経文の説示内容自体もさることながら、経が説示する「不久行」者を、『法華文句』巻九下が「按二彼経一、無二声聞二乗一。但指レ不二久行一者、為下楽二小法一人上耳。」[16]と述べ、小法を願い求める者と説示していること、さらには湛然が『法華文句記』巻九下で、この「不久行」すなわち「楽小法」の者を、「彼経以レ未レ至二回向一為二不久行一。此但次第行耳。」[17]とし、別教の十廻向未満の次第行者と具体的に規定することを踏まえているのはいうまでもないだろう。こうして、『華厳経』の会座において、地前の人を対象とする教主及び国土が存在することを、智顗や湛然の説示から導出していることが確認できるのである。

さらに、『摩訶止観』巻四下[18]及び『摩訶止観』の「第二本」の記述によって主張を補強している。いずれも『華厳経』が「凡俗」を教導する経典であるという説示であり、この「第二本」とは『摩訶止観』の異本である。その後に同旨の文を「円頓云」としているのは、証真が閲覧していた別本『円頓止観』の記述を指す。[19]

次の問答では、その凡夫に対する教主の仏身何如が問題とされ、ここで傍線部のように報身を二種に分別する仕方が示される。すなわち、教道報身と証道報身である。後者は初地已上の法身菩薩所見の報身であり、特に問題はない。前者が別教地前の人の所見の仏であり、地前の人のために「横現」された報土に居するとされる。これを、

『維摩経略疏』巻二、[20]『円頓止観』すなわち右の『摩訶止観』第二本、『止観輔行伝弘決』巻五之二[21]の記述によって論証しようとする。要するに、『華厳経』の会座で、地上法身菩薩だけでなく地前の凡夫を教導するために現ずる仏身もまた尊特身であり、報身であるとする。したがって、教道報身とは、別教教主としての他受用身ということになる。ただし、国土や仏身の配当については、後に触れるように、方便有余土や勝応身との関係で、一定の幅がある。

三　教道報身の論拠

右に引用した記述に続いて、さらに教証二道の報身の論拠を経論に見出そうとする問答が行われている。そこでは、前節で触れた『法華経』従地涌出品及び『華厳経』十地品の文の後、次のように『大乗起信論』[22]の記述が引用されている。その解釈をめぐる諸師の見解を列挙するが、証真自身の文意が少々不分明であるため、確認する必要がある。

起信論云、一、依二分別事識一。凡夫二乗心所見者、名為二応身一。以レ不レ知二転識現一故、見二従レ外来一、取二色分斉一、不レ能二尽知一故。二、依二業識一。謂、諸菩薩従二初発意一、乃至菩薩究竟地心所見者、名為二報身一。身有二無量色一、色有二無量相好一、不レ可二窮尽一。

又云、初発意菩薩所見者、以三深信二真如法一故、少分而見。知下彼色相荘厳等事、無レ来無レ去、離二於分斉一、唯於レ心現、不上レ離二真如一、然此菩薩猶自分別。未レ入二法身位一故。若得二浄心地一所見微妙其用転勝。乃至菩薩地尽見レ之究竟。已上然此論文、諸師解異。

知礼云、別円菩薩知二真如一故、見二生身相一知二無分斉一。故名為レ見。非レ謂レ現二於広大身一也。

探玄記云、起信論中許三地前菩薩見二報身一者、彼依二終教三昧見一也。

元暁師云、亦云二三昧所見一云云。

地前菩薩雖レ由二仏加一暫見二報仏一。而見レ仏劣不レ如二地上一。故云二少分一。[23]

『大乗起信論』は行者所見の仏身を行者の認識によって分別する。分別事識によって仏を見る二乗や凡夫は、その姿が転識の所現であることを知らず、外界に在るとみなしている。故に所見の仏身は応身である。業識によって仏を見る初発意乃至究竟地の菩薩は、仏身に無量の色や相好を見る。故に所見の仏身は報身であるとする。また、初発意の菩薩の所見が高位の菩薩より劣るのは、後者の境地が、報身の無量の相好が心の所現であり、真如を離れてはいないことを深く信ずる結果、「少分」すなわち部分的に報身を見るに留まるからであると述べる。

証真が着目するのが、初発意の菩薩が少分に報身を見るという記述にあることはいうまでもないが、波線部以降で、『起信論』の文に対する三師の見解を挙げている。すなわち四明知礼（九六〇～一〇二八）、華厳学者の法蔵（六四三～七一二）、新羅の元暁（六一七～六八六）の説であり、特に論評することもなく、傍線部のような結論を導出している。要するに、地前の菩薩は仏の加被によって暫時報身を見るが、それは地上の菩薩には当然劣るので、「少分」と呼ぶということである。証真の結論は仏の側の加被に触れるのみで、行者の認識根拠への言及がない。それを三師の見解で補強するか、疑問を呈する意図であると思われる。

このうち、法蔵と元暁は、それぞれ地前菩薩が報身を見る根拠を、三昧見に依るものであるとする点で共通する。元暁の説は『起信論疏』巻下の記述と思われ、前後を含めて引用すれば、「今此論中、凡夫二乗所見六道差別之相、名為二応身一。十解已上菩薩所見離二分斉色一、名為二報身一。所三以如レ是有二不同一者、法門無量、非二唯一途一。故随レ所二施設一、皆有二道理一。故摂論中、為レ説三在前散心所見有二分斉相一故、属二化身一。今此論中、明三此菩薩三昧所見離二分斉相一故、属二報身一。由二是道理一故、不二相違一也。[24]」とある。元暁は、十解、すなわち十住[25]以上の菩薩が、三昧見によって報身を見るとするのであり、地前の人が化身を見るという『摂大乗論』[26]の説示を散心見とすることで、両者を会釈している。そして法蔵『華厳経探玄記』巻三[27]は、これを五教中の大乗終教に配当するのである。ただし、仏の加被を重視すれば、地前の菩薩が報身を見るのを、特に三昧や定における見に限定する必要はないだろう。

ここで注意が必要なのは知礼の見解である。右の引用文は取意であり、典拠を確定することはできないが、別円二教の菩薩が真如を知ることで業識によって報身を見るとの意であろう。しかし、この引用の仕方では、行位に言及がないため、これが地前の見なのかどうか、必ずしも判然としない[28]。

ところで、知礼が『大乗起信論』の事業二識、すなわち分別事識と業識を仏身論に援用することは知られている[29]。例えば『金光明経文句記』巻三には、「斯乃如来以二法界用一随三順衆生事業二識一、現二報・応身一。応身是今生身。報身是今尊特及法性身。依二事識一者、但見二応身一、不レ能レ観レ報。以三其麁浅不二窮深一故。依二業識一者、既観二報身一亦能見レ応。以三知真如起二二用一故。[30]」とあり、衆生の事業二識に従って応身・報身の示現が説明される。業識による見報身の行位は、『観経疏妙宗鈔』巻五に「須レ知、尊特地住已上分証論レ見。地住之前相似論レ見。斯乃如来以二実報身一応二下二土一。[31]」とあるように、地住已上の分証即が原則となるが、地住未満でもそれに準ずる態様で相似にみると判じている。

証真は知礼の説を知悉していたようであり、処々に活用している。例えば、『法華玄義私記』巻六では、『法華玄義』が迹門における十種の功徳利益妙を説示する中、第九の変易益で四土の得益を論ずるにあたり、知礼の『観経疏妙宗鈔』巻三の記述を詳細に引用している。[32] また、『観音疏略鈔』でも、『観音義疏』巻下[33]の、方便有余土の教主を勝応身及び劣応身とする記述をめぐって次のような問答を行っている。

一示勝応身円満相海如前実報之応者、

問。方便土仏既是勝応。豈同二報仏一。

答。知礼云、無明已伏、惑少分除。故見二報相一。稍似二実報一。又云、若稟二別円一、於二同居・有余一亦見二報仏一云云[34]。

方便土において報身を見ることを肯定する文脈で、知礼『観音義疏記』巻三[35]の記述によって、方便有余土及び凡聖同居土でも、未断無明の別円二教の行者が、実報土に準じて報身を見ると述べている。要するに、証真が地住以前の菩薩が報身を見るという教説を構築するにあたっては、知礼の説示が少なからざる影響を与えていることがわかる。

ただし、証真は、仏身論・教主論において、知礼が確立した「権実二理・空中二観・事業二識[36]」からなる、所謂三双見仏を組織的に導入することはない。例えば、仏身の示現における「須現」「不須現[37]」という成語を一度も用いないのであり、事業二識等の援用に関しては、慎重な姿勢を示している。

この点で考慮すべきは、法華教主論における知礼との相違である。証真が『法華経』の教主を「即レ応是法為二今経仏一[38]」とし、応身に即した法身と解することは既に解明されている。[39] その帰結として、『法華疏私記』巻六では、知礼の報身説[40]と、従義（一〇四二～一〇九一）『三大部補注』巻九[41]の劣応身説を異説に挙げ、次のように批判している。

知礼師云、依二起信論一、凡夫二乗事識所見説名二応身一。菩薩業識従二初発心一並見二報身色相無量一。此尊特身有レ三。

一如三華厳有二十蓮華蔵界塵数相好一。二如二観経八万四千相好一。三如二法華、般舟等一。三十二相即是無辺不二別現レ身。真諦所感、蔵通二人唯見二生身一。若中道機、別円二人即レ劣見レ勝。故法華経是報仏説。別円地住分証見レ報。地住已前相似論レ見。……具如二彼金光明観経等記一

若依二補注一、法華是劣応生身説。界内是生身。界外名二法性身一。故諸文報身皆現二大身一。非レ即レ劣故。……

私云、若云二法華即レ劣是報一者、諸文意云、即レ劣是法。約レ本是報。非レ謂二今日当体是報一。但起信論菩薩見レ報者、但云三菩薩亦見二報仏一。非レ謂二菩薩所見皆報一。若不レ爾者、菩薩豈不レ見二生身仏一。……若云二法華直是生身、即同二三蔵一。若云即レ法而生身者、義可レ然也。(42)

知礼は、事業二識の所見の相違を基盤として、中道を学ぶ機根の者は業識によって報身の色相を見ることから、『法華経』の教主を報身であるとする。これに対して従義の説は三界の内外で分別し、界内で説かれる『法華経』の教主を一向に劣応身と解している。

証真がどちらにも与しないのは明らかであり、知礼に対しては、傍線部のように述べている。すなわち『大乗起信論』が、業識によって初発心已上の菩薩が報身を見ると説示するとしても、菩薩の所見が全て報身であると説くわけではないという。証真の理解によれば、法華教主論において事業二識の分別は確証とはならないのであり、知礼の見解とは明確に一線を画している。

ところで、傍線部の仕方は、「生身尊特」をめぐる論争における、仁岳（九九二〜一〇六四）の知礼批判と類似のものである。『岳闍梨十諫書』には、「応レ知、有下依二事識一亦見中報身上。有下依二業識一亦見中劣応上。如二華厳凡夫二酥小乗別円内外凡位一、即依二事識一見二報身一也。此乃非二分獲レ見。為下其当レ破二無明一及令中耻小慕大上、是故現耳。(43)」とある。仁岳は、分別事識によって報身を見ることも、また業識によって劣応身を見ることもあるとした上で、前者のよう

な場合は、行者が無明を破するために、仏が教導として報身を示現すると解しているのである。仁岳の法華教主義が証真とは異なるのはいうまでもないとしても、この点に限っては、証真説と同一の方向性を示すといってよい。

また、知礼と仁岳の論争に関して付言すれば、両者の間には、『大乗起信論』の業識所見の行位に関する見解の相違があった。仁岳が『十諫書』において、法蔵『大乗起信論義記』巻三が「十解已去」[44]とする所判を用いて、「若拠二今家所判一、正是円教初住也。何者、以下於二真如少分一而見上故。」[45]と知礼説を批判するのは、証真が『起信論』の解釈にあたり法蔵の説を参照している点で、やや注目すべきかもしれない。当然知礼は反論し、仁岳も再批判を加えるなど、この論争は両者の間では決着をみないが[46]、証真はこれら諸師の見解の齟齬については、それを知りつつも、特に言及することがない[47]。

以上より、証真が、『大乗起信論』の事業二識を、地前の菩薩が報身を見ることとの典拠の一とするとしても、依用の程度は限定的であることがわかる。知礼など先学の所説を参照しながらも、事業二識等の綱格や、行位論には立ち入ることなく、仏の加被に力点を置いた教道報身の議論を構築したことが確認できるのである。

四　勝応身との関係

証真が教証二道の報身、特に教道の報身を構想したのは『華厳経』の教主を念頭に置いてのことであるが、それはとりもなおさず別教教主の意である。したがって、方便有余土の教主について、湛然が『法華文句記』巻七上で「他受用報」[48]と釈する意を、『法華疏私記』巻六では、「彼土教主惣名二勝応一、別分二二身一。一、他受用。如二別地前教道報身一。彼土菩薩既是未レ証。為レ彼正現二他受用身一。是正教主。故記云二他受用一也。亦名二勝応一。二者、勝応。即是五人断二通惑一者所見。如二通教仏一、亦名二劣応一。[49]」として、方便有余土の教主を他受用身と勝応身に分別しつつ、前者を教道報身と規定することになる。

このように、教道報身は、証真が仏の身土を論ずる場面には少なからずその名義が見出されるのであり、最も詳細に説かれる箇所としては通教の教主に関する『法華疏私記』巻一の議論を挙げることができる。[50]そこでは、『法華文句』巻一上において通教の教主を説示する「帯二比丘像一現二尊特身一、樹下一念相応断二余残習一者、即通仏自覚覚他。[51]」という文について、次のような問答を行っている。

> 問。所レ言帯者、為二是二仏一、為二是一仏一。……
>
> 答。通教教主惣是勝応。於二勝応中一亦有二勝劣一。①機有二利鈍一。若利根人、正通二実相一。故於二当教一見レ仏亦勝。即是帯二比丘一之尊特。若鈍根人、傍通二真諦一。故見レ仏劣。即是帯二尊特一之比丘。雖レ云二勝応一利鈍見別故有二二仏一。余教各逗二一種根性一故無二二見一。如二八相中入涅槃異、長短二別一。籤云、当教二義不定故。利鈍菩薩所見不同故云云。雖レ有二二仏一並名二勝応一。法華論記、丈六是劣応。若尊特与二丈六一共是勝応云云。
>
> ②所レ言帯二比丘像一現二尊特身一者、含二二義一也。一者、只是勝応。謂、帯レ劣現レ報。是勝応形。二者、二身。故経云、或見二大身一。或見二小身一。[52]

まず、『法華文句』が通教の教主を「帯二比丘像一現二尊特身一」とする点について、これを勝応身とした上で、勝応身にも勝劣があると述べている。傍線部①では、『法華玄義釈籤』や『法華論記』を援引しつつ、機根の利鈍によって、所見を比丘像を帯する尊特身と、尊特身を帯する比丘像に分別する。傍線部②では、前者をさらに二分し、「帯レ劣現レ報」すなわち所見による分別と共に、『像法決疑経』[53]の文によって「二身」すなわち文字通りの大小二種の身があるとしている。勝応身に勝劣がある根拠としては、「弘決第一引二密迹経十里乃至百億一、為二通教勝一。大論明㆓天衣為㆑座云、随㆓其福徳㆒六天天衣不同云云。如㆓方便土勝応㆒、既分㆓勝劣㆒。於㆓通教勝応㆒豈不㆑爾耶。[54]」とあるように、『止観輔行伝弘決』巻一之四[55]において、仏の色量を丈六や一里とみるのを蔵教、十里乃至百億とみるのを通教に配当していると理解できることや、天台教学では通教の教主が座とする天衣について、大小の相違があると説示する『大智度論』巻三四[56]の記述を用いている。その上で、次のように勝応身と劣応身を大別して三門、さらに細分して合計八重の分類を示している。

今検㆓諸文㆒、勝劣両応凡有㆓三門㆒。細論八重。

一者、三身相望。此有㆓二義㆒。一、謂証道報身名為㆓勝応㆒。如㆓寿量疏、浄名疏等㆒。二、謂教道報身名為㆓勝応㆒。如㆘信解疏以㆓華厳仏・方便土仏㆒並名為㆓勝応㆒、亦名㆗他受用報㆖。

二者、四土相望。此有㆓三義㆒。一、以㆓報土㆒名㆓勝応㆒。即前証道他受用報。二、有余土仏為㆓勝応㆒。三、以㆓浄土仏㆒為㆓勝応㆒。如㆓止観第一等㆒、弥陀為㆓勝応㆒。亦是蔵通相望義也。

三者、四教相望。亦有㆓三義㆒。一、蔵通相望。通仏為㆓勝応㆒。如㆓止観等㆒。二、真中相望。如㆔寿量疏云㆓蔵通劣応・別円勝応㆒。観音疏明㆔方便土中有㆓勝劣両応㆒。蔵通人所見是劣応。別円人所見是勝応。三、権実相望。円仏勝応。如㆓疏三云㆑感㆓於勝応㆒云云。故勝応義相望不定、於㆓一一応㆒亦有㆓大小㆒[57]。

傍線部が教証二道の報身に言及する箇所である。すなわち、天台教学において勝応身が説示されるとしても、それを報身と解すべき場合があり、さらには法身菩薩所見の証道報身と地前菩薩所見の教道報身に分別すべきであるというのである。

前者の例として「寿量疏」「浄名疏」を挙げるのは、それぞれ『法華文句』巻九下の「若破㆓無明㆒乃至受㆓分法身㆒、与而為㆑語得㆑見㆓報身寿命㆒、奪而為㆑語猶是勝応。[58]」や、『維摩経略疏』巻二の「凡四度現㆓尊貴長者瓔珞厳身㆒。皆譬㆓

釈迦勝応尊特之身光明色像無量無辺一。悉表レ欲レ説二実相法身一。[59]」などの記述を指すと思われる。

後者の例として挙げるのは、『法華文句』巻六上において、信解品の「中止一城」[60]を釈するにあたり、「起二勝劣両応一。劣応応二声聞一、勝応応二菩薩一。五人断二通惑一者、同生二其土一皆為二菩薩一。仏以二勝応一応レ之。[61]」とあるように、通惑を断じた菩薩に応ずるのが勝応身であると説示していること、また「今明、勝応応二菩薩一、即盧舎那尊特身、大機所レ扣者也。[62]」とあるように、勝応身を盧舎那としていることなどであろう。本節の冒頭に触れた『法華文句記』は、これらを他受用報身に同じと判ずるのであり、証真はこうした勝応身を、教道報身と定めていることになる。

右の分類に続く箇所では、やはり知礼『金光明経文句記』巻一上[63]や従義『三大部補注』巻四[64]の説を引用し、次のように検討している。

又**知礼金光明記云**、通教但空、唯見二但空一、色有二分斉一、故云二丈六一。若利菩薩受二別円接一、解二不但空一、仏身智無辺、故名二尊特一、亦名二報身一。只一仏身、由二利鈍機一見二二種状一。故云二合身一。鈍根見レ仏、縦高百億、以レ依二但空一亦非二尊特一。若利人見二丈六八尺一、既依二中道一、亦無二分斉一。

補注云、通仏大身・小身、須下約二身相大小一分上レ之。不下就二真中感応一而弁上。疏云、尊特与二丈六一共放レ光云云。

広破二知礼一 **私云**、弘決明二一里一為二劣応一、十里百億為二勝応一。経云二大身一。故知、利人見レ仏亦大。既是鈍機、豈見二大身一。[65]

知礼は、『金光明経文句』巻一所説の「丈六尊特合身仏」[66]を釈するにあたり、一仏身に対する機根の利鈍によって丈六と尊特を区分している。これに対し、従義は身相の大小で両者を分かつべきであるとの立場から、知礼説を批判している。

証真は、ここでは『止観輔行伝弘決』巻一之四における湛然の説示を尊重し、傍線部のように、利鈍によって一仏身への所見が異なるのではなく、文字通り十里乃至百億の小身・大身、すなわち異なる勝応身を見るという自説を述べている。ここでは知礼の説を批判する内容となっているが、前節の法華教主に関する議論で確認したように、必ずしも従義に依拠しているわけでもない。要するに証真は、未断無明の凡夫所見の報身に関する智顗や湛然の説示を会釈すべく、教証二道の報身という概念を帰納的に案出し、教主論としての体系化を試みたのである。

五　小結

如上の検討をまとめておく。教証二道の報身のうち、教道の報身とは、湛然の説示を基に、『華厳経』の会座で凡夫を教導する際、同居土に影現した報土において示現する報身である。ただし、凡夫とは通惑を断じ、無明を断じない者であることから、『華厳経』に限らず、方便有余土における別教教主として規定されている。冒頭に触れたように、近世の評価では出所が未詳とされているが、「三大部私記」各所における議論を見るに、『法華経』や『華厳経』の記述を経証とするのをはじめ、天台教学における報身や勝応身、実報無障礙土や方便有余土に関する多様な説示を基盤とし、教導の主体である仏の示現の仕方を重視する形で議論を構築していることが確認できた。ただし、理論的な証拠とした『大乗起信論』の事業二識に関する考察は十分とは言い難いものであった。また、先行して『起信論』を活用した知礼の仏身観全体への評価が、証真自身によって行われなかったため、知礼の教学に依拠する近世の学者は、証真の説を援用する必要を認めなかったのではないか。

証真自身の教学においては、教証二道の報身は相当程度体系化されている。例えば、『止観私記』巻六末では、

『金光明経』の三身説を二義に分別する中、第一義の応身を「応身即応及他受用。故経云、為二諸菩薩一。報身　又云是地前身。教道他受用身　又云、三十二相。又云、為二身見衆生一。応身[67]」とするのであり、割註ながら、『合部金光明経』所説の「地前身[68]」を教道他受用身に配当している。また、詳細は省略するが、『法華疏私記』巻九末[69]において、実報無障礙土に権者としての八部衆等の眷属が存在するか否かを論ずる際も、有無の二義を立てて、経論章疏の説を、真報土及び教道報土に約したものと解することで会釈を行っているのが確認できる。さらに、『法華玄義私記』巻六では、阿弥陀仏の極楽浄土を証道報土と認定する過程で、「問。諸経論以二安楽一為二報土一者、応三是拠二教道他受用辺[70]。」という問を立ててもいるのである。

中世の論義書では、『宗要白光』巻一[71]や『智見抄』巻五[72]などが、通教教主を論ずる箇所で、『法華疏私記』巻一で証真が示した教道報身を含む八重の分別を用いている。『天台直雑』巻一六[73]は、教道他受用身の義を答の一部として用いる。また、冒頭に言及した『台宗二百題』にしても、『円頓止観』の記述を証文の一とするなど、証真の研鑽を踏まえていることがわかる。

教証二道の報身は、証真教学の内在的理解に必要であることは勿論であるとして、中国との比較を視野に入れた日本天台研究にもそれなりの意義を有すると考えるものである。

註

（1）大久保良峻「証真教学における教主義と法身説法思想」（『天台教学と本覚思想』法藏館、一九九八所収）、同「日本天台における法身説法思想」（『台密教学の研究』法藏館、二〇〇四所収）参照。なお、後者は本章で主題とする「教道報身」に言及している。

（2）天全二・一五六頁上。

（3）『二百題』も、別教地前の菩薩も報身を見るという結論を採る点では証真の説と同じだが、教道他受用という概念については、出所未詳として議論を保留する。

（4）天全二・一五六頁上。「但宝地意、影現報土為二教道報一。若爾、円教住前所見報身亦是教道帯権報身乎否。恐難二依用一。応レ云地前所見報仏住二但中一故、是則教道帯権報身。不レ同二証道真実報仏一。円教不レ爾。以二教証倶実一故。住前・住上所見不レ異。横竪報土無レ不二真実一。」とあるように、教証倶実の円教では、未断無明と断無明の人に所見の相違がないという批判を加えている。

（5）仏全一五・三六五頁上。註釈の対象となるのは、『止観輔行伝弘決』巻五之二（大正四六・二八五頁下）の、「如下為二地前菩薩一現上レ身名為二報身一」以下の記述である。註（21）参照。なお、『弘決纂義』に言及するのは、『台宗二百題附録』（早稲田大学図書館蔵写本）「地前報身」の項である。

（6）大正四六・一六八頁上。

（7）大正四六・六頁中下。

（8）大正二五・七八六頁上。前後を含めて引用すれば、次のとおりである。「論曰、此義如レ是応レ知。云何知。偈言、智習唯識通　如レ是取二浄土一　非レ形第一体　非レ厳荘厳意　此義云何。諸仏無レ有下荘二厳国土一事上。唯諸仏如来真実智慧習識通達。是故、彼土不レ可レ取。若人取二彼国土形相一、作二是言一、我成二就清浄仏土一、彼不二実説一。」『摩訶止観』に引用されるのは傍線部であるが、形が少々異なっている。

（9）証真が「三大部私記」で通常参照するのは『維摩経略疏』である。巻一には、「四、明寂光土者、妙覚極智所照、如如法界之理名レ之為レ国。但大乗法性即是真寂智性、不レ同二二乗偏真之理一。故涅槃云、第一義空名為二智慧一。此経云、若知二無明性即是明一。如レ此皆是常寂光義。不思議極智所居故云二寂光一。亦名二法性土一。但真如仏性非レ身非レ土。而説二身土一。離レ身無レ土、離レ土無レ身。其名レ土者、一法二義。故金剛般若論云、智集唯識通。如レ是取二浄土一、非レ形第一体、非二荘厳一荘厳。」（大正三八・五六五頁上）とある。なお、『維摩経文疏』巻一、続蔵一―二七・四三三丁右下～左上参照。

（10）仏全二二・八一八頁下。

(11) 仏全二一・三六九頁上下。
(12) 大正三三・八〇七頁上。
(13) 仏全二一・三六八頁上～三六九頁上。
(14) 大正九・四〇頁中。取意略抄。
(15) 大正九・五四三頁中。
(16) 大正三四・一三一頁上。
(17) 大正三四・三三四頁下。
(18) 大正四六・四六頁中。
(19) 『円頓止観』と「第二本」の記述の類似について、例えば『止観私記』巻二本（仏全二二・八三六頁上～八三七頁下）参照。なお、佐藤哲英『続・天台大師の研究―天台智顗をめぐる諸問題―』（百華苑、一九八一）第三編第二章「宝地房証真のみた幻の円頓止観」参照。
(20) 大正三八・五三八頁上。
(21) 大正四六・二八五頁下。
(22) 真諦訳『大乗起信論』、大正三二・五七九頁中。「又云」以降は同・五七九頁下。どちらも取意略抄の文である。
(23) 仏全二一・三六八頁下～三六九頁上。
(24) 大正四四・二一九頁上。『大乗起信論別記』末（大正四四・二三九頁下）にも、「十解已上諸菩薩等皆業識見二仏報身一。無量相好皆無レ有レ辺離二分斉相一。故言二平等見一也。若在二散麁心中一得レ見二如レ是不思議相一、則無二是処一。故言下依二於三昧一乃得上見也。」とあり、散心ではなく三昧による見仏が強調されている。
(25) 『起信論疏』巻上（大正四四・二一〇頁上）には、「十解以上三賢菩薩。十解初心名二発心住一。」とあり、十解とは十住の意である。
(26) 『摂大乗論』の諸訳に、地前の者が化身を見るという明確な記述を見出すことはできないが、例えば世親釈真諦訳『摂大乗論釈』巻一三（大正三一・二五四頁中）には、受用身によらなければ登地菩薩の善根が成熟しないのに対し、化身は声聞独覚などを教導するという記述がある。

(27)『華厳経探玄記』巻三、大正三五・一五八頁中。

(28) 例えば、『天台直雑』巻一六では、「別教地前菩薩見二報身一耶」という論題を立て、これを肯定する議論を展開している。そこでは、否定する側の論拠として、『大乗起信論』の記述に関する法蔵と知礼の説が、ほぼ証真の引用を踏襲して記載され、これについて、「仍地前菩薩見二報身一云釈、自他宗人師設二会通一。仍不レ可レ許二此義一覚。」(天全一七・三二九頁下)と評している。つまり、法蔵や知礼の見解は、『大乗起信論』を会釈するというのであり、むしろ地前菩薩が報身を見るということを否定する論拠にされている。『直雑』の取扱いは証真自身の企図とは異なる。しかし、証真が彼らの見解に明確な評価を下さないことが、このような援用を生む一因になっているといってよい。

(29) 例えば、安藤俊雄『天台学論集—止観と浄土—』(平楽寺書店、一九七五)第一部「観無量寿経疏妙宗鈔概論」、第二部「雪川仁岳の異義—その哲学的根拠を中心として—」等参照。

(30) 大正三九・一二三頁中下。

(31) 大正三七・二二六頁上。

(32) 実報無障礙土を釈する過程で、四土に横竪があるという知礼『観経疏妙宗鈔』巻三(大正三四・二一一頁上中)の記述を、『法華玄義私記』巻六(仏全二一・二五六頁下~二五七頁上)では、次のように取意略抄して引用する。「知礼記云、問。実報無レ有二二乗一。今那忽云二迦葉起舞一。答。須レ知、四土有レ横有レ竪。仍知、横竪只在二一処一。如下同居土趣二爾一処一、即是実報上。若破二無明一転レ身入者、斯是法身、同二仏体用一、称二実妙報一。六根浄人亦莫二能預一。豈居二二乗一。此則一処竪論二実報一。若未レ破二無明一、即身見者、此乃諸仏及大菩薩。為二堪レ見者一、加レ之令レ見二実報土一也。蓋有二機縁一、雖レ未レ破レ惑、已修二中観一、如下華厳会及諸座席雑類之機感中見身土難思一者上是。……」このうち、実報無障礙土の横の義において、傍線部のように、諸仏及び大菩薩が、無明を断じていない行者に実報土を見せると述べる箇所は、教道報身に関連がある。

(33) 大正三四・九三三頁中。

(34) 仏全二四・三八〇頁上下。

(35)「知礼云」以下は、大正三四・九五一頁上。ただし、引用文中の「惑」は、大正蔵本では「或」となっている。

「又云」以下は取意であり、「方便両応但説二次第及不次第二種大乗五種意生一。其土稟教雖レ有二利鈍一、既皆稟二大学仏智慧一、倶知二仏身是大覚性一。能修二中観一伏二無明一者、見レ相則勝。若在二一観一未レ伏二無明一、見レ相則劣。相雖二勝劣一只一尊特故非二合身一。若同居士説二通教一時、鈍但見レ空故感二丈六一。利見二不空一故感二尊特一。大小二機於二一仏身一見解有レ異。故名二丈六尊特合身一。此純大見故不レ名レ合。」（大正三四・九五一頁上中）という文が基になっていると思われる。方便有余土では無明を伏しているか否かが、尊特身すなわち報身を見るか否かの分水嶺となっている。

(36)『観経疏妙宗鈔』巻五、大正三四・二二三頁下。

(37) 例えば、『観経疏妙宗鈔』巻五（大正三四・二二四頁上）、『金光明経文句記』巻三（大正三九・一二四頁中）等参照。

(38) 仏全二二・五九三頁下。

(39) 大久保前掲論文参照。

(40) 取意の引用であるが、割註のとおり、『金光明経文句記』巻三下（大正三九・一二三頁中下）や『観経疏妙宗鈔』巻五（大正三七・二二三頁下～二二四頁上）に、事業二識との関連で『法華経』教主が報身である旨の論述がある。

(41) 続蔵一―四四・一三〇丁右上～左下の取意略抄。

(42) 仏全二二・五九七頁上下。

(43) 続蔵一―九五・三八三丁右下。

(44) 大正四四・二七五頁中。「前中依二業識一者、十解已去菩薩能解三唯識無二外諸塵一。順二業識義一以レ見二仏身一故云二報身一也」とある。なお十解については「十解以上三賢菩薩。十解初心名二発心住一。」（同・二五八頁上）とあり、元暁の『起信論疏』と同じく十住の意である。

(45) 続蔵一―九五・三八三丁右上。

(46) 詳細は安藤前掲書第一部「観無量寿経疏妙宗鈔概論」第三章「真仏の理念」参照。

(47) 証真が両者の論争を知っていたのは、『止観私記』巻一末（仏全二二・八一八頁上）に「或唐書云」として『岳闍梨雪謗書』（続蔵一―九五・四〇二丁右上～左上）の文を引用していることからもわかる。

(48) 大正三四・二七九頁下。「又此中意断二別惑一者、即入二地住一非二駆使人一。又此与二中止一雖二即同是他受用報一、此既

示下入二忍界一為二菩提場一、為中諸教之始上」とある。

(49) 仏全二二・五九八頁下。

(50) 「通教教主」に関する証真の議論については、大久保前掲論文「日本天台における法身説法思想」参照。

(51) 大正三四・四頁下。

(52) 仏全二一・三九九頁下～四〇〇頁上。

(53) 大正八五・一三三七頁上。経文では「或見二小身一。或見二大身一。」となっている。

(54) 仏全二一・四〇〇頁上。

(55) 大正四六・一六八頁上。

(56) 大正二五・三一〇頁中下。

(57) 仏全二一・四〇〇頁上下。ここでの分類を整理すれば、次のとおりである。

一　三身相望　（1）勝応身＝証道報身（『法華文句』釈寿量品、『維摩経略疏』）

（2）勝応身＝教道報身（『法華文句』釈信解品、『法華文句記』）

二　四土相望　（1）勝応身＝報土仏（証道報身）

（2）勝応身＝有余土仏

（3）勝応身＝浄土仏（阿弥陀仏）（『摩訶止観』）

三　四教相望　（1）勝応身＝通教仏、劣応身＝蔵教仏（蔵通相望）

（2）勝応身＝別円仏、劣応身＝蔵通仏（真中相望）（『法華文句』釈寿量品、『観音義疏』）

（3）勝応身＝円教仏（権実相望）（『法華文句』釈序品）

(58) 大正三四・一二九頁上。

(59) 大正三八・五八三頁上。また、『維摩経文疏』巻五、続蔵一―二七・四六一丁左下。

(60) 大正九・一六頁中。

(61) 大正三四・八一頁上。

(62) 大正三四・八二頁中。

(63) 大正三九・八六頁中下。
(64) 続蔵一―四四・三二丁右上。
(65) 仏全二一・四〇〇頁下～四〇一頁上。
(66) 大正三九・四七頁中。
(67) 仏全二二・一〇三三頁下。
(68) 大正一六・三六三頁下。
(69) 仏全二二・七三一頁上～七三二頁下。無性造玄奘訳『摂大乗論釈』巻一〇（大正三一・四四六頁上）や、『仏地経論』巻一（大正三一・二九四頁下～二九五頁上）等の論や、『摩訶止観』巻四上（大正四六・三九頁中）、『法華文句』巻一〇下（大正三四・一四八頁中）、『維摩経略疏』巻一〇（大正三八・六九六頁上中）等の章疏の説が検討されている。
(70) 仏全二一・二三四頁下。なお、佐藤哲英氏らによる「宝地房証真の共同研究（二）」所収の論文、源弘之「宝地房証真の弥陀身土論について」（『印度学仏教学研究』一九―二、一九七一）参照。
(71) 天全一八・三〇頁上下。
(72) 三十八「通教教主身相如何」の中で言及している。
(73) 天全一七・三二八頁下～三三二頁下。なお、註（28）参照。

第四部　東大寺宗性と天台教学

第十四章　宗性が学んだ天台教学

一　問題の所在

東大寺の宗性（一二〇二～一二七八）は、鎌倉時代における華厳宗屈指の学僧であり、凝然（一二四〇～一三二一）の師としても知られる。[1]宗性の自筆本は五〇〇点余が現存し、その中には、『法勝寺御八講問答記』をはじめとする法会の記録だけでなく、それらの法会において、宗派を異にする学僧と論義を行う必要から書写した他宗派の論義書や、それらを抄出した文献が多く含まれる。

天台教学研究の観点から注目すべきは、宗性が、延暦寺の智円（一二〇一～一二六八）等から借覧し、書写した論義書等の抄出文献が少なからず現存することである。夙に尾上寛仲氏が指摘したように、鎌倉期以前の天台論義書が「殆どない」現状に鑑みれば、宗性が書写習学した文献が有する意義は大きい。[2]

しかしながら、宗性による天台教学の研鑽は、論義への出仕を目的としたものである関係上、必ずしも体系的とは言い難く、抄出された記述の脈絡を見出しにくい部分がある。また、借覧した論義書等の文献名を特定できないことも多い。そこで、本章では、宗性以前の天台学匠であり、「三大部私記」を著した宝地房証真の教学との接触の様相を検討したい。宗性が書写、抄出した天台関連の文献全体を概観するに、証真の教説は散見される程度である。しかし、建長二年（一二五〇）乃至五年（一二五三）にかけて抄出した『天台宗疑問論義用意抄』第二乃至第六には、比較的多くの引用が確認できる。特に第六は、ほぼ全編にわたって証真の『止観私記』が引用されるなど、建長年間には、宗性が意識的に証真の教学に触れたことが確認できるのである。以下では、『天台宗疑問論義用意抄』第六における習学の様相を中心に、宗性が学んだ天台教学の一端を明らかにする。なお、本章を含む第四部で用いる宗性書写等文献は、全て東京大学史料編纂所所蔵の写真帳（東大寺宗性筆聖教并抄録本）に依拠する。

二　宗性による天台教学習学の傾向と範囲

宗性を含め、当時の南都北嶺の所謂四箇大寺（東大寺・興福寺・延暦寺・園城寺）の僧侶が公請によって出仕する三講以下、格式の高い法会の特徴は、法勝寺御八講を中心とする先学の研究によれば、おおよそ次のようなものである。講問論義においては、原則として南都と北嶺の僧侶が対論し、講師は各自の宗派の教学について、他宗所属の問者からの問に答えるという仕組みになっていた。ただし、延暦寺と園城寺の学僧が対論することは珍しくなかった。論題は、原則として、経文の理解を問う問題と、主として智顗や慧遠、吉蔵、基、法蔵といった、各宗派の中国の祖師達の教説、或いは著作の記述の理解に関する問題が組み合わされていた。したがって、発問する側も、講師が専門とする教学に無知でいることは許されない。結果として、当時の学僧達は、広く諸宗の教学に精通することになった(3)。

右のような出題傾向から、習学すべき範囲は天台教学の場合、中国天台の基本的教説、すなわち智顗に帰せられる天台三大部や『維摩経』関連の諸文献及び湛然の註釈、灌頂の『涅槃経疏』等の理解が中心となる。そこに、湛然門下とされる唐代の道暹や行満の末註が加わる。ただし、分量的に最も多く書写、抄出されているのは論義書や問答記、要文集の類である。宗性が書写した天台教学関連文献のうち、単独の著者によるものが道暹『法華経文句輔正記』のみであるという事実からも、宗性の習学の深度は、ある程度看取することができる。

冒頭に述べたように、宗性が天台教学を学ぶにあたって、論義書等の資料を提供したのは、延暦寺に属する智円らであった。とすれば、それら文献の借覧や書写、抄出といった宗性の研鑽において、同時代の日本天台の教学が視野に入ってくることは、実に自然な成り行きであるともいえる。以下、節を改めて、証真の教説の習学の形態を検討する。

三　建長五年の仙洞最勝講における論義と宗性の習学

『仙洞最勝講并番論義問答記』によれば、宗性は、建長五年（一二五三）五月四日から五日間にわたって開催された仙洞最勝講に出仕した。第二日暮座の問者として、講師を務めた延暦寺の経海[4]との間で、二問中第二問として次のような問答を行っている。

問。雑心論心、可㆑許㆓欲界有㆑定之義㆒耶。

答。不㆑許㆑之也。

両方　若許㆓欲界有㆑定義㆒者、欲界無㆑定者、婆沙論等正義家意也。雑心論意、何可㆑存㆓欲界有㆑定之義㆒耶。是以辰旦人師述㆓雑心論意㆒云、修恵局㆑在㆓色無色界㆒、不㆑通㆓欲地㆒。一切禅定修恵摂故。文　解釈無㆑諍不㆑許㆓欲界有㆑定之義㆒見。若依㆑之尒者、見㆓南岳大師解釈㆒、上標㆔諸余禅定三界次第従㆓欲界地㆒、下結㆓是阿毘曇雑心聖行一。如二解釈一者、雑心論意、欲界有レ定之義見如何。[5]

欲界定、すなわち欲界における禅定を認めるか否かについては、例えば『大乗義章』巻一一[6]に諸説を挙げるように、認否双方の立場があり得る。毘曇では未到定を説示するが、欲界における禅定を認めないのが正義とされる。その中『雑心論』すなわち『雑阿毘曇心論』では、欲界定を容認するか否か、という議論である。

右のとおり、講師はこれを否定している。両方の難を見ると、出題の意図が把握しやすい。欲界定を認めるならば、毘曇の正義に則って「辰旦《ママ》人師」ここでは慧遠が『大乗義章』巻一〇[7]において、『雑心論』の立場を、欲界に禅定なしとする解釈の妥当性が問題となる。一方、欲界定を否定するならば、慧思が『法華経安楽行義』[8]において、欲界における禅定を「阿毘曇雑心」の行であるとする所説が成立しなくなる。したがって、講師にはこれらを会釈する必要が生じることになる。ただし、『問答記』にはこれ以下の記載はないので、実際に両者の間でどのような問答が展開されたのか、詳細はわからない。

宗性がいかなる論義を想定して仙洞最勝講に臨んだのか、習学の過程を辿れば、以下のとおりである。宗性は、これに先立つ建長五年の四月下旬に、この問答の典拠を含めた詳細を、『仙洞最勝講疑問論義用意抄』第六として用意している。そして、事後の同一一月五日には、『仙洞最勝講論義抄』第六をまとめていることが、それぞれの奥書から確認できる。[9]

前者の『仙洞最勝講疑問論義用意抄』第六には、『問答記』とほぼ同内容のものも含めて、四つの問答が収載されている。それに続き、問答に関連する要文として、右の『法華経安楽行義』の文と、『雑阿毘曇心論』巻七[10]及び巻八[11]、『大智度論』巻七[12]、僧侃『大智度論疏』巻二末[13]の記述に加え、後掲の『摩訶止観』巻九上、湛然の『止観輔行伝弘決』巻九之一、及び証真の『止観私記』巻九の註釈を列挙している。

また、後者の『仙洞最勝講論義抄』第六には、三項目からなる重難を列挙した詳細な問答が収載されている。その後列挙される要文のうち、天台教学関連の記述は前者とほぼ同様だが、阿毘達磨論書からの要文は大幅に増広されている。ここに収載された問答の重難は、慧思の所説の会釈に加え、『雑心論』や『阿毘曇心論』の記述自体を根拠に、欲界定を肯定しようとするものである。(14)『仙洞最勝講論義抄』第六の宗性の問答では、少なくとも重難の範囲では『摩訶止観』以下は用いられていない。この『摩訶止観』巻九上の文は、欲界定が「尊者瞿沙」の説として毘曇にあると読解しうる記述であり、『雑心論』とは直接の関係がないことから、参考資料とされたのであろう。しかし、『止観輔行伝弘決』巻九之一の註釈は簡潔に過ぎるため、証真の『止観私記』巻九の釈が、理解の便として並記されたと思われる。

さて、前者の『仙洞最勝講疑問論義用意抄』第六における『摩訶止観』『止観輔行伝弘決』及び『止観私記』の引用を示せば、次のとおりである。『止観私記』は長文にわたるため、中略した箇所がある。また、現行の仏全所収本とは異なる記述が見出されるので、その部分は実線で囲んだ。比較対象として、仏全所収本のみに見られ、宗性が書写していない箇所も掲出し、破線で囲んだ。(15)

止観九云、若依二成論一、無二未来禅一。故云、汝説未来禅、将非二我欲界定一。①毘曇則有二尊者瞿沙一。釈論具出レ之。仏備二両説一、而論主偏申耳。(16)文

弘決九云、若依下、弁二未来有無一。先出二二論一。論家唯明二欲定一。即指二毘曇所レ明未来只是欲定一。意者、斥三他毘曇無二未来禅一故也。②毘曇有者、指二尊者瞿沙所説一。非レ無二憑拠一。釈論下次引二釈論一。準二仏意一説、不レ同二二論随レ物偏伸一。(17)文

止観私記九云、文若依成論無未来禅等者、……初禅根本前必有二方便定一。於二此少定一二論不レ同。毘曇依レ此断

レ惑証レ理、即為二一定無漏依地一。若成論意、従二欲界定一入二根本禅初門一。雖レ有二少定一不レ留二此定一、即入二根本一。故不二別立一。……

文尊者瞿沙等者、

問。彼甘露味論但明二上定一不レ立二欲定一。婆沙及雑心中、出二妙音義一不レ明二欲定一。古婆沙四十一云、瞿沙説云、六地尽断二欲界結一。而未至禅初断欲、故余者不レ断云云。若有二欲界一、豈不レ断耶。

又若欲界有レ定者、応レ云レ有二修慧一。何只云二聞思一。

③答。慧遠・僧侃等古師、皆云三瞿沙立二欲界定一。応レ有二出処一也。更撿

④答。倶舎云、妙音師説、煗頂亦依二欲界一。大乗義章十七明二四善根依地一中云、尊者瞿沙説二此煗等欲色界摂一。彼説、欲界亦有二禅定一。可二依レ修起一故欲界摂云云。

問。正理論破三妙音煗頂依二欲界一云、対法諸師不レ許二彼説一。非二聞思所成順決択分一故。已上 婆沙亦同レ之。既無二修恵一。故知、無レ定。

或云、甘露味論下四修定中修分別恵云、方便求二功徳一、是欲界無教戒聞思修功徳、一切色無色界法、一切無漏有為法、是説二分別恵一。已上 准レ此、欲界亦有二修恵一。既有二修恵一。知有二欲定一。

難云、若尓、何故婆沙・正理云、無二修恵一。若有二欲定一、何不レ断レ惑。故甘露文末レ為二明証一。彼挙二四類法一。一欲界別解脱戒。二聞思修三恵。三上二界法。謂四通等除二天眼漏尽一 四無漏法。其三恵者、三界不定故是第二。非レ謂二三恵是欲界法一。故彼論同巻下文云、三枝（ママ）。戒枝・定枝・恵枝。云何戒枝。欲界有教無教戒、色界中無教戒。云何定枝。修二十四定一。云何恵枝。三種恵。聞思惟。欲界モ二種。聞思惟。色界二種。聞思惟。無色界一種。

思惟。已上解云、三種聞思惟者、惣標二三恵一名二聞思惟一也。欲界二者、只是聞思。色界二者、謂聞修也。無色一者、唯修恵耳。故知、欲界無二修恵一也。三恵並是聞教之後、方有二思惟一故名二聞思惟一耳。彼論亦云三四善根唯六地一。

毘曇有者指瞿沙非無憑拠等者、

⑤問。止観意云、成論無二未来禅一。但立二欲定一。毘曇則有二未到一。若瞿沙大論具立二両定一耳。何云三毘曇以二瞿沙一為レ証立二未到一耶。……故円頓云、若依二成論毘曇一、互出二両定一。若依二尊者瞿沙一、具有二両定一。釈論亦具有乃至今依二釈論瞿沙一備有二両定一。禅門云、薩婆多説二未到地一。曇無徳人不レ説二未到一而説二欲定一。若摩訶衍及瞿沙具有二欲界未到一。已上略抄……故知。今文瞿沙釈論是明二両定一也。

答。或云、今文云、今依二大論一備出レ之。故知、只指三釈論明二両定一。非二瞿沙一也。⑥難云、前雖レ出二二師一、後文略挙二一論一、有二何不可一。如四禅門云三大論・瞿沙具有二両定一。又違二円頓一。……未到是色定。欲定是欲界。是故二定不レ可二相濫一。何引二瞿沙一始分二二別一。[18]文

『摩訶止観』では、『成実論』には未来禅、すなわち未到定を説かずに欲界定を説くとした上で、傍線部①のように、毘曇には尊者瞿沙の説があるとし、さらに『大智度論』にはこれらを具さに説示する、と読むことができる。問題となりうるのは、毘曇には何が「有」なのか、或いは尊者瞿沙が肯定するのが未到定なのか欲界定なのかが必ずしも定かでない点であり、傍線部②の『止観輔行伝弘決』の釈も、この点は曖昧である。

証真の『止観私記』は、まず欲界定を肯定する『成実論』[19]の所説を確認する。

そして、破線で囲んだ仏全所収本の記述は、傍線部③のように、尊者瞿沙に欲界定肯定説があったとする慧遠『大乗義章』や僧侃『大智度論疏』の記述を尊重することで、慧思の説示等との整合を維持しようとするが、典拠

は未詳とする。

これに対して実線で囲んだ④の部分が宗性の書写にかかるものであり、現行の仏全所収本には見られない記述である。結論として欲界定を肯定する点では仏全所収本と同旨のようだが、続いて否定説からの問難が記載されている。全体的には、仏全所収本よりも詳細ではあるが、やや文意を把握し難い内容となっている。[20]

『止観私記』は、その後で異説を検討しつつ、『摩訶止観』及び『止観輔行伝弘決』の説示の意味を斟酌している。傍線部⑥では、『大智度論』が未到定・欲界定を説示するが、瞿沙は説示しないという異説を斥け、結果的には波線部⑤の立場と同様に、『成実論』は欲界定、毘曇は未到定のみを立てるに対し、『大智度論』と尊者瞿沙がそれぞれ欲界定と未到定の両定を認めるというのが、『摩訶止観』及び『止観輔行伝弘決』の文意とする。それが、波線部⑤の引く『円頓止観』や『次第禅門』[21]の記述にも矛盾しない解釈であるというのである。

『止観私記』の論述には難解な箇所もあるが、欲界定に関する天台の基本的な立場と、『摩訶止観』解釈の多様性を知ることができ、結果として教説の理解に資するであろう。宗性が『止観私記』の長文を抄出した理由はこのあたりにあると思われる。

さらに言えば、今は立ち入らないが、宗性筆『法勝寺御八講問答記』によるに、尊者瞿沙の所説は、同御八講で度々出題されている。『摩訶止観』との関連では、文治二年（一一八六）四日夕座に、講師覚什（延暦寺）と問者耶憲（園城寺）との間で行われた第二問の問答が、次のように記録されている。

問。摩訶止観中判㆓未到定《ノ》有無《ヲ》㆒、毘曇則有。文 誰人《ノ》義可㆑云耶。

進云、毘曇則有者、尊者瞿沙説。文 付㆑之、見㆓止文㆒若依㆓成論㆒無㆓未来禅㆒云云。対㆑之毘曇則有。文 数人立㆓未来定《ヲ》㆒不《ルヲ》㆑立㆓欲定《ヲ》㆒出《ト》被得、次尊者瞿沙尺論具出㆑之。文 尊者瞿沙《ハ》立㆔二定㆒人也。依㆑之、円頓止観云、毘曇成論互《ハ》出㆓両定㆒。瞿沙尺論具《ハ》出㆓両定㆒。文　尒者妙楽尺如何。

答[22]

法勝寺御八講におけるこの問答は、『仙洞最勝講疑問論義用意抄』第六、『仙洞最勝講論義抄』第六等に記された『摩訶止観』及び『止観輔行伝弘決』の文の読解を、正面から問うものである。論難の中に引用される『円頓止観』の文は、『止観私記』巻九で証真が証文の一つとしているのであり、そうした意味でも、証真の記述は宗性の関心を引いたのかもしれない。

さて、これだけに留まるのであれば、宗性と証真の接点は極めて限定的であるが、冒頭に触れたように、この年の仙洞最勝講のために宗性が『摩訶止観』を習学した成果の一部が、別の文献『天台宗疑問論義用意抄』第六に示されている。

本書は、「建長五年六月十四日未時、於㆓東大寺尊勝院中堂正面㆒抄㆑之畢。去五月参㆓勤仙洞最勝講㆒之時、自㆓延暦寺智円法印之許㆒、借㆓請天台宗文釈㆒之次、不審之釈処々驚㆑之、至要之文少々写㆑之。……」[23]という奥書にあるとおり、仙洞最勝講の後、六月一四日に著された。最勝講の準備のために智円から借用した「天台宗文釈」を研究した際、宗性が要文を抄出したものである。写真帳で見るかぎり、内容は四〇紙からなり、ほぼ全編が、論義の論題、或いは問答を記したのち改丁し、『摩訶止観』所説の十境のうち、禅定境を説示する巻九上下の文と、それに対する湛然『止観輔行伝弘決』、及び証真『止観私記』の記述を記載するという形式を採る。所収の論題と答のみ抜粋し、私に番号を付して示せば、次のとおりである。

建長元年仙洞最勝講円順問宗源法印

①問。経文付説三身功徳。今経所㆑説応身者、宗家所立三身中何也可㆑云耶。

答

②問。雑心論意、可レ立二欲界定一耶。答。不レ立二欲界定一也。

元久三年仙洞最勝講聖覚問隆円已講
③問。成実論意、依二下三無色一入二見道一歟。

答。尓也。

④問。宗師解釈中、以二欲界定一亦名二金剛三昧一。文　尓者妙楽大師如何釈レ智耶。

建暦三年最勝講経円問顕尊大僧都
⑤問。大集経意、第二静慮可立二内浄支一耶。

⑥問。成論意、有学聖者可レ得二第八解脱一耶。

⑦問。婆沙論意、退二阿羅漢果一時、必可レ退二中間二果一耶。

天福二年法勝寺重尊問信承僧都
⑧問。止観中明二四果退不退相一云、三果退レ戒還レ家毀二失律儀一。文　尓者何経説耶。……

答

⑨問。妙楽大師解釈中云、背捨在レ因、解脱在レ果文　尓者依二何論文一証二此義一耶。

⑩問。毘曇意、初二背捨依地可レ通二欲界一耶。

嘉禄元年法勝寺良盛問頼兼律師
⑪問。成実論意、分二別恵解脱倶解脱一、依二滅尽定得不得一歟。

答

⑫問。後四勝処所観色可レ通二仮実一耶。

⑬問。麟喩独覚可レ値二仏出世一耶。

⑭問。瓔珞経所レ説六輪中可レ有二鉄輪一耶。

⑮問。止観中云、普賢文殊大人所乗故名二大乗一。文　尓者何経論説耶。……

答

『摩訶止観』や『止観輔行伝弘決』における三界内部の実践に関する記述の理解を問うものが多く、②、③以外は、答の立場が記されない。ただし、右のうち、①は『摩訶止観』巻六下の文に関する問答である。また、①、③、⑤、⑧、⑪は、右肩の記載のとおり、最勝講・仙洞最勝講・法勝寺御八講の三講で過去に出題された論題である。なお、①には『止観私記』の引用はなく、傍線を付した②の問答、すなわち、建長五年の仙洞最勝講で宗性が発問した論題の後には、『法華経安楽行義』だけが引用されている。

各論題における『止観私記』の引用はいずれも長文なので、一例として比較的短い⑪の記述を挙げれば次のとおりである。(24)

嘉禄元年法勝寺良盛問頼兼律師
問。成実論意、分二別恵解脱倶解脱一、依二滅尽定得不得一歟。

答。

両方。若依二滅尽定得不得一者、止観中云、成論得二電光一名二恵解脱一、具得二世間禅一名二倶解脱一。文　如二解釈一者、成実論意、分二別恵解脱倶解脱一、不レ依二滅尽定得不得一見。若依レ之尓者、正見二成実論文一云、因二滅尽定一故有二二人一。不レ得二此定一名二恵解脱一、得二此定一者倶解脱。文　如何。

答。

〈改丁〉

止観九云、毘曇明、得二滅定一是倶解脱、不レ得二此一定一但名二恵解脱一。成論得二電光一名二恵解脱一。具得二世間禅一名二倶解脱一。(25)

止観私記九云、文成論得文成論得電光名恵解脱具得世間禅名倶解脱者、

問。彼論賢聖品云、因二滅尽定一故有二二人一。不レ得二此定一名二恵解脱一、得二此定一者名二倶解脱一。已上　此同二毘曇一。

何云二不同一。
答。彼賢聖品且順二毘曇一。成論又云、但以二如電三昧一得レ尽二煩悩一。故恵解脱有二諸禅一、但不レ入。已上　今依二此文一。[26]
文

ここでは、『摩訶止観』巻九上において、慧解脱と倶解脱の分別が、毘曇と『成実論』で異なると説示する点について会釈を求めている。『成実論』巻一[27]では、滅尽定を得るのが倶解脱とし、これは毘曇と説を同じくするからである。これについて、証真は、『成実論』巻一二[28]の所説を引用することで、『摩訶止観』の説示を会釈するのである。

如上の検討を踏まえ、建長五年五月の仙洞最勝講に向けた宗性の天台教学習学と事後の整理をまとめれば、以下のとおりとなる。すなわち、宗性は、仙洞最勝講への出仕の準備の一環として、過去の三講以下の論義における出題例なども斟酌しながら、「天台宗文釈」を検討した。具体的には、右にみた論題の要文となるべき『摩訶止観』巻九上の文を含む観禅定境の範囲を研究したのであり、その際、座右に置いたのは、智円から借り受けた、証真『止観私記』（の記述）を含む天台教学の文献であったろう。

最終的に仙洞最勝講の論題の一つとして出題されたのは先に列挙した「天台宗文釈」所収の論題でいえば、②であった。宗性は想定される問答と要文を、予め四月に『仙洞最勝講疑問論義用意抄』第六に記しておいた。五月の出仕の後には、論義の問答の詳細（或いはその後加筆した問答）と、後学のために残すべき典拠、或いは要文を増広した上で、同年一一月、『仙洞最勝講論義抄』第六にまとめた。そして、時期的には『論義抄』よりは早いが、出題されなかった範囲で、「天台宗文釈」のうち宗性にとって「至要」と思われた箇所を、おおよそ『摩訶止観』『止観輔行伝弘決』『止観私記』の抄出という簡略な形で、同年の六月に、『天台宗疑問論義用意抄』第六という抄物にしていた、ということである。同書において、先の②の要文として『摩訶止観』以下の文を記さなかった理由は、欲界定肯定説の論拠としては『法華経安楽行義』の記述のみで足りるとみたことによると考えられる。

いずれにせよ、『天台宗疑問論義用意抄』第六を概観するに、宗性が、証真の著作の記述を、『摩訶止観』巻九の説示の理解について参考としたことは明らかであると共に、過去の法会で出題された論題に関する解釈の指針の一つとしてその意義を認めていたことがわかる。

右の過程全体からは、先行研究[29]に一部指摘されているが、宗性による天台教学習学の方法を確認することができよう。すなわち、論義に臨む際、関連する文献を広く収集し、研究した上で、論題とは直結しない記述も含めて、事後に関心ある箇所を抄出するという仕方である。

同様の仕方は、法華教主論の研究にも見出される。『諸宗疑問論義抄』第一七によれば、建長四年五月一九、二〇両日に開催された弘誓院御八講に宗性は出仕し、問者として、延暦寺の信承と、「問。法花教主三身中為二報身一、為‐当可二応身一耶。答。此事雖レ有二学者異議一、且可レ存二応身云義一也[30]。」という問答を行った。これについては次章で詳説する。同書には、『法華経』の教主を報身とする立場から応身説を論難する八項目の問難が収録されている。この基盤となったのが、やはり智円から借覧し、宗性自身が抄出した別の文献『法華教主抄』であり、「法華教主事　以二真言教一可レ同二法花一事」という内題に始まる要文集が付属している。この文集は、『大日経』『大日経疏』や伝空海『五部陀羅尼問答偈讃宗秘論』、円珍『大日経疏抄』『胎金瑜伽記』『阿字秘釈』、安然『教時問答』など密教に立脚した記述を含む五三文からなる。弘誓院御八講における論難には密教色は全くないことから、宗性は、事前の習学においては密教の教説も研究した上で、それを用いずに論難を作成し、事後に『法華教主抄』を抄出したことになるのである。

四　小結

以上、証真の著作の受容の形態に着目しながら、宗性による天台教学習学の仕方、その一端を具体的に明らかにした。宗性による天台教学の研鑽は、法会における論義への出仕と分かち難く結合している。今後はより広く、宗性が書写、抄出した各種問答記や論義抄を相互参照しつつ、その過程と範囲、及び背後に広がりを見せる南都北嶺の僧侶達による知の共有の態様を解明することが課題となるだろう。

例えば、奥書を欠く『諸宗疑問論義本抄』第五には、次のような記述がある。

本理大綱集伝教一代五時々々説之文　厳王品法眼浄答二大乗得益一乎
宝治二年七月六日印尊阿闍梨勘二送レ之

一代五時所立義不二一准一。所以時々皆有二五時一。故如レ是説受二伝唐土一我今決レ之。……

決曰、尋二一代五時諸説一者、時時節節、三世三世、九世九世、共有二五時一。尋二証拠一者、大師諸説。散在レ此。

……

但至二法華法眼浄之文一、天台所立者、一行阿闍梨決曰、大日経円教与二法華円教一、途雖レ異其理有二一至一。法眼浄文者、義曰、大師所釈曰、於二法華一実之文一曰、法眼一実上説。法華一部文倶壊レ之也云云。彼未一二定所立之文、念念三世等之文一耶云云。自曰、未三我語二唐土伝受一也。末代偏学、可レ取レ信。已上　仍挙二一段一、可レ悟二諸段一者也。於二初成道説法処一有二五所一云云。……

謹案二諸説一曰、一代五時、分別所レ説五時者密智説、未二顕露定教之次第説一也。挙レ一例レ諸。可レ識也。是故、一代諸説非二次第一施化、為二訳人一挙二密智説一也。偏学之輩。全不レ可二混濫一也耳。

宝治二年七月坊城殿御八講之時経海大僧都挙レ之未レ用レ之。[31]

すなわち、『法華経』妙荘厳王本事品が聞品の功徳とする「法眼浄」[32]を、大乗の得益と解する立場の典拠として、『本理大綱集』の「一代五時五時説之文」[33]が最澄の説として引用されている。そして、傍線部のように、この文が、宝治二年（一二四八）七月六日、「印尊阿闍梨」[34]から送られたと註記されている。

建長八年（一二五六）九月一二日書写の奥書を有する『諸宗疑問論義抄』第二一には、建長六年（一二五四）の西園寺御八講において、宗性自身が、興福寺の頼円に対して、この論題を発問したという記録がある。その後列挙される三八の要文[35]の一つとして、同じ『本理大綱集』の文の引用を見出すことができるのである。

最澄に仮託される『本理大綱集』は、本覚思想文献としては初期の成立と推測されているが、その初出は、従来、日蓮（一二二二～一二八二）『本理大綱集等要文』における「十界互具文」の引用とされてきた。この日蓮の著作の成立時期は、文永元年（一二六四）乃至建治二年（一二七六）と解されている。[36]しかし、右のように、宗性自身は宝治二年（一二四八）に得た、としているので、それ以前に、『本理大綱集』が最澄の撰述として、少なくとも一部は流通していたことの証左となる。

証真の教学研究という観点からは、宗性の研鑽は、例えば法然門流の弁長（一一六二～一二三八）や良忠（一一九九～一二八七）、或いは建仁寺七世の円琳（一一九〇～）といった、学系において天台宗に何らかの関係を有する者ではなく、南都における初期の受容例としての意義を有する。

また、『仙洞最勝講疑問論義用意抄』第六には、『止観私記』について仏全所収本とは異なる記述が見出された。現行の「三大部私記」成立に至る過程を示す未再治本の可能性もあり、さらに調査を進める必要がある。

なお、本文中に示した文治二年の法勝寺御八講では、『摩訶止観』の別本である『円頓止観』の文が用いられていた。同書を活用したのが証真であることは周知であり、証真以降も援用されていたことは先行研究によって指摘されている。(37) 大規模かつ公的な性格を有する三講クラスの論義においても『円頓止観』の記述が用いられ、院政期における教理研究が同時代的に反映されていることがわかる点で、宗性が残した『法勝寺御八講問答記』等の記録が有する意義は大きい。より広く宗性書写文献を検索し、『円頓止観』等、散佚文献の佚文に関する研究を行う必要があると考えるが、これについては他日を期したい。

註

（1）宗性の生涯、事績等については、平岡定海氏の一連の業績がある。『宗性上人関係資料集』第一集・第二集・第三集（宗性上人研究会、一九五五・一九五六・一九五六）、『東大寺宗性上人之研究並史料』上・中・下（日本学術振興会、一九五八・一九五九・一九六〇）、『日本寺院史の研究』（吉川弘文館、一九八一）等参照。

（2）尾上寛仲「鎌倉時代の南都仏教と天台教学の交渉―主として延暦寺智円と東大寺宗性の関係について―」（『天台学報』八、一九六七。のちに『日本天台史の研究』山喜房仏書林、二〇一四に収録）。尾上氏は、智円から借用した天台文献を、おおよそ三一点としている。

（3）永村眞『中世寺院史料論』（吉川弘文館、二〇〇〇）、蓑輪顕量『日本仏教の教理形成―法会における唱導と論義の研究―』（大蔵出版、二〇〇九）の諸論考を参照。また、蓑輪顕量「『法勝寺御八講問答記』にみる論義再考」（『印度学仏教学研究』六〇―二、二〇一二）参照。ところで、三講など格式の高い法会における論義において、南都北嶺の僧侶が相互に相手の専門領域を問う形式が採られ、それが隆盛となるに至った契機について論述する研究としては、海老名尚「平安・鎌倉期の論義会―宗教政策とのかかわりを中心に―」（『学習院史学』三七、一九九九）参照。海老名氏は、宗教政策的な観点から、いわゆる応和の宗論（九六三年）以降諸宗の宗論が停止された状況において、三講が、仏法興隆・教学振興の場と位置づけられたと指摘する。「具体的にいえば、国家的仏事として催された「講」型の論義会が、八宗並存・八宗教学の保全といった体制理念を再確認させる場としての機能を担っていたということである。さらに「講」型論義会は、出仕者に自宗教学はいうまでもなく、他宗の教学の研鑽をも要求するものであった。したがって、「講」型論義会は兼学の奨励の場でもあったのである。あわせて、この「講」型論義会を通じての兼学の奨励は、九世紀以降の宗派意識の拡大にともなう諸宗教学の排他的固定化が進む中で、崩れつつあった兼学の体制を再構築する意味もあった。しかもこうした兼学の奨励により、諸宗に対して八宗並存・八宗教学の保全といった体制理念を具体的に再認識させることにもなり、かつ諸宗教学の振興にもつながるといった、一石二鳥の側面をもつものであった。」（一四頁）とある。

（4）大和庄俊範の弟子で、『日本大師先徳明匠記』（仏全一一一・二七七頁～二七八頁）には、承瑜・俊承・静明らと共に「俊範四人上足」とある。先行研究によれば、檀那流の一派である毘沙門堂流の教学を基礎づけたと評価される。また、その生存年代は一二〇七年～一二六六年と推定されている。大久保良順「恵檀両流に関する試論」（『大正大学研究紀要』〈文学部・仏教学部〉四八、一九六三）、尾上寛仲「毘沙門堂流の義科抄類の成立と伝承」（『印度学仏教学研究』一四―一、一九六五）、高橋秀榮「妙観院の碩学経海の行状」（『駒沢大学仏教学部論集』三九、二〇〇八）など参照。

（5）『東大寺宗性筆聖教并抄録本』第六三冊、第五六紙。なお、平岡定海『東大寺宗性上人之研究並史料』中（日本学術振興会、一九五九）四一九頁、四二三頁参照。

（6）大正四四・六七六頁下。

（7）大正四四・六六八頁下。

（8）大正四六・七〇〇頁上。無相行に関する記述である。

（9）平岡前掲書『東大寺宗性上人之研究並史料』中にそれぞれ奥書が記載されている。『仙洞最勝講疑問論義用意抄』第六は三七一頁上、『仙洞最勝講論義抄』第六は四四〇頁下～四四一頁上参照。また、東大寺図書館編『東大寺図書館蔵　宗性・凝然写本目録』（東大寺図書館、一九五九）にも、宗性書写本の奥書が記載されている。『仙洞最勝講疑問論義用意抄』第六は四九頁（同目録には「其六」とある）、『仙洞最勝講論義抄』第六は五七頁～五八頁参照。

(10) 大正二八・九二八頁中。宗性の記述を示せば、次のとおり。「雑心論七云、余無漏九地者、若余無漏功徳、謂三三昧漏尽通在二九地一。謂四禅三無色未来中間、有漏三昧在二十一地一。謂此九及欲界亦第一有。文」（『東大寺宗性筆聖教并抄録本』第六二冊、第三三紙）。

(11) 大正二八・九三八頁下～九三九頁上。宗性の略抄による引用文を示せば、次のとおり。「雑心論八云、最上二十二　欲界亦復然　○　最上二十二者、非想非非想処無道枝及覚枝。道支雖レ有漏一在二覚枝後一説。当レ知是無漏。是故修多羅説、三十七覚品一向無漏故。如二修多羅説一。修二不浄観倶念覚枝一。彼以二不浄一観二調心一故。然後覚枝現在前。欲界亦復然者、欲界亦二十二。文」（『東大寺宗性筆聖教并抄録本』第六二冊、第三四紙）。

(12) 大正二五・一一〇頁中。宗性の引用文を示せば、次のとおり。「智論七云、復有二四種三昧一。欲界繋三昧、色界繋三昧、無色界繋三昧、不繋三昧。是中所レ用菩薩三昧如二先説一。於二仏三昧中一未レ満二懃行懃修一故、言二能出生一。文」（『東大寺宗性筆聖教并抄録本』第六二冊、第三三紙）。

(13) 古佚。宗性の引用文を示せば次のとおり。「疏二末云、僧侃　言二欲界繋三昧一者、依二雑心一欲界無レ定。有二二十二道品一者、此取二瞿沙義一也。依二成実論一、欲界有二電光定一。繋有非恒喩若電光也。論主所釈、直言二欲界繋三昧一、不レ言二電光一。非二電光一故、異二成実有一レ定。故引二毘曇一以レ実言レ之。菩薩所得三昧首楞厳等百八諸定。今此文中、借二小乗相一説言、是中所用菩薩三昧如先説、謂二上三空及念仏等説一。文」（『東大寺宗性筆聖教并抄録本』第六二冊、第三三紙～三四紙）。

(14) 『東大寺宗性筆聖教并抄録本』第六二冊、第九九紙～第一〇〇紙。要を取って示せば、次のとおりである。

建長五年仙洞最勝講宗性問経海法印

問。雑心論意、可レ許二欲界有レ定義一耶。

答。不レ許二此義一也。

両方……

講答云、雑心論意、不レ可レ許二欲界有レ定之義一也。小乗論師之中、妙音師独立二欲界有レ定之義一。而雑心論是法救所造也。何可レ許二欲界有レ定之義一哉。是以見二雑心論文一、唯立二四静慮四無色八定一、全無レ立二欲界定一。彼論意、不レ許二欲界有レ定之義一云事、更不レ可レ疑レ之。但於二南岳大師解釈一者、物意別歟。雑心論意、設雖レ存二欲界有

レ定之義一、不レ可レ有二無漏定一云事、是勿論也。而南岳大師解釈、挙二無漏定依地一云下諸余禅定三界次第従二欲界地一等上。故如レ文、不レ可レ得レ意歟。

重難云、南岳大師解釈云、有漏無漏二道各別是阿毘曇雑心聖行。広釈二有漏無漏二定依地一。故有漏定辺通二欲界一可レ得レ意也。何云下南岳大師解釈唯就二無漏定一論中其依地上哉。是一

何況、雑心論中全不レ見二欲界有レ定之旨一者、南岳大師解釈実可三会二通之一。而見二雑心論文一云、思々因及修因非聞因以下故。思恵与二修恵一可レ為二同類因一見。若欲界無二修恵一者、思恵与二修恵一何可レ為二同類因一哉。彼論意云、自地相似因同二倶舎婆沙等論意一、有漏法唯自地与二自地一為二同類因一定故也。是二

次雑心論中明二四修定一釈、当レ知分別恵方便生功徳之頌文云、若方便生諸功徳従二善法欲聞思修三界善及無漏一是一切説名二修定得分別恵一。文　今此論文欲界可レ有二修恵一見。是則依憑非無見。阿毘曇心論文、釈二恵分別当知求得諸功徳之頌文一云、方便生功徳名二欲界戒聞思修功徳一。一切色無色界善法一切無漏有為法是一切修定分別恵。文　爰知、雑心論意、任二阿毘曇心論本説一存二欲界有レ定之義一云事。是三

答

重難のうち第一は、慧思の所説が有漏・無漏二定にわたっていて、有漏の観点からは欲界定を肯定しうるという旨の会釈であるが、第二及び第三は『雑心論』自体の文脈に、欲界定の説示を見出そうとする。すなわち、第二は、『雑阿毘曇心論』巻二（大正二八・八八四頁上）の「思思因及修因」という記述から、思と修を同類因とみなし、もしも欲界に修恵がなければ思恵と同類因であるという取扱いができないことを主張する。また第三は、『雑阿毘曇心論』巻九（大正二八・九三七頁中）に「欲聞思修」とあることから欲界における修恵を肯定しうるとし、これを『阿毘曇心論』巻四（大正二八・八二八頁上）の記述で裏付けようとしている。

(15)『東大寺宗性筆聖教并抄録本』第六二冊、第三四紙～第三七紙。実線で囲んだ部分は第三五紙～第三六紙。
(16)大正四六・一一八頁下。
(17)大正四六・四一四頁上。
(18)仏全二二・一一〇一頁上～一一〇二頁下。
(19)例えば『成実論』巻一六に「凡夫実不レ断レ結。亦有二欲界善法一、能遮二煩悩一。故知、欲界亦有二修慧一。又経中説、

除二七依処一亦許二得道一。故知、依二欲界定一能生二真智一。」（大正三二・三六七頁下）とあるように、欲界定を説示している。『止観私記』で証真は、『成実論』が欲界定を説くとしても、未到定を全く認めないか否か、という議論を行い、道蔵の註釈を根拠の一として、結論としては未到定も認めている。

(20) 答の立場は、円暉『倶舎論頌疏』巻二三（大正四一・九四五頁中）や『大乗義章』（「巻十七」とあるが）巻一一（大正四四・六七六頁下）等の記述により、欲界定を肯定する。これに対し、『阿毘達磨順正理論』巻六一（大正二九・六八一頁中下）の、毘曇諸師は欲界に修慧がないため禅定を否定するという説示に基づく問難がなされる。対して「或云」は『阿毘曇甘露味論』巻下（大正二八・九七八頁下）によって欲界に修慧があることを主張し、「難云」は同論の他の記述（大正二八・九七八頁下）を引用しつつ、否定説の立場から会釈を試みるという内容である。明快な帰結を示さない点は現行の仏全所収本と共通するが、議論が整理されていないという印象を受ける。『止観私記』の識語（仏全二二・一一三九頁下～一一四一頁上）によれば、永万年間（一一六五～一一六六）の草創以降、建久九年（一一九八）の大幅な添削を経て、承元元年（一二〇七）冬に至るまで、証真は屢々「三大部私記」の加筆訂正を行っていた。現時点では推測に過ぎないが、宗性が書写した『仙洞最勝講疑問論義用意抄』第六所収の当該箇所は、或いはこの過程で削除された記述かもしれない。

(21) 『釈禅波羅蜜次第法門』巻五、大正四六・五〇八頁中。具さには、「若摩訶衍及瞿沙所レ明、則具有二欲界未到地中間禅一、足二四禅一為二七地定一。」とある。

(22) 『東大寺宗性筆聖教并抄録本』第五三冊、第一〇〇紙。

(23) 『東大寺宗性筆聖教并抄録本』第七七冊、第四二紙。

(24) 『東大寺宗性筆聖教并抄録本』第七七冊、第三〇紙～第三一紙。

(25) 『摩訶止観』巻九上、大正四六・一二三頁下。

(26) 『止観私記』巻九、仏全二二・一一一六頁上。

(27) 大正三二・二四六頁下。

(28) 大正三二・三三九頁下。

(29) 永村前掲書『中世寺院史料論』Ⅱ「法会の史料・修学の史料」第四章「修学と論義草―宗性筆「法勝寺御八講疑

問論義抄」を通して―」参照。そこでは論義関連の著作の仕方を「書写」「抄出」「結構」に分類した上で、嘉禄二年（一二二六）の法勝寺御八講に問者として出仕した宗性が行った天台教学習学の過程を詳述する。さらに、宗性が撰述した「論義抄」「問答記」がそれぞれ有する意義が論じられている。

(30) 『東大寺宗性筆聖教并抄録本』第三九冊、第三四紙。

(31) 『東大寺宗性筆聖教并抄録本』第四三冊、第一八紙。

(32) 大正九・六一頁上。

(33) 伝全五・二〇三頁～二〇五頁。

(34) 本章初出の拙稿「宗性が学んだ天台教学」（『印度学仏教学研究』六二―二、二〇一四）では、送り主を「定尊阿闍梨」としたが、訂正する。ただし、印尊という人物についても未詳である。

(35) 書目のみ挙げれば、法相教学の証文としては、『瑜伽師地論』、『大乗荘厳経論』、基『法華玄賛』、智周『法華玄賛摂釈』、栖復『法華玄賛要集』、『新抄』等がある。天台教学の証文は、『法華文句』、『法華文句記』、道暹『法華文句輔正記』等。

(36) 例えば、山中喜八編「本理大綱集等要文―未刊聖筆要文集の五―」（『大崎学報』一一九、一九六五）。

(37) 『円頓止観』については、佐藤哲英『続・天台大師の研究―天台智顗をめぐる諸問題―』（百華苑、一九八一）第三編第二章「宝地房証真のみた幻の円頓止観」参照。山口興順「円琳撰『菩薩戒義疏鈔』所引『円頓止観』について」（『天台学報』三六、一九九四）は、証真に師事した円琳の著作に、証真の引用しない『円頓止観』の文があることから、円琳が同書を座右に置いていた可能性が高いとする。

第十五章　宗性筆『法華教主抄』に見える教主論

一　問題の所在

筆者は、中世の日本天台教学、とりわけ「三大部私記」の撰者であり、後世、「中古の哲匠」と称された宝地房証真の教学研究の観点から、宗性が書写した天台教学関連の文献を通覧したことがある。その結果、宗性の論義への準備の具体的な過程が明らかになると共に、生存年代の重なる証真の著作や、初期の本覚思想文献である『本理大綱集』の一部を書写していたことなど、習学の範囲が多岐にわたる事実が判明した。(1) 先行研究が指摘するとおり、鎌倉時代以前の日本天台の論義書はほとんど散佚していることから、当時の教学研究において、宗性が書写した文献群の有する意義は大きい。(2) しかしながら、右のような事実ですら確認されていなかったのが現今の研究状況であり、それらの思想内容に立ち入った研究となると、ほぼ皆無といってよい。

宗性が書写した『法華教主抄』は、『法華経』の教主義に関する多数の要文を収載した文献である。(3) 中でも、佚書である『顕法華義抄』の文をまとまった形で引用しているという事実は、現時点では他に類例を見ないと思われる。

そこで、本章では、『法華教主抄』に収載された日本天台の佚書『顕法華義抄』の文に見られる法華教主義を解明し、その思想史的意義の一端を考察することにしたい。前提として、まずは『法華教主抄』という文献が書写された経緯を確認しておく。

二　建長四年の弘誓院御八講と『法華教主抄』

院政期から鎌倉期にかけて、四箇大寺所属の僧侶が出仕する格式の高い法会の特徴は、原則として以下のとおりである。講問論義においては、南都と北嶺の僧侶が対論する。講師は各自の宗派の教学上の論点に関し、他宗所属の問者からの問に答えることが多かった。出題されるのは、大別すれば、経文の理解を問う論題と、各宗派の中国の祖師達の教説、或いは著作の記述の理解に関する論題である。教理上の議論を交わす以上、発問する側も、講師が専門とする教学に無知ではいられない。こうして、当時の学僧達は、諸宗の教学に触れ、習学することになった[4]。

建長四年（一二五二）、五月一九日と二〇日の両日に開催された弘誓院御八講[5]に出仕した宗性は、安居院の聖覚（一一六七～一二三五）の弟子である延暦寺の信承と、法華教主義に関する論義を行った。宗性は当日行われたとおぼしき問答を『諸宗疑問論義抄』第一七に記録している。勿論のこと、このままの議論が展開されたか否かはわからず、後日加筆した可能性はある。そこに収載された二種の問答は同趣旨であり[6]、詳細な方を挙げれば次のとおりである。

問。法華教主三身中為二報身一、為当可二応身一耶。

答。法花教主三身即一仏也。但且点二一身一、可レ云二応身一也。

両方。若応身者、花厳・法花是初後仏恵也。花厳教主既報身也。法花教主可レ同。是以披二一家之判一《ヲ》、或云、当レ知、法花報仏所説。或述タリ、若説二法花一、但現二尊特ト一。■二此等文証ニ一、尤可レ云二報身一也。若依レ之尓者、見二経文一、仏無二盧舎那名一。全非二報身儀式一哉。加之、見二妙音品(7)文一云二仏身卑少一。文　非二報身一云事、経文実分明也。如何。

答。法花教主可レ云二応身一也。是以妙楽大師(8)釈云、一処会主雖二即釈迦遮那不同一、但是衣纓少殊、内身不レ別。文　故点二一身一可二応身一也。但於二処々一解釈者

重難云、

以二**信解品辟**(9)一思、法花教主尤可レ云二報身一也。般若時ニハ客作ノ人トテ、常在テ二城内ニ一執二作家事ヲ一、常見ル二長者ノ粧ヲ一。至二法花時ニ一、集二国王大臣一定二父子天性ヲ一云二此実我子、我実其父ト一。其時長者還成二垢衣之人一云事、法辟文不二符合一哉。

是一

是以見二**浄名疏**処々解釈ヲ一、**第一巻**(10)云、若説二法花一但現二尊特ト一。**第二巻**(11)ニハ上云、即是法花現二尊特身一為二諸声聞一授レ記時也云々　引下今経方便品我以レ相厳レ身光明照二世間一無量衆所尊為説二実相印一之文(12)ヲ上、法花教主報身如来之旨ヲ釈成セリ。　是二

加之、**道暹師**(13)釈中、釈二疏記故知花厳仏恵無別不可於此強生分別之釈一、引下他師盧舎那仏説二花厳経ヲ一応身仏説二法花経一云釈上、破レ之ヲ令レ知二法花定是報仏所説一。文　此釈無レ諍法花教主報身仏之旨分明也。　是三

加之、**道暹師**(14)釈二疏記当知報仏所説之文一云、当知法花報仏所説者、応レ知、若開レ権顕レ遠已、此他受用報即本地自受用報仏也ト釈セリ。此釈亦法花教主報身仏云事亦分明也。　是四

加之、**山家大師**(15)釈二宝塔中釈迦相一云、集二分身一以脱二垢衣一召二地涌一以示二常住一。文　既云レ脱二垢衣ヲ一。報身仏云事炳然哉。　是五

加之、**浄名疏**(16)中述下四処現二尊特身一之旨上、以二此釈一思レ之、花厳時《ハ》報身《ナリ》。方等般若時《ハ》勝応身《ナリ》。法花時《ハ》三身即一報《ノ》身《ナリ》釈。若尓、法花教主報身仏故、述下四処現二尊特一之旨上見。　是六

加之、**法花義疏**(17)云、初為二諸菩薩一現二盧舎那身一即根本身乃至第三既立レ一廃レ三、息レ迹帰レ本《ニ》。即応レ云下脱二弊垢衣一著中珍御服上也。文　法花之時脱二弊垢衣一著二珍御服一云。故此釈亦法花教主報身仏見。　是七

加之、**顕法花義抄**云、問。法花仏三身中何仏。所居土及教機亦等　答。法花教主是久遠実成円満報仏。文　此釈亦法花教主是報身仏見。　是八(18)

問答は不完全ながら三重の形式になっている。八項目の重難が挙げられているが、それに対する講師側の応答は収載されていない。したがって論義の全容は明確でないが、『法華経』の教主を応身とする講師信承の立場に対し、問者の宗性は報身説に立脚して論難したことがわかる。

そこで問題となるのは、宗性がこの問答を作成するにあたって用いた典拠である。それに相当するのが、別の書写文献『法華教主抄』であり、奥書には、書写の経緯が次のように記されている。

建長四年六月十七日未時、於二東大寺尊勝院中堂正面一馳レ筆畢。去五月十九・二十両日、弘誓院御八講兼日被レ出二問題一之時、第一巻問題、被レ出下法華教主三身中為二報身一為当可二応身一耶云論義上。而宗性対二信承法印一、勤一レ仕初座問者一之間、今此論義抄出並文集、借一レ請延暦寺智円法印一、加二一見一之次、為レ備二後覧一、聊所二書留一也。抄出並文集写本、雖レ為二別帖一、為レ易二披見一、結一レ集一帖一。……(19)

要を取って言えば、建長四年の弘誓院御八講において、宗性は、法華教主義を論題とする論義の問者となった。そこで、旧知の間柄である延暦寺の智円(20)（一二〇一～一二六八）から、参考とすべき「論義抄出」と「文集」を借り請け、研究した後に書き留めた。その際、別帖だった「論義抄出」と「文集」を、後学の便のため、一帖に合綴

したのが、『法華教主抄』である。
「論義抄出」の部分には、右に引用した『諸宗疑問論義抄』第一七のものよりも、やや詳細な問答が収載されていて、右の重難のうち、一・二・三・四・六に相当する言及がなされている。[21]
また、「文集」には、「法華教主事　方便品抄有レ之　以二真言教一可レ同二法花一事」[22]と読める内題があり、以下、五二文が抄出されている。[23]その内訳は、法華教主論における報身説の論拠となる証文と、密教義から報身説を述べる文とに大別されるが、後者は、円密一致を主張する円珍、安然らの著作や、『大日経義釈』等の要文の方がむしろ多数を占める。そして、「文集」の中には、重難の、一乃至八が列挙する証文の全てが収載されているのである。

　したがって、宗性が『諸宗疑問論義抄』第一七所収の問答を作成した過程は次のとおりとなろう。すなわち、彼はまず智円の提供を受けた文献を研究し、「論義抄出」の問答を基盤に据えた。次にこれを三重の問答に再構成した。さらに、「文集」から、伝最澄『天台法華宗学生式問答』巻五、吉蔵『法華義疏』巻四、『顕法華義抄』巻一の三文を抜き出し、それぞれ重難の五・七・八に配当し、八項目の重難を作成したということである。ただし、五月の弘誓院御八講に全ての成果が披露されたか否かは確認できない。宗性は、論義には密教関連の要文を用いなかったが、事後の六月一七日に、借覧した全てを書写し、『法華教主抄』を遺したのである。

　宗性が作成した問答の重難を一覧するに、天台の論義として見る限り、吉蔵『法華義疏』巻四の文を挙げる点が少々特異であるとしても、注目すべきは、古佚の文献『顕法華義抄』の文が用いられている点である。冒頭で触れたように、『法華教主抄』には、同書から一〇箇の文が収載され、その分量の多さは、同書の教主義の大要を把握するに足りる。宗性はそれを理解した上で、報身説の立場からの論難の証文として『顕法華義抄』の所説を採用したのであろう。そこで以下では、『法華教主抄』に収載された『顕法華義抄』の佚文の内容を検討する。

三　『顕法華義抄』の教主義

『顕法華義抄』は、佚文以外に現存が確認されず、巻数、撰者、成立年代共に未詳である。諸目録によれば、巻数は八巻乃至一〇巻と伝えられ、撰者については、最澄、安慧、安然、良源らの名が挙げられる[24]他、円仁等の撰述とする例もある[25]。なお、証真の主著「三大部私記」には、法華教主義を含めて、同書の引用文が散見される[26]ことから、座右に置いていたと推測される。証真自身は、円珍の著作と考えていたようである[27]。

『法華教主抄』所収の『顕法華義抄』の佚文中、その仏身観を理解する上でまず注目すべきは、三身の一体を強調する次の記述である。

同抄第二云、第二明二教主一者、**法花論**[28]云、成大菩提無上者、示二現三種仏菩提一。○　報仏如来真実浄土第一義諦之所摂故。**普賢経**[29]云、釈迦牟尼仏名二毘盧遮那一也。**花厳経**[30]云、仏子、如来或名二釈迦牟尼一、或名二毘盧遮那一。**不空羂索経**云、一切如来三身一体、皆等二毘盧遮那身相好一。**像法決疑経**[31]云、或見二釈迦一為二盧《ママ》遮那一、或為二毘盧遮那一。故知、釈迦与二遮那一一体異名、無レ有二優劣一。但応仏菩提則指二於伽耶一。故法花是報仏説也。文[32]

太字の文献の記述は、いずれも天台教学で仏身を論ずる場合の要文である。注目すべきは『不空羂索経』すなわち『不空羂索神変真言経』巻二八[33]の文の引用であろう。この文は、円珍が『授決集』巻下「三身仏決」[34]において、三身大日と釈迦の一体を論証する文脈で追記の形で引用する他、安然も『教時問答』や『菩提心義抄』において、三身の俱体俱用を述べる箇所で引用している[35]。『不空羂索神変真言経』自体は奈良時代に将来されている[36]ため、この引用が『顕法華義抄』の撰者を推定する資料にはなり得ないが、右の傍線部で主張する釈迦と毘盧遮那の一体性の内実は、こうした日本天台の仏身論の系譜に属するものといえよう。

右のように三身を一体と捉えたとしても、『法華経』の教主を報身と理解せねばならない必然性はないが、『顕法華義抄』は、釈迦と毘盧遮那の一体異名を、直ちに法華教主報身説に結合させている。それは、『顕法華義抄』の教主義が、常に五時教判における初後、すなわち『華厳経』と『法華経』の教主が有する仏慧、或いは尊格の同一性を強調する方向性で構築されているからである。(37)『法華教主抄』には、「又云、問。花厳何与二之法花仏一為レ同為レ異耶。答。二経仏同報仏故為レ同。彼経仏始成故是迹仏。法華法久成故是本仏。故為レ異。文」(38)という佚文も収載されている。両経の教主は報身である点で同、迹・本という点で異とするのであり、『法華経』教主の独自性としては、久成・始成、本仏・迹仏という両経の仏の位相の異なりが強調されることになるのである。そのような『顕法華義抄』の教主義が集約的に示されるのは、次の記述である。

顕法華義抄第一云、問。法花仏三身中何仏。所居土及教・機亦等。
答。法花教主是久遠実成円満報仏。所居土是常寂光土。所説教是独妙唯一円教。所被機是迹門生身与二生身得忍一菩薩、本門法身与二法身後心一菩薩也。(39)若言二法花仏是報仏一者、何経言二垢衣一也。言二垢衣一者、為二今経所開一。故挙先為二少機一現二丈六身一。是故乃開顕悟二垢衣之身即瓔珞之体一。故知、法花仏是珍衣報仏也。(40)信解品云、即脱二瓔珞一、更著二垢衣一。又摩訶迦葉等、(41)世尊大富長者則是如来。故知、垢衣化身即瓔珞報仏。所以者何、此則著脱之異、是其内身瓔珞体故。然此約二迹門一説レ之。約二本門一一向永異。何以故。彼経是始成仏、今経久成仏故。
文　花厳法花教主相対論レ之也(42)

冒頭の傍線部は、後世、『顕法華義抄』の報身説として引用される箇所であり、(43)宗性が書写した『法華教主抄』では、前後を含めて詳細に抄出している点に特徴がある。それはさておき、『顕法華義抄』は、『法華経』の教主を久遠実成の報身であるとし、所居の国土を常寂光土と明言する。その根拠として、『法華経』信解品の所謂窮子喩を活用している。長者が窮子を垢衣で誘引し、自らの臨終に父子である事実を明かしたように、一乗をもって開顕すれば、方便としての垢衣がそのまま瓔珞であると知ることから、教主の内身、すなわち報身こそが『法華経』の教主であるとするのである。また、内身とは前述のごとく『華厳経』の教主たる報身と同一の尊格であるが、末尾の傍線部のように、それは迹門に限られ、本門では異なるとし、両経の教主の相違に言及している。

なお、本迹二門の相違については、別の箇所では、『法華経』教主が居する国土との関係で「同抄六云、今二乗四十余年陶練調熟而至二法花一成二円頓機一。故所見復異二前見一。是故迹門是同居浄・有余土通二実報・寂光一。本門寂光土亦兼二実報土一。今霊山穢土是約二昔見一説レ之。文」[44]と述べられる。天台教学の綱格では、四十余年の調熟を経て円教相応の機となった舎利弗以下の声聞は、迹門で授記されれば無明を断じた生身得忍菩薩となり、本門では本仏の寿量を聞いて増道損生し、菩薩と同じく妙覚の記を得ることになる[45]。『顕法華義抄』の立論の基調は、教主は仏の教導の意図を中心としつつ、教化される衆生の側の見に鑑みて論ずべきであるというものであり、そうである以上、『法華経』の教主は、本迹二門を通じて報身であるとする。そして、教主所居の国土は、迹門では四土に通ずるとしても、本門では聖位の者が住する実報無障礙土と常寂光土のみとなるというのである。なお、常寂光土に住する報身は自受用身であると解されるが、この点に関して『顕法華義抄』には詳細な説明は見出せない。また、聴衆の住する常寂光土は、如来と異なる「分得」である[46]。

四　華厳教学への視角

三身の一体性を前提に、教化の対象である衆生が見る姿よりも、五時の教化を行う如来の側に重心を置き、円教を説示する『法華経』の教主を報身と解するのが『顕法華義抄』の立場である。『華厳経』の教主との関係を常に問題とし、その同異を明確にせんとする傾向を有する。そうした方向性が中国天台の基本説をふまえたものであるとしても、華厳教主との共通点を論証する際、積極的に華厳教学の概念を援用する点は、本書の大きな特徴といえよう。例えば、『顕法華義抄』は、釈迦と毘盧遮那の一体性を論ずるだけでなく、『法華経』教主の釈迦の仏身は、すなわち華厳教学にいう十仏法界身と等同と主張するのであり、次の記述では、法蔵の教説を活用している。

A又云、花厳五教上巻云、今将レ開二釈迦仏海印三昧一乗教義一、略作二十門一。乃至云、然此一乗教義分斉開為二一門一。一、別教。二、同教。初中亦二。一是性海果分、是不可説義。何以故。不下与レ教相応一故。即十仏自境界也。地論云、因分可説、果分不可説者、是也。二是縁起因分、即普賢境界也。既其将レ開二釈迦仏海印三昧一乗教義一。故知、蔵法師意謂、釈迦即遮那。而何言二花厳仏是遮那故勝一。法花仏是釈迦、故即十仏自境界也。

B問。尓、此果分不二与レ教相応一故不可説者、此果分為二不可説一、為当可説耶。若言二不可説一、於二花厳中一不レ説二果分一。若言二可説一者、何謂二不可説一耶。故知、但説二因分一、不レ説二果分一也。又言二十仏境界一、此豈通二三身仏一哉。故須レ知レ之。亦言二是性海果分不教相応故不可説一者、為下於二菩薩言教一謂中不可説上、為下於二如来言教一謂中不可説上耶。若言下於二菩薩教一為中不可説上者、可レ尓。何於二如来理智円極所起体内言教一為二不可説一耶。故知、須下前花厳於二菩薩言説一謂中因分可説、果分不可説上、今法花於二如来体内言教一、因分果分倶言可説。是故彼経但説二因分一、不レ説二果分一。此経因分果分倶説也。

Ｃ五教章下巻云、或説、釈迦報土在二霊鷲山一、如二法花経云一、我常在二霊山一等。法華論主釈為二報身菩提一也。当レ知、此約二一乗同教一説。何以故。法花中亦顕二一乗一故。其処随レ教即レ染帰レ浄。故説二法華一処則為レ実也。如下菩提樹下説二華厳一処則為中蓮花蔵十仏境界上。法華亦尒。漸同レ此教、是同教也。乃至云、**此釈迦仏、若三乗中但為二化身一。若別教一乗、以為二究竟十仏之身一**等。故知、蔵法師応約二実教一為二十仏法身一也。文(47)

Ａの傍線部では、『華厳五教章』巻一(48)の冒頭の箇所、すなわち別教一乗は不可説の果分と可説の因分とに分別され、前者は『華厳経』の教主である十仏の自境界であるとする記述を引用した上で、法蔵が『華厳経』の教義を「釈迦仏海印三昧一乗教義」と称していることに着目して、毘盧遮那と釈迦の一体を謂うのが法蔵の意であるとし、そこから法華教主の釈迦を十仏と同定するのである。

また、Ｃの傍線部では、やはり『華厳五教章』巻三(49)の記述によって、同じ主張を論証している。『顕法華義抄』が引用するのは、摂化分斉、すなわち釈迦仏の所依の浄土を論ずる箇所であり、法蔵は『法華経』寿量品(50)や『法華論』の記述を基に、『法華経』の説処である霊鷲山を、一乗を顕説するが故に、穢土に即した浄土であるとする。ただし、法蔵『五教章』の記述では、『法華経』所説の一乗は同教一乗に留まる点は、注意が必要である。ちなみに、右の『五教章』引用部分で「乃至」として省略された箇所以降を、その前後を含めて引用すると、次のようになっている。太字が、『顕法華義抄』に引用された部分にあたる。

然未レ説三彼処即為二十華蔵及因陀羅等一故、非二別教一也。或有レ説三此釈迦身即為二実報受用之身一。如二仏地経初説一、此釈迦仏即具二二十一種実報功徳一。彼論釈為二受用身一也。此亦約二同教一説。何以故。**此釈迦仏、若三乗中但為二化身一。若別教一乗、以為二究竟十仏之身一**。今此方便勧二彼三乗一、顕三釈迦身非二但是化一。恐レ難二信受一故、彼経中、為約下説二仏果深功徳一処上、明二仏身随レ教即レ権帰レ実、説レ為二報身一。即方便顕下説二華厳一乗法一時、此釈迦身亦随二彼教一、即究竟十仏法界身上也。是故以レ彼為二同教摂一也。[51]

ここでは、『法華経』が十蓮華蔵世界や主伴具足を説かないため、その教説は別教一乗ではない旨を確認した後、『仏地経』[52]に釈迦仏が二十一種の功徳を具することを説き、『仏地経論』巻二[53]ではこれを報身とする見解を、同教一乗に摂している。同教一乗が「即レ権帰レ実」、すなわち権教である三乗教を実教である一乗教に帰する機能を有する教であることから、仏身もそれに随い三乗を説く化身でなく、報身を現すというのである。そして『華厳経』が一乗教を説示する際には、釈迦はその教に随って十仏法界身を現すとするのであり、同教一乗は、三乗教と別教一乗とを繋ぐ通路、或いは中間の段階に位置づけられている。こうした『華厳五教章』の文脈に則る限り、直ちに法華教主の釈迦と「究竟十仏之身」或いは「究竟十仏法界身」を結合することは困難である。

しかしながら、法蔵が「説二法華一処即為レ実也」とし、『法華経』が顕説する一乗の意義については『華厳経』と同等に理解する点に着目することで、法華教主に十仏法界身の義があるとするのが、『顕法華義抄』の解釈である。『顕法華義抄』によれば、法華教主所居の国土は常寂光土であることから、法身を教主に含める可能性は当然ありうる。とはいえ、その結論を華厳教学を媒介として導出する点は、やや特異というべきかもしれない。

なお、Bは意味を取りにくい箇所もあるが、法蔵が『華厳経』を果分不可説とするのは菩薩の立場から述べた意であるとし、「如来理智円極所起体内言教」である『法華経』は、むしろ因分・果分共に可説であると述べている。この点は、最澄以来の日本天台の立場を踏襲し[54]、『華厳経』との差異を明らかにしているのであり、或いはBは『顕法華義抄』の立場を問難する記述かもしれない。この点は判断を保留しておく。

ところで、教主所依の国土に関する『顕法華義抄』の見解が天台教学の綱格に沿ったものであることは前述した。

しかし、これについても、次の記述のように、華厳教学の援用の可能性を見出すことができる。

又云、問。法花虚空浄土具二十八円満一耶。答。具也。問。尓、十八円満者、何耶。答。十八円満者、顕色・形色・分量・方所・因・果・主・輔翼・眷属・住持・事業・摂益・無畏・住処・路・乗・門・依持也。問。尓、法花浄土具二此十八円満一何耶。

答。見宝塔品云、爾時仏前有二七宝塔一。即表下十八円満之所二庄厳一一切諸仏二受用土之体性上。此所表土故、先有二宝塔一従レ地涌出。仏地経云二大宮殿一、即此義也。文　已下引二宝塔品文一配二十八円満一也(55)

『法華経』の虚空会に十八円満を具するか否かを問題とし、これを肯定している。十八円満とは、仏が説経の処とする浄土の十八種の荘厳であり、用語としては『仏地経論』巻一(56)に見られる。主として報身の他受用土を説明する際に、法相教学(57)で用いられ、法蔵の『華厳経探玄記』巻二に「然仏説経処有二三種一。一、唯界内十六大国化身説処。此通二小乗及三乗教一。二、唯界外諸妙浄土十八円満受用土中報仏説処。如二仏地経等一。此妙浄土非二三界摂一而亦不レ離。以レ遍二一切処一故。此通二三乗及一乗説一。三、染浄円融帝網無尽蓮華蔵界十仏説処。依正渾融具二三世間一。此唯別教一乗説処(58)。」とあるごとく、華厳教学にも導入されるが、天台教学では格別に重視されることはない。

『顕法華義抄』は、『法華経』見宝塔品に出現する七宝塔が十八円満を表すものとし、これを二受用土、すなわち自受用土・他受用土を荘厳すると述べている。引用した文の割註によれば、右の記述の後に、見宝塔品の文を十八円満にそれぞれ配当しているということであり、『法華経』の説処に十八円満を見出すことは、『顕法華義抄』の撰者にとっては大きな関心事だったのである。

問題となるのは、以上のような宗派の枠を超えた思索が行われた縁由であるが、『顕法華義抄』の場合、現存の佚文だけでは、その意図を実証することは困難である。そこで、如上の検討を踏まえ、次のように推測しておく。

まず、最澄に華厳教学の影響が見られるなど、日本天台では華厳教学或いは華厳宗への対決姿勢が必ずしも強くないという史的背景が挙げられよう。(59)より巨視的には、円密一致の教判論の構築を通じて全仏教の統合を指向した日本天台の教理的伝統を指摘することが可能である。また実践的には、他宗派の教学を包摂し、その教説を用いて自説を論証することで、自宗の優位を示す目的もあると思われる。この観点における研鑽の一例としては、千観（九一八〜九八三）が、『法華三宗要録』において、定性・不定性のどちらの声聞も灰身滅智することなく、『法華経』を聞いて成仏の記別を受けることを、基の『法華玄賛』の説を援用しながら論証している。(60)成立年代の前後は定かでないが、或いは『顕法華義抄』の議論も、こうした系譜に属するのかもしれない。いずれにせよ、華厳宗の学僧である宗性にとっては、『顕法華義抄』の所説は理解しやすく、また報身説の証文として採用するに足る内容だったのであろう。

五　小結

『顕法華義抄』の教主義に対する後世の受容の形態を見るに、まず挙げるべきは、証真が『法華疏私記』巻六で、報身説を採る知礼の説と共に「異解」として引用し、検討の対象としている次の記述である。なお、証真の教主義については先学の業績(61)があるため、ここでは立ち入らない。

顕法華義抄云、法華教主是久遠報仏、亦是法身、居三実報土与二寂光一也。一乗廻心悟二衣即瓔一。故著脱異、内身不レ別。若約二菩薩一直見二報仏一。法華論云、示二現清浄国土無上一。故現二多宝塔一。法華虚空浄土具二十八円満一。如二円弘師注法華論一。迹門是同居浄・有余土亦通二実報・寂光一。本門寂光兼二実報一也。華厳蔵師云、約二三乗教一釈迦云二化身一。約二一乗教一是法身、亦具二足十身一云云文広[62]。

証真による略抄文を見ると、「円弘師注法華論」は『妙法蓮華経論子註』であると思われるが、その辺りの説示内容は現存しないようであり、未詳である。それ以外は、ここまでの検討から、宗性書写の『法華教主抄』に収載された佚文が、『顕法華義抄』の教主義の要点をほぼ網羅していることがわかるのである。その報身説について、証真は次のように評している。

私云、若約二機見浅深一者、乃通二諸土一。若約二忍土円機所感一、只是丈六即遮那也。若地住所見具二十八円満一。若泛爾見、但表而已。教時義云、観経云、釈迦名遮那。天台云、丈六身即毘盧遮那。故知、真言大日住二他受用一為レ門、開二顕内証一。顕教釈迦住二変化身一為レ門、開二顕内証一云云。私云、此義佳矣[63]。

証真は法華教主について、三身の相即を踏まえた上で「即レ応是法」[64]とする。娑婆世界の衆生が見る仏は、応身に即した法身と解するのであり、自説の立場から、説経する仏の内身を重視する『顕法華義抄』の報身説を批判している。その上で、顕教では釈迦が変化身によって内証を開顕するという安然『教時問答』巻一[65]の説を支持するのである。

次にまとまった形での引用が確認できるのは、南北朝期の直海（〜一三六七〜一三九六〜）撰『雑雑私用抄』すなわち『天台直雑』巻一五の「法華教主事」である。同書には「任二一義一者、報身如来可二答申一也[66]。」とあり、教主義について報身説を採用するため、『顕法華義抄』を最澄、或いは安慧の著作として、その説を活用している。ただし、証真の略抄文にはわずかながら確認できた華厳教学援用の箇所が全て省略され、結果として、『直雑』の記述だけでは『顕法華義抄』の教主義の詳細が理解し難くなっている。例えば、『直雑』に、「問。釈迦是化仏、遮那是報仏。何言二体同一耶。若約二三乗教一、釈迦言二化身一。今約二一乗一是法身[67]。」とある引用文は、『華厳五教章』の法蔵説に依拠した箇所の略抄と解されるが、典拠の部分は全て省略されているのである。
中世における『顕法華義抄』の引用は、その報身説の立場を示す簡略な記述が多いことを併せ考えるに、日本天台諸流における宗学の確立・展開の中で、他宗の教説を活用する『顕法華義抄』の教主義が、時代を経るに従って、存在感を失っていった過程を窺知し得よう。近世に趙宋天台教学が重視されるに至ると、『台宗二百題』「法華教主」に典型例が見られるように、報身説でも知礼の立場が主流となり、『顕法華義抄』の教主義は顧みられなくなったのである。(68)

しかしながら、証真が異解として特に知礼説と並べて引用し、論評を加えていることに鑑みれば、少なくとも平安末から鎌倉時代初期の比叡山では、『顕法華義抄』の報身説は、無視し得ないものであったとみるべきである。宗性は証真の次世代に属する。彼が書写した『法華教主抄』所収の佚文群の存在は、その証左であると共に、日本天台の法華教主義における多様な研鑽の解明に資する意義を有すると考える。

本章では、日本天台の法華教主義について、従前とは異なる観点から論じたが、成立年代や撰者等が未詳の写本を用いたため、資料の紹介、説明に紙数を費やさざるを得ず、法華教主義の沿革や思想内容及び展開には十分に言及することができなかった。中国天台との比較研究も含めて、今後の課題としたい。

註

（1）本書第十四章参照。
（2）尾上寛仲「鎌倉時代の南都仏教と天台教学の交渉―主として延暦寺智円と東大寺宗性の関係について―」（『天台学報』八、一九六七。のちに『日本天台史の研究』山喜房仏書林、二〇一四に収録）参照。

（3）以下に引用する宗性書写の文献の原本は東大寺図書館の所蔵である。本章では、東京大学史料編纂所所蔵の写真帳『東大寺宗性筆聖教并抄録本』所収の影印本を用いる。『諸宗疑問論義抄』第一七は第三九冊、『法華教主抄』は第八三冊に収録されている。引用箇所の漢字は原則として新字体を用いた。また、送り仮名は原則として影印のとおり記載したが、返り点は筆者が読解を示すために私に付した。同じ理由で句読点を私に付し、適宜改行した。なお、判読困難の文字は■で示した。

（4）永村眞『中世寺院史料論』（吉川弘文館、二〇〇〇）、蓑輪顕量『日本仏教の教理形成―法会における唱導と論義の研究―』（大蔵出版、二〇〇九）の諸論考を参照。また、蓑輪顕量「『法勝寺御八講問答記』にみる論義再考」（『印度学仏教学研究』六〇―二、二〇一二）参照。

（5）弘誓院御八講の詳細は未詳であるが、仲恭天皇の追善供養のため、忌日の五月二〇日に合わせて開催されていたようである。『大日本史料』建長二年五月二〇日条参照。

（6）簡略な問答は次のとおりである。「重難」の内容は記載がない。『東大寺宗性筆聖教并抄録本』第三九冊、第三四紙～第三五紙。

建長四年弘誓院御八講宗性問信承法印
問。法花教主三身中為二報身一、為当可二応身一耶。

答。此事雖レ有二学者異議一、且可レ存二応身云義一也。

両方

若応身者、花厳法花是初後仏恵也。花厳教主既報身也。法花教主可レ同。是以披二一宗定判一、或云、当レ知、法花報仏所説。或述、若説二法花一但現二尊特一。依二此等文理一、尤可レ云二報身一也。

若依レ之尒者、見二経文一、仏無二盧舎那名一。全非二報身儀式一哉。加之、妙音品云、仏身卑少。文　非二報身一云事経文実分明哉。如何。

講答云、法花教主三身中可レ云二応身一也。説経軌則偏応身仏相故也。是以妙楽大師釈云、二処会主雖二即釈迦舎那不レ同、但是衣纓少殊、内身不レ別。文　法華教主応身之旨、此釈実分明也。但於二花厳法花教主可レ同云難一者、花厳法花雖レ為二初後仏恵一、教主報化相替、更可レ有二何過一哉。次於二宗師処々解釈一者、一時一会現二報仏相一事、自レ本非レ所レ遮。故此等定判亦非二相違一也。

重難云

（7）『法華経』妙音菩薩品、大正九・五五頁中。

（8）湛然『法華玄義釈籤』巻一九、大正三三・九五〇頁下。華厳・法華の両教主の相好が異なるとしても、実には一体であると述べる。したがって相好と内身のどちらを重視するかにより、応身説・報身説双方の証文になり得る。ここでは応身説の証文となっているが、『顕法華義抄』は報身説の論拠に活用する。

（9）大正九・一七頁上中。所謂窮子喩であり、この過程を『法華文句』巻六下では「四大弟子深得㆓仏意㆒、探㆓領一化五味之教㆒。始終次第其文出㆑此也。」（大正三四・八六頁下）とするなど、天台教学では五味の教導の次第に配当する。

（10）『維摩経略疏』巻一、大正三八・五七〇頁中。なお、大久保良峻「『維摩経文疏』の教学―仏についての理解を中心に―」（『台密教学の研究』法藏館、二〇〇四所収）参照。

（11）『維摩経略疏』巻二、大正三八・五八二頁下。

（12）『維摩経略疏』巻二（大正三八・五八三頁上）に、「問。那知㆘現㆓尊特身㆒表㆖説㆓法身㆒。答。法華云、我以㆑相厳㆑身光明照㆓世間㆒、無量衆所㆑尊、為説㆓実相印㆒。……」とあり、『法華経』方便品の偈（大正九・八頁中）を用いている。

（13）道暹『法華経文句輔正記』巻四、続蔵一―四五・七九丁右上。『法華文句記』巻五下（大正三四・二五〇頁中）を釈する箇所。華厳・法華の教主が共に報身であることを主張する。

（14）『法華経文句輔正記』巻四、続蔵一―四五・七九丁左上。『法華文句記』巻五下（大正三四・二五一頁上）を釈する箇所。本門で開権顕遠すれば、教主は他受用身に即した自受用身となると述べる。

（15）伝最澄『天台法華宗学生式問答』巻五、伝全五・三七〇頁。ここでは本門で垢衣を脱すると述べるため、窮子喩の解釈との関係で問題となる。

（16）註（10）～（12）参照。華厳・方等・般若・法華の四時に尊特身を現ずる旨を述べる箇所。

（17）吉蔵『法華義疏』巻四、大正三四・五〇六頁下～五〇七頁上。三種法輪の教判に対応する教主義を述べる箇所。

（18）『東大寺宗性筆聖教并抄録本』第三九冊、第三五紙～第三七紙。

（19）『東大寺宗性筆聖教并抄録本』第八三冊、第四一紙。

（20）智円は円能の弟子であり、横川長吏に補せられた学僧である。宗性と智円は、権中納言藤原宗行（一一七四～一二二一）の猶子として義兄弟の関係であった。この点について、尾上前掲論文参照。

（21）「論義抄出」の部分は次のとおりである。『東大寺宗性筆聖教并抄録本』第八三冊、第二四紙～第二六紙。

問。法花教主三身中為報身、為当可応身歟。

答。法花教主三身即一仏也。且点一身、可云応身也。

疑云、若如所答者、花厳法花是初後仏恵也。花厳教主既報身。法花教主可同。是以、或云、当知、法花報仏所説。或述、若説法花但現尊特。如此等文理、可云報身也。若依之尒者、見経文、儀式全非報土、仏無盧舎那名。加之、妙音品云仏身卑少。両様不明何耶。

答。如難一辺、若報身云者、経文不相叶也。加之、妙楽大師判処会主雖即釈迦遮那不同（ママ）、但是衣纓少殊、内身不別。故点一身可応身也。但至文理一辺難者、惣四教四土五時教主判大旨可知也。所以四教々主取当教極仏為教主、四土教主取依報正報相応義。五時諸経教主依頓漸化儀。故花厳為頓仏恵為頓大機縁説別円二教、々主尤可報身。法華漸教終而終窮極説故、漸教々主為本、申三身即一、四土不二旨也。可以漸教正被一乗、以信解品辟可意得。方等時、客作人入出無難故入見尊特、出示弊衣。般若時、客作人常在城内、執作長者家業故、教主数々放光粧也。而客作猶尋草庵故、仏復常身。法花以二乗為正為機故不廃前漸頓儀而現尊特身。故維摩疏云若説法花但現尊特判。即是法花現尊特身為諸声聞授記時也。法花論云諸声聞如菩薩坐蓮花。豈非現実報土乎。然而定一経教主者、可約為所被機初説法時。故約二乗所見分斉、経現応身常粧、釈云釈迦舎那不同也。但至当知法花報仏所説之釈者、彼他師不知法花円極、花厳教主報身、法花教主劣云故、破之云報仏所説也。不限報仏、後云法身所説。末師釈当知法花報仏説者、応知、若開近顕遠已、此他受用報即本地自受用報仏也。

疑云、以信解品辟弁法花教主、可云報身。所以般若経時、客作人常在城内執作家事、常見報土粧。至法花集国王大臣定父子天性、長者還可成垢衣人乎。法辟不斉。如何。

答。以レ辟《ヲ》顕《ハスコト》レ法《ヲ》者、皆《ナ》取《テ》二義辺一云。非二全《ノ》斉《シキニ》一。如《ク》二元《ト》存《シ》申《スカ》一、仏《ケ》初《メテ》説《ク》二法花《ヲ》一時、二乗《ヲ》猶客作人《ノトシテ》、猶《ヲ》宿《セリ》二草庵《ニ》一。聞《ク》二大乗《ノ》悟《ヲ》一時、頓《ニ》可三替レ姿《タヲ》改《ム》二住所《ヲ》一。化儀《ノ》次第如《シ》レ此《クノ》。故従《ヘテ》二二乗《ノ》所見《ニ》一示《ナリ》二応身《ヲ》一。又法花《ハ》開権顕実《ノ》教《ナリ》。以《テ》二四教《ノ》々主一会《ツニ》一、還《スルヲ》為《テルカ》二勝事《ト》一故、可下以《テ》二応身《ヲ》一為《シテ》レ本《ト》、即示《チス》中三身即一《ノ》仏《ト》上也。故正意《ノ》時所現《ハ》雖《スルモ》二尊特身《ナリト》一、而為《メニ》二開権《ノ》一以二応身《ヲ》一為《ル》二教主《ト》一也。

尋云、尊特身《ノ》者、定《メテ》報身歟。

答。処々《ノ》釈意、勝応身《ヲモ》名《クト》二尊特《ト》一見《タリ》。維摩疏《ノ》四処現尊特《ハ》、花厳《ノ》時《キハ》報身《ナリ》。方等・般若《ノ》時《ハ》勝応身、法花《ノ》時《ハ》可レ兼二勝応・報身《ヲ》一歟。依《テ》二勝応・報身大小相摂《ルニ》一為《シ》二同品仏《ノト》一、或《ハ》合《シテ》名《ケ》二勝応《トモ》一、或《ハ》号《スル》二尊特《トモ》一也。

又尋云、何《ソ》不《リ》レ云《ハ》三法花《ノ》時《ハ》長者還《テ》著《ルト》二瓔珞《ノ》衣《ヲ》一乎。

答。信解品《ノ》辟次第《ノ》、委知家業《ノ》辟時《ニ》、客作人《ノ》常《ト》見《ニル》二瓔珞《ノ》長者《ヲ》一。何付家業《ノ》時《キニ》更云《ハム》レ著《ルト》二瓔珞《ノ》衣《ヲ》一乎。但他家《ノ》釈、山家《ノ》釈《ニ》有《リ》下著《ルト》二瓔珞衣《ヲ》一云事上。

(22)『東大寺宗性筆聖教并抄録本』第八三冊、第二六紙。

(23) 書目のみ記せば、次のとおりである。なお、一か所だけ「法花玄十云」（第二七紙）と書名のみの記載がある。それを含めれば五三文となる。

法華教学関連書目

「法花玄十」（智顗『法華玄義』巻一〇）、「維摩疏一」、「同第二」（同『維摩経略疏』巻一・巻二）、「法花玄論第二」（吉蔵『法華玄論』巻二）、「義疏第四」（吉蔵『法華義疏』巻四）、「釈籤十」（湛然『法華玄義釈籤』巻一〇）、「記四」（二文）（同『法華文句記』巻五下）、「宝塔品記」（『法華文句記』巻八之四）、「輔」（二文）（道暹『法華経文句輔正記』）、「三大部補注第四」（従義『三大部補注』巻四）、「守護国界章中之上」（最澄『守護国界章』巻中之上）、「去惑」（最澄『法華去惑』巻三）、「天台法花宗学生式問答第五」（伝最澄『天台法華宗学生式問答』巻五）、「顕法華義抄第二」・「第二」（四文）・「同抄六」・「顕法華義抄三云」（二文）・「同抄四」・「同抄六」、「法華論記」（円珍『法華論記』巻四）。

密教関連書目

「大日経」（『大日経』入曼荼羅具縁真言品）、「毘盧遮那要略念誦」（『大毘盧遮那仏説要略念誦経』）、「延命儀軌」

(『金剛寿命陀羅尼念誦法』)、「大日経疏」・「住心品疏」(三文)(『大日経義釈』巻一～二、或いは『大日経疏』)・「五部陀羅尼問答宗秘論」(伝空海『五部陀羅尼問答偈讃宗秘論』)、「大日経疏抄」(円珍『大日経疏抄』)、「金瑜伽記」「胎瑜伽記」(円珍『胎金瑜伽記』)、「法華経阿字釈」(伝円珍『阿字秘釈』)、「智証大師記」(三文)、「教時義一」(三文)・「第二」(二文)・「第三」・「第四」(二文)(安然『教義問答』巻一～巻四)、「菩提心義二」(安然『菩提心義抄』巻三)、「大原僧都口決」、「禅定僧都三密抄断簡」。

(24) 『東域伝灯目録』巻上(大正五五・一一五〇頁中)では「顕法華義抄　十巻」として法華部に書名を挙げる。「妙楽釈七巻云云件書天台宗前後目録不レ出レ之。但依二口伝一入之恒可。」という註が付され、湛然による七巻本の存在を伝えるものの、その所在を確認してはいないようである。また、『諸宗章疏録』巻二には、最澄、安慧の著作として、それぞれ八巻、十巻とする。仏全一・一三八頁下、一四三頁下参照。『日本国天台宗章疏目録』(仏全一・二六五頁下)は、安然或いは最澄の著作とする。『山家祖徳撰述篇目集』は、最澄、安然、良源(ただし、『顕法華儀』の書名)、安慧の著作とする。仏全二・二六〇頁下、二六八頁上、二七〇頁下、二七二頁下。

(25) 『宗要光聚坊』巻下(続天全、論草5・一五〇頁上)には、「今《ノ》顕法華義疏《ハ》山家釈《ノト》一云云。然而《モ》実円僧都書レ之。或《ハ》慈覚釈《ノ》《トモ》云《テ》相論有レ之歟。」とあり、書名は「疏」となっているものの、撰者として最澄、実円(藤原道隆の子)、円仁の可能性を指摘する。

(26) 大きな論点としては、例えば『止観私記』巻一本で、草木成仏に関して、草木の発心修行を否定する文脈において、「顕法華義抄云、問。草木発心修行耶。答。草木即是心故、行人発心修行即是草木修、無レ有二別修一。」(仏全二二・八〇一頁下)という記述を引用している。

(27) 『法華玄義私記』巻一本において、『法華経』所説の円教が一向に八教の摂ではないことを主張する円珍の説を挙げた後、「山王院玄義要略、法華論記、顕法華義鈔、止観古記等、並同二此説一。」(仏全二一・一六頁下)としている。

(28) 『妙法蓮華経憂波提舎』巻下、大正二六・九頁中下の略抄文。

(29) 『観普賢菩薩行法経』、大正九・三九二頁下。

(30) 実叉難陀訳『華厳経』如来名号品、大正一〇・五八頁下。

(31) 大正八五・一三三七頁上に「或見二如来丈六之身一。或見二小身一。或見二大身一。或見下報身坐二蓮華蔵世界海一為二千百億釈迦牟尼仏一説中心地法門上。或見下法身同二於虚空一無レ有二分別一無相無礙遍周中法界上。」とある記述の取意略抄。

（32）『東大寺宗性筆聖教并抄録本』第八三冊、第二九紙。

（33）大正二〇・三八三頁下。

（34）仏全二六・三八七頁下。円珍の仏身論との関連で『不空羂索神変真言経』の文に言及する研究として、浅井円道『上古日本天台本門思想史』（平楽寺書店、一九七三）五三六頁～五三七頁参照。

（35）『教時問答』巻三、大正七五・四二〇頁上中。また、『菩提心義抄』巻四、大正七五・五三四頁上。いずれも「三身一体皆平等毘盧遮那自性身」とする。このうち、『教時問答』では、安然が、相即の三身でなく倶体倶用の三身を円密一致の義としている点について、大久保良峻「日本天台における法身説法思想」（『台密教学の研究』所収）、参照。

（36）石田茂作『写経より見たる奈良朝仏教の研究』（東洋文庫、一九三〇）付録『奈良朝現在一切教目録』八三頁。

（37）例えば、『法華玄義』巻一〇下で五時の教相を明かす箇所に「初後仏慧円頓義斉。」（大正三三・八〇八頁上）とあるように、円教を説く点では『華厳経』と『法華経』は斉しいとされる。『顕法華義抄』は、教主義において、この側面を強調するのである。

（38）『東大寺宗性筆聖教并抄録本』第八三冊、第二九紙。

（39）『法華玄義』巻一上（大正三三・六八三頁中）で、七番共解の第一標章中、経用を「今縁稟二自行二智一、極二仏境界一、起二法界信一、増二円妙道一、断二根本惑一、損二変易生一。非二但生身及生身得忍両種菩薩倶益一、法身、法身後心両種菩薩亦倶益。化功広大、利潤弘深、蓋茲経之力用也。」とする記述に基づく。

（40）『法華経』信解品、大正九・一七頁上の取意略抄。

（41）『法華経』信解品における摩訶迦葉の領解を示す言葉。大正九・一七頁中。

（42）『東大寺宗性筆聖教并抄録本』第八三冊、第二八紙～第二九紙。

（43）例えば、『法華玄義伊賀抄』巻一〇上（続天全、顕教6・三九三頁下）には、「顕法華義抄云　○　法華教主是久遠実成円満報仏　○　所居土是常寂光土。」とある。また、『天台名匠口決抄』巻一（仏全一八・二六〇頁下～二六一頁上）には「伝法華義一云、法華教主覚久遠実成円満報仏。所居之土是常寂光土。所説教是独妙唯一円教矣。」

とある。

(44)『東大寺宗性筆聖教并抄録本』第八三冊、第三二紙。

(45)『法華文句』巻四上では、広開三顕一の十義を説示する。そのうち、第三の惑の厚薄を明かす箇所では、「上根之人三重無明一時倶尽。……」（大正三四・四六頁下）として、受記によって声聞が無明を断ずるとし、第七の得記不得記を明す箇所では、「此二乗若聞二寿量一、即同損レ生得二法身記一也。」（同・四七頁下）とあり、本門では二乗が増道損生して妙覚の記を受けるとする。この点につき、本書第四章「『法華経』における授記について」参照。

(46)『顕法華義抄』には、「寂光有三分得与二究竟一。今四衆共居是分寂光也。究竟寂光唯在二果仏一。」（『東大寺宗性筆聖教并抄録本』第八三冊、第三二紙）とある。分真位と常寂光土の関係について、大久保前掲論文「『維摩経文疏』の教学―仏についての理解を中心に―」参照。

(47)『東大寺宗性筆聖教并抄録本』第八三冊、第二九紙～第三〇紙。

(48) 大正四五・四七七頁上。

(49) 大正四五・四九八頁上中の略抄文。

(50) 大正九・四三頁下。

(51) 大正四五・四九八頁上中。

(52) 大正一六・七二〇頁下。

(53) 大正二六・二九六頁中。

(54) 因分・果分を用いた最澄の他宗観について、田村晃祐『最澄教学の研究』（春秋社、一九九二）四五二頁～四五八頁参照。

(55)『東大寺宗性筆聖教并抄録本』第八三冊、第三二紙。

(56) 大正二六・二九二頁中下。なお、神子上恵龍『弥陀身土思想展開史論』（永田文昌堂、一九五一）には、世親造『摂大乗論釈』巻一五（大正三一・二六三頁上）所説の十八円浄との関連で、十八円満に言及する箇所がある。二七九頁～二八二頁参照。

(57) 例えば『大乗法苑義林章』巻七（大正四五・三六九頁下）の三身義林には、「三他受用身。依二他受用土一。仏地経云、住㆓最勝光耀十八円満㆒也。」とある。ただし、大正蔵所収の『仏地経』には、この記述は見られない。

(58) 大正三五・一二八頁中。また、澄観『大方広仏華厳経疏』巻一一（大正三六・五七八頁中）では、『法華経』寿量品の「我浄土不㆑毀」（大正九・四三頁下）を十八円満の説明に用いている。

(59) 最澄が、三生成仏や信満成仏等の教説を、華厳教学から導入した点や、行位説に関する徳一の批判から華厳宗の教学を擁護した点について、大久保良峻「最澄の成仏思想」「最澄と徳一の行位対論―最澄説を中心に―」（『最澄の思想と天台密教』法藏館、二〇一五所収）参照。また、証真が、『大日経』と『法華経』が同じく超八の円教であることを論証する際、覚苑の『大日経義釈演密鈔』が『華厳経』の円教に言及する文を用いたと解される点について、本書第一章「証真の教判論」参照。

(60) 拙稿「『法華文句』所説の五種声聞について」（『印度学仏教学研究』六一―二、二〇一三）参照。

(61) 大久保前掲論文及び「証真教学における教主義と法身説法思想」（『天台教学と本覚思想』法藏館、一九九八所収）参照。

(62) 仏全二二・五九七頁下。

(63) 仏全二二・五九七頁下。

(64) 『法華疏私記』巻六、仏全二二・五九三頁下。

(65) 大正七五・三八二頁下。

(66) 天全一七・六七四頁下。

(67) 天全一七・六八六頁上。

(68) 一例を挙げれば、成立年代は未詳だが、「澄神律師法華教主按立」の外題を有する写本（早稲田大学図書館教林文庫蔵、天保一二年〈一八四一〉写）では、いわゆる「生身尊特」の論題をめぐって、知礼の教説を基盤とし、証真や従義の説が批判的に検討されている。しかしながら、『顕法華義抄』の教主義には全く言及がなされていない。

付録　『法華教主抄』所収『顕法華義抄』佚文一覧

（『東大寺宗性筆聖教并抄録本』第八三冊所収）

顕法華義抄第一云、問。法花仏三身中何仏。所居土及教・機亦等。答。法花教主是久遠実成円満報仏。所居土是常寂光土。所説教是独妙唯一円教。所被機是迹門生身与生身得忍菩薩、本門法身与法身後心菩薩也。若言法花仏是報仏者、何経言垢衣也。言垢衣者、為今経所開。故挙先為少機現丈六身。是故乃開顕悟垢衣之身即瓔珞之体。故知、法花仏是珍衣報仏也。信解品云、即脱瓔珞、更著垢衣。又摩訶迦葉等、世尊大富長者則是如来。故知、垢衣化身即瓔珞報仏。所以者何、此則著脱之異、是其内身瓔珞体故。然此約迹門説之。約本門一向永異。何以故。彼経是始成仏、今経久成仏故。文　花厳法花教主相対論之　（第二八紙第一六行～第二九紙第一行）

同抄第二云、第二明教主者、法花論云、成大菩提無上者、示現三種仏菩提。○報仏如来真実浄土第一義諦之所摂故。普賢経云、釈迦牟尼仏名毘盧遮那也。花厳経云、仏子、如来或名釈迦牟尼、或名毘盧遮那。不空羂索経云、一切如来三身一体、皆等毘盧遮那身相好。像法決疑経云、或見釈迦為盧遮《ママ》那、或為毘盧遮那。故知、釈迦与遮那一体異名、無有優劣。但応仏菩提則摂於伽耶。故法花是報仏説也。文　（第二九紙第二行～第八行）

又云、又涌出品云、始見我身開我所説悉皆信受入如来恵除先修習若別乗者令入仏恵。故知、雖若得見異所見仏体無殊仏恵亦是同也。又信解品云即脱瓔珞細軟上服厳飾之具更著廉弊垢膩之衣。故知、雖釈迦舎那不同但是衣瓔少殊内身不別。記云、垢衣乃是叙昔之説。在昔尚無垢衣之意。何有常住。又云、亦明勝応々菩薩即盧舎那尊特身大機所扣者也。劣応々小乗丈六弊衣。小機所扣者也。今経明常住醍醐与涅槃等。法身円頓与花厳等所譬長者威徳待衛刹利婆羅門恭敬囲遶、悉指花厳中眷属皆無異也。是故摩訶迦葉等領解瓔珞体云、大富長者則是如来。故知、今経是舎那身、非化仏。此約迹言之、非於本説也。

問。花厳云毘盧遮那是故法報二身可尒。今法花云釈迦此則化身。名何言報仏耶。　○

答。此挙昔小機見而非体異也。亦開垢衣即瓔珞体。是故三身一体不二。故釈迦即毘盧舎那。是故■報仏也。文

（第二九紙第九行～第一一行）

又云、問。花厳何与之法花仏為同為異耶。答。二経仏同報仏故為同。彼経仏始成故是迹仏。法華法久成故是本仏。故為異。文

（第二九紙第二二行～第二三行）

又云、花厳五教上巻云、今将開釈迦仏海印三昧一乗教義、略作十門。乃至云、然此一乗教義分斉開為二門。一別教。二同教。初中亦二。一是性海果分、是不可説義。何以故。不与教相応故。即十仏自境界也。地論云、因分可説、果分不可説者、是也。二是縁起因分、即普賢境界也。既其将開釈迦仏海印三昧一乗教義。故知、蔵法師意謂、釈迦即遮那。而何言花厳仏是遮那故勝。法花仏是釈迦、故即十仏自境界也。

問。尒、此果分不与教相応故不可説者、此果分為不可説、為当可説耶。若言不可説、於花厳中不説果分。若言可説者、何謂不可説耶。故知、但説因分、不説果分也。又言十仏境界、此豈通三身仏哉。故須知之。亦言是性海果分不与教相応故不可説者、為於菩薩言教謂不可説、為於如来言教謂不可説耶。若言於菩薩教為不可説者、可尒。何於如

来理智円極所起体内言教為不可説耶。故知、須前花厳於菩薩言説謂因分可説、果分不可説、今法花於如来体内言教、因分果分倶言可説。是故彼経但説因分、不説果分。此経因分果分倶説也。

五教章下巻云、或説、釈迦報土在霊鷲山、如法花経云、我常在霊山等。法華論主釈為報身菩提也。当知、此約一乗同教説。何以故。法花中亦顕一乗故。其処随教即染帰浄。故説法華処則為実也。如菩提樹下説華厳処則為蓮華蔵十仏境界。法華亦尓。漸同此故、是同教也。乃至云、此釈迦仏、若三乗中但為化身。若別教一乗、以為究竟十仏之身等。故知、蔵法師応約実教為十仏法身也。文　（第二九紙第二四行～第三〇紙第二〇行）

同抄六云、他云未脱弊垢衣未著珍宝妙衣故不円教者、今謂、此則有不知仏身之失。何以故見何身者是機見故。仏飯為父摩耶母為生閻浮提迦夷国、十九出家三十成道。第二七日説花厳時、地上住上菩薩見毘盧遮那仏為我等説法。二乗等見釈迦為我等説法。而陶練四十余年機熟時乃説法花、二乗等廻心向大得成仏記、悟垢衣即珍衣。是故著脱之異、内身是同。亦約機見別仏恵無殊。又昔無垢衣之言而謂垢衣。故知、昔身是方便身。当知、脱垢衣著珍宝衣而何言未脱垢衣未著珞珍宝衣也。此約二乗等挙開権顕実辺約菩薩等見報仏。文　（第三〇紙第二一行～第三一紙第五行）

顕法華義抄三云、第三明国土義者、法花論云、我浄土不毀而衆見焼尽者、報仏如来真実浄土第一義諦所摂故。又云、示現清浄国土無上故現多宝塔。又云、多法如来塔示諸仏土清浄　○　如論　言多宝者、示現一切諸仏土同宝性。故文句第九云、経云常住不滅、又云常在霊鷲山此謂実報土也。　○　記第九云、常在霊山報土者　○　如記　亦遍十方若浄若穢　○　又記云　○　故経云我土不毀常在霊山、豈離伽耶別求寂。非寂光外別有娑婆。故知、法花仏所居浄土通遍実報土与寂光土也。

問。以何知之耶。
答。経云、我此土安隠天人常満園林諸堂閣種々宝荘厳。故知、実報土也。又云、我土不毀常在霊山。又云、釈迦多宝坐於塔中住在虚空。故知、寂光土也。
問。以何知是寂光土耶。
答。結成法華普賢観云、釈迦牟尼名毘盧遮那遍一切処、其仏住処名常寂光。故知、釈迦毘盧舎那一体不二、其所居浄土名常寂光也。
問。仁王経云、三賢十聖住果報、唯仏一人居浄土。故知、寂光土唯在果仏、無因人。而法花虚空浄土三乗四衆共在。何云寂光土耶。
答。寂光有分得与究竟。今四衆共居是分寂光也。究竟寂光唯在果仏、無因人。故不違也。
問。若尒、於法花無究竟寂光耶。
答。経云我実成仏已来無量無辺百千万億那由他劫。又云、常在霊山。是則究竟寂光也。文

（第三一紙第一三行～第三二紙第六行）

又云、問。法花虚空浄土具十八円満耶。
答。具也。
問。爾十八円満者何耶。
答。十八円満者、顕色・形色・分量・方所・因・果・主・輔翼・眷属・住持・事業・摂益・無畏・住処・路・乗・門・依持也。

問。爾法花虚空浄土具此十八円満何耶。
答。見宝塔品云、爾時仏前有七宝塔、即表十八円満所庄厳、一切諸仏二受用土之体性。此所表土故、先有宝塔従地涌出。仏地経云大宮殿、即此義也。文　已下引宝塔品文配十八円満也

（第三二紙第七行～第一二行）

又云、叡岳和尚釈法花論文云、我土不毀而衆見焼尽者、報仏如来真実浄土第一義諦之所摂故。今我釈迦報仏如来所居霊山浄土不是有為穢土。浄土是第一義諦之所摂浄土。已依法無為常住。正報何有々為無常哉。

（第三二紙第一三行～第一六行）

同抄四云、今謂此法花為鈍根菩薩及二乗等次第説同居有余等土。今至法花開於諸土而顕寂光。是故法花浄土此乃寂光。
問。以何知法花浄土是寂光耶。
答。宝塔住虚空、二仏倶同坐、大衆在虚空也。記云、時衆已聞迹門開権、初入寂光之土。文

（第三二紙第一七行～第二〇行）

同抄六云、今二乗四十余年陶練調熟。而至法花成円頓機故、所見復異前見。是故迹門是同居浄有余土通実報寂光、本門寂光土亦兼実報土。今霊山穢土是約昔見説之。文

（第三二紙第二一行～第二三行）

第十六章　宗性筆『法華文句第五巻抄』について

一　問題の所在

東大寺の宗性（一二〇二～一二七八）が遺した五〇〇点余の自筆文書には、法勝寺御八講や最勝講、仙洞最勝講など格式の高い法会における論義に出仕する準備として書写或いは抄出した文献が多く見られる。その中には天台宗の経論章疏や論義書なども含まれる。

宗性は、寛元五年（一二四七）二月一八日から開催された後鳥羽院追善の安楽心院御八講に出仕した。その準備のため、延暦寺の智円（一二〇一～一二六八）から二種の論義書を借り受け、書写している。これらの論義書は、いずれも天台三大部の一つ『法華文句』第五巻に関する論義を収録する小部の文献である。宗性の習学の過程を示す資料であると共に、その内容には少しく異なりが見られる。そこで以下では、当該法会に向けた宗性の準備と実践の過程を辿りつつ、当該文献の有する意義を解明する。

二　寛元五年の安楽心院御八講と『法華文句第五巻抄』

宗性が出仕した安楽心院御八講は、後鳥羽院（一一八〇～一二三九）追善の仏事であり、忌日にあわせて開催されていた。仁治三年（一二四二）二月二二日より実施されているが、寛元二年（一二四四）からは後嵯峨天皇が開催に関与し、公家沙汰となっている[1]。宗性としても、出仕にあたって注力する必要があったと思われる。その準備の成果として書写されたのが、『法華文句第五巻抄辟喩品』（以下、表記にあたっては、「辟喩品」の註記を省略する）である。

東大寺図書館所蔵の同書は、二種の論義書を後に合冊したものであり、それぞれ奥書を有する。外題には「文句第五巻抄辟喩品」と記されているが、『宗性・凝然写本目録』[2]の書名に従う。本章では、東京大学史料編纂所所蔵の写真帳『東大寺宗性筆聖教并抄録本』第七一冊に所収の影印本を用いる[3]。引用箇所の漢字は原則として新字体とした。また、送り仮名は原則として影印のとおり記載したが、返り点は筆者が読解を示すために私に付した。同じ理由で句読点を私に付し、適宜改行した。なお、判読困難の文字は■で示した。それぞれの論義書には、冒頭に「第五」[4]「疏記第五抄」[5]と内題らしきものが記されているが、便宜上、以下の論述では、前半部分・後半部分と呼称する。

書写の経緯は、それぞれ次の奥書に記されている。

（前半部分）

寛元五年二月十九日午時、於二北京白川禅林寺之房、仏師　法印之住房一書二写之一畢。此間参二勤　後鳥羽院御八講一之間、寄二宿此所一、而為二疑問論義一、自二智円法印之許一、借二得此抄出一之次、為レ備二後見一、自二昨日十八日戌時一、至二今日今時出仕之際一、聊得二其暇一之間、不レ顧二遅筆一書二写此抄一畢。後覧之輩、可レ哀二其志一焉。願以二此稽古修学之微功一、必為二彼上生之業因一矣[6]。

（後半部分）

寛元五年二月二十一日辰時、於㆓北京白川禅林寺之麓辺、仏師　法印之住房㆒、書㆓写之㆒畢。此間参㆓勤　後鳥羽院御八講㆒之間、寄㆓宿此所㆒。而為㆓疑問論義㆒、自㆓智円法印之許㆒、借㆓得此抄出㆒之次、為㆑備㆓後見㆒、自㆓昨日二十日辰時㆒、至㆓今日今時出仕之際㆒、書㆓写此三十余枚之抄物㆒畢。終夜止眠、遅筆励功。後覧之輩、可㆑哀㆓其志㆒焉。願以㆓此稽古修学之微功㆒、必為㆓彼慈尊値遇之業因㆒矣。(7)

智円から借覧した論義書を、白川禅林寺の仏師某法印の住房において、二月一九日と二一日にそれぞれ書写し、後見に備えたというのであり、宗性が記載内容をさほどには取捨していないとみてよいと思われる。出仕までのわずかな時間や睡眠時間を削ってまで遂行した宗性の「稽古修学」の成果は、実際に安楽心院御八講で披露されたようであり、それについては後に触れる。

三　『法華文句第五巻抄』の概要

写真帳で見る限り、『法華文句第五巻抄』は、紙数五五紙である。うち、表紙が二紙、遊紙が一紙ある。前半部分は奥書を含めて一七紙である。その内容は、法勝寺御八講、最勝講、仙洞最勝講などの法会において出題された論義が、二九題収載されている。ほとんどの論題には、開催年次と法会の名称、講師と問者の名が傍註として記されている。年次を確認できるもののうち、最古は第一番目の問答、すなわち寛弘三年（一〇〇六）の最勝講、(8)最新は第二八番目の問答、すなわち文暦二年（一二三五）の法勝寺御八講における出題例である。

後半部分は、目次と奥書を含めて三五紙からなる。内容は、おそらく天台宗内における論義集であり、三九題の論義が収載されている。通し番号が第三十七番まで付されているが、途中に番号が付されない問答が七題あり、第十番にあたる問答がどれなのかは確認できない。

前後半の論題数には差があり、配列も異なる。特に前半部分からは論題の順序に意図を見出し難いものの、前・後半の約三分の二が共通の論点に関する論義であり、前半部分の二九題のうち二一題については、後半部分に該当する問答がある。ただし、論義の収載の仕方や方針ともいうべきものには径庭がある。

前半部分は、問答のほとんど全てが第二重までであり、しかも、初重、第二重のいずれかに答がないものが多い。それ以外には、典拠となる経論章疏の文を引用している程度であり、『法勝寺御八講問答記』や『最勝講問答記』等に類似している。要するに、答よりも問を重視した構成になっているといえる。

これに対して、後半部分は、やはり簡潔ではあるが、二重或いは多くはそれ以上の問答と、典拠となる経論章疏の要文だけでなく、日本天台とおぼしき学僧の見解も収録される他、天台宗内の論義での問答も見出される。(9) 要するに、前半部分と比較するに、論義の展開過程を重視した構成になっているのである。

注目すべきは、天台宗における入門的な『法華経』論義書として位置づけられる『三百帖』『法華十軸鈔』(10) 巻三の譬喩品における論題一五題全てが、『法華文句第五巻抄』の後半部分に見出されることである。このことは、天台教学文献としての『法華文句第五巻抄』の性格を示唆しているといえよう。そこで、後半部分の目次を掲げ、前半部分及び『三百帖』『法華十軸鈔』巻三との論題の対応関係を示しておく。

1①為二何人一説二火宅辟喩一乎　　2②示二世間中種々善根等一事
3③出経者為二調巻一置二領解始一事　　4④二乗通記証拠事　62
5⑤所因者指二花厳一事　63　　6（⑥）円満因者即指二仏果一事　64

※数字は通し番号。丸数字は本文に付された数字。（　）は不記載だが、前後関係より付した。

傍線は前半部分と共通論題。太数字は『三百帖』『法華十軸鈔』論題の番号。

右のうち、『仏性論』所説の三因（応得因・加行因・円満因）の位置づけと、七無上の典拠と解釈については、過去に各五回と、収録された論題では最も多く出題されている。そこで以下、前・後半の記述について比較検討する。

1　『仏性論』三因の意義と因果の配当

この議論の要点は、『仏性論』の所説に対する湛然の解釈の意図を明らかにすることにある。『法華経』方便品で仏が一仏乗を説いたことについて、譬喩品の冒頭で舎利弗が、彼ら仏弟子が方便の教によって既に証果したことを自らの責任であるとする際、その理由を「若我等待レ説三所因成二就阿耨多羅三藐三菩提一者、必以二大乗一而得二度脱一。然我等不レ解二方便随宜所説一、初聞二仏法一、遇便信受、思惟、取レ証。」(11)と述べる。仏が大乗の悟りを成就するための「所因」を説く時節を待たずに方便教によって証果した責があるとするのである。この所因を、湛然は『法華文句記』巻五下(12)において『仏性論』所説の三因によって釈するのであるが、その内容に相違を見出しうる。すなわち、『仏性論』巻二(13)では、仏性の体として三種の因を説く。第一の応得因を真如、第二の加行因を菩提心、円満因を加行とするのに対し、湛然は応得因を菩提心、加行因を諸波羅蜜、円満因を仏果とする。そこで、このような配当を行った湛然の意図が問題となるのである。

まず、前半部分の問答は二つあり、具さに引用すれば、次のとおりである。なお、便宜上、問答に序数を付した。

（第一問答）

天喜五年最頼増井問済朝山　承暦三年最行賢興問隆弘山　建保五年法定儼興問貞雲山
問。仏性論所説円満因者、宗家意尺二何位一乎。

進云、仏果。文　付レ之、因義不レ成。況本論六度万行云二円満因一。何云レ尓哉。

（第三問答）

建久七年法範覚興問貞覚少僧都山
寿永二年大快尋興問定毫

問。経文待レ説二所因一。文　妙楽大師引二仏性論三因一釈二謂此文一。尓者何釈乎。

進云、発二菩提心一名二応得因一。諸波羅蜜名二加行因一。仏果名二円満因一。文　付レ之、見二論文一二空所顕真如名二応得因一。菩提心為二加行因一。諸因位為二円満因一也。若尓、所釈違二論文一如何。

記云、応レ知、所因不レ出二因果及以願行一。行即六度。願謂四弘。故仏地《性イ》論中通因三種。一応得因。謂菩提心、即四弘也。二加行因。謂諸波羅蜜、六亦摂レ諸。三円満因。即指二仏果一。通取レ果者、果為二因所期一故亦名レ因。剋レ体而論、唯在二前二一。成就菩提即是果也。文

甫云、仏性論尺二所因一有レ三。一応得因。謂菩提心。二加行因。謂諸波羅蜜。三円満因。謂三徳仏果。円満因二於加行一。加行因二於発心一。不レ因二発心一無レ由二加行一。不レ因二加行一無レ由二円満一。文

仏性論第二云、三因者、一応得因。二加行因。三円満因。応得因者、二空所現真如。由二此空一故、応レ得二菩提心及加行等、乃至道後法身一。故称二応得一。加行因者、謂菩提心。由二此心一故、能得二三十七品、十地十波羅蜜、助道之法、乃至道後法身一。是名二加行因一。円満因者、即是加行。由二加行一故、得二因円満及果円満一。因円満者、謂福慧行。果円満者、謂智断恩徳(14)。文

第二問答は円満因を仏果と解する点を問い、第三問答は三因全ての解釈について問を立てている。いずれも湛然

説と『仏性論』の所説の相違の会釈を求める第二重の進の難までが記載され、初重、第二重ともに答がない。また、第三問答には、論義の典拠として『法華文句記』巻五下、『仏性論』巻二の記述が引用されている。また、その中間に、道暹『法華経文句輔正記』(15)巻五の文が引用されるのは、湛然説の理解に資する目的であろう。

次に、前半部分の問答に該当する後半部分の問答は次のとおりである。

（第六問答）

問。記中引二仏性論所説三種因一《ヲ》。且円満因者、如何引釈乎。

答。以二万行諸波羅蜜一為二円満因一釈《ラム》。

進云、円満因者、即指二仏果一。文 付レ之、因果位異、名義各別也。何於二仏果位一、尚得レ立二因名一乎。依レ之見二論文一、以二万行諸波羅蜜一名二円満因一見《タリ》。尓者不レ明。

答云々。但至二解釈一者、円満因者、仏果円満《ノ》因也。故円満之名《ハ》約二仏果一。即指二仏果一者、即謂二円満名一也。強不レ可二相違一。応得因・加行因難答、可レ例レ之。釈云二通取レ果者、果為二因所期一故二名レ因云々。

尋云、有二何要事一通取レ果乎。

答。為レ合二待説所因之言一、随義転用歟。

私云、所因不レ出二因果及以願行一。文 因及願行前二因也。果今円満因也。若不レ然者、証果文無《シ》。如何可レ云乎。

仏性論三種因之事

記云、応レ知、所因不レ出二因果及以願行一。々即六度。願謂四弘。故仏性論中通因三種。一応得因。謂菩提心、即四弘也 二加行因。謂諸波羅蜜、六亦摂レ諸 三円満因。即指二仏果一。通取レ果者、果為二因所期一故亦名レ因。剋レ体而論、唯在二前二一。成就菩提即是果也。

仏性論一二云、仏性体有二三種一。○所謂三因。○一応得因。二加行因。三円満因。応得因者、一空所観真如。由二此空一故、応レ得二菩提心及加行等、乃至道後法身一。故称二応得一。加行因者、謂菩提心。由二此心一故、能得二三十七品、十地十波羅蜜、助道之法、乃至道後法身一。是名二加行因一。円満因者、即是加行。由二加行一故、得二因円満及果円満一。因円満者、謂福慧行。果円満者、謂智断恩徳。此三因、前一則以二無為如理一為レ体。後二則以二有為願行一為レ体。文

疑云、記文何違レ論乎。

答。若論当体、応得因者、謂真如理。加行因者、謂菩提心。円満因者、謂諸行。而其得レ名皆従二所得一。謂真如理応レ得二菩提心一故名二応得因一。故今記云二四弘一也。次菩提心得二諸波羅蜜加行道一故名二加行因一。故記云二諸波羅蜜一也。後加行道得二果円満一故名二円満因一。故記云レ即指二仏果一也。非レ謂二因体正指是仏果一。

問。若尓、何故記云下通取レ果者、果為二因所期一故亦名レ因。剋レ体而論唯在中前二上。

答。第三所得即是果得故、従二所得一前二名レ因。文[16]

前半部分の第二問答と同じく、円満因が仏果と釈される点に関する論義である。問答の構成は三重であり、いずれも答が記載される。その後、「私云」として、さらに疑問を呈している。全体としては、仏果の位に因の名を付することの不合理を会釈するよう求める問の立場に対し、円満因とは仏果の因であることから、果の方面から説示したという会釈を行っていることがわかる。第三重では、そのような解釈を行ったのは、「待説所因」すなわち大乗の悟りへの因という経文の理解のために、因を果に「随義転用」したという理由が示されている。それに対する「私云」は、証果の文がない以上、そのような解釈が可能であるのかという疑問である。

なお、右の問答の後に「仏性論三種因之事」として付加された記述がある。前半部分と同様、典拠となる『法華文句記』巻五下及び『仏性論』巻二の略抄文が引用された後、二つの問答が記載される。このうち『仏性論』の文以降は、典拠を明かしていないが、証真『法華疏私記』巻五[17]の記述とほぼ全同である。証真の説もまた、「其得名皆従二所得一」とあるように、湛然の意図を所得の果という観点から会釈する点では第六問答と同様である。しかし、「非レ謂二因体正指是仏果一。」とあるように、因そのものはあくまでも果ではない、という当然の事実を明確に論ずる点で、第六問答とはやや異なる姿勢を示している。それ故に、参考意見として併記されたと思われる。

ところで、後半部分の第六問答よりも詳細ではあるが、同じく三重の問答から成り、ほぼ同水準の論義を、『三百帖』『法華十軸鈔』に見出すことができる。同書では、初重でやはり湛然による円満因の位置づけを問い、円満のための因であると釈すると答える。第二重は次のとおりである。

進云、即指二仏果一判《トセリ》。付レ之、既云《ニ》レ因《ト》。仏果不レ可レ指《ヲ》。爰以見《テルニ》二本論文《ノヲ》一、円満因者、即是加行判《ト》非《スルニ》耶。[18]

答云云。任《タリ》二疑難旨《ノニ》一。但至《シ》二即指仏果釈《ノニ》一者、消《スル》二円満言《ノヲ》一時、釈《スルヲ》レ因《ヲ》次《テニ》 果《ノ》事引来《テ》如レ此釈《スル》歟。仍無《テ》レ過云云。

因と果の相違を問題とする進の難には、それを認めつつ、因を釈するに際して仏果についても解釈を行ったという会釈を施している。第三重では、そのような会釈について、「但会通事、因次果事出加歟。若尓背二本論一。随義転用可レ云歟。ハタ本論円満因時、果事引来見子細有レ之耶。[19]」という論難を加えている。『法華文句第五巻抄』後半部分の第六問答とは逆の立場ではあるが、「随義転用」が問題とされているのである。この難に対しては、第三重の答に、「但、進《ノノ》釈事、会通如レ前《ノ》。但又異義有《シ》レ之。因釈《ヲスル》ツイテニ果事《ノヲ》引来《スト》云義在《モ》レ之。其証拠《ノ》、私志記云《ニハ》、今文引仏性論顕之　○　是則仏性論通作レ因説レ果亦名レ果。文　因中説果意釈《ノトセリ》。[20]」とある。智雲『妙経文句私志記』巻一四の説を自説の論拠とするのであるが、取意の引用であり、誤記の可能性がある。『続蔵経』を見るに、智雲は、「仏性論通作レ因説。果亦名レ因。故有二三因一。」[21]と述べている。『仏性論』は、成仏の因果を因の方面から説示するのであり、そこでは仏果も因と呼ばれるというのが、智雲の解釈というべきである。『法華文句第五巻抄』は『私志記』の説に言及することはないが、いずれにせよ、『第五巻抄』や証真による、仏果に約するという会釈に比して、さほどの径庭はないといえよう。

2　七無上の典拠と因果の配当

この議論は、『法華経』譬喩品に「我昔曾於二二万億仏所一、為二無上道一故、常教二化汝一。」[22]とあるように、仏がかつて舎利弗を教化してきたが、舎利弗がそれを忘失していたに過ぎないことを述成する箇所における、「無上道」の註釈の問題点を問うものである。『法華文句』巻五上では、「十住毘婆沙云、身無上謂相好。受持無上謂自利・利他。具足無上謂命見戒。智慧無上謂四無礙。不思議無上謂六波羅蜜。解脱無上能壊二二障一。行無上謂聖行・梵行。又身無上名二大丈夫一。受持無上名二大慈悲一。具足無上名二到彼岸一。智無上名二一切智一。不思議無上名二阿羅訶一。解脱無上名二大涅槃一。行無上名二三藐三仏陀一。」[23]とあるごとく、これを『十住毘婆娑論』所説の七無上（身無上・受持無上・具足無上・智慧無上・不思議無上・解脱無上・行無上）として、二つの観点から説明している。湛然は『法華文句記』巻六上で、この七無上の第一の観点からの説明を「前一為レ果、後六在レ因。」[24]と因果に配当する。そこで、湛然が特に解脱無上を因に配する解釈の当否が問題になると共に、そもそも『十住毘婆娑論』には右の七無上が説示されていないことから、その典拠如何という基本的な問題が生じるのである。実際には、七無上は『菩薩善戒経』巻三[25]や『菩薩地持経』巻三[26]等に説示されている。

まず、前半部分の問答は三つあり、おおよそ次のとおりである。形式は前節に準じた。

（第五問答）

天仁二年最寛信《東》問覚基《井》　久安五年最雅宝《東》問覚智已講《山》　建久四年最玄俊《興》問公胤《井》

問。宗師依㆓十重毘婆沙㆒明㆓七無上㆒。尒者解脱無上者在㆓果位㆒歟。

進云、在㆓因位㆒。文　付㆑之、解脱無上者、論断㆓尽諸惑㆒之名也。何況大師引㆓本論㆒尺㆓解脱無上体㆒云、能断㆓二障㆒。文　加之、勘㆓地持論㆒云仏断㆓二障㆒解脱無上云々。限㆓果位㆒見如何　寛信疑也(27)

（第七問答）

承久元年院最覚遍《興》問公性《山》

問。宗家所釈中引㆓大乗論所説七無上《ヲ》㆒判㆓因果不同㆒。尒者如何釈㆑之乎。

答。前一為㆑果、後六在㆑因。文

付㆑之、見㆓本論㆒於㆓無上菩提㆒有㆓七種㆒標《シテ》挙㆓七無上㆒解釈《ニモ》皆置㆓如来《ノ》言《ヲ》㆒。何後六在㆑因乎。

（第八問答）

康治二年法恵珍《東》問仲胤《山》

問。妙楽大師身無上等七無上出㆓何論㆒釈㆑位乎。

進云、十住婆沙。文　付㆑之、彼論不㆑見。地持論咸明㆑之如何。

疏云……。記云……。善戒経三云……。地持三無上菩提品云……(28)

いずれも簡潔ながら二重の構成になっているが、答は第七問答の初重のみにある。内容としては、第五及び第七問答は、解脱無上を因位に配することに疑問を呈している。ちなみに、第七問答の「本論」とは、『菩薩地持経』を指す。第八問答は、七無上の典拠を問うものであり、進の難の後に、典拠となるべき要文が長く引用されている。

次に、前半部分の問答に該当する後半部分の問答は二つあり、次のとおりである。

（第一三問答）

十一　問。宗師釈身子授記中無上上名引㆓十住婆娑所㆑明七無上㆒。尓其中解脱無上ハ因果中何乎。

答。論意難㆑測。妙楽大師解釈中約㆓因位功徳㆒。

付㆑之、解脱無上者、離㆓煩悩所治二障㆒果々断徳ノ法涅槃ヲ得ニ名タリ。是則極位功徳也。何下属㆑因乎。是以本論文大師解釈全不㆑云㆑因如何。

答。誠以如㆓所難㆒。解脱無上ハ是可㆑果。但妙楽大師所判又非㆑無㆑由■。所以■疏文付引㆓七無上ヲ㆒有㆓二重釈㆒。初ハ釈修因感果義。次重ハ■■果徳。■初尺第一ノ身無上ハ是相好カ故以㆑之為㆑果。次受持無上等六ハ云㆓自利々他六波羅蜜㆒故以㆑之為㆑因。解脱無上是六中第五也。更自行中列タリ。故属㆑因無㆑失。但解脱二障云難云能壊二障非㆑約㆓断徳㆒歟。只是■■二障辺歟。所以次又云、二障者煩悩障三乗通障見思所知障塵沙無明亘ニ故、煩悩障及所知障中塵沙皆是因位所断也。付モ㆓無明惑㆒又多分ハ因位断㆑之。故解脱二障云㆑約㆓因位㆒更無㆑失者歟。

性抄云

難云、七無上誠十住婆娑雖ハ㆑不㆑見、善戒経・地持論・瑜伽等在ニ之。大旨約㆓果徳㆒見タリ。前一為㆑果、後六在㆑因分別、彼等経論ニモ不㆑見。又望ニモノ㆓疏文㆒不㆓分明ナラ㆒。付㆑中解脱無上以㆑何カ解ヲ㆓脱スト地前ノ二障ヲ㆒心得乎。

答。此事尤不審也。本論ニ不㆑見者記文ニ可㆑明㆑之ヲ。然ニ記文ニ無㆓其沙汰㆒。若然者、大師所覧本ニ在㆑之歟。若尓、因果ノ分別《モ》本論見《タル》歟。

（第一四問答）

十二　問。宗家釈中、引二大乗論所説七無上一判二因果不同一。尓者如何尺乎。

進云、前一為レ果、後六在レ因。文 付レ之、見二本論一於二無上菩提一有二七種一。標《シテ》挙二七無上《ヲ》一何後六在レ因云乎。

答。且准二疏文一、受持等名似二因行一故、並従レ因消。非二尽理義一。既約二因行一。故断二二障一亦従二地前。本論雖レ云二聖住・梵住一、今文既云二聖行・梵行一。故従二自行一。

問。設六在レ因、何不レ通二地上一。

答。行無上中唯云二二行一。不レ列二天行等一。故且在二地前一也。

問。彼亦列二天住一。今文略耳。(29)

第一三問答は二重の構成ながら第二重の答が詳細である。その後、未詳の文献「性抄」の問答を付加している。第一四問答は簡潔ながら四重の構成であり、初重と第四重の答はない。

後半部分の両問答は、それぞれ湛然の説の会釈が主眼になっている。第一三問答では、『法華文句』の二種の釈について、第一の観点からの釈を「修因感果義」とすることで、身無上のみは仏の相好をいうことから、これを仏果に配するとしても、他を因に配当することに問題はないとしている。さらに、「性抄」の説は、湛然の釈を「不審」としつつ、「大師所覧本」すなわち湛然が用いた本にはそのように記されていたのではないかとの見解を示している。

次に、第一四問答では、『法華文句』の釈は、自行の観点に立ったものであるが故に総じて因と述べるのであり、この釈自体は理を尽くしたものでないとする。ちなみに、この第一四問答の答は、典拠を明示しないものの、証真『法華疏私記』巻五[30]の所説に依拠して構築されている。前節の仏性論三因に関する記述と同様、後半部分の撰者と証真との間に、教学上の関連を窺わせる。

このようにして、前節と同じく、後半部分の両問答は、出題意図こそ前半部分と共通するが、問答の展開と複数の解釈の可能性に意を用いた構成になっていることが確認できるのである。

そして、『三百帖』『十軸鈔』との共通性も看取しうる。問答全体の結論に加え、第一三問答に引用された「性抄」の見解と、『十軸鈔』の第三重に、「抑。十住毘婆沙《トハ》引《トモ》、本論無《ニ》レ之《ト》云事実難《ニ》レ思。或《ハ》大師所覧本《ノ》七《ニ》無上文《ノ》有レ之歟。」[31]という記述の論旨は同一である。勿論『十軸鈔』の方が、記述において詳細であるとしても、この会釈がやや苦しいものであるだけに、両者の関連を推測することは許されよう。

以上、『法華文句第五巻抄』に収載された論義のうち、格式の高い法会において出題回数がそれぞれ五回と最も多かった二例の検討を行った。同一論題に関する前半及び後半部分の同異、また『三百帖』『法華十軸鈔』の記述との比較を通じて、『法華文句第五巻抄』の性格を次のように推測することができる。

すなわち、この文献は、『法華経』譬喩品に関する『法華文句』或いは『法華文句記』の説示の問題点をめぐる論義を収録したものである。前半部分には、格式の高い法会における出題例を列挙し、後半部分には、問答の具体的な展開、或いは複数の解釈を簡潔に記載する。そして論義の教学的水準は、天台宗における基礎的、入門的なそれに比定しうる。後半部分には、『三百帖』『十軸鈔』巻三のうち譬喩品に関する論題全てが含まれ、ほぼ同じ順序で配列されている。それだけでなく、記述の分量自体を見る限り、『三百帖』や異本の多い『法華十軸鈔』に比して後半部分が簡潔であるとしても、議論の展開の仕方、キーワードに共通性、類似性が見られる。両者に共通する三重の構成も相俟って、論義の深度ともいうべきものは、同一の水準にあるということができる。

四　論義における宗性の実践

冒頭に記したように、宗性が『法華文句第五巻抄』を書写した所以は、寛元五年二月の安楽心院における後鳥羽院追善の御八講に出仕し、『法華経』譬喩品に関する論義、それも天台教学に基づく解釈の問題点をめぐる論義の問者を務めたことによる。

ところで、宗性筆『諸宗疑問論義抄』第七には、最終的に論題を選択する権限を有した者が未詳ではあるが、講師を務めた園城寺の長俊に対して宗性が行った二つの問答が記録されている。(32) いずれも、過去に法勝寺御八講で出題されたことのある論題であり、第一の問答は次のとおりである。

寛元五年後鳥羽院御八講宗性問長俊大僧都
問。経文云、無明暗蔽永尽無レ余。文　所レ云無明者、可レ亘二界内界外無明一耶。
答。可レ亘二界内界外無明一也。
進云、妙楽大師釈云、且約二界内因果一而言。文　付レ之、依二妙楽解釈一見二経文起尽一、嘆二如来長者之徳一、述二無明永尽之旨一。何可レ限二界内無明一哉。何況、下文説而悉成二就無量知見一解釈。受レ之約二界外一論レ之。若尓者、智断相反。其義可レ同如何。(33)

ここでは、『法華経』譬喩品の「舎利弗。如来亦復如レ是。則為二一切世間之父一。於二諸怖畏・衰悩・憂患・無明・闇蔽一、永尽無レ余、而悉成二就無量知見・力・無所畏一、有二大神力及智慧力一具三足方便・智慧波羅蜜二。(34)」という文に説かれる無明とは、界内に限定されるか否かが問われている。如来が無明等をことごとく滅尽しているとの説示について、湛然は『法華文句記』巻六下で、「於諸怖畏等者、且約二界内因果一而言。以下対二諸子一是所畏上故、故云二永尽一。所離同麁、能離理極。故云二無量知見等一。(35)」と述べている。すなわち、所断（所離）の無明等を界内（麁）に限定しつつ、如来が成就したという無量知見については「理極」とし、高次のものとしていることから、その意図を会釈する必要が生ずる。進の難に述べるように、湛然は、如来が無量知見を成就したという経文自体については界外に約しているとみられるため、断徳と智徳の釈に齟齬を見出しうる点が問題となるのである。

この問答は、『法華文句第五巻抄』では前半部分の第一六問答、後半部分の第三四問答に相当する。前半部分の問答のみ引用すれば、次のとおりである。

平治元年法重賀《山》問覚《井》智

問。経文無明暗蔽永尽無レ余。文　亘二界内界外無明一乎。

答。可レ然。

進云、唯界内。文　付レ之、如来長者永除二一死果患一如何。

答。依二窮子障辺一也。

難云、而悉成就等文理極何。(36)

これに対し、後半部分は次のとおりである。

三十二　問。経文無明暗蔽永尽無レ余。文　尒《ハ》所レ言無明者、界内界外《ニ》亘乎。

答。惣歎《テハ》二仏徳《ヲ》一文、《ナレハ》界内外《ニ》可レ亘也。但又今文別《ハシテ》且約二界内《ト》一云釈有歟。

尒也、今付レ之如来所断何唯限二界内一乎。何況経文相上云二無明暗蔽永尽無余《ト》一畢《テ》下《ニ》而悉成就無量知見説《トヘリ》。釈中《ニモ》明《スニハ》二能断《ノ》智恵《ヲ》一遍約二界内一於二所断《ノ》無明《ニ》一、何唯約二界内一乎。智断相念《スルニ》通為レ可レ等《カル》。智徳断徳相違何得レ意乎。

答。経文相是《ハ》対《シテ》二二乗窮子《ニ》一離《タリト》二三界火宅《ヲ》一説事《ヲ》云《ヘハ》、付二今文一一往作二此釈《ヲ》一歟。故釈文《ニモ》且約二界内一。文　且《ノ》言未尽理《ノ》語也。知以レ実《ヲ》言《ハ、》レ之《ヲ》、仏《ノ》断《ハ》可レ亘二界外一也。智徳《ノ》例自被レ遮歟。

猶尋云、智断《ヲ》別《ケテ》、智《ヲハ》約二界内外一事《ヲ》猶釈意《アルニ》似《タル》レ未レ被レ遮乎。

答。今対二諸子所離火宅一、仏同離故且論二界内《ヲ》一云也。而悉成就無量知見云者、大車《ヲ》云《ハムト》為《スル》文也。故文異《ナリト》可レ存歟。下文云二若我但以神力及智恵力等一云《フ》二即大車一也。仍今文又大車《ト》可レ得レ意也。(37)

前半部分には第三重の答が記されないが、両者の立場は、同じく如来所断の無明が界内外にわたるというものである。湛然が無明を界内とした理由としては、前半部分では「依二窮子障辺一」と簡潔に記すように、火宅から導かれる二乗について述べたとする。後半部分では、第二重の答のように、「且約界内」の「且」とは尽理の語ではないという会釈を加え、第三重では、諸子すなわち二乗所離の火宅を同じく仏も離れたために、これを界内とし、仏の無量知見を大車すなわち大白牛車に配当するという釈を示すのである。

両者を比較するに、前半部分の第三重の「難云、而悉成就等文理極何」に対する答にあたる会釈が後半部分に展開されているとみてよい。『諸宗疑問論義抄』第七の記録を見る限り、宗性は、進の難を後半部分の答に対応させる形に修正している。それに対する答が記載されていないのでいかんとも難いが、実際の論義では、『法華文句第五巻抄』の後半部分のような展開を想定していたのかもしれない。そのことは、『諸宗疑問論義抄』第七には、右に引用した、御八講における第一問の問答に続いて、『法華文句第五巻抄』後半部分の問答とほぼ全同の記述が収載されていることからも看取しうる。(38)

さて、安楽心院御八講における第二の問答は、次のとおり記録されている。

寛元五年後鳥羽院御八講宗性問長俊大僧都

問。辟喩品疏中引二倶舎論智品文一明二十智相一。尓者、以二幾門一釈二十智一判耶。

進云、妙楽大師釈云、彼文惣為二六門一解釈。文 付レ之、彼倶舎智品尋、十智廃立広数多種分別、未レ限二六門

定判一。何況、彼論中全無下有与二三々昧一相応及与レ根相応門上。妙楽大師之所引、依レ論甚難レ思哉[39]。

この論題もまた、湛然の解釈の妥当性を問う内容である。『法華経』譬喩品に「長者諸子、若十、二十、或至二三十一、在二此宅中一。[40]」とあるように、火宅の中の諸子の数が十乃至三十と説示されることにつき、『法華文句』巻五上では、これを二乗とした上で、「皆言レ十者、悉有二十智之性一。[41]」と述べる。十の数を智で理解しようとするのであり、この十智を、湛然は『法華文句記』巻六上で、「言二十智一者、謂世智、他心智、苦集滅道智、法比智、尽無生智。略如二玄文智妙中説一、広如二倶舎智品中明一。彼文総為二六門一解釈。一有漏無漏。二展転相摂。三与二三三昧一相応。四与レ根相応。五明二縁レ境多少一等。[42]」と註釈している。この箇所は、十智が『法華玄義』の智妙中には説示されないこと、湛然の例示も五門に留まることなど問題点が多い。『諸宗疑問論義抄』第七の記載は、第二重の進の難までであり、いずれも答がない。これは『法華文句第五巻抄』の前半部分の第二問答にほぼ対応する。問答部分のみを引用すれば、次のとおりである。

建保三年法貞遍問宗源答
問。倶舎智品意、立二幾門一釈二中智之相一乎。

進云、六門分別。文 付レ之、彼品中立二多種一、不レ限二六門一。何云レ尓乎。就中、与二三々昧一相応、与レ根相応義門、惣不レ見如何[43]。

『倶舎論』の分別が六門に限らないこと、湛然の説示のうち、第三と第四が、そのままの形では『倶舎論』に見出し難いというのであり、両者は同一内容といってよい。これらに対応する問答が、『法華文句第五巻抄』後半部分には収載されていないので、当時この論題に関する宗性の情報量がどの程度であり、論義に際してどのような展開を想定していたのかなどは、未詳である。いずれにせよ、寛元五年の安楽心院御八講において、宗性は、『法華

文句第五巻抄』に収載された諸論題のうち、法勝寺御八講の過去の出題例である二題を発問したこと、実際の論義においては、特に第一問では、『法華文句第五巻抄』の前半及び後半部分の記述を活用しながら、問答を行っていたことがわかるのである。

ところで、寛元五年における『法華文句第五巻抄』の習学の成果は、その後の論義の実践にも活用されていた。安楽心院御八講の二年後、建長元年（一二四九）七月一八日より開催された、後嵯峨院の生母贈后源通子（～一二二一）追善の坊城殿御八講[44]に宗性は出仕している。そして、彼に『法華文句第五巻抄』等の天台教学文献を貸与し続けた延暦寺の智円と共に、次のような問答を行ったことが、『諸宗疑問論義抄』第十二に記録されているのである。

建長元年七月坊城殿御八講宗性問智円法印
問。妙楽大師解釈中、釈二待説所因経文一、引二判仏性論所説三因一。其中円満因者、因果二位中何位立レ之耶。

答。如二仏性論文一者、因位立レ之也。

進云、妙楽大師釈云、即指二仏果一。文　付レ之、因果位異、名義不レ同也。何於二仏果一、可レ立二因名一哉。是以正見二仏性論文一、述《テ》二円満因一者即是加行。以二因位万行一名二円満因一見、如何。

講答云、円満因者、以二因位万行諸波羅蜜一為レ体云事、仏性論文既分明也。更不レ可レ疑レ之。但於二妙楽解釈一者、会レ之可レ有二二義一。一義意云、従二因所得果《ニ》一、因上立二果名一也。応得因云二菩提心一、加行因云二諸波羅蜜一、此旨既明也。円満因云三即指二仏果一、准而可レ知レ之也。一義意云、仏性論文三因倶雖二因位立一レ之、妙楽随義転用。就二円満之言一、可レ在二果位一釈也。

就二初義一重難云、見二妙楽解釈一云、通取レ果者、果為二因所期一故亦名レ因。文　此釈意、果為二因所期一故、剋体《シテ》果上有二因名一云也。指二因所得果一云三即指二仏果一者、因所得果通二仏果一事、全非レ可レ痛。何会下果為二因所期一故亦名上レ因哉。次実《ニハ》三因倶因位立レ之者、剋二性体一之時、三因倶可レ在二因位一。何判下剋レ体而論、唯在二前一。成一レ就菩提一即是果也《ト》上哉。

答。通取レ果者之釈、非三只指二円満因所得果一。広可レ指二三因所得果一也。次円満因所得果通二仏果一。故就二其監一云下剋レ体而論唯在中前一上也。

重難云、云三円満因即指二仏果一、因言レ通二仏果一事、甚有レ疑。故会レ之云二通取レ果者等一也。通取レ果者之果言広通二三因所得果一云事、甚以難レ思哉。

答(45)

いうまでもなく、既に検討した『仏性論』所説の三因に関する論題であり、問者宗性は、講師の智円に対し、『法華文句第五巻抄』後半部分収載の第六問答に相当する論義を展開している。『諸宗疑問論義抄』第十二を見るに、右の引用部分に続いて、第三節で検討した後半部分の第六問答と、前半部分の第二及び第三問答、後半部分の「仏性論三種因之事」の順に記載がなされている。(46) あくまでも記録の上で確認できることであるとしても、宗性は、寛元五年に『法華文句第五巻抄』の前半及び後半部分から得られた知見の全てを、この御八講に携えていったことが窺われるのである。

五　小結

本章では、寛元五年、後鳥羽院追善の安楽心院御八講に出仕するための習学を通じて宗性が書写した天台教学文献『法華文句第五巻抄』の内容を検討し、宗性の実践における活用の過程を確認する作業を行った。検討により得られた結果は各節に記したとおりである。

従来の研究には、天台宗内部の論義と、三講を頂点とする、南都北嶺の学僧が公請により出仕して行う格式の高い法会における論義との関連を、文献に即して考察したものは見られない。その点について、双方の連続性ともいうべき密接な関係の一例を、『法華文句第五巻抄』前後半部分の比較によって具体的に示すことができた。また、そこで論点として取り扱われる教学上の事項は、『法華文句』や『法華文句記』といった典籍における祖師の記述の会釈を中心に、基本的な水準のそれを含むことを、天台宗の入門的論義書『三百帖』『法華十軸鈔』との関連を含めて指摘した。特に『法華文句第五巻抄』後半部分は、同書の譬喩品の論題を全て含むのであり、議論も共通する部分がある。異本とはいえないまでも、現行の『十軸鈔』成立への源流、或いは参照資料の一つとして、何らかの関係があったと、現時点では推測しておく。

冒頭に触れたように、宗性の書写等にかかる文献の研究は、進展しているとは言い難い状況にある。『法華文句』他巻の抄物は勿論のこと、法勝寺御八講や最勝講等の問答記の翻刻・訳註作成も視野に入れつつ、調査を継続することが今後の課題となる。

註

（1）後鳥羽院追善の御八講は、当初は後鳥羽院后の修明門院重子が主催していたが、後嵯峨天皇が関与するに至って公家沙汰となった。その後、両者の共同開催の形態をとるようになったが、後嵯峨による院政開始後は、太政官と院庁が運営主体となった。文永元年（一二六四）修明門院の死の翌年からは、開催場所も後嵯峨院御所の大多勝院に移している。以上について、遠藤基郎『中世王権と王朝儀礼』（東京大学出版会、二〇〇八）三三三頁～三三四頁参照。なお、遠藤氏は、「後嵯峨にとって、後鳥羽院追善仏事を執り行うことは、朝廷内での正統性を獲得する上で必須であった。」（三三三頁）と述べている。そうであるとすれば、出仕する僧侶の責務も、少なからず重かったことが推測できよう。

（2）本目録において、『法華文句第五巻抄』に付された番号は一五一番。請求記号は一一三・四四・六―二である。同書六三頁参照。

（3）『法華文句第四巻抄』との合冊であり、請求記号は六一一四・七・七一である。

（4）『東大寺宗性筆聖教并抄録本』第七一冊、第四四紙。

（5）『東大寺宗性筆聖教并抄録本』第七一冊、第六二紙。

（6）『東大寺宗性筆聖教并抄録本』第七一冊、第六〇紙。また『宗性・凝然写本目録』六四頁、平岡定海『東大寺宗性上人之研究並史料』中（日本学術振興会、一九五九）二二六頁上下参照。

（7）『東大寺宗性筆聖教并抄録本』第七一冊、第九五紙。また『宗性・凝然写本目録』六四頁、平岡定海『東大寺宗性上人之研究並史料』中（日本学術振興会、一九五九）二二七頁参照。

（8）最勝講は、寛仁四年（一〇二〇）以前には不定期開催であったようだが、『御堂関白記』寛弘三年一〇月二五日条には、「未時大［内］裏最勝講初、入夜了、大夫諸寺修諷誦、二百端、自堂定五僧定、前大僧正観修、寺座主院源、律師慶命・兼捻・実誓、」（『大日本古記録』）とあり、最勝講が催されたという記事がある。『法華文句第五巻抄』前半部分の第一問答にも、傍註に「寛弘三年最融碩《興》問慶命律師《山》」（『東大寺宗性筆聖教并抄録本』第七一冊、第四四紙）とあり、慶命の名が見出される。この時の最勝講における論義とみてよいと考える。

（9）例えば、「性抄」「良抄」「宝抄」（証真の著作）等の文献からの引用や、「延云」「澄云」などの見解が見出される。また、嘉禄二年（一二二六）勧学講、吉水山王講など、天台宗内の法会における問答も散見する。このうち「性抄」は、『十軸鈔』撰者とも伝えられる海岸坊性舜の著作かも知れないが、現時点では何もわからない。性舜については『続天台宗全書』解題参照。

（10）『三百帖』が、中世の談義所において初学者に与えられた書であること、及び『三百帖』から法華三十講等の論義における問答が作成されたとみられることにつき、尾上寛仲「三百帖について」（『印度学仏教学研究』一七―二、一九六九。のちに『日本天台史の研究』山喜房仏書林、二〇一四に収録）参照。ただし尾上氏は、藤原道長の在世時より行われていた法華三十講で用いられた論義書が『三百帖』であったか否かについては判断を保留している。なお、二重の問答で構成される『三百帖』に、第三重と付随問答を増広して成立したのが『法華十軸鈔』であり、多数の異本が存在することについては、『三百帖・法華十軸鈔』（続天全、顕教7）の解題を参照。

(11) 大正九・一〇頁下。

(12) 大正三四・二五五頁中下。なお、大正蔵本では、『仏性論』を『仏地論』につくる。

(13) 大正三一・七九四頁上。

(14) 『東大寺宗性筆聖教并抄録本』第七一冊、第四五紙～第四六紙。

(15) 続蔵一―四五・八二丁右上。

(16) 『東大寺宗性筆聖教并抄録本』第七一冊、第六五紙～第六六紙。

(17) 仏全二二・五五二頁下～五五三頁上。

(18) 続天全、顕教7・一二七頁下。

(19) 続天全、顕教7・一二七頁下～一二八頁上。

(20) 続天全、顕教7・一二八頁上。

(21) 続蔵一―四六・一八二丁左下。

(22) 大正九・一一頁中。

(23) 大正三四・六五頁上。

(24) 大正三四・二五六頁下。

(25) 大正三〇・九七六頁上。「云何名為㆓無上菩提㆒。具㆓七無上㆒故名㆓無上菩提㆒。一者身無上。二者受持無上。三者具足無上。四者智慧無上。五者不可思議無上。六者解脱無上。七者行無上。」とある。

(26) 大正三〇・九〇一頁下。「無上菩提者、具㆓七無上㆒。於㆓一切菩提㆒最為㆓無上㆒。云何七無上。一者身無上。二者道無上。三者正無上。四者智無上。五者神力無上。六者断無上。七者住無上。」とある。

(27) 『東大寺宗性筆聖教并抄録本』第七一冊、第四六紙。

(28) 『東大寺宗性筆聖教并抄録本』第七一冊、第四七紙～第四八紙。

(29)『東大寺宗性筆聖教并抄録本』第七一冊、第七〇紙～第七一紙。

(30) 仏全一二一・五五四頁上下。証真の説を具さに引用すれば、次のとおりである。「後六在因等者、問。地持唯約㆓仏果㆒。何云㆓六因㆒。答。且準㆓疏文㆒、受持等名似㆓因行㆒。故並従㆑因消。非㆓尽理義㆒。既約㆓因行㆒故、断㆓二障㆒亦従㆓地前㆒。本論雖㆑云㆓聖住梵住㆒、今文既云㆓聖行梵行㆒。故従㆓因行㆒。問。設六在㆑因、何不㆑通㆓地上㆒。答。行無上中、唯云㆓二行㆒、不㆑列㆓天行等㆒。故且在㆓地前㆒也。」。答の部分は第一四問答とほぼ全同であることがわかる。

(31) 続天全、顕教7・一三二頁下。

(32) 平岡前掲書『東大寺宗性上人之研究並史料』中、一三二頁上に、二問の論題が収載されている。

(33)『東大寺宗性筆聖教并抄録本』第三四冊、第一〇紙。

(34) 大正九・一三頁上。

(35) 大正三四・二七〇頁上。

(36)『東大寺宗性筆聖教并抄録本』第七一冊、第五二紙。なお、この後、本文に引用した『法華文句記』の文、及び道暹『法華経文句輔正記』巻五（続蔵一―四五・九三丁右下）の註釈が記載されている。

(37)『東大寺宗性筆聖教并抄録本』第七一冊、第九〇紙。問答の後、やはり『法華文句記』の文が引用されている。

(38)『東大寺宗性筆聖教并抄録本』第三四冊、第一一紙～第一二紙。問答に続いて、『法華文句記』の文まで同じく引用されている。

(39)『東大寺宗性筆聖教并抄録本』第三四冊、第一二紙。

(40) 大正九・一二頁中。

(41) 大正三四・六七頁中。

(42) 大正三四・二六〇頁下。

(43)『東大寺宗性筆聖教并抄録本』第七一冊、第五六紙。このあと典拠として、『法華文句記』の文、及び『倶舎論頌疏』巻二六の「諸門分別、於㆑中六。一明㆓性依地身㆒。二明㆓念住摂㆒㆑智。三明㆓十智相縁㆒。四明㆓十智縁境㆒。五明㆓人成㆒㆑智。六約㆑位弁㆑修。」（大正四一・九六一頁中）という文が、取意の形で引用されている。ただし、この六門と湛然の説示が異なる点について、証真『法華疏私記』巻五（仏全二二一・四頁下）参照。

(44) 源通子追善の御八講は、寛元四年（一二四六）より、後嵯峨院の同母兄である仁助法親王の御所である坊城殿で開催されている。宝治元年（一二四七）からは、国忌七月一八日を初日とするようになった。『葉黄記』宝治元年七月一八日条（『史料纂集』）参照。

(45)『諸宗疑問論義抄』第一二。『東大寺宗性筆聖教并抄録本』第三六冊、第四〇紙〜第四一紙。

(46)『大日本史料』建長元年七月一八日条にも、本文に引用した同年の坊城殿御八講における問答が収載されている。しかし、後半部分の第六問答以降の記載が欠けている。本文で述べたとおり、これらは宗性の習学の過程を示す点で重要な意義を有する。

付録　『法華文句第五巻抄』翻刻

以下、第十六章の付録として、宗性筆『法華文句第五巻抄』の翻刻を掲載する。

一、本資料の原本は東大寺図書館所蔵（東大寺図書館編『宗性・凝然写本目録』における現存棚番号は、一一三・四四・六一二）である。

二、翻刻に際しては、東京大学史料編纂所所蔵の写真帳（『東大寺宗性筆聖教并抄録本』第七一冊、請求記号は六一一四・七・七一）を基にした。

三、右写真帳は、『法華文句第四巻抄』との合本であり、『第五巻抄』は第四三紙から第九七紙に掲載されている。（　）で示した紙数は、右写真帳の通し番号である。

四、原則として新字体を用いた。

五、私に句読点を付し、改行を適宜行った。

六、判読不能の文字は、■で示した。

七、翻刻にあたり、東大寺図書館より本書への掲載許可を戴いている。

【表紙】

【外題】
文句第五巻抄辟喩品

権大僧都宗性

（第四三紙）

【内題】
第五

寛弘三年最融碩問興慶命律師山
問。身子六住退何如釈乎。
進云、至六心時見猶未尽。六心尚退。文　付之、初住断見。何至六住乎。
疏云、如身子六心中退。文
記云、六心中退者、準瓔珞意、身子於十住中第六心退、恐是爾前見思倶断、至六心時見猶未尽六心尚退。文義記上云、旧云、法才王子六心中退。即云十住第十心(ママ)。難云、十住云性地。以不改為義。云何退作二乗其猶一。答。性是不改不作一闡提。不妨退大向小。終覚難通。止観師説是十信中六心退耳。比釈論師及金剛般若論師皆作此解。是信習十心中六心耳。七心已上永離二乗。爾時設為利弘経不無軽漏。而度物心不失恒有菩

(第四四紙)

薩之名也云々。

唐決云　恵心

天喜五年最頼(井)増問済朝(山)　承暦三年最行賢(興)問隆弘(山)　建保五年法定儼(興)問貞雲(山)

問。仏性論所説円満因者、宗家意尺何位乎。

進云、仏果。文　付之、因義不成。況本論六度万行云円満因。何云尓哉。

建久七年法範覚(興)問貞覚少僧都(山)　寿永二年大快尋(興)問定毫

問。経文待説所因。文　妙楽大師引仏性論三因釈謂此文。尓者何釈乎。

進云、発菩提心名応得因。諸波羅蜜名加行因。仏果名円満因。文　付之、見論文二空所顕真如名応得因一。菩提心為加行因一。諸因位為円満因也。若尓、所釈違論文如何。

記云、応知所因不出因果及以願行、々即六度願謂四弘、故仏地(性イ)論中通因三種。一応得因。謂菩提心。即四弘也　二加行

因。謂諸波羅蜜、六亦摂諸　三円満因。即指仏果。通取果者、果為因所期故亦名因。剋体而論、唯在前二。成就菩提即
是果也。文
甫云、仏性論尺所因有三。一応得因。謂菩提心。二加行因。謂諸波羅蜜。三円満因。謂三徳仏果。円満因於加行。
加行因於発心。不因発心無由加行。不因加行無由円満。文
仏性論第二云、三因者、一応得因。二加行因。三円満因。応得因者、二空所現真如。由此空故、応得菩提心及加行
等乃至道後法身。故称応得。加行因者、謂菩提心。由此心故、能得三十七品、十地十波羅蜜、助道之法乃至道後法
身。是名加行因。円満因者、即是加行。由加行故、得因円満及果円満。因円満者、謂福慧行。果円満者、謂智
（第四五紙）
断恩徳。文

承暦三年最快覚井問円豪山　永久元年最良賀山問公伊井　保安元年最真覚山問禅仁井
問。以初住望極果時、五悔俱可用乎。
進云、若望極果、唯除懺悔。文　付之、初住已上猶有残惑。豈無懺悔乎。依之、懺悔至等覚云義引五十校計経明之
如何。
記云、五悔之中無余三者、已預記別無罪可悔。已獲分記故無勧請。已有所至略無発願。若望極果、唯除懺悔余四非
無。文

金光明疏中云、当知、懺悔位長其義極広。云何而言止斉凡夫。是故五十校計経斉至等覚皆令懺悔。即其義也。文

天仁二年最寛信東問覚基井　久安五年最雅宝東問覚智山　建久四年最玄俊興問公胤井

問。宗師依十重毘婆沙明七無上。尓者、解脱無上者在果位歟。

進云、在因位。文　付之、解脱無上者、論断尽諸惑之名也。何況大師引本論尺解脱無上体云能断二障。文　加之、勘地持論云仏断二障解脱無上云々。限果位見如何。寛信疑也

文治四年法聖覚問公胤　大治二年夜弁玄山問康覚井

問。以煩悩所知二障論別地前時、所知障亘界内外塵沙乎。

進云、妙楽釈云、此之二障若別論者在別地前無知唯是界外塵沙。文　付之、別教地前既断界内外塵沙。以所知障約地前之時、不可限界外。況所知障亘地上之時、界内界外塵沙及無明捴判如何。

（第四六紙）

承久元年院最覚遍興問公性山

問。宗家所釈中引大乗論所説七無上《ヲ》判因果不同。尓者如何釈之乎。

答。前一為果、後六在因。文

付之、見本論於無上菩提有七種標《シテ》挙七無上解釈《ニモ》皆置如来言《ノヲ》。何後六在因乎。

康治二年法恵珍東問忠胤山
問。妙楽大師身無上等七無上出何論釈位乎。
進云、十住婆沙。文　付之、彼論不見地持論咸明之如何。

疏云、十住毘婆沙云、身無上、謂相好。受持無上、謂自利々他。具足無上、謂命見戒。智慧無上、謂四無礙。不思議無上、謂六波羅蜜。解脱無上、能壊二障。行無上、謂聖行梵行。又身無上名大丈夫。受持無上名大慈悲。具足無上名到彼岸。智無上名一切智。不思議無上名阿羅訶。解脱無上名大涅槃。行無上名三藐三仏陀。文
記云、次引十住以釈無上、次引瓔珞以釈道者、且借別名以顕円義。々円名別一切皆然。○　此七無上文列両重。初重者、前一為果、後六在因。於六因中初二六和、次二福智、次二証行。雖分三二、互相与力。是六因並名無上。望果行因故果先因後。○　二障只是煩悩、所知、此之二障、若別論者、在別地前。無知唯是界外塵沙。若通上下、無知即摂内外無知及以無明。故知、但是開合異耳。○　次重者更従果立。即以六因従果立称。
善戒経三云、云何名為無上菩提。具七無上故名無上菩提。一者身無上。二者受持無上。三者具足無上。四者智恵無上。五者不可思議無上。六者解脱四無上。七者行無上。身無上者、三十二相庄厳身。受持無上者、諸仏菩薩自利々他能施衆生人天楽故。具足無

（第四七紙）

上者、諸仏菩薩有四具足故。所謂寿命具足、見具足、戒具足、行具足。智恵無上者、謂四無礙。不可思議無上者、所謂具足六波羅蜜。解脱無上者、如来能壊二種障故。行無上者、所謂聖行・天行・梵行。聖行者、謂三三昧空無相

願滅尽定。天行者、謂四禅四無色定。梵行者、謂四無量心。是三種行於仏四行常楽修集。云何為四聖行。有二。一者空三昧。二者滅尽定。天行有一。謂第四禅。梵行亦一所謂大悲。○　以是無上身故名大丈夫。受持無上故名為大悲。具足無上故名到彼岸。智恵無上故名一切智。不可思議無上故名阿羅呵。解脱無上故名大涅槃。行無上故名三藐三仏陀。以是義故如来具足十種名号。文

地持三無上菩提品云、無上菩提者、具七無上。一身無上。謂三十二相。二道無上。謂自利度他。（文云受持）　三正無上。謂正戒威儀。（文云具足）　四智無上。謂四無礙智。五神力無上。謂六通。（文云不思議謂六度）　六断無上。謂煩悩智障断。（文云解脱）　七住無上。謂聖住・天住・梵住。又身無上名大丈夫。道無上名大悲。正無上名大戒大法。（文云名到彼岸）　智無上名大恵。神力無上名大神力。（文云名阿羅呵）　断無上名大解脱。住無上名大住。（文云三藐三仏陀）

元暦二年最増運（東）問静厳律師

問。超登十地出何経説乎。

答。出金光明経。

進云、末師在仁王般若経。文　付之、彼経始末不見如何。

答

記云　○　任運常然去住自在。文

甫云、　去住自在者如仁王経云一生有超登十地之義今亦如是。文

（第四八紙）

仁王経下云、護国品　爾時、釈迦牟尼仏説般若波羅蜜時、衆中五百億人得入初地。復有六欲諸天子八十万人得性空地。復有十八梵王得無生法忍、得無生法楽忍。復有先以学菩薩者、証一地二地三地乃至十地。文

疏記一云、言得空平等即是初地者、彼既共教。小即初果、大即乾慧或在見地。別即歓喜。文

建保三年最賢信《興》問公性已講《山》

問。成論大慢者倶舎七慢中何耶。

進云、慢過慢。文　付之、成論大慢者、於等自高名為大慢。々故専倶舎之過慢《ニ》当《レリ》。何云慢過慢乎。若夫如此対判者、倶舎過慢依合何慢《ニ》対《シ》等合慢々者倶舎何慢可対乎。

記云、此中所釈亦与倶舎大同、其意稍別、今略比之。盛壮憍如我慢、与倶舎名義並同。壮故我強。姓憍如大慢。倶舎云、於他勝謂己勝、如世寡姓　○　富憍如過慢、倶舎云、於他勝謂己等　○　自在憍如邪慢等云々。

決第五全同之。委如涅槃疏第七。

建永二年院最隆円問円能

問。以瓔珞経所説三乗九乗対判円教其義為同、為当云何。

進云、瓔珞三乗即前三教三各開三即別教。文　付之、三乗九乗開合不同也。対判何不同乎。依之、余処所釈中九乗又亘三教見。

（第四九紙）

記五云、瓔珞三乗即前三教、三各開三即別教之乗也。文

同四云、大瓔珞第九、三道品中慧品中慧眼菩薩問仏云、云何三乗。仏言、菩薩乗者、復有三種。謂菩薩大乗、菩薩支仏、菩薩声聞。支仏亦三。謂支仏大乗、支仏支仏、支仏声聞。声聞亦三、謂声聞大乗、声聞支仏、声聞声聞。故知、菩薩三者、別菩薩也。如大経中釈別五味、亦寄三乗判菩薩位。支仏三者通三乗也。声聞三者三蔵三乗。又第八云、恵眼菩薩曰、復有定意名無尽門。超過三乗成菩薩号。既超三乗。乃是超前三種三乗。不可独云超第三乗。経又不云超二三乗。豈非円教菩薩乗耶云々。

補云、別教中三乗者、菩薩声聞位在十住菩薩支仏位在行向菩薩大乗位在十地云々。

大瓔珞第九云、云何為大乗菩薩。云何為大乗辟支仏。云何為大乗声聞。仏告舎利弗　○　菩薩三乗各有三品。辟支三乗亦有三品。声聞三乗亦有三品云々。

宝抄云、仏意無辺対当不定。経云、以九乗皆有大乗名。故別教義便。問。若三乗各有大乗名者、何属蔵通乎。答。聖意難測。或終入大乗。故亦名大乗也。如廻向菩提声聞。異門説為菩薩也。文

（第五〇紙）

保延五年法晴謙問弁覚

問。経文我本著邪見頌長行何文乎。

進云、山家釈云、頌我等同入法性。文　付之、見経文我等亦仏子同入無漏法。頌《ニ》云我等同入法性之文《ヲハ》如何。

疏五云、我処於山谷下、第二十一行、頌上不聞法。又為二。初九行頌上身遠故不聞。次我本著邪見下、第二両行頌

上入法性故不聞。邪見是凡夫人著、入法性是二乗著、倶不聞法云々。

久安元年法玄厳問有観
問。付身子尊者授記過無量無辺阿僧祇劫者時節歳数劫歟。
進云、長遠劫。文　付之、円頓教也。依之、龍樹釈正法像法云、日月歳数劫云々　天親論云、法花昼夜月時年劫云々。

久安二年法玄厳問有観井　天永二年大念範問厳勝
問。付迦葉等中根声聞動執生疑且聞舎利弗授記并諸天歓喜可動執生疑乎。
答。可然。又可有。不尒意。
両方　若不尒者、昔不聞声聞得記今土有此事何不動執生疑乎。若云尒者、釈中根五処動執不挙々受記歓喜段如何。
疏五云、上根利智聞即能解　○　不須辟喩品為中下動執生疑　○　故須今日大車辟喩。文
記云、言動執等者、上根一処、中根二処或云五処、広中有長行偈頌并法説領述二文、下根三処或云十一処、於前五処更加辟中辟領述各有長行偈頌、乃至下根二十二番。文
記次下云、経聞所未聞等者、聞身子四段、昔教所無、准五仏章門我非仏知見。験昔所得知無真実、今昔真実同異不分、故云疑惑。文
　厳勝答云、二乗作仏始自今教乎。聞未曾有法、何無動執生疑乎。但見疏文、有二番。開権顕実動執生疑受記歓

喜非正開不　（第五一紙）

説実故大師無動執生疑尺也云々。

保元二年法恒救問良顕井

問。経文願賜我等三種宝車。文　尒者諸子索車為門外将如何。

答。任経文相尒也。

付之、三車是三乗菩提也。出火宅即三乗菩提也。何於出門外索三車乎。

答。三車是珍好具誘引諸子無体物也。門外《シテ》実与等一大車長者無虚妄。辟意如此。但法辟少不斉歟。

平治元年法重賀問覚智山井

問。経文無明暗蔽永尽無余。文　亘界内界外無明乎。

答。可然。

進云、唯界内。文　付之、如来長者永除二死果患如何。

答。依窮子障辺也。

難云、而悉成就等文理極何。

記五云、於諸怖畏等者、且約界内因果而言、以対諸子是所畏故、々云永尽。所離同麁、能離理極、故云無量知見等。

文

甫云、所離同麁者、示同諸子断於通惑名無明永尽能離本是円教誡門実報寂光所対故云理極。文

永暦元年法重《山》賀問公顕《井》答

問。以辟喩品題置法説四段始者自梵本有之乎。

答。難知。

両方。若自梵本有者、為経家調巻法説中置之。文　若依之尒云者、同本異訳経皆同之如何。

（第五二紙）

疏五云、此品応在諸天説偈之後、火宅辟喩之前。出経者調巻置領解之初耳。文

維摩略疏一云、但是出経者略。文　釈嘆声聞徳也。

記云、訳人存略云々。

光宅疏一云、阿難出経之時先白四衆言等文。

玄賛要集七云、西方阿毘達磨経有七百巻。文

維摩広疏二云、阿難所伝有八億四千万巻皆言我聞。

涅槃疏七云、皆出経者互現其文。文

満云、互現其文者、此命決集家云々。

寿永二年法祐範《山》問慶智律師《井》

問。経文若国邑聚落有大長者。文　是明如来長者於三土利生之相。尒者同居方便実報三土相望之時可有寛狭不同乎。両方。若有云者、三土共通於十方更無有分限。何有寛狭乎。若云無者、当品疏中、以国邑聚落如次為実報方便同居見。妙楽大師受之云、国最遠故対実報土、只一在於国之中故対方便土、聚落者住邑之中対同居土。文　本末所釈共有寛狭之不同被得者乎。

証誠法印隆恵初参云、今日経文事起《テ》約釈迦之三土論三世利益分別国邑聚落故只於一仏所至之三土判寛狭也。三土相望之時定実《ニ》無寛狭差別哉等云々。

（第五三紙）

建保五年院庚申番円順《井》問頼兼《井》

問。梵網経中説台葉成道。尒者以此対三土応国可云耶。両方若対三土者、爾前経中明不明於方便土者不離定也。対三土者無可明之乎。依之、花葉成道本仏土判不可対三土聞乎。若依之不対三土者、釈中今日之前従寂光本垂三土迹、至法花会摂三土迹帰寂光本。文　尤可対三土応国乎。

疏云、実報土為国、有余土為邑、同居土為聚落、従本垂迹、摂迹近（ママ）本。文

記云、極果既成必遍三土、一土体雖即横竪相帯而二不二、今従土用唯約竪論。故寛狭不等以顕居遍。従本垂迹等者、今日之前従寂光本垂三土迹、至法華会摂三土迹帰寂光本。行所契理、本也。名所及処、迹也。理遍三土化境必周等云々。

甫云　○　○　寂光為体三土為用故云遍三土也。

記云　○　又云、天子建国故以最遠処為国。宰謂宰主、有主所治為邑、々内各居名為聚落。故邑与聚落等降漸狭。文

文治五年法章宣問公雅

問。経文花光如来亦以三乗教教化衆生。文　尒者依有権機説三乗法可云乎。

答。有権機故説之也。

両方。若有権機云者、妙楽釈云、土浄唯一酬願説三。末師釈云、但遂本願非被権機云々。若依之無云者、仏説法必逗所化機ニ也。無権機何説三乗法乎。

経云、華光如来亦以三乗教化衆生。舎利弗。彼仏出時、雖非悪世、以本願故、説三乗法。其劫名大宝荘厳。何故名曰大宝荘厳。其国中以菩薩為大宝故。文

（第五四紙）

記五云、説法中有三乗・一乗。経文雖無一乗之言、既酬願説三説一為正。傍正兼具　○　説法中准今釈迦故云亦以舎利下明説三乗(ママ)。土浄唯一、酬願説三。即施即廃。文

甫云、酬願説三者、但遂本願非被権機故云即施即廃。文

建暦二年法興実問顕尊答
問。他人以法花従仏口出等対判聞思修三恵。尓者如何破乎。
進云、文無従生三恵通慢。文　付之
経云、今日乃知真是仏子、従仏口生、従法化生、得仏法分。文
疏云、従仏口生結口成也。従法化生是結意成。如此消文々尽、釈理々彰也。文
記云、不須従仏口下対於三恵。文無従生三恵通漫。故云文尽理彰。此即道理之理故也。文
甫云、円鏡云、従仏口生因聞得解即聞恵也。従法化生由理生解即思恵也。得仏法分開仏知見修恵也。准玄文大師尺云、従仏口生者、従聞恵開仏知見。従法化生者、従思恵開仏知見。得仏法分者、従修恵開仏知見也。以三恵在因仏知見在於分果故、不可用三恵消経也。文
玄六云

（第五五紙）

尋云、玄文対三恵。今何破乎。
答。玄云、従仏口生是文恵中法身生故即以住前三恵名口等開入初住名生也。他以口生即為聞恵故不用也。記出二失。一文無従生謂経不云従聞正恵。但云口生々即法身耳。二三恵通満〔漫〕彼不云生因三徳故也云々。

建保三年法貞遍問宗源答
問。倶舎智品意立幾門釈中智之相乎。

進云、六門分別。文
付之、彼品中立多種、不限六門。何云尒乎。就中与三々昧相応与根相応義門惣不見如何。
記云、如倶舎智品中明。彼文総為六門解釈。一有漏無漏。二展転相摂。三与三々昧相応。四与根相応。五明縁境多少等云々。
頌疏云、諸門分別。中六。一性依地身。（謂三性及依地五依身也）二念住摂智。三十智相縁。四十智縁境。五人成智。六約位弁修。文
（元永元年大快高問定暹）
問。経文十力等功徳。文　尒者等取何功徳乎。
答。釈云、非唯供仏兼浄土行。文
付之　如常
答。等取云事非無限未挙法上已挙法《ヲモ》等也。如彼先挙八大龍王量等言㆒此即等上《ヲ》㆒也。
記云、頌中経云十力等者、即指仏果方名為力。初住分得名為功徳。所言等者、非唯供仏兼浄土行。或可由得十力功（第五六紙）徳分故、成初

住記。若引大論菩薩有十種力分者、此明入住菩薩具足十力因耳。文

院百日御八講勝遍問明遍
問。花光如来正法住時幾可云乎。

進云、龍樹尺論有二十小劫云々。

付之、経文三十二劫云々。如何。

答。此事実難思。妙経釈論同羅什所翻也。今有此相違、不知何云事。但正法花中二十小劫云々。付経梵本既有相違歟。然者、龍樹所覧難測之故梵本有不同者訳人又任之翻歟。已上彼見聞

大論四十八云、舎利弗正法三十二劫者云々。

又三十八云、○如法花経中説舎利弗作仏時正法住二十小劫。文

正経云、蓮花光仏滅度之後、正法像法住二十中劫。文

承安五
問。舎利弗尊者授記之後供養仏乎。若供養者、経文等釈不見乎。若依之尒云者、何不供養乎。例如般若三百比丘等乎。

建保六年　顕尊問円能
問。経文以本願故説三乗法。文　介者所云本願何時願乎。
答。過乞眼婆羅門。
介也、本願云者、離垢世界望《メテ》今日釈尊《ノ》三乗化儀《ヨヲ》見云本願乎。
答。実《ニ》離垢世界《ニテ》サイハ、此難可然。今日釈尊霊山等文

（第五七紙）

記云、問。何願説。答。准大悲空蔵経、於六十劫行菩薩道、因婆羅門乞眼退時、願成仏日開三乗法。文
甫云、虚空蔵経者、経云、身子昔於禅陀一仙所六十小劫行菩薩道。為婆羅門乞眼得已置地蹈之。因生悔心謂、菩薩道長難忍諸苦願成仏日等如記。願成仏日開三乗法者、以一乗難故願説三也。文
要集云、経云雖非悪世者、花光居小他身浄土。○既無二乗凡夫。○何要説三乗。答。三解。一為酬本願故。二為非本所有。三伏二乗故。大悲空蔵経云、鶖子本於禅那羅仙所別菩薩行。因婆羅門乞眼退菩提心。遂発願言我若成仏先説三後説一乗故名本願。文

貞応二年顕俊卿八講円経興問円聡井
問。経文云各々脱身所著上衣。文　顕何事乎。
答
　疑云、比丘以衣而施違戒律云何。円経難云破著三衣戒乎。

記云、経云各各脱衣等者、此中通語四衆八部出家二衆。言上衣者、即大衣也。若論三衣、倶不可捨。以西方法多但三衣。如大品中三百比丘聞般若已、皆以僧伽梨而用供養。論中或云、亡相為法。或云、当日更得。若通説之、以兼俗故、或如大論云々。

大集経以三衣奉虚空蔵云々。

文暦二年法祐暁井問雲快権大僧都山
問。経文爾時舎利弗踊躍歓喜。文　尓者円教意於何位真因開発之義判乎。

両方。若初地論之云者、解釈云、今此経文身子既是上根利智、必是超入之歓喜。設有超入亦名歓喜等乎。雖有両

（第五八紙）

釈㆒、皆初住《ニシテ》初地云事不見乎。若依之尓云者、円教速疾教也。何於初地㆒始断無明㆓真因開発之義無《ラム》。依但説十地仏果《ヲ》㆒経《ノ》意亘円教者、豈自初地真因開発之義不論乎。

問者云、論義意趣《ハハ》円速疾教《ナレハト》難中事意《ハハ》自初地始《テ》無明《ヲ》断《セハ》初地以上《ニ》四十二品《ノ》無明《ヲ》置《テ》速《ニ》断《スル》之者《ノ》何無乎。是則円悟《ニハ》三意有之㆒。一々《ハ》念成仏《スト》談其理云々。二初地《ハ》《ヨリ》無明《ヲ》断《シテ》今スコシ仏果《ニ》近《キ》理也。三是《ハ》猶《ヲ》延《ヘテ》自初住断無明《ヲ》合四十二位《ヲ》経《テ》成仏《スル》理也。若尓、自初地断無明地向相対之次位可有存《ト》也。但十地仏果《ヲ》説経意如何得意乎。已上日記

疏云、依円悟初発心住名歓喜住。初行亦名歓喜行。初地亦名歓喜地。身子既是上根利智、必是超入之歓喜。設不超入、亦名歓喜。文

記云、円教中、初位、次人。初住名歓喜者、義立耳。既三法開発与初地不殊、亦名歓喜。身子至歓喜者、未敢定判。故或二途、超入即行或向或地。設不超者、亦入初住名歓喜也云々。

建仁三年　貞乗問良

問。付説小乗四善根相、且忍善根位出観乎。

答

進云、釈云忍不出観。文　付之、下忍中忍豈不出観乎。

答

記五云、広明至六句者、賢合為四。見修為二。賢所以合者、四念法同故為一。煖頂同退故為一。忍不出観故為一。世第一無上故自為一。見修道異故各為一。文

（第五九紙）

【奥書】

寛元五年二月十九日午時、於北京白川禅林寺之傍、仏師　法印之住房書写之畢。此間参勤　後鳥羽院御八講之間、寄宿此所、而為疑問論義、自智円法印之許、借得此抄出之次、為備後見、自昨日十八日戌時、至今日今時出仕之際、聊得其暇之間、不顧遅筆書写此抄畢。後覧之輩、可哀其志焉。願以此稽古修学之微功、必為彼上生之業因矣。

右筆尊勝院々主権大僧都宗性

年齢四十六
夏臈三十四
（第六〇紙）

【目次】

（第六一紙）

至六心時見猶未尽事
其心泰然歓喜踊躍者諸子歓喜事
至三十三心必無実行事
超登十地義出仁王事
性障未除名伏為断事
先因遊戯来入此宅事
願賜我等三種宝車者於門外索之歟諸子出門外得三者乎
可有大車大鹿車乎
忍不出観事
三蔵菩薩有索車義乎
三乗前三教九乗別教事
周給一国者寂光事
無明暗蔽者界内無明云事
先因遊戯之理釈約元初一念歟

【内題】

疏記第五抄

一　問。経文三界無安。猶如火宅。文　尒者為何人説火宅辟喩可云乎。
答。為中根声聞説之也。

進云、見法花論文為求人天有漏果報者説。文　付之、三車火宅之辟《ハ》正為勧中根之得悟也。

是以鹿苑証果之昔、已出三界之籠樊《（ママ）》㆒鷲峯開顕之今求人天有漏《ノ》果報㆒者也《ト》不可云。尒者千部論師所判似違一乗之明文㆒。

尒者不明云何。

答。自元所答、任経文。但至法花論文者、説三車火宅《ノ》辟㆒正雖為中根声聞㆒、々三界火宅之説《ヲ》㆒求人天有漏之心《ヲ》治《スル》輩

可有歟。天親論主傍《ニ》■処《ヲ》出《シテ》隠義《ヲ》釈顕歟。釈七喩之所治《ヲ》多以如此。論主天親更不可迷経文。若尒無失。或又指昔歟。所以指鹿苑説

（第六二紙）

■也云々。

二　問。法花論中為求人天有漏報者説火宅辟喩。尒寄何義対治彼執㆓乎。

答。三界如火宅㆒。甚可怖畏義《ヲ》挙対治彼執㆓歟。

進云、見法花論文、示世間中種々善根三昧功徳方便令喜。文　今付之、為求人天有漏果報者示《ハ》世間中種々功徳《ヲ》㆒還可増其倒執㆒、更不可為対治義《ノ》門《ト》㆒。尒不明云何。

答云々。但至進者、法花論文其義実不許㆒。但今此文《ハ》始《ニ》説三車㆒後説大車㆓次第《ヲ》釈歟。世間中種々善根三昧功徳方便令喜者、世間之言不可限分段世間三千《ノ》依正皆非立世間之称乎。故於三乗之因果可立世間之称《ヲ》㆒。山家解釈其意如此。

論云、第一人者示世間中種々善根三昧功徳方便令喜。然後令入大涅槃故。文

上文云、一者顛倒求諸功徳増上慢心謂世間中諸煩悩染熾然増上而求天人勝妙境界有漏善根対治。此故為説火宅辟喩云々。

三　問。以法説後四段置辟喩品題下、大師云何釈之乎。

答。疏中有二釈。或出経者調巻之時如《スト》此見。或又為引中根二云出有人義《ヲ》也。且置有人義一付初釈不明。先凡以辟喩品題一雖置諸天説偈後一、於調巻義一有何執事。縦於第一巻末雖継法説後、四段巻軸増減不可及煩之一。尒為調巻一以法説一置辟説中一更似■■詮表乎。

（第六三紙）

答。実以不明。但出経者調巻之時、置領解段之初二云解釈意、恐非如難勢一歟。所以々辟喩品題一置《コト》領解段之初一仏説《ハ》非可然。又何難涌出時次第非可然歟。只是出経者調巻之時有此次第也。判也調巻《ヲ》為《シテ》故一釈成《セムトニハ》　其義一非歟。

四　問。宗師方等時証有二乗通記一、引辟喩品文。其文云何。

答。今尋釈文一任解釈二可出之無文。第十巻云、我昔従仏聞如是法見。諸菩薩授記作仏文《ヲ》引《ケリ》。尒也。付之、了義大乗依文判義一辟喩品今文為二乗通記也聞《トタル》所以見諸菩薩授記作仏《ト》云《ル》只是見聞《コトヲ》菩薩記別《ヲ》一定也。而我等不預斯事定《トタル》遂不説二乗作仏聞《タリ》。尒者不明。

答云々。但至疑難《ニ》一者、非可存申私《ノ》会釈《ヲ》一。妙楽大師釈此事《ヲ》一、昔日授記仏意不壅小乗情隔自無稀取。況約秘密已記二乗。拠斯以論至鹿苑釈《トヘリ》。依《テ》此釈《ニ》案《スルニ》玄文《ノ》意《ヲ》一、既云我昔従仏聞如是法《ト》一。昔《ノ》初聞今《ノ》所聞所開《ノ》法体《ハ》不《ト》異《ナラ》一聞《ヌ》。今既二乗預《ル》記《ニ》一。昔記《シ》菩薩《ニ》一又仏意《ハ》不可隔《ツ》二乗《ヲ》一。況秘密《ニハ》已記《ニス》二乗《ニ》一。故《ニ》身子尊者得悟《ノ》後思合《スルニ》昔事《ノヲ》一爾前《ニモ》有《ルコト》三乗通記一聞《タル》也。但不預斯事者、昔《シ》小乗情《ノ》隔《ニタル》事《ヲ》宣《ル》也。全不可難可答申。

重難云、妙楽《ノ》釈《モ》■会通文《ヲ》一也。此文為《スル》其証《ト》一義《ハ》不聞如何。

答。大旨如前㆒。云聞如是法《ト》㆒故所聞法《ノ》同《レハ》得《ル》記《ヲ》㆒事《モ》今昔可同㆒《ヲサマル》義聞《タル》也。

尋云、本自爾前《ノ》二乗通記者、是秘密也。然況約秘密況《トスル》意如何。


（第六四紙）

五　問。経文若我等待説所因。文　尓所云所因者、唯指法花可云耶。
答。見釈文㆒唯非限法花歟。

尓也。指花厳《ヲ》㆒釈《セリ》。　付之、不《シテ》待説仏乗㆒怠取二乗之果㆒悔也。故只以法花可為所因《ス》㆒。何亦指花厳釈乎。

答云々。凡付待説所因之言㆒、待対《ノ》義停待義停待義可有二意也。所以重《進テ》在花厳頓大之席不入如来恵《ニモ》㆒、退《テハ》待法花開顕之説㆒不開仏《ノ》知見《ヲモ》鹿苑所証之席《シテ》僅開偏真之悟㆒事《ヲ》悔也。但約花厳待対之義約法花停待義也。奄会一文㆒有二義也。

更有何別失。


問。記中引仏性論所説三種因《ヲ》㆒。且円満因者、如何引釈乎。

答。以万行諸波羅蜜㆒為円満因㆒釈《ラム》。

進云、円満因者、即指仏果。文　付之、因果位異《シテ》名義各別也。何於仏果位㆒尚得立因名㆒乎。依之見論文㆒、以万行諸波羅蜜㆒名円満因㆒見《タリ》。尓者不明。

答云々。但至解釈者、円満因者仏果円満《ノ》因也。故円満之名《ハ》約仏果㆒。即指仏果者、即謂円満名㆒也。強不可相違。応得因・加行因難答、可例之。釈云通取果者、果為因所期故二名因云々。

尋云、有何要事通取果乎。

答。為合待説所因之言、随義転用歟。

私云、所因不出因果及以願行。文　因及願行前二因也。果今円満因也。若不然者、証果文無シ。如何可云乎。

仏性論三種因之事

記云、応知、所因不出因果及以願行。々即六度願謂四弘。故仏性

（第六五紙）


論中通因三種。一応得因。謂菩提心。即四弘也　二加行因。謂諸波羅蜜。六亦摂諸　三円満因。即指仏果。通取果者、果為因所期故亦名因。剋体而論、唯在前二。成就菩提即是果也。

仏性論二云、仏性体有三種。○　所謂三因。○　一応得因。二加行因。三円満因。応得因者、二空所観真如。由此空故、応得菩提心及加行等乃至道後法身。故称応得。加行因者、謂菩提心。由此心故、能得三十七品、十地十波羅蜜、助道之法、乃至道後法身。是名加行因。円満因者、即是加行。由加行故、得因円満及果円満。因円満者、謂福慧行。果円満者、謂智断恩徳。此三因前一則以無為如理為体。後二則以有為願行為体。文
疑云、記文何違論乎。

答。若論当体、応得因者謂真如理。加行因者謂菩提心。円満因者謂諸行。而其得名皆従所得。謂真如理応得菩提心故名応得因。故今記云四弘也。次菩提心得諸波羅蜜加行道故名加行因。故記云諸波羅蜜也。後加行道得果円満故名円満因。故記云即指仏果也。非謂因体正指是仏果。

問。若尒、何故記云通取果者、果為因所期故亦名因。剋体而論唯在前二。

答。第三所得即是果得。故従所得前二名因。文

七　問。他人以従仏口出従法化生得仏法分《ノ》文、対判三恵。宗家許此義乎。

答。破之見。

付之、三恵対当其義相応。何不許之乎。加之、大師玄文中自対判三恵一。妙楽何強破他人義乎。

答。経文不分明。一向作三恵釈、頗有偏執之失也。加之、妙楽大師能破文云、文無従生三恵通漫。文　所以従聞生《スト》恵二云事経文無之一。又三恵《ト》云事通慢《セリ》。少大倶因《ヲ》不分別一故也。但玄義第六巻釈《ハ》以住前三恵名口等開入初住名生也。

他人以口生即為聞恵故不用之也云々。

良抄云、我心《ニテハ》以三恵所生《ノ》得解《ヲ》二対《スル》三句《ニ》一也。直《ニ》以三恵《ヲ》二対《ルニハ》三句《ニ》一非《ル》也。玄義六《ノ》此意也。而《ヲ》円鏡直《ニ》以三恵《ヲ》二対《テ》三句《ニ》一、不云従三恵所生《スル》二得解《ト》一。故《ニ》円鏡釈《ノ》無《ニ》従生言《シ》二不叶《ハ》経《ニ》一破《スル》也。三恵通漫《セリト》者、不弁四教《ヲ》一故也。已上

今私云、文無従生云《トヘルハ》文指円鏡釈一歟。為当指経文歟。可尋之。

八　問。経文云我常於日夜毎思惟是事。文　尓者日夜者昏暁日夜歟。

答。約事《ニ》一者、可昏暁《ノ》日夜《ナル》一可答申也。

進云、見大師解釈《ヲ》一、生死《ヲ》為夜、涅槃為日一判《ヘリ》。付之、夫今文《ハ》身子尊者証果《ノ》後方等般若《ノモ》昔我於日夜思惟《シキト》是事《ヲ》一者、於如来《ノ》知見《ニ》一作失木失《ノ》思《ヲ》一事《ヲ》説也。所思《ハ》惟《スル》一是事如来《ノ》知見《ノ》失不失、日夜者其思惟《ノ》時節也。是《ハ》可昏暁《ノ》日夜《ナル》一。何生死涅槃《ヲ》

（第六六紙）

為日夜㆒釈乎。尒者

答。本所答申、約事㆓《ニ》論《セハ》之《ヲ》㆒昏暁《ノ》日夜《ト》云事無疑㆒。今作《ハ》所表㆓釈《ヲ》㆒時、生死為夜、涅槃為日㆒釈也。所以妙楽大師毎謂之《ヲ》㆒若諸聖還以昏暁而為昼夜於此思惟何足可述。是故此名応従所表釈《トリ》一宗《ノ》解釈《ノ》常習、於経文設所表釈《ノヲ》㆓事非始《タルニ》于今㆒、生死涅槃《ヲ》為《シテ》日夜《ト》㆒思惟其一異《ヲ》㆒釈也。若存此意《ヲ》㆒者、解釈有《ラム》何《ノ》過《カ》㆒。

難云、只作所表釈《ノヲ》㆒事非可《キニ》疑之《ヲ》㆒如前《ニ》難《スルカ》㆒。此文《ハ》日夜《ハ》思惟《ノ》時節也。非所思惟《ノ》法《ニ》㆒。然《ヲ》日夜《ヲ》思惟《スト》釈《シ》成《シテ》於此思惟何足可述《ト》

云《テ》、不《シト》約《セ》昏

（第六七紙）

暁《ニ》㆒釈《スル》甚不相叶経《ノ》意《ニ》㆒如何。

答。生死涅槃《ヲ》日夜《ト》釈《シツル》、上《ニ》即思惟《スト》此日夜《ヲ》㆒釈成也。此即大師自在《ノ》釈也。妙楽《ハ》本書《ニ》約《シテ》生死涅槃《ニ》㆒即思惟日夜《ヲ》㆒釈《スル》上《ニ》、若諸聖者還以昏暁而為昼夜於此思惟何足可述釈也。

九　問。疏中釈経所説我常於日夜之文㆒有二重解釈見。其中第二重解釈如何。

答。今尋釈文㆒、任文㆓可出之。第二重釈《ハ》生死涅槃倶為夜㆒、以除疑㆒為日釈也。然也。付之、方等般若之時於如来知見有《コトヲ》失不失之疑㆒述也。我常於日夜《ト》宣《タル》皆是法花已前事也。法花《ニ》除疑時《ヲモテ》為日者、法辟大相違乎。

答云々。但至難勢者、委見妙楽大師解釈《ヲ》㆒、次以生死涅槃倶名為夜、得聞中理㆒名之為日㆒、此乃別円以対蔵通㆒冥生疑㆒也。復聞開顕㆒此疑方除此於方等般若並聞故也。然疏文語少。文　是則於方等之席聞大乗実恵《ヲ》㆒之時、機中冥密

除疑之過在之也。

問。経文将非魔作仏悩乱我心耶。文　尓身子等声聞何時為将非魔作仏■乎。

答。略開三時也。文

付之、常随仏学《ノ》弟子四十余年後略開三時作三請一然《モ》仏不説之者《ハ》増上慢可疑一故弟子作魔■不説一。明知、略開三時非作此■二云事。況長行中於方等般若中不解方便二云今偈頌之一魔作仏云。故知、此魔謂《ハ》昔於二味座一作此謂一云事。何略開三時乎。尓者不明云何。

答。経云初聞仏所説心中大驚疑将非魔作仏悩乱我心耶。文

（第六八紙）

初聞者指略開之時。故魔謂又彼時也。但是動執生疑也。但至方等般若難者、只是機中冥有此事。正此時也《トハ》不可云也。

疏云、聞五仏道同解魔非魔、是為方便。文　此釈略開三之時作ストト云

記云、解魔非魔等者、昔聞異本一謂仏為魔一。今方知本愚覚所誤是仏故云也。

甫云、昔聞異本者、在方等般若座席被弾呵及洮汰時、聞不思議事異本鹿苑所証、所以謂仏為魔。此即機中冥有此事

今方述昔告耳云々。

疏三云

問。法花論立十種無上。且辟喩品中立無上可云乎。

答。■論文辟喩品中不立之。

進云、妙楽大師解釈立之見。付之、不見論文如何。

答云々。但至妙楽大師解釈者、五百問論文歟。若尓、文誤《ナルヘシ》。応云薬草喩。此文《ハ》即引玄賛文也。玄賛《ニハ》薬草。文

与本論無相違故、五百問論文《ノ》違所引玄賛只是可文誤《ナル》。若尓無失。

（第六九紙）

問。妙楽大師或処引判於法花諸品立十無上。且立十無上初品中立幾無上可云乎。

答。立十無上初品者、薬草喩品也。然薬草中種子無上之一種可答申。

進云、初後二品各二無上。付之、初品者是薬草喩品也。而彼品《ニハ》只立一《ノ》無上。何如此哉。

答云々。但至解釈者、是《ハ》五百問論文也。彼《ハ》正引慈恩玄賛文也。此

所引文所誤是多。除薬草加辟喩。是一《ノ》誤也。又初後二品之言実不明。然而始《ツカタノ》品《ナルカ》故初云歟。玄賛《ニハ》第二第七。

文　今略《シテ》書故第二《ヲ》初云歟。

十一　問。宗師釈身子授記中無上上名引十住婆娑所明七無上。尓其中解脱無上《ハ》因果中何乎。

答。論意難測。妙楽大師解釈中約因位功徳。

付之、解脱無上者、離煩悩所治二障果々断徳《ノ》涅槃《ヲ》得《ニ》名《タリ》。是則極位功徳也。何下属因乎。是以本論文大師解釈全不

云因如何。

答。誠以如所難。解脱無上是《ハ》可果。但妙楽大師所判又非無由[redacted]。所以[redacted]疏文付引七無上《ヲ》有二重釈。初釈《ハ》修因感果義。次重《ハ》[redacted]果徳。[redacted]初尺第一《ノ》身無上《ハ》是相好故《カ》以之為果。次受持無上等六云《ハ》自利々他六波羅蜜故以之為因。解脱無上是六中第五也。更自行中列《タリ》。故属因無失。但解脱二障云難云能壊二障非約断徳歟。只是[redacted]二障辺歟。所以次文云、二障者煩悩障三乗通障見思所知障塵沙無明亘《ニ》故、煩悩障及所知障中塵沙皆是因位所断也。付無明惑《モ》又多分因《ハ》位断之。故解脱二障云約因位更無失者歟。

性抄云

難云、七無上誠十住婆娑《ハ》雖不見、善戒経地持論瑜伽等《ニ》在之。大旨約果徳《ニ》見《タリ》。前一為果、後六在因分別、彼等経論《ニモ》不見。又望《ニモ》疏《ノ》文《ニ》不分明《ナラ》。付中解脱無上以何《カヲ》解脱《スト》地前《ノ》二障《ヲ》心得乎。

答。此事尤不審也。本論《ニ》不見者記文《ニ》可明之《ヲ》。然《ニ》記文《ニ》無其沙汰。若然者、大師所覧本《ニ》在之歟。若尒、因果分別《ノ》本論《モ》見《タル》歟。

（第七〇紙）

十二　問。宗家釈中引大乗論所説七無上判因果不同。尒者如何尺乎。

進云、前一為果、後六在因。文　付之、見本論於無上菩提有七種。標《シテ》挙七無上《ヲ》何後六在因云乎。

答。且准疏文受持等名似因行故並従因消非尽理義。既約因行故断二障亦従地前。本論雖云聖住・梵住、今文既云聖行・梵行。故従因行。

問。設六在因、何不通地上。

答。行無上中唯云二行。不列天行等。故且在地前也。

問。彼亦列天住。今文略耳。

問。妙楽大師引《テ》論家所明《ニ》二二《ス》障《ヲ》一別論《テセハ》在《リトノ》別地前《ニ》一判《ヘリ》。尓者其中所知識亘《ル》界内界外《ノ》塵沙《ニ》一乎。

答

進云、釈此事《ヲ》一無知唯是界外塵沙。文　付之、既論地前《ノ》所断《ニ》一。何有《ラム》斥《コト》界内《ノ》無知《ヲ》一。何況通《シテ》上下論《スル》之《ヲ》一時《キハ》遍収《クム》界外無知《ヲ》一。別約《テスル》地前《ニ》一時、何《ナニハカ》唯限《ラム》界外《ノ》塵沙《ニ》一。尓者不明如何。

答。人々義不分明歟。正答云、無知唯是界外塵沙者、非遮《スルニ》界内《ノ》無知《ヲ》一、遮無明《ヲ》一也。意《ハ》界外塵沙《マテト》云也。

難云、若尓《ハ》、何通《シテ》論《スル》時界内外無知及以無明《トテニ》云具挙之《ヲ》一。是故別論《テ》時遮《ハスト》界内《ノ》無知《ヲモ》一無明《ヲモ》一聞《タリ》如何。若倶《ニ》遮無明《ヲノミ》一者、無知唯是塵沙《ト》可云也。豈界外結《ヲ》一無其説也。性

又義云、今明解脱無上所治一故、於地前応従極説。仍如此云乎。

（第七一紙）

師伝義云、通別尺《ノヲ》可得意也。所以釈云　○　是故別教但在於仮。正意尤界外《ノ》塵沙《ト》可云也。

私云、此事可見打聞第三也。

問。花光如来因説三乗法事《ハ》為被権機将当如何。

答。雖難計㆒非権機可答申。

両方。若如所答者、諸仏説教元《ハ》随《フ》機縁㆒。若無其機縁者、何説三乗法《ノヲ》㆒。依之経文告諸比丘。文　比丘《ノ》言《ハ》有声聞聞《タリ》。若依之尓者、妙楽釈云、土浄唯一、酬願説三判《ト》。此解釈《ハ》分明也。無二乗《ノ》機㆓云事。

答。元自所答、任一辺難㆓所以経《ニハ》彼仏出時雖非悪世、以本願故説三乗法。文　妙楽大師土浄唯一酬願説三釈、末師但遂本願非被権機判、況見三周授記㆒有声聞弟子、土《ニハ》必挙其名㆒離垢世界《ニハ》全不列声聞衆㆒只有菩薩㆒見。但至疑難者、経文既云雖非悪世以本願故。雖無機縁㆒依本願㆒説《ナリ》之㆒。次於比丘言《ニ》㆒者、於菩薩立比丘名事、非始今歟。

重難云、設雖有願無機者説《テ》何要乎。若直《ニ》立菩薩《ノヲ》行事難《シテ》叶㆓三乗《ノヲ》教可説《トク》㆒願《セハ》者、又可令有《ラ》二乗機縁㆒也。不然者、何徒《ニ》設教㆒乎。何況亦以三乗教化衆生。文　正教化《スト》㆓三乗《ノ》衆生《ヲ》㆒聞《タリ》。依之、妙楽大師准今釈迦故云亦以判如釈迦土《ノ》㆒有機縁㆒故以三乗《ノ》法《ヲ》㆒教化《スト》聞也。況弥陀有《モレハ》説三乗《ノ》願㆒、即有三乗機説之㆒。何酬願力㆒故無機《ト》㆓云《ハム》乎。又雖㆓浄土《ナリト》㆒非無権機㆒何非《レハ》悪世㆒無機云乎。

答。尚経《ノ》文相無機《ト》㆒被得也。所以本因此経意《ノ》依土浄穢《ニ》㆒説教《ノ》権実《ヲ》㆒定《メテ》方便品《ノ》中五濁障《リ》重《カ》故説《クト》三乗㆒説畢《ヌ》。至《テ》此品《ニ》㆒、此《ヲ》

返

（第七二紙）

雖非悪世以本願故説三乗法者、浄土《ニテ》無《トモ》機㆒以本願㆒故説聞《トタリ》。但安養雖浄土㆒非上品《ノ》浄土《ニ》㆒。尚有権機㆒歟。離垢《ハ》上品故不可例彼《ニハ》㆒。故上品浄土不須開漸故云因願釈《トセリ》。弥陀《ハ》悲願也。不可例身子《カ》別願《ニ》㆒。但至無用云者、菩薩所学法門甚広《シ》。何為順化㆓不学権法乎。如花厳経中為菩薩化法㆒説三乗法《ヲ》㆒。嘉祥為菩薩転化余方説之云々。次教化衆生言《ハ》設雖菩薩㆒為《メニ》彼㆒説三乗《ノ》教《ヲ》㆒。何不云教化衆生乎。如来説教同故往《ニモ》云《ヒ》、亦以釈《ニモ》准今釈迦《ト》云也。

以本願故説三乗法事

一義云、豈全無機説三乗事有《ラム》ヤ故《ニ》三乗《ノ》機《アリト》可云也。故経云、告諸比丘。文　豈非声聞乎。記云即施即廃。即施《ト》云《ハム》事《ハ》又被《トコソ》機聞。

難云、経文雖非悪世以本願故云《トテ》全有《リトハ》機不云。道遅《ハ》但遂本願非被権機云々。如何。

答。即施即廃《ノ》権機《ニシテ》不如釈迦故云非被歟。

吉水山王講座安居院法印示云、優婆塞浄行経《トテ》竹林房《ニ》十巻経■也。件経《ニ》過去成花光仏未来亦成花光仏皆有三乗弟子見云々。

澄憲云、准今釈迦故云亦以。文　有権機聞。

今難云、三乗《ノ》法輪《ヲ》同《スル》也。機《ノ》有無《マテ》思《トハ》不見也。

又義云、無権機也。三周《ノ》授記声聞弟子《アルニハ》必挙之。今既無《シ》故《ニ》無也。故《ニ》以菩薩為大宝故云々。故既不云領《トヒ》云土浄唯一《トモ》釈《セリ》。但無《リハ》機無用《ナリト》云至者、菩薩《ノ》余方転化《ノ》為《ナルヘシ》。香積菩薩猶帯権法。豈非為化他乎。但比丘者於菩薩立比丘謂歟。即如或有説比丘《ヲ》属菩薩。又不軽品《ニ》初実《ニ》有一菩薩比丘云《トヒ》、後《ニハ》只是比丘等云《テ》無菩薩住所也。即施即廃《ノ》文実《ハ》難《シ》。但案之教云也。

（第七三紙）

意《ハ》三《ト》説《テ》ヤカテ廃《スル》也。

私云、山門常途義《ハ》無機云義也。園城寺《ハ》一向有二乗弟子云義也。宝地房両方。但釈《ハ》一意也云々。

私志十四云、彼雖無障、不妨亦有根鈍、不妨借権顕実。或云即施即廃不同此土。文

問。論上云、身子本願故説三乗。豈必先権。文

十五　問。身子尊者発此願者何《レ》時《トカ》可云乎。

答。釈《ニ》此事《ヲ》、因婆羅門乞眼退時願成仏日開三乗法。文

付之、不明。既退《シテ》菩薩《ノ》行《ヲ》趣二乗《ノ》道《ニ》、所期《スル》者有余無余《ノ》涅槃也。可廃成仏《ノ》思《ヲ》。何成仏《ノ》日開《セムト》三乗《ノ》法《ヲ》願《セム》乎。尒者此事甚難思。如何可会通乎。

答。妙楽大師《ノ》解釈《ハ》准大悲空蔵経。文　既引経説。非私解釈。但至疑難者、二乗廃成仏《ノ》思《ヲ》事、今日一代《ノ》弾呵洮汰《ノ》儀式也。論《セハ》宿世《ヲ》者全不可然《ル》。例如勝鬘経《ノ》三乗初果不愚於法之文。依之、釈《ノ》中《ニ》釈《スルニ》勝鬘経《ノ》文《ヲ》引《ケリ》身子退大《ノ》因縁《ヲ》。故身子退大《ノ》時全不可廃成仏《ノ》思、直《ニ》菩薩《ノ》行難立故先入二乗道《ニ》、後修可成仏《ト》期《スル》也。依之、恵心一乗要決《ニハ》釈《トシテ》涅槃四教倶知常住《ノ》義《ヲ》、例如身子退大心時願《セシカ》成仏《ノ》時説《ムト》三乗《ノ》教《ヲ》。

難云、大悲空蔵経方等部経也。彼経即此説乎。

十六　問。経文付説舎利弗尊者未来成道相、且今経所説声聞授記為速疾記、為当長遠記歟。

答。問論言暗、仍或云速疾記、或云長遠記。倶不可相違可云。

（第七四紙）

両方難之　若速疾記云者、披経文説三周授記一見《ルニ》、多皆過無量劫之後可成仏一記《セリ》。如経文相者、非速疾記也聞《ト》。依之、大経中有法花声聞授記一判属長遠記。若依之尒者、法花論文頗以難消一。所以菩薩何故於無量劫修習無量種々功徳。文　文意《ハ》菩薩《ノ》多劫之修行満《シテ》挙成仏一《コトヲ》。声聞作仏《ノ》速疾《ナル》事疑之。尒者両方不明。

答。自元所答、所望不同《ナレハ》、或云速疾、或云長遠一。歓喜旃陀羅《カ》今始発菩提心一於千仏数中一、速成無上正真道一。如《ニ》望《レハ》法花声聞授記、尤可云長遠記一。故大経中迦葉菩薩望彼一所問難也。又四依供仏《ノ》数若干恒河沙《ニ》及《フカニ》如類《レハ》、三周授記《ノ》供仏《ノ》数不幾故速疾成仏《トモ》可云。豈声聞人只経尒所劫数諸仏速証妙覚三身果耶云如《カシ》。若如此有所望一、長短之義無定一。両様疑難自然被消歟。抑法花論問答《ヲハ》何様可料簡乎。論授記後成道之前時節速《コトヲ》問歟。時菩提薩埵《ノ》多劫行願成就《シテ》始預記別一。望《テ》今諸声聞速預記別一問歟。論意難知乎。

法花論料簡如宗要集抄。

（第七五紙）

問。三周声聞未来無数劫八相之前成道可云乎。

両方　若云成道者、披経文全其義不見乎。何況若夫前現八相一《ヲ》、何不記之乎。若依之尒云者、今釈云、当知、是人豈了初住得八相記、十方作仏種々示現。文　余処釈《ニハ》云四大声聞得授記已、於他方土作仏弘経。文　如何。

答。此諸声聞昔未曾有浄土之行云々。故任経文一無成道二可云也。

但至今釈者、作仏事一名作仏一。如云阿難於仏滅後作仏云々。

師云、無義難知事也云々廿心。

或人云、今釈《ハ》約功用㆒也。内開無生悟外用八相《ハ》易《キ》也。十方作仏《トハ》只是功用也。雖有功用浄土行不聊尓、次下釈取其旨也。

私云吉水御講尊家答如此。

嘉禄二年勧学講見聞云々

延云、経一段機見也。実《ニハ》横竪無辺、化縁何無《ラム》乎。身子等声聞《モ》世世已曾従仏受記云々。昔多劫行《シテ》菩薩《ノ》道《ヲモ》㆒、何況今日三因開発証入初住《ノ》位《ニ》㆒。外用八相《ハ》只機熟八随応㆒可唱也。今釈大難《シ》。代人不可経若干劫《ヲ》㆒成仏《スルヲ》長遠《ト》云《ヲ》、実《ニハ》十方世界《ニ》作仏《ス》破作仏事《ヲ》㆒作仏《ト》云《トハ》、不聞以後形前知是初住云々。迹門初住八相記《ハ》、本門妙覚法身記也。為今釈雖種々示現而法身記殊云々。二門《ノ》授記《ヲ》相対《シテ》判見《レハ》実《ニ》初住《ノ》八相成道《ト》聞也。

浄云、三周授記《ハ》娑婆世界《ノ》一番成道也。実《ニハ》已前於他方界可作仏云々。御廟有釈　此諸声聞昔未曾有浄土之行等云ハ経所載一段《ノ》機見《ヲ》挙也。物機不同致劫多小ト云ハ機見不同《ト》釈取也云々。

澄云、四大声聞得受記已等釈《ハ》作《トモ》仏事《ヲ》㆒被《タリ》得㆒。従指新得記声聞申他土《ノ》弘経見被也。今文不尓也。亦是能引上疏《ノ》曰在化儀《ヲ》他人不知是破之也。

浄云、若拠権迹此復別論云々。　釈意趣《ハ》若行面沙汰也云々。　已上

記云、問。記得記已、何故更経若干劫耶。答。若記菩薩但通途云得無生等。今記声聞須与劫国、応仏成処須有機縁。此諸声聞昔未曾有浄土之行。蒙記已後与物結縁。物機不同致劫多少。龍女雖畜、以乗急故、先習方便。若拠権迹、此復別論。又諸声聞時不同者、為逗物宜随機長短。機縁不等初住何殊。世人観声聞

（第七六紙）

受記、則嫌劫数長遠、見龍女作仏、乃疑時節短促　○　当知、是人豈了初住得八相記、十方作仏種々示現。雖種々示現与法身記殊。若不為物修浄土行、成仏之処為誰取土。文

十八　問。経文十力等功徳証於無上道。文　尓所云等言等《ハ》取大悲三念住功徳一歟。

答。経意広、大悲三念住等《ヲ》意《スルモ》可有。

進云、妙楽大師云、所言等者、非唯供仏兼浄土行。文　付之、次云十力功徳一専等《スト》大悲三念住等《ヲ》一可云也。何況上云具足菩薩行一浄土行可在其内二下《ノ》等字何重《ネテ》等浄土行一云乎。

答《レハ》、上《ノ》長行《ニハ》供養若干千万億仏、奉持正法、具足菩薩所行之道云《トテ》、不云十力一。偈頌《ニハ》供養無数仏、具足菩薩行、十力等功徳云《トテ》、供仏浄土《ノ》外《ニ》出十力一事釈《スル》也。故《ニ》非唯供仏兼浄土行一、又得十力功徳云也。等字意広、或《ハ》等上一、或等下一、意可有故等《スル》大悲三念住等一意可有也。頌中経云十力等者云《トヘル》専与長行一相対《シテ》可料簡也。

尋云、今釈具料簡如何。

師云、或字《ハ》下《ノ》此明入住文《ノニ》対《シテ》云也。或分得果位十《ノ》■或又得同位十力一云也。凡十力等功徳云《トハ》、花光仏時《ノ》非《ニハス》。只当時入住之時《キ》也。

答。大論二十五明《ニ》菩薩十力無畏一非処非処等《ニハ》一引也。但甫記云、具足十力因者、如花厳住前十梵行空為入住菩薩十力因。文

私尋云、何故初果《ニ》義進《ヲスヽテ》釈乎。

会云、上《ニハ》釈十力今釈等也。其中得十力功徳分云《ヘルハ》其因義也。

（第七七紙）

性抄云、所言等言等四無畏等《ヲ》事《ハ》無疑。然《ルヲ》兼浄土行釈《トスル》意《ハ》声聞得記後修《シテ》浄土行《ノヲ》成仏《スル》事《ヲ》云《トシテ》十力等功徳《ト》云《ラム》成仏時《ノ》所得《ノ》功徳《トハ》不《シテ》云《ハ》、具足《シテ》菩薩《ノ》行十力等《ノ》功徳《ヲ》証《スト》無上道《ヲ》釈成《スルカ》故、十力四無畏等皆《モ》浄土行《ノ》事《ナルヲ》顕《サムトシテ》、非唯供仏《ノミ》浄土《ノ》行《ナルニ》、十力等《モ》浄土行《ノナリト》釈也。此《ハ》十力等《ヲ》約因《ニ》釈意也。次《ニ》或可由得十力之分故成初住記《ト》云釈《ハ》、具足菩薩《ト》云者、因行十力等功徳者初住分得果釈也。十力等《ヲ》為浄土《ノ》行《ト》事《ハ》、浄名経瓔珞経大経等《ニ》以之《ヲ》為菩薩行《ト》故也。

難云、初釈《ノ》意《モ》頌中経云十力等者即指仏果方名為力初住分得名為功徳《ト》云《フハ》名《クト》初住分得《ノ》果《ニ》聞《タリ》。如何約因《ニ》云乎。

答。此釈《ノ》意《ハ》、十力者果徳《ナルヲ》十力《ノ》功徳者初住因《ノ》分《ニ》具《スルヲ》功徳《トハ》云也。釈也《トハ》凡十力等功徳之文如難当来成仏時《ノ》功徳得心者在《リ》証於無上道《ノ》前《ニ》。何様可談乎。文言頗不被得心。故於此文約因行《ニ》約《スル》当来果徳《ノ》可釈出来也。約《シテ》因行《ニ》具足《スト》菩薩行十力等《ノ》功徳《ヲ》心得《ル》時《ハ》十力等《モ》即浄土行《ノ》也。顕《サムトシテ》此意《ヲ》兼浄土《ノ》行《トハ》云也。

尚難云、此義者只無風《ク》情《モ》十力等云《トモ》即是浄土行《ナリト》可云《フ》。何等言《ノニ》兼《ト》云乎。況等言等《ハ》下《スヲ》。何上挙《ニタル》十力《ヲ》兼《ヌト》云乎。

答。等言《ノニハ》有内等外等者等《スル》上《ヲ》也。故上所挙《ニニヲタル》皆等《シテ》浄土《ノ》行《ト》云也。

或人云、等身無失等《ノ》十八不共《ヲ》也。如私見聞第九

記云、頌中経云十力等者、即指仏果方名為力。初住分得名為功徳。所言等者、非唯供仏兼浄土行。或可由得々十力功徳分故、成初住記。若引大論菩薩有十種力分者、此明入住菩薩具足

（第七八紙）

十力因耳。文

十九　問。以初住已上位望極果㆓五悔倶具可云乎。

答。五悔共可具之。

進云、若望極果、唯除懺悔。文　付之、住上真因之菩薩分雖有所期㆒、若望極果㆓云之㆒者、三道未極㆒、豈一向不修懺悔乎。是以宗余処釈中懺悔至等覚㆒判給《ヘリ》。

答。但今釈《ハ》望極果㆒作縦容釈時、懺悔尤浅《ケレハ》、住上除之㆒歟。是則経論常説懺悔者多懺身三口四等業障㆒也。此義多有住前未証之位。仍唯除懺悔云也。再論之㆒、微細三道至等覚後心、懺悔随《テ》至更不可遮也。

尋云、金光明文句今釈替処如何聊有其故乎。

会云

二十　問。以四無畏如何対四諦乎。

答。倶舎等性相《ニハ》十智六或八智九或十云。故正等覚無畏《ハ》十智為《レハ》体、普可亘四諦智㆒、漏永尽無畏《ハ》或六智為体、或十智為体云《ヘリ》。此中六智《ハ》苦集道他心《ヲ》除《テ》取余六智《ヲ》㆒。故滅諦《ノ》摂《ナルヘシ》。若以十智為体云者、如前次説障法無畏《ハ》八智為体、除滅道智㆒。説出苦道無畏《ハ》遍趣行智也。或九智為体㆒、除滅智㆒、或十智為諦㆒、即可通四諦智㆒、如此可分別歟。

進云、記云、尽苦道即苦諦。説障道即集諦。一切智即道諦摂。漏尽即滅諦也。　付之

（第七九紙）

答云々。但至進釈者、只是以四無畏対四諦二一往対当歟。説出苦道無畏《ヲ》対苦諦一者、且依苦《ノ》名言二歟。正等覚無畏対道諦二強無相違歟。

問如前。

進云、甫云、一切智無畏苦諦。説障道無畏集諦。尽苦道無畏道諦。漏尽無畏滅諦也。文　付之、解釈背常途性相与違妙楽消釈如何。

答

義云、記云尽苦道是苦諦者指《ス》苦一、非道故苦諦云也。甫云尽苦道々諦者指《ス》道一、非苦故道諦也。記云一切智是道諦者指智一、智恵当体即是道諦也。甫云一切智無畏苦諦者、即是指智力用是道諦智能知苦諦二云也。故不相違也云々。

二十一　問。大乗善根実有断《コト》可云乎。

答。学者云々不同也。但解釈中大乗善根理実無断。文　尓尋此文歟。

尓者付釈不明。闡提断修善但有性善在、如来断修悪但有性悪在者、大乗至極之理非乎。何大乗善根理実無断云乎。

答。自元所答。断云不断云、其義強不可相違。但今解釈意、円実義門修性不二也。一念解心皆無不階当性徳理具徳《ニ》一。故雖迷塵点劫海《ヲ》一、一切智願猶在不失云也。但至闡提断修善云者、只是性徳善《ノ》悪《ノ》一向不断法《ナルニ》、望《メテ》、闡提断善者約修善一論之也。如来断修悪者、望修悪論之云也。然云《テ》如来断悪闡提断善迷悟遥異其義遂不可等言歟。已上師抄

記云、此語起小応一時故云若不時出。大善善根理実無断意令

速出㆒以必死逼之。文
尋云、今云大乗善根理実無断《ト》㆒。能《ノ》別言小乗善根《ハ》断《スト》云歟。若尓者、設雖小乗善根㆒以跨節意《ヲ》㆒思之㆒、真善巧有《ニシテ》与性
徳㆓可契当《ス》㆒。何有断義乎。
一義云、大乗《ニハ》善根理実無断可読也。意《ハ》大乗意《ニテハ》、一切大少世善道《ノ》善根理実《ニハ》無断㆓云也云々。
一義云、経論《ス》少乗応㆒時故随少乗面㆓云若不時出必為所焚《ト》㆒也。大乗《ノ》意《ニテハ》善根理実《ニ》無《レハ》断《スルカ》㆒、不可出必為所焚釈《トスル》也。大
乗《ニハト》不《トモ》読、只大乗善根《ト》読。只大乗《ハ》心善根理実無断㆓云釈《ト》可得心歟。已上良抄
寛元二年十月四日
私云、小乗善《ナリトモ》以大乗跨節義㆒可云断㆓云《ハヽ》、大乗善根《ト》可云也。衆善少行皆会仏因㆓云事《ハ》法花《ノ》開顕《ノ》談也。
二十二　問。経文我及諸子若不時出即為所焼。文　説何事耶。
答。諸子不出火宅㆒能化所化倶有所焼思㆓云也。
尓也。付之、如来長者《ハ》元出三界之外㆒。依之、或云、我雖能於此所焼之門安隠得出㆒、或《ハ》在門外立聞有人言。文　是以
諸子暫不《トモ》出火宅《ヲ》㆒、長者更不可有所焼之■㆒。何今如此説乎。
答云々。但今難勢《ハ》本有問答也。文句中答此問難《ヲ》㆒、先得出者即是法身出。今言若不時出即是応身聞疾。文　釈意分
明也。
重尋云、妙楽消釈本書意同《トヤ》否。
二十三　問。瓔珞経中身子尊者十住中六住時退其位。文　尓妙楽大

（第八一紙）

師如何釈乎。

答。別教々門中《ノ》一途別説也《トヤラム》釈。

進云、至六心時見猶未尽。文　付之、別教意《ハ》初住断見自二住至第七住断思。何別教意第六住位尚有見惑乎。

答云々。但至進釈者、会此文学者異義非一。或別教々門之説。其義非一准。一《ノ》教門《トシテ》初住《ヨリ》至第七住見思二惑並《テ》断云教門有《カ》故至第六住見尚未尽之義可有歟。或又呼信為住歟。故十信位以有漏智五那含断《スル》時第六信心《ニテ》至見惑未尽云歟。

二十四　問。小乗忍善根位可有出観義乎。

答。此事雖不分明上忍位出観義不可有。下中品忍《ハ》出観《ノ》有無難知。

進云、忍不出観云々。付之、上忍一刹那位故不出観可然。下中品容予位也。何無出観義乎。依之、非云下中品同頂乎。

答云々。但至進釈者、実以不明。但中下品《ノ》忍設雖出観文無《ヲモテ》退転之義不出観云歟。或又性相中雖無其説、大師解釈《ハ》中下品亦不出観意《ヲ》存給歟。或又且随上忍位忍不出観云歟。

今私云可用不退云義歟

記云、賢合為四者、見修為二。○　四念法同故為一。煗頂同退故為一。忍不出観故為一。世第一無上故自為一。見修道異故各為一。広如倶舎賢聖品中。此須略明。文

中忍満事

甫云、謂一行二刹那心名中忍満云々。

良抄云

一義云、従上忍云歟。

（第八二紙）

難云、本有《ニ》三品《ノ》忍《ヲ》惣《テ》為一事釈故《ニ》従上忍云義全不叶也。

一義云、今指不退二云不出観一歟。不退位《ノ》成《ニヌレハ》暫《ク》出観《スレトモ》還《テ》住観《ニ》一故、退位《ノ》出観《シテ》ヤカテヤミヌルニ不同故尓云歟。燸頂同退故為一《ト》云《フニ》対《シテ》忍不出観故為一《ト》云故《ニ》有退義《ト》被得《ル》也云々。　良抄

二十五　問。経文云、其心泰然歓喜踊躍。文　尓者是説《ハ》長者《ノ》歓喜歟。

答。経文相雖難計一、任大師《ノ》解釈《ニ》一諸子《ノ》歓喜《ナリト》可答申一。

付之、案経文相《ヲ》一、是時長者見諸子等安隠得出《ト》云畢《テ》、其心泰然歓喜踊躍説《トケリ》。文相次第《ハ》無疑《ク》一見諸子《ノ》安隠出《ニタルヲ》一長者歓喜《スト》可説一。以何一諸子歓喜《ト》可定乎。何況法説《ノ》為辟説《ノ》本一有《リ》如来《ノ》歓喜《ノミ》一偈頌《ノ》々長行《ヲ》一亦是長者《ノ》歓喜也。是以上宮太子等他宗《ノ》人師悉長者《ノ》歓喜《ナリト》釈《セリ》。尓者

答。経文相云《ハ》長者歓喜一、云諸子歓喜一。云諸子歓喜一倶似無其過一。所以見諸子《ノ》安隠出《ニテ》、無《キヲ》障礙一其心泰然《シテ》歓喜《スト》読《テハ》如御難一長者《ノ》歓喜也。見《ルト》無障礙一其心泰然《シテ》歓喜踊躍《スルヲ》一読者諸子《ノ》歓喜也。倶雖無《シト》相違一、且設一尺《ヲ》一歟。況同本異訳《ノ》正法花《ノ》中《ニ》心各踊躍。文　各言豈非諸子《ニ》一乎。但至法説等偈頌《ニ》一者、釈《ニ》此事《ヲ》一方便品明仏喜無畏此中諸子歓喜。以子喜故其

父亦喜。此亦互現釈《トヘリ》。偈頌又可准之㆒歟。上宮釈、他師釈又且存一意歟。

難云、経文読様実《ニモ》何雖無其過㆒見《ルト》歓喜踊躍《スルヲ》㆒云《テ》似《タリ》事不足㆒自無復障导㆒返《テ》歓喜踊躍《スト》云《テハ》文相似《タリ》直《キニ》㆒。況偈頌文《ノ》何忽相《ニ》違乎。正経多《ハ》悞《レハ》㆒、一家必《モ》不用。何至此《ニ》㆒為《シテ》定量《ト》㆒用之《ヲ》㆒哉。何況長者為諸子《ノ》㆒為火所焼云《テ》雖《ト》勧可《キコトヲ》速《ニ》出《ツ》㆒、諸子不《シテ》従父㆒楽

（第八三紙）

著《シテ》嬉戯《ニ》㆒不覚不知《ニシテ》無《シカハ》出意㆒以三車《ヲ》㆒誘引《セシ》也。然出《ニテハ》不見所許車《ノヲ》㆒、全無可《キコト》喜㆒。何諸子歓喜《ナラン》哉。

答。在火宅《ニ》㆒初《ハ》雖不知㆒、終《ニ》如何《ソ》不知乎。安隠出《ニ》後《テ》、諸子尤可喜也。能々可思之。

私案云、諸子歓喜之釈相叶一経《ノ》前《ノ》後文㆒。如来見《ソナハスト》諸子出《ノテ、》火宅《ヲ》㆒歓喜《ルヲ》㆒可読也。爾時世尊見学無学二千人。爾時世尊視八十万億那由他諸菩薩。等文　此等《ノ》文其例也。已上

玄賛五云、適父本意故泰然見子超危故歓喜云々。

籤十云、仏意本暢《トホレリ》非始霊鷲其心泰然云々。

此中諸子歓喜事

示云、正経云、長者見子安隠而出四面露坐心各踊躍不復恐懼㆒。各々白言、願父賜我。等文

妙経合辟文云、若見無量億千衆生、以仏教門出三界苦、怖畏険道、得涅槃楽。如来爾時便作是念、我有無量無辺智恵、力、無畏等諸仏法蔵。是諸衆生皆是我子。等与大乗。等文

得涅槃楽云《トヘル》、豈其心泰然歓喜踊躍文《ノニ》非《ス》哉。今《ノ》見《ノ》字《ハ》得涅槃楽《ヨリ》帰《ヘテ》可読之《ヲ》㆒。若尓《然》者、上文《ヲモ》歓喜踊躍《ヨリ》帰《テ》見字《ヲ》可読《ム》㆒也。

但方便品仏喜無畏等偈頌而自慶言我今快楽文《ノハ》不可相違㆒。疏云以子喜故其父亦喜。此亦示現共成一意也。文

当難云、豈只長者見《ルト》諸子歓喜㆒許至《リテ》止《ヤム》事得《エム》乎。故《ニ》猶下《ヨリハ》不可帰㆒乎。

答。合辟解既如此。疏云如来亦復如是下合免難　文

又尋云、甫云、露地而坐者父坐也釈《トセリ》。若露地而坐之文指父坐者、其心泰然歓喜踊躍、豈非父歓喜哉。記釈又指長行

（第八四紙）

有《ラム》。

会云、疏《ニ》坐師子座《ノ》文《ヲ》釈《ニ》、或子座或父座。文　二釈《ヲ》作《■リ》。然《ルニ》妙楽大師《ハ》経下云爾時諸子知父安坐。文　准此文㆒父《ノ》坐《ノ》義《ハ》

勝《タリト》釈也。輔正記釈誠難《シ》。但雖有二釈云々。故《ニ》此《レモ》坐師子座《ノ》文《ハ》聞《タリ》。

意云、坐師子座《ノ》文《ニコソ》作《タレ》二釈《ヲ》、長行露地而坐文《ニハ》不作二釈㆒、一向子《ニ》坐也見《ト》。又露地而坐之言《ヲ》別消釈《セル》事ナシ。何有二

釈㆒。通子坐㆓之故《ニ》。或文悞可云。坐師子座㆓或又露地上《ノニ》師子座《ノ》有《レハ》以義尓云也。

今実如甫現文㆓得意《ハ》㆒経文会違《スル》也。皆於四衢道中云《トヘル》、諸子云事経文顕然也。其次《ニ》露地而坐云《トヘル》、何様文《ヲ》切《キル》ヘキソ乎。

嘉祥《ノ》釈《モ》ヨモサハ云ハシ可聞■■歟。

私《ニ》勘嘉祥并上宮王疏㆒、無復障㝵《マテヲハ》諸子事云々。

私云、坐師子座《ヲ》父坐《ト》云釈前《ノマヘニハ》往於四衢《ト》云《ヨリ》還《テ》可読歟。又籤十釈《ハ》諸子歓喜《スレハ》父又歓喜仍経文㆒釈《スル》也。

記云、知父下三行索車者、初二句明索車時。験知、上文是父坐也。文

甫云、験知上文是父坐者、此明上露地而坐文、雖有二釈通於子坐。此文験之坐義強。文

疏云、坐師子座者、有二尺。一云、諸子坐座。得出三界故無畏也。二云、是長者坐座。長者見子免難即得無畏。初

在門外猶有憂畏故云立。今得出門方坐無畏。故方便品云、今我喜無畏。免難文竟。而自慶下第二四行頌長者歓喜如文云々。

（第八五紙）

二十六　問。経文付説願賜我等三種宝車《ト》。尓者三蔵《ノ》菩薩可有索車《ノ》義乎。

答。見大師解釈《ヲ》有索車《ノ》義見《タリ》。付之、案《スルニ》辟《ノ》意《ヲ》、諸子出火宅索先所許《ノ》車也。然《ニ》三蔵《ノ》菩薩《ハ》未断惑《ニシテ》未出火宅。何有索車乎。依之、大師《ノ》解釈中《ニ》不断惑不索車《ハ》是三蔵《ノ》菩薩也《ト》釈《ヘリ》。大師解釈背辟意。又前後相違《セルヤ》　如何。

答。索車者名《タリ》大機動《スルニ》。三蔵《ノ》菩薩設不断惑、大機豈不発乎。所以鹿苑施少昔《ノ》、三乗同受《ク》教《ヲ》。斥《ム》小乗《ノ》証《ヲ》時、設雖不出火宅、豈大機不発乎。依之、願賜我等三種宝車。文　三乗倶索車《ヲ》聞《タリ》。但出火宅《ヲ》後、索者約二乗説也。次至大師《ノ》解釈者、一往為成四句《ヲ》、以不断惑不索車《ヲ》対三蔵《ノ》菩薩《ニ》也。故妙楽大師承之《ヲ》、一往対句且立根本名不索耳。三蔵菩薩始終不断、縦被斥時亦無可索。一往雖然、猶未尽理《ヲ》。所以更開為十六句。文　且以四句一往対四教《ニ》也。

難云、三蔵菩薩可有索車《ノ》義云事、道理誠雖可然、一往属《モ》不索車《ノ》句《ニ》記《ニモ》縦被斥時亦無可索云《トヒ》、甫正記《モ》縦被斥時亦未索車《ト》釈《セリ》。尤不審也。又経文正《ハク》三乗倶《ニ》出火宅後、索先所許《ノ》車説《ケリ》。於宅内索《ト》云《ハ》法辟不斉也。背経文《ニ》。此《ヲハ》如何可会合乎。出宅後索者約二乗《ニ》云会釈、全不相叶経文也如何。

答。弘決十云、経文出宅正指三蔵。故云即是三乗義通々於通教故云亦是等云々。広可見弘決取意、菩薩索出宅《ヲ》者、正可約通《ノ》菩薩《ニ》歟。当所釈《ニモ》約《シテ》両教二乗三教《ノ》菩薩《ニ》判索車《ノ》義《ヲ》。可思之云々。公性抄

疏云、依法華有四句、謂障除大機動、障未除大機動、々則知索。文
記云、若無四句、恐人謂為機発独在無障之人、故第二句即三（第八六紙）
蔵菩薩。○　若不索者何以機発。
疏云、自有不断惑不索車。三蔵菩薩是自有断惑索車。通教菩薩是自有亦断惑亦不断惑、亦索亦不索。別教菩薩是自有断惑非不断惑、非索非不索。円教菩薩是　○　於一々句一々意復各四句。謂障除機動、障未除機動、障永除亦未除機動、障非除非不除機動。文
記云、初許古人堕在一句。若至十六句、令無索成索、全令堕非無句可得。○　問。初句与古人菩薩不索何別。答。今別有意、判在三蔵故也。彼謂一切菩薩不断故倶不索。惑断未尽。是故不索。○　一往対句且立根本名不索耳。以三蔵菩薩始終不断。縦被斥時亦無可索。一往雖然、猶未尽理。所以更開為十六句。文
　私云、准此等釈、三蔵菩薩不索云者、一往許古人義《ヲ》一也。終《ニハ》不用之《ヲ》一。尓者随非釈《トスル》也云々。
二十七　問。三蔵教菩薩入聖後、尚可有実人乎。
答。三蔵教有教無人《ハ》百劫判之一。故入聖位後、不可有実人歟。

両方　若如所答者、今釈《ニ》至三十三心、必無実行。文　如此解釈三十二心至《マテ》可有実人聞。若依之尓者、一家処々解釈、百劫住無実人定乎。

答。既三僧祇之間、供養七万五六七千仏一、住深行積定百劫可入大乗一。但記釈他人三十三心名菩薩不索車云故、乗《シテ》

此言《ニ》三十三心必無実行云也。他師不知此旨、仍破之也。然者三十二心已前、皆非有実人云歟。

（第八七紙）

二十八　問。宗師引判瓔珞経所説三乗九乗文。尒以三乗九乗如何対判宗家所立四教乎。

答。仏意難測。対当雖不可一准、且今解釈三乗前三教、九乗《ハ》別教釈《トセリ》。

尒也。付之、三乗九乗《ハ》開合之差別也。三乗■前三教者九乗何限別教乎。依之、妙楽大師解釈中、以九乗対判前三教見。

答。仏意無辺《ナレハ》対当無定。且一経《ニ》開界種辺《ヲモテ》別教《ノ》無量《ノ》義《ニ》対歟。何況三乗各有三乗、九乗皆有菩薩名故対別教有便歟。若尒無失。

記云、瓔珞三乗即前三教、三各開三即別教之乗也。平等即是円教乗也云々。

二十九　問。宗師判超登十地義。尒出何経乎。

答。引金光明経也。

進云、道暹師出仁王経。文　付之、仁王経中超登十地文全不見乎。如何。

答。金光明経超登十地《ハ》一家処々解釈。道暹豈不順之乎。但出仁王経者、仁王経文有其義判也。所以或班足得空平等地、或十千女人現身成仏等、皆是以父母所生身得地住已上之益《ヲ》聞《タリ》。若尒無失。

三十　問。経文以我此物周給一国。文　所云一国者、大師如何釈乎。

（第八八紙）

答。任釈文、寂光土也。

付之、是仏《ハノ》聖財万徳賜無縁衆生㆓尚未尽㆒。況於有縁諸子㆓乎説《ト》也。故只於利物土㆓可論此義㆒。何為唯仏与仏境界㆒約寂光土㆒論乎。

答。妙楽大師解釈定有深意。凡経意《ヲ》案《ニ》聖財万徳無量《ナレト》広施法界㆒尚不可尽㆒。況於法縁諸子哉説《ト》也。而《モ》寂光理通如鏡如器諸《ハ》土別異如像如飯云《トテ》、広論三土《ヲ》㆒皆無出寂光㆒故、一国《ノ》言似《テニ》限㆓而《モ》広《キカニ》故寂光一国《ノ》遍《スルニ》三土《ニ》㆒約《シテ》消之也。若存此意㆒、難勢自被消歟。

難云、甫正記《ニハ》中下《ノ》寂光釈《トセリ》。今答背《ケリ》此意《ニ》㆒如何。

答。彼釈《ハ》不相叶妙楽大師《ノ》解釈《ノ》意《ニハ》㆒。只一往文存《シテ》別意《ヲ》㆒、寂光土《ニモ》施《ル》財宝《ヲ》㆒義有《ル》事《ヲ》㆒釈顕也。

三十一　問。疏中以未来禅《ヲ》㆒断欲界惑《ヲ》㆒。文　尒妙楽大師此義《ヲ》如何釈給乎。

答。依未来禅㆒断欲惑《ヲ》㆓事《ハ》常義也。始《テ》不及疑問《ニ》。但今此辟喩品《ノ》文句《ノ》文釈給《ニハ》、性障未除名伏為断釈《ト》。此解釈被尋歟。

然也。今解釈不明。欲界煩悩《ヲ》断《スルニ》用未到定㆓事正相通慢習也。更非可驚処㆒。名伏為断今《ノ》解釈何別由有《カ》乎。

答。自本所答申。御難之旨不存㆒非《ス》。但至解釈㆓者、伏《シテ》欲界煩悩《ヲ》㆒得未到定心者有《モリ》。又依未到定断《スル》欲惑㆒者有《モリ》。而今文《ハ》野干之属並已前死諸大悪獣競来食噉《ノヲ》文釈也。故《ニ》諸大悪獣競来食噉《ハ》正断《ノ》義当《ニリ》、野干之属並已前死当《ハレリ》欲惑伏《ヲスルニ》位㆒。此故依経文相《ニ》㆒作解釈《ヲ》㆒也。無別相違歟。

疏云、野干是欲界貪。未来定已断。故言、並已前死。亦名食噉。

（第八九紙）

禅定之貪如大悪獣能呑欲界貪也。

記云、欲界貪未来定已断者、性障未除名伏為断。　悪獣噉時方乃名尽。文

私云、良抄有義可見之。但不及文料簡歟云々。

三十二　問。経文無明暗蔽永尽無余。文　尓《ハ》所言無明者、界内界外《ニ》亘乎。

答。惣《テハ》歎仏徳《ヲ》文《ナレハ》、界内外《ニ》可亘也。但又今文別《ハシテ》且約界内《ト》云釈有歟。

尓也。今付之、如来所断何唯限界内乎。何況経文相上云、無明暗蔽永尽無余《ト》畢《テ》、下《ニ》而悉成就無量知見説《トヘリ》。釈中《ニモ》明《スニハ》能断《ノ》智恵《ヲ》遍約界内。於所断《ノ》無明《ニ》何唯約界内乎。智断相念《スルニ》通為可等《カル》。智徳断徳相違何得意乎。

答。経文相《ハ》是対《シテ》二乗窮子《ニ》離《タリト》三界火宅《ヲ》説事《ヲ》云《ヘハ》、付今文《ニ》一往作此釈《ヲ》歟。故釈文《ニモ》且約界内。文　且言《ノ》未尽理《ノ》語也。

知以実《ヲ》言《ハ、》之《ヲ》、仏断《ノハ》可亘界外也。智徳《ノ》例自被遮歟。

猶尋云、智断別《ヲケテ》、智《ヲハ》約界内外事《ヲ》猶釈意《アルニ》似《タル》ソ■ハ未被遮乎。

答。今対諸子所離火宅仏同離故、且論界内《ヲ》云也。而悉成就無量知見云者、大車《ヲ》云《ハムト》為《スル》文也。故文異《ナリト》可存歟。

下文云若我但以神力及智恵力等云《フ》即大車也。仍今文又大車《ト》可得意也。

記云、於諸怖畏者、且約界内因果而言。以対諸子是所畏故、々云永尽。所離同麁、能離理極。故云無量知見等。

有人以初地離五怖畏用釈此中一、都不相関。上不及諸仏一、下過於離界一。以声一釈

（第九〇紙）

義其例若斯。文

三十三　問。経文先因遊戯来入此宅。文　説何事耶。

答。見経文諸子依遊戯来入火宅一説也。

尒也、付之、衆生無始《ヨリ》未曾出界一。何依遊戯一始入火宅一乎。若尒、有人此《ノ》言有言一無実一。長者聞之有何所驚乎。

答云々。大師釈之、曾発心名出三界。而復退還、名之為入。如人挙足一欲出一門側而反、亦名為出一亦名還入也。又理性本浄非三界法。因無明故而起戯論便有生死。故云先因遊戯来入也。文　若尒有何別失乎。

三十四　問。宗師釈先因遊戯来入此宅文、作事理二尺。今其中理釈《ハ》約元初一念歟。

答。約元初一念云意《モ》可有歟。

進云、事理二釈共約大通仏時一也。付之、理性本浄非三界法。因無明故而起戯論。文　豈是非法性反為無明乎。専是初一念《ナリト》。何強約結縁已後乎。

答。如疑難。但経難勢者経文奄合《セリ》。広約元初一念不可遠。但長者所驚一者、正《ハ》有結縁諸子《ニ》一。故約大通結縁《ノ》者《ニ》一事理二義《ヲ》作《ルト》云也。其中理釈《ハ》即大通結縁《ノ》者指元初一念歟。不可相違。何況本結大縁寂光為土。故約結縁者、法性本性義可有之。已上本抄　是《ハ》第二《ノ》義意也。

又義云、雖発大心未破無明。是故具於事理二義。文　故《ニ》正大通
結縁之時《キニ》有《ト》二釈聞《タリ》。所以初《ノ》事《ノ》釈意《ハ》、但出《ト》三界《ヲ》一スルヲモテ云出《フト》一辟意可知。第二理釈《ハ》、実出《ニト》三界《ヲ》二云辺顕《ヲ》也。本結大
縁寂光為土《ト》云《フ》因《ハ》、一《ヒ》発円実菩提心一之時《キハ》三土《ノ》迹《ヲ》廃《シテ》帰寂光《ノ》本《ニ》二云辺有也。故《ニ》今文亦可然一。　（第九一紙）

疏云、大善未著為稚小。無明所覆為無知。文
記云、○即此大意亦具二釈。文
甫云、亦具二釈者、意云、応須二尺。約理釈中亦由聞法而知性浄故二釈相成。文
性抄云、此文実云《ニトモ》元初《ノ》一念《ト》二不可相違《ス》一。別《シテ》約大通仏時《ノニ》一事《ハ》迹門《ノ》意《ハ》以大通《ヲ》一為首《シト》一、法辟二一周《ノ》得益《ノ》人無非《スト》大通結縁云事一。
故妙楽大師事理二解、等於大通仏時雖発大心未破無明。是故具於事理二義釈《トセリ》。元初《ノ》一念《ニ》云何時《ノト》不可定《ム》一。設約《ストモ》後時一、
証《セハ》迷理源《ニヲ》二元初《ノ》一念《ト》云《ハムニ》不可招相違《ヲ》二可答申。
難云、設雖大通結縁者《ノナリト》一、約事釈《セムニハ》来入此宅義《ノヲ》一誠可約大通時《ニ》一。約《シテ》理《ニ》一論《セハ》迷真得《ノヲ》一者、何可約大通時《ノニ》一乎。可云元初
一念《ト》一也。元難猶未被会、如何。
答。猶如前。

三十五　問。経文願賜我等三種宝車。文　尒者於門外索之乎。
答。如経文一於門外索之歟。

尓也。付之、於三界火宅則是得三車体也。 出火宅畢更又得謂三車乎 何得三車了重又索之乎。

答。是難索三車㆒非指鹿苑之時㆒。略開三之時、仏以方便力示以三教《ト》説《ヲ》聞《テ》、動執生疑《スルヲ》相説也。所以鹿苑施少昔於三車㆒成

（第九二紙）

実有之謂、今方便之施設也《ト》聞時、背先聞㆒故、還不得三車実体㆒歟《ト》謂《フ》疑《ヲ》起也。仍言《ハ》三種宝車《ト》云《トモ》、所索㆓正当大白牛車㆒。

仍見釈文㆒辟短法含長釈其義可知㆒歟。疏記第四

三十六　問。経文云、競共馳走争出火宅。文　尓者諸子出《テ》火宅《ヲ》㆒得三車《ヲ》㆓可説乎。

答。見経文《ヲ》㆒、得《トハ》三車《ヲ》㆓不説也。

付之、三車《ト》者是何《ソ》。合《スレハ》法《ニ》尽無生《ノ》菩提也。若然者、諸子出火宅時、既証尽無生菩提㆒。故先得《テ》三車㆒後得《ト》大車㆓可説也。

例如彼先入《テ》化城㆒後趣《ト》宝所《ニ》㆒説《クカ》。尓者

答。凡権教《ノ》理《ヲハ》或《ハ》仮《ニ》有《トモ》説《キ》又実《ニハ》無《トモ》説《ク》。更不相違《セ》㆒。如来《ノ》善巧随《テ》時《ニ》㆒或《ハ》喩《ヘ》有《トモ》㆒、或《ハ》喩《フル》無《トモ》㆒也。今此辟《ノ》意《ハ》、火宅《ノ》外《ニ》有《リト》三車説《ハ》是権説也。証《ヲハ》尽無生《ノ》菩提《ヲ》㆒辟出宅、出宅《ノ》後斥《フ》方便《ナリト》㆒辟昔《ノ》三車《ノ》誘引権《ナルニ》也。若得三車《ヲ》㆒説《ハ》不可索車《ヲ》㆒、不索車《ヲ》㆒者又不可与大車《ヲ》。豈顕三権一実《ノ》義㆒乎。故三車《ハ》誘引《ノ》方便《ニシテ》非実《ニ》㆒。故諸子出火宅㆓索先所《ノ》許車《ヲ》㆒。雖索三車《ヲ》㆒意在大車《ニ》㆒。所以釈《スルニ》此事《ヲ》㆒、未出㆓聞《ク》許《ヲ》㆒、出已不見所許之車㆒、唯見許人。是故従人索昔所許㆒、所許不与㆓必有異途故索昔㆓在今㆒無求異㆒意《ト》釈《ヘリ》。但辟意短《シテ》鹿苑出宅時《ノ》索大車《ヲ》㆒者、似《タリ》法辟不《ルニ》相叶《ハ》㆒。此《ヲハ》妙楽大師自問答《シテ》、鹿苑出宅唯保少果、何曾索車問《トシテ》、若在法㆒説《カハ》、至鹿苑時要当出宅。復経二味二索在懐。但辟短含長義至法花之始、故在辟中諸子詣父㆒索車、乃与之仍賜

一　大、故彼辟意兼含二蘇。文　是別方等般若《ノ》時《ヲハ》約《シテ》機情《ニ》論索車《ノ》義《ヲ》、略開三時《ノ》三講《ヒスルヲ》辟口業《ニ》也。以三車一車《ノ》辟○《解》三権

（第九三紙）

実《ノ》義《ヲ》、其意如此。化城喩《ハ》又仮《リニ》有《ト》辟也。其意不同今《ニ》。故妙楽大師車但説方便、求実故有索。城云宝所在近、是故不須索云《ト》了《テ》、有無宛然《トシテ》斎《シ》。智者無此《ノ》難釈《ヘリ》。

三十七　問《講次沙汰》。有大羊大鹿車可云耶。若有云者、経文但云大牛之車。文　不云大羊大鹿車乎。若依之然云者、既有大牛車。何又無乎。

隆円云、賀茂三十講智海法印対慶■問之。件時処化。答云、経文略也云々。智海参三条僧正御許、此之間物語申《ケレハ》、アケハカラレタリケルニコソト僧正辟被仰ケリト云々。

又尋云、三車乗物歟。只モテアソヒ物歟。

一要云、経文只《ハ》玩好之具云《トテ》尽無生《ノ》菩提《ニ》喩也。乗物《トハ》不見。依之、一乗要決《ニハ》木牛木羊等云々。至自運云《ト》釈《ハ》、指同車歟。又車《ナレハ》亦運載《ト》釈《スル》也。

又要云乗物也。

問。三乗諸子乗三車出火宅乎。

両方。

答。経文尽無生菩提也云々。釈《ハ》兼顕別也。
問者云、講答叶山王院釈一。抑宗釈《ニ》今日論義定《ニテ》会釈乎浄名玄二遅記云々
浄名玄二云、問曰、三車門外、今何得十法成乗従界内而出。答曰、法界的拠尽無生。三乗有為無漏功徳是究竟三乗能運入無余涅槃。乃是真実既無々余涅槃之可入。又不能運至常住（第九四紙）涅槃。則三乗之義不成。故索三車不得也。不今通明乗義有六種不同。文
授決集下云、止観云、三車自運乃得出耳。小乗念処等為其所乗也。若対大乗不足為乗。猶如歩行。未度変易。故言互相推排競共馳走争出火宅。乃以教行為其所乗。若不乗者不可出宅。若已在内乗於車者、出宅已後不可更求。所以今師消釈斯疑。文

【奥書】

写本云
寛喜二年二月十八日再治畢
写本外題云
疏記第五抄

浄金剛院 在判

寛元五年二月二十一日辰時、於北京白川禅林寺之麓辺、仏師　法印之住房、書写之畢。此間参勤　後鳥羽院御八講之間、寄宿此所。而為疑問論義、自智円法印之許借得此抄出之次、為備後見、自昨日二十日辰時、至今日今時出仕之際、書写此三十余枚之抄物畢。終夜止眠、遅筆励功。後覧之輩、可哀其志焉。願以此稽古修学之微功、必為彼慈尊値遇之業因矣。

右筆花厳宗貫首権大僧都宗性
年齢四十六
夏臈三十四
（第九五紙）

あとがき

本書は、二〇一〇年七月に早稲田大学より博士（文学）の学位を取得した論文「証真の教説を中心とする天台教学の研究」を基にしている。出版にあたっては、その後の研究の進展に伴って構成を変更し、適宜修正を施した箇所がある。また第四部は、すべて学位取得後の研究成果である。本書各章の初出は、次のとおりである。

初出一覧

序論
　書き下ろし
第一部　教判論と他宗観
第一章　証真の教判論
　「宝地房証真の教判論」、『日本仏教綜合研究』第一〇号、日本仏教綜合研究学会、二〇一二年五月
付論　毒発不定について
　学位取得論文「証真の教説を中心とする天台教学の研究」第二章
第二章　証真の教学と『法華玄論』

「証真教学における『法華玄論』」『早稲田大学大学院文学研究科紀要』第五二輯第一分冊、早稲田大学大学院文学研究科、二〇〇七年三月

第三章　『註仁王護国般若波羅蜜経』の受容

「証真による『註仁王護国般若波羅蜜経』の受容について」『印度学仏教学研究』第五五巻二号、日本印度学仏教学会、二〇〇七年三月

第二部　二乗作仏論

第四章　『法華経』における授記をめぐる諸問題

書き下ろし

第五節「「千観の見解」のみ「『法華文句』所説の五種声聞について」、『印度学仏教学研究』第六一巻第二号、日本印度学仏教学会、二〇一三年三月

第五章　廻心向大と方便有余土

「証真の二乗作仏論」、『印度学仏教学研究』第五六巻二号、日本印度学仏教学会、二〇〇八年三月

第六章　不定教における二乗作仏

「不定教における二乗作仏について—証真説に着目して—」、『天台学報』第五〇号、天台学会、二〇〇八年一一月

第三部　実践と断証、行位

第七章　証真の心識説
「証真の心識説」、多田孝文名誉教授古稀記念論文集『東洋の慈悲と智慧』、山喜房仏書林、二〇一三年三月
第八章　『維摩経文疏』所説の三観について
「天台教学における実践の理念―『維摩経文疏』所説の三観について―」、『日本仏教学会年報』第八〇号、二〇一五年七月
第九章　証真の教学における三種三観
「証真の教学における三種三観について」、『印度学仏教学研究』第五九巻二号、日本印度学仏教学会、二〇一一年三月
第十章　証真の断惑論
「宝地房証真の断惑論」、『東洋の思想と宗教』第二三号、早稲田大学東洋哲学会、二〇〇六年三月
第十一章　元品能治について
「日本天台における断惑論の研究―元品能治について―」、平成二五（二〇一三）年度仏教学術振興会研究助成による成果
第十二章　乾慧断惑と二入通―証真説を中心に―
大久保良峻教授還暦記念論集『天台・真言諸宗論攷』山喜房仏書林、二〇一五年一二月
第十三章　教証二道の報身について
坂本廣博博士喜寿記念論文集『佛教の心と文化』山喜房仏書林、二〇一九年三月

第四部　東大寺宗性と天台教学
第十四章　宗性が学んだ天台教学
「宗性が学んだ天台教学」、『印度学仏教学研究』第六二巻二号、日本印度学仏教学会、二〇一四年三月
第十五章　宗性筆『法華教主抄』に見える教主論
「宗性書写『法華教主抄』に見える教主論について」『仏教学』第五七号、仏教思想学会、二〇一六年三月
第十六章　宗性筆『法華文句第五巻抄』について
「法宝義林」第二回国際シンポジウム「宗教文化遺産としての論義とそのテキスト」（二〇一七年一〇月一二日）発表資料
付録『法華文句第五巻抄』翻刻
書き下ろし

以下、謝辞を述べる。

学位論文の審査をしていただいた主任審査委員の大久保良峻先生（早稲田大学教授）、審査委員の岩田孝先生（早稲田大学名誉教授）、小林正美先生（早稲田大学名誉教授）に、深謝申し上げる。

とりわけ大久保先生には、修士課程二年次より指導教授として、仏教学研究の基礎から、厳しくも懇切なるご教導を賜った。現在に至るまで、様々にご指導を仰いでいる。学恩の深さを思うにつけ、ほとんど報いる所のない己れの未熟に呆れる。

大久保研の二人の先輩、田戸大智氏と柳澤正志氏には格別の感謝の思いがある。彼らは私にとって、羅針盤のよ

うな存在であり続けている。

刊行を予定されている『天台学大辞典』の編集作業に、数年来、携わってきた。辞典編纂室長の多田孝文先生（元大正大学学長、名誉教授）をはじめ、編纂室の人々にも感謝する。彼らを通じて現代に息づく仏教を垣間見ることができ、大いに参考になった。

そして、家族は私の最も身近な支援者、協力者であると同時に、最大の被害者でもある。妻中平洋子、子の中平彬、中平周には、この機会に謝意を表しておきたい。

出版に際しては、法藏館の戸城三千代編集長、岩田直子さんにお世話になった。厚く御礼申し上げる。

二〇一九年五月

松本知己

索　引

あ行――

か行――

さ行——

た行——

な行——

は行——

【著者略歴】

松本知己（まつもと　ともみ）

1967年東京都に生まれる。
1991年早稲田大学第一文学部（文芸専修）卒業。2000年早稲田大学第二文学部（思想・宗教系専修）卒業。2004年早稲田大学大学院文学研究科修士課程修了。2010年同博士課程退学。2010年博士（文学）。現在、早稲田大学非常勤講師。
著書に、『天台学探尋』（法藏館、2014年）（共著）。

院政期天台教学の研究
――宝地房証真の思想――

二〇一九年九月一〇日　初版第一刷発行

著　者　松本知己
発行者　西村明高
発行所　株式会社法藏館
京都市下京区正面通烏丸東入
郵便番号　六〇〇―八一五三
電話　〇七五―三四三―〇〇三〇（編集）
〇七五―三四三―五六五六（営業）

装幀者　山崎　登
印刷・製本　亜細亜印刷株式会社

ISBN 978-4-8318-7382-8　C3015